高等学校项目管理系列规划教材

现代项目管理概论

（第3版）

白思俊 等◎编著

电子工业出版社
Publishing House of Electronics Industry
北京·BEIJING

未经许可，不得以任何方式复制或抄袭本书之部分或全部内容。
版权所有，侵权必究。

图书在版编目（CIP）数据

现代项目管理概论 / 白思俊等编著. —3 版. —北京：电子工业出版社，2020.12
ISBN 978-7-121-40408-5

Ⅰ. ①现… Ⅱ. ①白… Ⅲ. ①项目管理－高等学校－教材 Ⅳ. ①F224.5

中国版本图书馆 CIP 数据核字（2021）第 007673 号

责任编辑：刘淑敏
印　　刷：北京建宏印刷有限公司
装　　订：北京建宏印刷有限公司
出版发行：电子工业出版社
　　　　　北京市海淀区万寿路 173 信箱　邮编 100036
开　　本：787×1 092　1/16　印张：17.5　字数：437 千字
版　　次：2006 年 10 月第 1 版
　　　　　2020 年 12 月第 3 版
印　　次：2025 年 8 月第 8 次印刷
定　　价：63.00 元

凡所购买电子工业出版社图书有缺损问题，请向购买书店调换。若书店售缺，请与本社发行部联系，联系及邮购电话：（010）88254888，88258888。
质量投诉请发邮件至 zlts@phei.com.cn，盗版侵权举报请发邮件至 dbqq@phei.com.cn。
本书咨询联系方式：（010）88254199，sjb@phei.com.cn。

前言

项目已经成为现代企业和政府重要的业务推进模式,据 PMI 不完全统计,全球国民生产总值 1/4 以上以项目方式运行,而在一般组织里,50%以上的活动也均以项目的形式进行。伴随越来越多的企业开始实施项目化管理,项目管理能力已经逐渐演变为企业的核心竞争力之一,在国民生产中的作用和地位与日俱增。

项目管理的核心理念"以团队为模式""以客户为中心""以目标为导向"和"以计划为基础",已成为项目管理得以广泛应用的基础。项目管理方式的"程序化、动态化、体系化、可视化"特征,保证了项目管理做事的系统性。项目管理所强调的"优化组合、动态管理"进一步明确了项目实施过程中的手段,"利益相关者的满意"成为项目管理成功的主要目标。

作为一种教给人们系统做事的方法,项目管理使人们做事的目标更加明确,工作更有条理性,过程管理更为科学。项目管理在越来越多的行业、企业及各种组织中得到了极为广泛的认可和应用,"项目化管理"和"按项目进行管理"逐渐成为组织管理的一种变革模式,"工作项目化,执行团队化"已经成为人们工作的基本范式。

由于项目管理模式所表现出的各种优势,也就出现了大量的介绍项目管理的书籍,然而能够系统全面地体现现代项目管理理论及方法体系的概论性著作很难找到,特别是能够作为现代项目管理系统理论的普及教材更难选择。

作者主讲的"项目管理"课程也先后被列为西北工业大学"精品课程"、陕西省"精品课程"、陕西省"精品资源共享课程"、陕西省"精品视频共享课程"、首批国家级一流本科课程及西北工业大学"研究生高水平课程",所撰写的项目管理系列教材也先后获得西北工业大学"教学成果一等奖"和陕西省"教学成果二等奖",其中主编的《项目管理案例教程》是国家级"十一五"和"十二五"规划教材。本书的内容基于作者多年来教学实践的总结和提升,能够让读者通过本书系统了解项目管理的知识精要。

本书以编写一本全面反映现代项目管理知识与方法体系的概论为出发点,从现代项目管理知识体系框架出发,系统全面地对项目管理的知识模块和方法工具进行了概要介绍,使读者在读完本书之后对项目管理能够有一个整体的认识,并能掌握项目管理的基本精髓。本书的组织形式、编写风格均有其独到之处,特别强调了作为一门学科概论书籍所应反映的学科背景、发展现状、基本概念、知识框架、核心技术、支撑技术及其应用

第 3 版的内容在第 2 版的基础上进行修订和完善,修订的原则是补充项目管理理论与方法体系的新发展,但章节结构仍然总体遵循第 2 版的结构。本书仍然分为 7 章,主要修订内容包括:第 1 章项目管理的发展,更新项目管理的学科发展、中国项目管理的发展趋

向，修订项目管理的专业化与项目经理的职业化发展，增加了项目管理与职业发展；第 2 章项目与项目管理，删除了部分内容，增加了敏捷项目管理的介绍；第 3 章项目管理体系框架，更新了 PMI 的 PMBOK 至第 6 版的内容，增加了 IPMA 的 Delta 模型、组织项目管理能力基准，更新了 IPMA 个人项目管理能力基准和卓越项目管理模型，更新了企业项目管理体系及其建设内容；第 4 章项目组织与项目团队，更新了多项目管理的内容；第 5 章项目管理核心技术，没有进行修订；第 6 章项目管理支撑技术，增加了项目利益相关者管理的内容；第 7 章成功项目管理的应用，重新组织了该章内容，介绍了成功项目管理的概念与内容、项目管理程序手册的建立，结合案例介绍了工作分解结构、网络计划技术、资源费用曲线等方法的应用过程，介绍了项目冲突管理和项目风险管理的应用案例。

　　第 3 版主要由西北工业大学管理学院白思俊教授负责修订。感谢参与前两版编写的所有作者，包括郭云涛、方炜、舒湘沅等。

　　本书在编写过程中参阅了大量资料及有关人员的研究成果，已经尽可能地罗列了各位专家、学者的研究成果和工作，在此对他们的工作、贡献表示感谢。

作　者

2020 年 10 月

目 录

第1章 项目管理的发展·· 1
本章要点·· 1
引导案例 天士力的企业项目化管理··· 1
1.1 项目管理的发展历史·· 3
1.1.1 项目管理的产生与发展·· 3
1.1.2 项目管理学科的发展·· 5
1.1.3 国际项目管理组织及其发展·· 9
1.2 中国项目管理的发展·· 10
1.2.1 中国项目管理的发展历程·· 10
1.2.2 中国项目管理的发展趋向·· 11
1.3 项目管理的专业化与项目经理的职业化发展······································· 13
1.3.1 项目管理的专业化与职业化·· 13
1.3.2 国际项目经理资质认证简介·· 15
1.3.3 项目管理与职业发展·· 17
复习思考题··· 18

第2章 项目与项目管理·· 20
本章要点·· 20
引导案例 项目管理为华为产品研发带来的管理变革····································· 20
2.1 项目··· 22
2.1.1 项目的概念··· 22
2.1.2 项目的特征与属性··· 24
2.1.3 项目的组成要素··· 26
2.1.4 项目生命周期··· 27
2.1.5 项目集群与项目组合··· 29
2.2 项目管理··· 31
2.2.1 项目管理的概念··· 31
2.2.2 项目管理的特点··· 32
2.2.3 项目管理与作业管理··· 33
2.3 敏捷项目管理··· 35

2.3.1 敏捷项目管理的概念 ··· 35
2.3.2 敏捷项目管理与传统项目管理的比较 ·································· 36
2.3.3 敏捷项目管理的优势 ··· 37
2.4 国际工程项目管理模式 ··· 38
2.4.1 工程总承包 ··· 38
2.4.2 项目管理服务 ··· 40
2.4.3 项目管理总承包 ··· 41
复习思考题 ·· 43

第3章 项目管理体系框架 ··· 46
本章要点 ·· 46
引导案例 塔里木油田一体化项目管理体系 ····································· 46
3.1 项目管理知识体系 ··· 48
3.1.1 美国 PMI 的 PMBOK ··· 48
3.1.2 英国 CCTA 的 PRINCE 2 ··· 50
3.1.3 中国 PMRC 的 C-PMBOK ·· 51
3.2 项目管理标准体系 ··· 55
3.2.1 IPMA 的 Delta 模型 ·· 55
3.2.2 IPMA 的 OCB ·· 56
3.2.3 IPMA 的 PEB ·· 57
3.2.4 IPMA 的 ICB ·· 58
3.2.5 美国 PMI 的 OPM3 ·· 60
3.3 项目管理的核心内容 ··· 63
3.3.1 项目管理的两个层次 ·· 63
3.3.2 项目管理的四个阶段 ·· 64
3.3.3 项目管理的五个过程 ·· 64
3.3.4 项目管理的十个领域 ·· 67
3.4 企业项目管理体系及其建设 ··· 67
3.4.1 企业项目管理体系概述 ·· 67
3.4.2 企业项目管理体系建设 ·· 68
复习思考题 ·· 72

第4章 项目组织与项目团队 ··· 74
本章要点 ·· 74
引导案例 解析 IBM 的矩阵式组织形式 ······································· 74
4.1 项目组织 ··· 76
4.1.1 职能式组织 ··· 76

		4.1.2 项目式组织 ·· 77
		4.1.3 矩阵式组织 ·· 79
		4.1.4 项目组织形式的选择 ·· 82
	4.2	项目经理 ··· 85
		4.2.1 项目经理概述 ·· 85
		4.2.2 项目经理的责任和权利 ·· 87
		4.2.3 项目经理的素质与能力要求 ··· 89
	4.3	项目团队 ··· 93
		4.3.1 项目团队的概念 ·· 93
		4.3.2 项目团队的发展与建设 ·· 94
		4.3.3 项目团队的学习 ·· 95
	4.4	企业项目管理 ··· 96
		4.4.1 概述 ·· 96
		4.4.2 按项目进行管理 ··· 100
		4.4.3 按项目进行管理带来的变革 ·· 106
	4.5	多项目管理 ·· 108
		4.5.1 多项目管理的概念 ·· 108
		4.5.2 项目集群管理 ··· 108
		4.5.3 项目组合管理 ··· 110
	4.6	项目管理办公室 ··· 113
		4.6.1 项目管理办公室的内涵 ··· 113
		4.6.2 项目管理办公室的职责 ··· 113
		4.6.3 项目管理办公室的建立与运行 ··· 114
	复习思考题 ··· 115
第5章	项目管理核心技术 ·· 119
	本章要点 ·· 119
	引导案例　向波音公司学习项目管理 ··· 119
	5.1	需求识别、项目识别与项目构思 ··· 121
		5.1.1 需求识别 ·· 121
		5.1.2 项目识别 ·· 123
		5.1.3 项目构思 ·· 124
	5.2	项目论证 ··· 126
		5.2.1 概述 ·· 126
		5.2.2 项目论证的主要方法 ·· 128
		5.2.3 项目论证的主要内容 ·· 133

- 5.3 项目融资 ... 136
  - 5.3.1 概述 ... 136
  - 5.3.2 BOT 项目融资模式 ... 139
- 5.4 项目启动 ... 141
  - 5.4.1 概述 ... 141
  - 5.4.2 项目目标 ... 143
- 5.5 项目范围管理 ... 146
  - 5.5.1 范围管理的概念 ... 146
  - 5.5.2 范围定义 ... 147
  - 5.5.3 范围分解 ... 148
  - 5.5.4 范围控制 ... 151
  - 5.5.5 范围确认 ... 152
- 5.6 项目时间管理 ... 152
  - 5.6.1 项目进度计划的制订 ... 152
  - 5.6.2 网络计划技术 ... 159
  - 5.6.3 项目进度计划的控制 ... 164
- 5.7 项目成本管理 ... 165
  - 5.7.1 项目资源计划 ... 165
  - 5.7.2 项目费用估计 ... 167
  - 5.7.3 项目费用预算 ... 168
  - 5.7.4 项目费用控制 ... 170
- 5.8 项目质量管理 ... 172
  - 5.8.1 质量计划 ... 172
  - 5.8.2 质量保证 ... 175
  - 5.8.3 质量控制 ... 176
- 5.9 项目采购管理 ... 178
  - 5.9.1 采购规划 ... 178
  - 5.9.2 招标投标 ... 181
  - 5.9.3 合同管理 ... 182
  - 5.9.4 合同收尾 ... 184
- 5.10 项目变更管理 ... 185
  - 5.10.1 项目变更的类型 ... 185
  - 5.10.2 项目变更的控制 ... 186
- 5.11 项目验收与后评价 ... 187
  - 5.11.1 项目验收概述 ... 187

5.11.2　项目文件验收 ……………………………………………………… 190
　　　5.11.3　项目交接与清算 ……………………………………………………… 192
　　　5.11.4　项目后评价 …………………………………………………………… 194
　复习思考题 ……………………………………………………………………………… 196

第6章　项目管理支撑技术 …………………………………………………………… 205
　本章要点 ………………………………………………………………………………… 205
　引导案例　Power Start 工程项目综合管理系统 …………………………………… 205
　6.1　项目利益相关者管理 …………………………………………………………… 206
　　　6.1.1　利益相关者的概念 ……………………………………………………… 207
　　　6.1.2　识别利益相关者及其需求 ……………………………………………… 208
　　　6.1.3　利益相关者的管理过程 ………………………………………………… 210
　6.2　项目信息与沟通管理 …………………………………………………………… 212
　　　6.2.1　项目信息管理 …………………………………………………………… 212
　　　6.2.2　项目沟通管理 …………………………………………………………… 214
　　　6.2.3　项目管理信息系统 ……………………………………………………… 218
　6.3　项目冲突管理 …………………………………………………………………… 220
　　　6.3.1　项目冲突的来源 ………………………………………………………… 220
　　　6.3.2　项目冲突的管理 ………………………………………………………… 222
　6.4　项目风险管理 …………………………………………………………………… 224
　　　6.4.1　项目风险管理规划 ……………………………………………………… 225
　　　6.4.2　项目风险识别 …………………………………………………………… 226
　　　6.4.3　项目风险评估 …………………………………………………………… 228
　　　6.4.4　项目风险应对 …………………………………………………………… 230
　　　6.4.5　项目风险控制 …………………………………………………………… 232
　6.5　项目 HSE 管理 …………………………………………………………………… 234
　　　6.5.1　项目健康管理 …………………………………………………………… 234
　　　6.5.2　项目安全管理 …………………………………………………………… 235
　　　6.5.3　项目环境管理 …………………………………………………………… 237
　复习思考题 ……………………………………………………………………………… 238

第7章　成功项目管理的应用 ………………………………………………………… 243
　本章要点 ………………………………………………………………………………… 243
　7.1　项目管理应用程序 ……………………………………………………………… 243
　　　7.1.1　成功的项目管理 ………………………………………………………… 243
　　　7.1.2　项目管理程序手册 ……………………………………………………… 246
　7.2　网络计划技术在进度计划编制中的应用 ……………………………………… 248

	7.2.1	项目概况	248
	7.2.2	项目范围的确定	249
	7.2.3	工作分解结构在项目工作分解中的应用	251
	7.2.4	网络计划技术在项目进度计划编制中的应用	251

7.3 资源费用曲线在项目计划编制中的应用 253
    7.3.1 项目概况及甘特图计划 253
    7.3.2 资源负荷图的应用 255
    7.3.3 费用负荷图与累积曲线的应用 258

7.4 项目冲突与风险管理应用案例 260
    7.4.1 项目冲突管理应用案例 260
    7.4.2 项目风险管理应用案例 263

复习思考题 265

参考文献 268

第1章

项目管理的发展

本章要点

本章主要介绍国内外项目管理的发展,首先介绍项目管理的产生与发展、项目管理学科的发展,以及国际项目管理组织的发展状况;其次介绍中国项目管理的发展历程和趋向,项目管理的专业化和项目经理的职业化发展,国际项目经理资质认证简介,以及项目管理与职业发展。

引导案例　天士力的企业项目化管理

项目化管理的核心理念是"工作项目化,执行团队化",是将企业各种各样的任务实行项目化管理,以提升企业各项任务目标的实现和执行力。项目化管理最根本的目的是在确保时间、技术、经费和性能指标的条件下,以尽可能高的效率完成预定目标,让企业所有利益相关者满意。正是因为通过复合管理将企业经营行为的方方面面都变成利润中心,作为项目化管理的领导者,"项目经理"不再是传统意义上的经理。因为他所辖的团队不再那么层次分明,以"指挥与控制"为基调的传统管理不再具有效率,要增强团队的战斗力,需要更多地"激发与引导",所以采取项目化管理能够大大提升企业管理的执行力。

1. 项目化管理理念的引入

天士力是一个现代化的中药制造企业,快速经历了由小变大的过程。目前,天士力是中药单品种全国销量第一、心脑血管药市场占有率第一,以及中国滴丸剂型规模最大、技术先进的专业化现代中药生产企业。天士力的快速发展得益于其项目化管理的创新实践和应用,2000年天士力开始引入项目管理的理念,并且在新建工程、新产品开发、生产制造、市场营销、工艺改造及TPM提案等方面进行项目化管理的探索,实行按项目管理的工作方式。经过10多年的实践和持续改进,成功地进行了项目化管理组织变革,建立了一套项目化管理的运作体系。

首先，在总经理的带动下，通过中级和高级管理者的培训，导入项目管理的理念，并在实际的管理活动中进行运用。例如，在实际工作中，天士力把开发中药提取的新技术、新产品的市场调查，客户对公司的满意度，以及薪酬改善方案等原来视为管理活动的任务进行汇集、甄选，确认为项目，按项目的标准和要求进行管理。

具体来说，就是通过项目化的理念和方法将企业中的各种跨部门的管理活动转化为有具体目标、预算、进度和控制的项目；将公司战略分解为项目，并把以部门目标为中心转换为以项目任务为中心，职能经理既是项目负责人又是业务负责人，对部门业务负责的同时对项目结果负责。

2. 经营管理活动的项目化管理

天士力将企业三个方面的经营管理活动转化为项目。

（1）企业发展战略所计划的由上而下准备实施的项目。这类项目为公司的A级项目。

（2）将新产品研发、产业化、工艺技术创新中一次性的、具有明确目标、预算和进度要求的原被视为职能管理活动的任务，或者潜藏在日常基层作业活动中的跨部门的一次性的工作转化为项目，按项目管理的专业化技术和方法，由临时指定的项目经理领导下的项目团队在确定的资源、预算和进度内完成预期的目标。这类项目为公司的B级项目。

（3）公司的C级项目。通过全员持续改善（Total Progressive Movement，TPM）获奖提案申请，将提案中要实施的建议内容设立为项目，由提案人作为项目经理，报送项目立项计划，批准后实施。这一类项目通常占用较少的资金和人力资源，周期也较短，但创新的成分居多，数量也最多。

3. 个人价值和能力的提升

项目化管理采用了矩阵式组织，项目经理都来自各部门的职能经理，他们既承担职能部门的绩效指标，又承担项目的责任，形成了组织中交叉平衡的扁平结构。这是一个复杂的矩阵运作复合体系，是对各种复杂性的回应，也是企业根据多变的环境和持续增长的内在需求所进行的组织管理模式的创新，是一个完全从实践中摸索出来并通过数年持续改进所形成的一套较完整的组织管理系统。这样的组织形式具有更大的灵活性和柔性，减少了部门间工作的冲突，降低了每个项目的执行成本，增加了横向沟通，在对他们的评价和考核中除对所在部门工作的业绩考核外，也加入了对他们所领导的项目的考核；解决了以往矩阵式组织管理中"一个人、两个老板"的现象，使部门经理有机会通过领导和参与各种项目，获得更多领域的知识和技能，丰富多部门、多专业管理的经验和阅历，使他们的个人价值提高，能够胜任未来的高层职务，获得职业上的发展。

以项目的方式来应对企业环境的复杂化，使企业能更快地抓住由变化带来的各种机遇，及时调整公司的发展战略，从而使公司的管理更加灵活高效。项目开展后，信息从命令链结构转化为扁平共享型结构，增强了信息的对称性，加快了信息的接受和处理速度；项目化管理让员工从机械的工作说明书中释放出来，有机会在自己职能部门以外的空间去施展才华，给员工带来了薪资以外的成就感和更多的发展机遇；将创新精神融化到员工的血液中，转化为每年上百项的改善和创新项目，并成功将项目转化为绩效，支持着企业将核心竞争力转化为竞争优势。

尽管项目化管理刚刚崭露头角，还充满着矛盾和困惑，但正如罗德尼·特纳所言："21世纪，基于项目的管理方法将会逐步替代传统的职能型直线式管理理论，几年后所有的组织都将采用扁平的柔性组织架构，以替代旧式的官僚等级结构。"

【案例点评】 从天士力项目化的实际案例可以看出，项目管理已经变成一种教给人们系统做事的方法，项目化管理已成为企业提升执行力的重要手段。案例告诉我们：怎样将日常经营活动转化为项目；怎样将传统的职能式组织转变为矩阵式组织，以及如何运用这一结构将公司的战略计划、重点项目、跨部门的任务交付给临时的项目团队，将传统的运作业务转化为短期的、快速交付的工作包，用从来没有尝试过的方式、从未有过的效率完成组织的目标。

1.1 项目管理的发展历史

1.1.1 项目管理的产生与发展

项目管理作为一种对一次性工作进行有效管理的活动，其历史源远流长。自从人类开始进行有组织的活动，就一直在执行着各种规模的项目。在古代，人们就进行了许多项目管理方面的实践活动，如中国的万里长城、埃及的金字塔、古罗马的供水渠等这些不朽的伟大工程都是历史上古人运作大型复杂项目的范例。有项目就有项目管理的思想。例如，2000年前春秋战国时期的《考工记》就已规定："凡修筑沟渠堤防，一定先以匠人一天修筑的进度为参照，再以一里工程所需的匠人数和天数来预算这个工程的劳力，然后方可调配人力，进行施工。"这充分体现了现代项目管理"以计划为基础"的基本思想。

工程领域的大量实践活动极大地推动了项目管理的发展。首先是传统的项目和项目管理的概念，其主要起源于建筑行业，这是由于在传统的实践中建筑项目相对其他项目来说，组织实施过程表现得更为复杂。随着社会进步和现代科技的发展，项目管理也不断得以完善，同时项目管理的应用领域不断扩充，现代项目与项目管理的真正发展可以说是大型国防工业发展所带来的必然结果，项目管理也被誉为美国军方对当代管理科学的十三项最大贡献之一。

因此，现代项目管理通常被认为是第二次世界大战的产物。美国研制原子弹的曼哈顿计划、美国海军的北极星导弹计划与美国军方的阿波罗登月计划等，是推动现代项目管理学科产生、发展与形成的基本背景。

20世纪40年代，由于第二次世界大战的推动，项目管理主要应用于国防和军工项目。典型的项目是美国第一颗原子弹的研制项目，美国把此任务作为一个项目来管理，命名为"曼哈顿计划"。美国退伍将军莱斯利·R.格罗夫斯在后来写的回忆录《现在可以说了》中详细记载了这个项目的始末。项目管理在这一阶段的特征是强调计划的协调与管理，因此产生了用甘特图制订计划的方法。

20世纪50年代后期到60年代，美国出现了关键路径法（Critical Path Method，CPM）

和计划评审技术（Program Evaluation and Review Technique，PERT），项目管理的突破性成就出现在这个时期。1957年，美国杜邦公司由于生产的需要，必须昼夜连续运行。因此，每年都不得不安排一定的时间，停下生产线进行全面检修。过去的检修时间一般为125小时。后来，他们把检修流程精细分解，竟然发现，在整个检修过程中所经过的不同路线上的总时间是不一样的。缩短最长路线上工序的工期，就能够缩短整个检修的时间。他们经过反复优化，最后只用了78小时就完成了检修，时间节省率达到38%，当年产生效益达100多万美元。这就是现代项目管理的核心方法"关键路径法"。在同一时期，美国海军特种计划局开始研制北极星导弹，这是一个军用项目，技术新、项目组织复杂，当时美国有近1/3的科学家都参与了这项工作。如此庞大的尖端项目，其管理难度可想而知。而当时的项目组织者提出了一个方法：为每个任务估计一个悲观的、一个乐观的和一个最可能情况下的工期，在关键路径法技术的基础上，用"三值加权"方法进行计划编排，最后竟然只用了4年的时间就完成了预定6年完成的项目，节省时间33%以上。这就是现代项目管理的核心方法"计划评审技术"。

20世纪60年代美国实施的由42万人参加、耗资400亿美元的载人登月项目"阿波罗计划"，在应用CPM和PERT的基础上，基于阿波罗涉及的多部门、多专业、众多单位参与的实际现状，提出了"矩阵组织"的管理技术，使阿波罗计划取得巨大成功。此时，项目管理有了科学的系统方法和系统工具。现在，甘特图计划、CPM和PERT、矩阵组织技术已被认为是项目管理的常规"武器"和核心方法。

20世纪70年代项目管理在新产品开发领域中扩展到了中型企业，到了70年代后期和80年代，越来越多的中小企业开始引入项目管理，将其灵活地运用于企业管理的各项活动中，项目管理技术及其方法也在此过程中逐步发展和完善，项目管理学科体系逐渐形成。此时，项目管理已经被公认为是一种有生命力并能实现复杂的企业目标的良好方法。

20世纪90年代以后，随着信息时代的来临和高新技术产业的飞速发展并成为支柱产业，项目的特点也发生了巨大变化，管理人员发现许多在制造业经济下建立的管理方法，到了信息经济时代已经不再适用。在制造业经济环境下，强调的是预测能力和重复性活动，管理的重点很大程度上在于制造过程的合理性和标准化。而在信息经济环境里，事务的独特性取代了重复性过程，信息本身也是动态的、不断变化的，灵活性成了新秩序的代名词。他们很快发现实行项目管理恰恰是实现灵活性的关键手段。他们还发现项目管理在运作方式上最大限度地利用了内外资源，从根本上改善了中层管理人员的工作效率，于是，企业纷纷采用这一管理模式，并成为企业重要的管理手段。经过长期探索总结，现代项目管理逐步发展成独立的学科体系，成为现代管理学的重要分支。

总体来说，项目管理在其发展过程中主要经历了三个阶段，如图1-1所示。

（1）产生阶段，即古代的经验项目管理阶段。在这个阶段项目实施的目标是完成任务，如埃及金字塔、古罗马的供水渠、中国的长城等；还没有形成行之有效的方法和计划，没有科学的管理手段和明确的操作技术规范。

（2）形成和发展阶段，即近代科学项目管理阶段。在这个阶段着重强调项目的管理技术，实现项目的时间、成本、质量三大目标。例如，利用关键路径法和计划评审技术对美国军事计划及阿波罗登月计划的成功管理。

（3）现代项目管理阶段，也是项目管理发展的成熟阶段。项目管理除实现时间、成本、质量三大目标外，管理范围不断扩大，应用领域进一步增加，与其他学科的交叉渗透和相互促进不断增强，也要强调面向市场和竞争，引入人本管理及柔性管理的思想，以项目管理知识体系所包含内容为指导，向全方位的项目管理方向发展，追求利益相关者的满意。

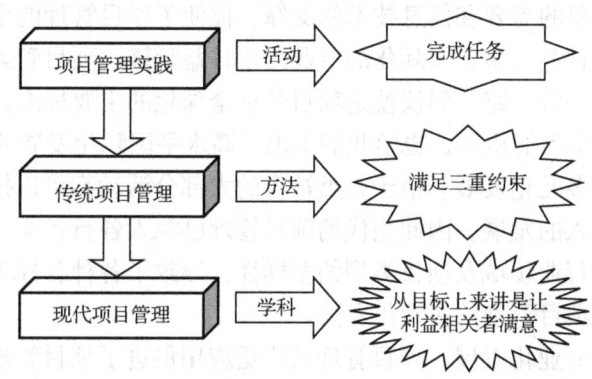

图 1-1 项目管理发展的三个阶段

可以看出，项目管理科学的发展是人类生产实践活动发展的必然产物。从最原始的实践活动来看，人的本能及潜意识行为是以完成所给定的项目任务为其最终目标的，然而为了完成任务，人们的活动常常受到一定的限制，即对项目的实现需要在时间、费用与可交付物之间进行综合平衡。传统项目管理的概念就是基于实现项目的三维坐标约束而提出的一套科学管理方法，它追求的目标是在给定的费用限额下，在规定的时间内完成给定的项目任务。在这一界定下，传统项目管理着重在项目实施的环节中，并且更多的是站在项目实施方的立场上，分析如何才能更好地完成项目。然而，项目管理涉及的关系人非常广泛，有投资方、设计方、承包方、监理方及用户方等，为此项目管理工作中就必须充满多赢的思想，这也就是现代项目管理的理念。现代项目管理已经为项目管理的应用提供了一套完整的学科体系，其追求的目标是使项目参与方都得到最大的满意及项目目标的综合最优化。当代项目与项目管理是扩展了的广义概念，项目管理更加面向市场和竞争、注重人的因素、注重顾客、注重柔性管理，是一套具有完整理论和方法基础的学科体系。

应该说，项目管理是一种特别适用于那些责任重大、关系复杂、时间紧迫、资源有限的一次性任务的管理方法。目前在世界各国，项目管理不仅普遍应用于建筑、航空、航天、国防等传统领域，而且已经在电子、通信、计算机、软件开发、制造业、金融业、保险业甚至政府机关和国际组织中成为其运作的核心管理模式。比如，AT&T、Bell、USWest、IBM、EDS、ABB、NCR、花旗银行、摩根士丹利、美国白宫行政办公室、美国能源部、世界银行等在其运营的核心部门都采用项目管理模式。

1.1.2 项目管理学科的发展

1. 项目管理学科发展的特点

尽管人类的项目实践可以追溯到几千年前，但是将项目管理作为一门科学来进行分析研究，其历史并不长。从世界上第一个专业性国际组织 IPMA 1965 年成立至今只有 50 多年的时间，经过这 50 多年的努力，目前国际专业人士对项目管理的重要性及基本理论体系已经达成共识。当前项目管理学科的发展有以下三个特点。

（1）项目管理的全球化发展。知识经济与互联网时代的一个重要特点是知识与经济发展的全球化，因为竞争的需要和信息技术的支撑，促使了项目管理的全球化发展。主要表现在国际的项目合作日益增多、国际化的专业活动日益频繁、项目管理专业信息的国际共享等，中国提出的"一带一路"倡议就是项目管理全球化的主要标志。项目管理的全球化发展既为我们创造了学习的机遇，也给我们提出了高水平国际化发展的要求。

（2）项目管理的多元化发展。由于人类社会的大部分活动都可以按项目来运作，项目化管理的思想得到深入的发展，因此当代的项目管理已深入各行各业，以不同的类型、不同的规模出现，这种行业领域及项目类型的多样性，导致了各种各样项目管理理论和方法的出现，从而促进了项目管理的多元化发展。

（3）项目管理的专业化发展。项目管理的广泛应用促进了项目管理向专业化方向的发展，突出表现在项目管理知识体系（Project Management Body of Knowledge，PMBOK）的不断发展和完善、学历教育和非学历教育竞相发展、各种项目管理软件开发及研究咨询机构的出现等。项目管理专业化的发展也促成了项目经理职业化的发展，应该说这些专业化的探索与发展，也正是项目管理学科走向成熟的标志。

2. 项目管理学科发展的趋势

（1）项目概念的广义化是现代项目管理的最主要特点，从做事的角度一切皆项目已经成为一种管理理念。任何学科的发展都离不开时代背景，都受到客观环境的制约。当今时代尽管有各种各样的项目，对项目的管理也有各种层次，但最基本的是单一项目的管理，这种单个项目是国民经济发展的细胞。它们的数量、类别、复杂程度、规模大小、周期长短，综合反映了一个国家的经济发展程度和科技发展水平。因此单个项目的管理从大的方面说，是关系到国民经济发展的重要的因素；从小的方面说，是各个项目相关单位兴衰、存亡的关键。这也是为什么项目管理在国内外项目管理专业领域受到特别重视的原因。

（2）世界各国研究的 PMBOK 及衍生标准是当前项目管理学科发展的重要内容。从 20 世纪 90 年代以来，世界各国专业人员与组织，纷纷提出了 PMBOK 的问题，PMBOK 之所以受到专业学术领域如此重视，其最主要的原因，在于它跨越了行业的界限，它归纳出的项目管理体系，是各行业的项目管理人员所必需的基本知识。就像网络计划技术可以适用于各行各业的计划管理一样，PMBOK 总结归纳出的知识体系及其相关标准，也可以适用于各行各业。应用这一知识体系和标准，对提高项目管理专业人员的水平有极大的促进作用。知识体系与专业资格认证的结合从某种意义上说也反映了现代科技发展的特点。

（3）企业项目化管理模式的出现扩展了项目管理的传统内涵，项目管理成为一种新的组织与管理方式。传统的项目管理是以单项目的管理过程控制为目标的，现代项目管理已经将项目的概念扩展到企业一次性的活动，企业经营活动的项目化管理模式的出现就是将项目管理的目标管理思想和过程控制方法应用于企业的各项活动之中，项目管理成为提升企业执行力的一种重要手段。

（4）项目管理是科学、技术和艺术相结合的产物，注重全方位的综合管理是现代项目管理的特点。有越来越多的迹象表明，项目管理专家们正以极大的兴趣关注着所谓项目的"软"问题，诸如项目过程中的思维、行为、情感、适应性、项目管理中的交叉文化问题、项目经理的领导艺术等。国际项目管理协会建立的项目经理能力标准 ICB 在对项目经理能力的考核上特别强调这些软能力的评估，特别是对于高级项目经理来讲，软能力的要求会更加严格。因此，项目管理是将思想转化为现实，将抽象转化为具体的科学和艺术。

3. 项目管理学科在双向探索中发展

自 20 世纪 50 年代末 60 年代初以来，学术界与各有关专业人士对项目管理的研究基本上在向两个方向努力。一个方向是探讨本学科在项目管理中有无用武之地，如何将本学科领域的专业理论、方法应用于项目管理，如计算机、控制论、工商管理、模糊数学等。另一个方向则是探讨如何把项目管理的理论、方法应用到本行业中去，如建筑业、农业、军事工业及现代信息领域等。

这种双向探索尽管均出于外界的需求，但极大地促进了项目管理自身的发展。使得项目管理也在向两个方向发展：

一是项目管理向学科化、体系化的方向发展。项目管理吸收和集成了现代管理领域各学科最精华的内容，逐渐形成了反映项目特征的学科体系内容。例如，美国 PMI 于 1987 年提出的项目管理知识体系，2016 年《PMBOK 指南》（第 6 版）对项目管理知识框架从十个大的职能领域进行了划分，涉及了范围管理、进度管理、成本管理、质量管理、资源管理、沟通管理、采购管理、风险管理、利益相关者管理及整合管理。

另一方面，项目管理学科也正在向实用化方向发展。这也是项目管理学科的主要特色，其所强调的是与行业项目实践的结合，包括各种方法、工具、标准、法规等。如 1992 年我国的 GB/T 13400.1～13400.3——92"网络计划技术"，国际标准化组织于 1997 年推出的 ISO 10006 "质量管理——项目管理质量指导"，2000 年之后各种计算机应用软件系统的出现及 2010 年之后企业项目管理体系的发展与建立等。这种跨行业、跨专业、有理论、有实践的学科发展，进一步促进了项目管理专业学科的建立和发展。

4. 项目管理知识体系及其发展

项目管理知识体系是美国项目管理协会（Project Management Institute，PMI）于 1984 年首先提出的一个概念，并于 1987 年推出第一个基准版本，随后 1996 年进行了改进并正式发布了 PMBOK1.0，其后每四年发布一次更新版本。PMBOK 是作为在所有项目中使用项目管理知识领域的指导纲要而编写的，同时它也描述了这些领域的基本知识框架。因此 PMBOK 识别了项目管理知识体系普遍公认为良好做法的那一部分。所谓识别是指一般概括性介绍，而非详尽无遗地说明。普遍公认是指介绍的知识和做法在绝大多数情况下适用于绝大多数的项目，其价值和实用性也得到了人们的广泛认同。良好做法是指一致认为正确应用这些技能、工具和技术能够增加范围极为广泛的各种不同类型项目成功的机会。良好做法并不是说这些知识和做法一成不变地应用于或应当应用于所有的项目，对任何一个指定的项目，项目管理团队负责决定体系中的哪些东西适用。

PMBOK 还是一个项目管理职业和实践中共同的术语汇编，为讨论、书写和应用项目管理方面的问题提供了便利，来自不同组织的人们可以以共同的术语进行高效率的协作。PMBOK 作为项目管理职业的基本参考资料，既非包罗万象，也非面面俱到。PMBOK 只讨论了公认的对单个项目进行管理的良好做法及其项目管理过程，其他诸如组织项目管理能力的成熟度、项目经理的胜任能力及涉及这些领域属于公认良好做法的其他题目有其他标准进行讨论。

有效的项目管理要求项目管理团队理解和利用至少 5 个专业知识领域的知识与技能：
（1）项目管理知识体系。
（2）应用领域知识、标准与规章制度。
（3）理解项目环境。
（4）通用管理知识与技能。
（5）处理人际关系技能。

图 1-2 表示了上述 5 个专业领域之间的关系。它们虽然表面上自成一体，但是一般有重叠之处，任何一方都不能独立。有效的项目团队在项目的所有方面都要综合运用之，但没有必要使项目团队每一个成员都成为所有这 5 个领域的专家，任何一个人都具备项目所需要的所有知识和技能事实上也是不可能的。然而，项目管理团队具备该指南的全部知识，熟悉项目管理知识体系与其他 4 个管理领域的知识对于有效地管理项目是十分重要的。

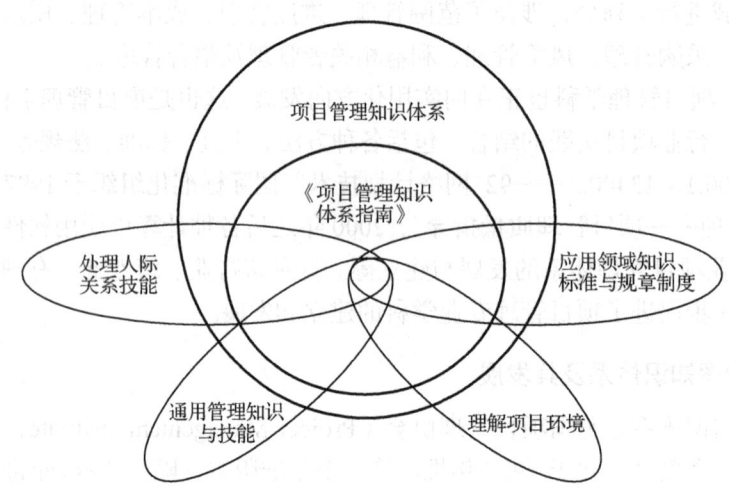

图 1-2 项目管理团队需要的专业知识领域

各个国家都在建立与其管理文化相适应的 PMBOK，中国项目管理研究委员会于 2001 年在其成立 10 周年之际正式推出了"中国项目管理知识体系"（C-PMBOK），其知识范畴限定在项目管理的共性知识，即"普遍接受的项目管理知识与实践"，但在其体系结构上已考虑了包容其他领域知识的问题。2006 年 C-PMBOK 2.0 也正式出版。

1.1.3 国际项目管理组织及其发展

世界各地项目管理学术组织的纷纷成立也是项目管理学科从经验走向科学的标志，国际项目管理组织的发展从某种角度上也反映了项目管理的发展历程。当前，国际上最具有代表性和权威性的项目管理组织是国际项目管理协会和美国项目管理学会。

1. 国际项目管理协会

国际项目管理协会（International Project Management Association，IPMA）是一个在瑞士注册的非营利性组织，它的目标是成为项目管理国际化的主导促进者。

IPMA 创建于 1965 年，早先的名字是 INTERNET，是国际上成立最早的项目管理专业组织，它的目的是促进国际项目管理的交流，为国际项目领域的项目经理之间提供一个交流各自经验的平台。IPMA 于 1967 年在维也纳主持召开了第一届国际会议，项目管理从那时起即作为一门学科而不断发展，截至 2020 年 IPMA 已分别在世界各地举行了 31 届全球项目管理大会，主题涉及项目管理的各个方面，如 "项目实施与管理""按项目进行管理""无边界的项目管理""全面的项目管理""管理变革的突破性能力"等，范围极其广泛。第 20 届全球项目管理大会是 2006 年 10 月在我国上海举行的，主题为"项目管理——创新时代的关键"，有来自世界上 100 个国家和地区的千余名代表参加了本届会议。

IPMA 的成员主要是各个国家的项目管理协会，到目前为止共有美国、英国、法国、德国、中国等 70 个成员国组织，这些国家的组织服务于本国项目管理的专业需求，IPMA 则提供有关需求的国际层次的服务。为了达到这一目的，IPMA 开发了大量的产品和服务，包括研究与发展、教育与培训、国际项目经理 IPMP 认证、项目管理咨询师认证、敏捷项目管理师认证、组织项目管理能力基准、卓越项目管理大奖及内容广泛的各种出版物等。

除上述各成员组织外，有一些其他国家的学会组织与 IPMA 一起在促进项目管理的国际化，对于那些已经成为 IPMA 成员的各国项目管理组织来说，它们的个人会员或团体会员已自动成为 IPMA 的会员。在那些没有项目管理组织或本国项目管理组织尚未加入 IPMA 的国家的个人或团体，可以直接加入 IPMA 作为国际成员。

《国际项目管理杂志》是 IPMA 的正式会刊，该刊涵盖并综合了项目管理各方面的内容，已经成为国际上最权威的项目管理专业期刊，并被 SSCI 全文收录。它为全世界的专业人员提供了一个了解所需技术、实践和研究领域的场所，同时也为读者提供了一个论坛，在这里读者可以分享到各个行业应用项目管理的共同经验，也可以分享到在项目管理中应用各种技术的共同经验。

国际项目经理资质认证（International Project Manager Professional，IPMP）是 IPMA 在全球推行的四级项目经理资质认证体系的总称，是国际上最具权威的项目管理专业资质认证。IPMP 是对项目管理人员知识、经验和能力水平的综合评估证明，能力评估是 IPMP 考核的最大特点。根据 IPMP 认证等级划分获得 IPMP 各级项目管理认证的人员，将分别具有负责项目组合、大型项目、一般项目或从事项目管理专业工作的能力，截至 2020 年 IPMP 在全球有超过 40 万人的认证规模。

2. 美国项目管理协会

美国项目管理协会（Project Management Institution，PMI）创建于1969年，PMI在推进项目管理知识和实践的普及中扮演了重要角色。

PMI的成员以企业、大学、研究机构的专家为主，它卓有成效的贡献是开发了一套项目管理知识体系。20世纪六七十年代，从事项目管理的人都是在实践方面进行总结的。1976年的一次会议上，有人大胆地提出了一个设想：能否把这些具有共性的实践经验进行总结，并形成"标准"？作为一个议题，与会的人们会后进行了深入思考和研究。

1981年，PMI组委会批准了这个项目，组成了以Matthew H. Parry为主席的10人小组进行开发。这个小组还得到了25个志愿者的帮助。1983年该小组发表了第一份报告。这份报告中项目管理的基本内容被划分为6个领域，即范围管理、成本管理、时间管理、质量管理、人力资源管理和沟通管理。这些成了PMI项目管理专业化的基础内容。

1984年PMI组委会批准了第二个关于进一步开发项目管理标准的项目，组成了以R. Max Wideman为主席的20人小组进行再开发。在标准的内容方面，提出要增加3个部分：项目管理的框架、风险管理、合同/采购管理。1987年该小组发表了研究报告，题目是"项目管理知识体系"。此后的几年，广泛地讨论和征求了关于PMI的主要标准文件的形式、内容和结构的意见，有1万多名PMI的成员和20多个其他的专业组织做出了贡献，1991年提出了修订版。1996年进行了修订，成为正式发布的项目管理知识体系，简称为PMBOK。2017年的第6版PMBOK将项目管理系统归纳出十大知识领域：范围管理、进度管理、成本管理、资源管理、风险管理、质量管理、采购管理、沟通管理、利益相关者管理和整合管理，并分别对各领域的知识、技能、工具和技术做了全面总结。实践证明，PMBOK已经真正成为项目管理专业人士的知识指南，目前PMBOK已经被世界项目管理界公认为是一个全球性标准，国际标准化组织（ISO）以该指南为框架，制定了ISO 10006标准。

PMI的资格认证制度从1984年开始，称为"项目管理专业人士"（Project Management Professional，PMP）。PMI的项目管理专业人士认证同IPMA的资格认证侧重点有所不同，它虽然有项目管理能力的审查，但更注重知识的考核，必须参加并通过包括200个选择题的考试。

1.2 中国项目管理的发展

1.2.1 中国项目管理的发展历程

中国项目管理的发展最早应起源于20世纪60年代华罗庚推广"统筹法"的结果，现代项目管理学科的形成就是由于统筹法的应用而逐渐形成的。此外，我国"两弹一星"的研制中推行的系统工程方法也是项目管理体系形成的重要基础。中国项目管理的发展主要经历了四个阶段。

1. 项目管理方法的产生和引进

20世纪60年代初期，华罗庚教授引进和推广了网络计划技术，并结合我国"统筹兼顾，全面安排"的指导思想，将这一技术称为"统筹法"。当时华罗庚组织并带领小分队深入重点工程项目中进行推广应用，取得了良好的经济效益。我国项目管理学科的发展就是起源于华罗庚推广"统筹法"的结果，中国项目管理学科体系也是由于统筹法的应用而逐渐形成的。20世纪80年代，随着现代化管理方法在我国的推广应用，进一步促进了统筹法在项目管理过程中的应用。此时，项目管理有了科学的系统方法，但当时主要应用在国防和建筑业，项目管理的任务主要强调的是项目在进度、费用与质量三个目标上的实现。

2. 现代项目管理体系的引进与推广

1984年，在我国利用世界银行贷款建设的鲁布革水电站饮水导流工程中，日本建筑企业运用项目管理方法对这一工程的施工进行了有效的管理，使得该工程的投资总额降低了40%，工期也大大缩短，取得了很好的效果。这给当时我国的整个投资建设领域带来了很大的冲击，人们确实看到了项目管理技术的作用。基于鲁布革工程的经验，1987年国家计委、建设部等有关部门联合发出通知，在一批试点企业和建设单位要求采用项目管理施工法，并开始建立中国的项目经理认证制度。1991年建设部进一步提出把试点工作转变为全行业推进的综合改革，全面推广项目管理和项目经理负责制。比如，在二滩水电站、三峡水利枢纽建设和其他大型工程建设中，都采用了项目管理这一有效手段，并取得了良好的效果。

3. 项目管理专业学会及协会的成立

1991年6月，在西北工业大学等单位的倡导下，成立了我国第一个项目管理专业学术组织——中国优选法统筹法与经济数学研究会项目管理研究委员会（Project Management Research Committee, China, PMRC），PMRC的成立是中国项目管理学科体系开始走向成熟的标志。PMRC自成立至今，每年都在开展专业的项目管理学术活动，为推动我国项目管理事业的发展和学科体系的建立，为促进我国项目管理与国际项目管理专业领域的沟通与交流起了积极的作用，特别是在推进我国项目管理专业化与国际化发展方面，起到了非常重要的作用。目前，许多行业也纷纷成立了相应的项目管理组织，如中国建筑业协会工程项目管理委员会、中国国际工程咨询协会项目管理工作委员会、中国工程咨询协会项目管理指导工作委员会、中国宇航学会系统工程与项目管理专业委员会等，都是中国项目管理日益得到发展与应用的体现。

4. 项目管理的培训、普及与应用

2000年后随着IPMP、PMP的引进与推广，项目管理培训得到普及，10年的时间参加项目管理培训普及的人数超过了数十万人。同时，项目管理应用向不同的行业领域扩展，企业项目化管理的思想也逐渐出现。这一阶段最为典型的特征是中国项目管理知识体系的形成与发布，各行各业项目管理的应用得到普及。

1.2.2 中国项目管理的发展趋向

1. 强调行业项目管理的应用研究

1984年，我国首次采用国际招标建设鲁布革水电站，取得良好经济效益，此后，建设

部、电力部、化工部等相继实施了承包商项目经理制度。但现在，项目管理早已走出了工程建造业，IT、医药、金融、机械、服务等行业都成为项目管理的发展领域。

项目管理在各行各业的应用及多元化发展，必然出现行业项目管理的新需求，公用的项目管理方法体系需要结合行业项目的特色进行充实与完善，类似工程项目管理、国防项目管理、IT项目管理、研发项目管理，甚至像软件项目管理、产品研发项目管理等更细化的应用领域的项目管理研究将更为完善。

2. 企业管理的项目化发展

随着越来越多的企业发现多达50%的企业工作以项目的形式进行，企业采用专业化的项目管理在新产品研究开发、市场营销、技术创新、产品产业化升级及新产品生产线更新等方面的卓越表现超越了对项目进行管理的本身，而上升为一种企业管理思想和操作化模式，这种企业管理思想模式在实际工作中被称为企业化项目管理或企业管理的项目化发展。

将企业中一次性的，具有明确目标、预算和进度要求的多任务的活动视为项目，并按项目的专业化技术和方法进行管理，从而比常规方法更好、更快地实现目标，是企业管理项目化得以发展的根本基础。项目化管理的特点是突破原有职能业务型组织形式，以创新为导向强调什么可以改变，而不是以约束为导向强调不能改变什么，培养企业的创新型文化。

天津天士力制药公司是我国在企业内全面推行项目化管理最早的企业，通过项目化的实施使员工有了相互沟通和协作的团队精神，培养了一批项目管理经理。不分职务、等级的项目讨论的方式，营造出一种以人为本、尊重人、鼓励创新的团队文化，涌现出了数百个有价值的技术和工艺改进项目，同时缩短了劳动时间，进一步提高了生产效率。

3. 强调组织项目管理应用的成熟度

项目管理成熟度模型（Project Management Maturity Model，PM3）表达的是一个组织（通常是一个企业）具有的按照预定目标和条件成功地、可靠地实施项目的能力。成熟度意味着在发展过程中不断地充实和改善项目管理的能力，从而提高项目的成功率。模型意味着从低级向高级的发展过程和阶段。因此，成熟度模型不是一个数学解析式或一个图表，它是一整套科学的体系和方法，也是表征一个企业项目管理能力从低级向高级发展、项目实施的成功率不断提高的过程。

PM3最早是由著名的项目管理大师哈罗德·科兹纳博士提出的，通过项目管理成熟度模型可以帮助公司评判项目管理的现状，它包含五个层次，即通用术语、通用过程、单一方法、基准比较及持续改进，每一层次标志着不同的项目管理成熟度。虽然该模型把项目管理成熟度分成了五个层次，实际上某些层次也会发生重叠，但每个阶段被完成的顺序是不能改变的。

IPMA的Delta模型和PMI的OPM3都是针对组织项目管理的应用成熟度所建立的评价模型，这些模型是组织提升项目管理能力的主要参考标准。

4. 企业项目管理体系的建设

项目管理是一项技术性非常强的工作，要符合社会化大生产的需要，项目管理必须标准化、规范化、体系化，企业化项目管理的发展要求企业必须建立符合自身特点的项目管理体系。项目管理体系建设就是在企业建立一套项目管理的标准方法，并与企业的业务流程集成在一起，形成以项目管理为核心的运营管理体系。项目管理体系将用系统化的思维方式，综合企业项目管理中涉及的多项目管理、项目群管理和单项目管理的问题，融入企业项目管理策略和方法，规范项目的工作流程、操作规则及操作方法，为项目考核评价奠定基础。

在我国未来企业项目管理的应用发展中，项目管理体系的建立将成为企业项目管理工作者和项目管理研究者共同探讨的主题。我们应在全面总结，吸收国外，如微软、IBM、波音等著名企业项目管理体系的建设框架的经验基础上，建立符合中国企业特色、行业特色及组织特色的项目管理体系。

5. 项目管理的职业化与专业化发展

随着项目管理应用的普及及企业化项目管理的发展，项目管理的职业化及专业化发展就成为必然，就像现在出现了越来越多的职业经理人一样，未来职业项目管理者及职业项目经理会越来越多。项目管理职业化发展使得人们在企业中的职业发展有了更多的选择余地和发展空间，员工可以从负责一个小小的项目开始，慢慢成长到能负责一个中等规模，甚至影响企业未来发展的大项目。更多企业员工追求的职位不再是数量有限的部门经理，而是有广阔前景的、具有较大成长空间的、无限的大大小小的项目管理者。广泛开展的项目管理资格认证将更有助于项目管理的职业化和专业化发展。

6. 项目管理软件的系统化和多元化发展

随着项目管理应用的广泛化发展，项目管理软件（Project Management Software，PMS）开发将成为项目管理发展中的下一个热点，仅美国就有200多家公司开发各种类型的PMS，在中国PMS的开发热潮随着项目管理的应用热潮也将掀起。项目的大型化、复杂化和动态化，以及企业化项目管理的发展使得PMS的功能要求更加系统和全面，单一功能和方法的PMS适应面将更少。行业项目管理的应用也将促进行业PMS的涌现，PMS的多元化发展也将成为必然。

上海普华科技公司对我国项目管理信息化的发展起到了非常大的促进作用，它们率先引进了美国Primavera公司推出的项目管理综合管理系统P3软件，并在此基础上开发了具有自主产权的企业项目管理信息平台Power PIP、项目管理集成系统Power On及工程项目综合管理系统Power Start。

1.3 项目管理的专业化与项目经理的职业化发展

1.3.1 项目管理的专业化与职业化

1. 项目管理的专业化发展

美国Standish Group 1994年对超过8400个项目的研究表明，只有16%的项目实现了其目标，50%的项目需要补救，34%的项目彻底失败。美国国防部20世纪70年代中期专门针对软件项目失败原因所做的大规模调查显示，70%的失败软件项目都是因为管理不善造成的，而并不是技术实力不够。20世纪90年代，据美国软件工程实施现状的调查，大约只有10%的项目能够在预定的费用和进度下交付。因此，我们得出一个结论，即影响项目全局的因素是管理，而技术只影响局部。

J.D.Frame博士于1997年对438位项目工作人员进行了调查，结果表明，项目失败的比例也非常高。根据分析，大多数项目的问题来源于以下四个方面的原因之一：组织方面出现问题，对需求缺乏控制，缺乏计划和控制，项目执行方面与项目估算方面存在问题。

然而，分析项目成功率低的深层次原因，关键是项目负责人的观念及对项目管理方法的应用和理解。从项目管理的应用来看，项目管理人员更多的是从技术骨干中培养起来的，他们在项目的专业技术上堪称一流，但他们缺乏系统的项目管理知识和丰富的项目管理经验。基于这一深层次原因，国际上逐渐提出了项目管理专业化发展的概念，认为项目管理应该有其自身的系统理论，项目管理从业人员应该具有专业化的项目管理知识，以促进项目管理的成功。

项目管理的专业化发展可以说最早起源于工程建设领域，英国皇家特许建造师学会（Chartered Institute of Building，CIOB）是这一专业化发展的促进者。随后，随着信息技术的日益应用和发展，项目管理在这一具有典型项目特征的领域也得到了广泛应用，美国项目管理协会在促进这一领域项目管理的专业化发展中起到巨大的促进作用。微软、苹果、IBM、AT&T、朗讯等著名信息领域的企业是项目管理专业化的实践者和最大受益者。

国际上很早就提出了项目管理专业化发展的概念，以促进项目管理的成功，其主要观点：一是认为项目管理应该有其自身的系统理论；二是项目管理从业人员应该具有专业化的项目管理知识。

2．项目经理的职业化发展

项目经理作为项目执行的实际领导者，对项目实施的成败起到非常关键的作用，项目管理的专业化发展就使得项目经理的职业化发展成为一种趋势。其主要原因是，丰富的项目管理经验是管理好一个项目的基础，专业化的项目管理知识是项目成功的保证。一个项目经理的成长是一个漫长的过程，需要经过许许多多成功与失败项目的系统总结，需要具有应用项目管理工具和方法的基本技能，更需要具有克服重重困难和综合协调的勇气和能力。项目管理的职业化发展使得项目管理人员在职业生涯的规划中，可以将自己的一生就定位在管理大大小小的项目中，从一个小的项目经理逐渐成长为一个大的项目经理，而不是最终脱离项目去担任职能部门的经理。

项目经理的职业化发展对于提高项目管理人员的项目管理能力、发展他们的项目管理职业道路及树立项目管理的职业荣誉感具有重要作用，它改变了过去拯救困难项目为英雄行为的观点，转而鼓励项目经理从一开始就胜任自己的工作，并善始善终。美国AT&T在1988年就提出了其项目经理职业化发展的方案构架，并得到了有效实施，这也使得其成为行业中项目管理的领先者。

我国项目经理职业化发展最早也是起源于工程建设领域，20世纪80年代中期鲁布革工程的实施有效地促进了工程项目管理的发展，项目经理责任制有效地促进了项目经理职业化的发展。目前，在建筑工程领域已经培养了超百万名项目经理，其中获得建设部资质的项目经理及建造师就有 80 万名之多，这是我国工程项目经理职业化发展的最好写照。在其他行业领域，项目经理职业化发展的思路也逐渐清晰，国防及 IT 领域中项目管理的应用与扩展，促进了该行业项目经理的职业化发展，从而带动了我国项目经理职业化应用领域的有效发展。

1.3.2 国际项目经理资质认证简介

1. 国际项目管理证书体系发展

1）概述。

项目管理证书体系的发展是伴随着项目管理科学体系的发展和应用的需要而产生的，其主要是为了证明项目管理从业人员的能力及资质水平。在国际上，最早是在 1984 年由 PMI 提出的项目管理专业人士认证，随后英、法、德等国也纷纷提出了相应的证书体系，IPMA 于 1996 年在各个国家证书发展的基础上提出了国际项目管理专业资质能力基准（IPMA Competence Baseline，ICB），目前世界各国基于 ICB4.0 开展的国际项目经理资质认证 IPMP 就是基于这一能力基准进行的。

在国际上，一般人都认为 PMI 的《PMBOK®指南》是针对项目而言的，它强调的是进行项目管理所必须掌握的知识，是人们进行项目管理的方法基础，所以 PMP 更注重从业知识考核；IPMA 的 ICB 是针对人而建立的，它强调的是从事项目管理的人所应具备的能力要素，是一个对人的能力进行综合考核的评判体系，所以 IPMP 更注重从业能力考核。

2）国际上主要的两大证书体系。

（1）PMI 的 PMP。PMI 在 1984 年设立了项目管理资质认证制度，1991 年正式推广。PMP 认证的基准是美国的 PMBOK，其将项目管理的知识领域分为十大模块，即范围管理、进度管理、成本管理、质量管理、资源管理、风险管理、沟通管理、采购管理、利益相关者管理和整合管理。

PMP 的申请首先必须通过项目管理经历的审查。报考者须具有学士学位或同等大学学历，并且必须有 3 年以上、4500 小时以上的项目管理经历；报考者如不具备学士学位或同等大学学历，须持有中学文凭或同等中学学历证书，并且至少具有 7500 小时的项目管理经历。其次，要求申请者必须经过笔试考核。主要是针对 PMI 的 PMBOK 中的十大知识模块进行考核，要求申请者参加并通过包括 200 道选择题的考试。通过标准为考生需要在 175 道试题中答对 61%或以上的试题，这 175 道试题是从 200 道试题中随机删除 25 道试题。

（2）IPMA 的 IPMP。IPMP 是 IPMA 在全球推广的四级证书体系的总称，它是 IPMA 于 1996 年开始提出的一套综合性资质认证体系，1999 年正式推出其认证标准 ICB1.0，2016 年推出 ICB4.0，目前已经有近 70 个国家和地区开展了 IPMP 的认证与推广工作。IPMA 的 70 多个会员国都参与到了 ICB 能力基准 4.0 版的编辑工作中，这确保了所有会员国组织对于项目管理能力的要求和实践经验都能在 ICB 4.0 中得以反映。ICB 4.0 中项目管理专业人员的能力被划分为 29 个能力要素，包括 5 项环境能力要素、10 项行为能力要素，以及 14 项技术能力要素。

IPMA 能力基准是各成员国开展认证工作的基础，各国认证委员会可以运用这些能力要素来评估申请者。通过在 ICB 中增加特殊能力要素与内容的方式，国家间的文化差异在国家能力标准 NCB 中就可以得到体现。各国的国家能力基准必须通过 IPMA 的审核，这样就可以保证各国的认证体系都与 ICB 保持相对的一致。

各国通过 IPMP 认证的人员由各国统一向 IPMA 进行注册，并且公布在 IPMA 的网站，以及 IPMA 的认证年报（IPMA Certification Yearbook）上。

2．IPMP 四级证书体系简介

国际项目经理资质认证是 IPMA 在全球推行的四级项目管理专业资质认证体系的总称。IPMP 是对项目管理人员知识、经验和能力水平的综合评估证明，根据 IPMP 认证等级划分获得 IPMP 各级项目管理认证的人员，将分别具有负责项目组合、项目集群、大型项目、一般项目或具有从事项目管理专业工作的能力。

IPMA 依据 ICB，针对项目管理人员专业水平的不同，将项目管理专业人员资质认证划分为四个等级，即 A 级、B 级、C 级、D 级，每个等级分别授予不同级别的证书，如表 1-1 所示。

表 1-1　IPMP 四级证书体系

等级划分（Level）		领域分类（Domain）		
		项目（Project）	项目集群（Programme）	项目组合（Portfolio）
	A	认证的特级项目经理（Certified Project Director）	认证的特级项目集群经理（Certified Programme Director）	认证的特级项目组合经理（Certified Portfolio Director）
	B	认证的高级项目经理（Certified Senior Project Manager）	认证的高级项目集群经理（Certified Senior Programme Manager）	认证的高级项目组合经理（Certified Senior Portfolio Manager）
	C	认证的项目经理（Certified Project Manager）		
	D	认证的项目经理助理（Certified Project Management Associate）		

IPMP 认证的特点是注重能力考核，能力＝知识＋技能＋才能是其基本定义，IPMP C 级以上考核级别越高对于经验的要求越严格。IPMP 笔试考核注重于解决实际问题的能力，并且试题考核以案例为导向。WORKSHOP 与案例报告是 IPMP 特有的考核形式，对于应试者个人素质及解决问题的能力考核非常重要。IPMP 面试着重于对应试者综合素质的考核，全面了解应试者从事项目管理的理念。

中国项目管理研究委员会（Project Management Research Committee，China，PMRC）是 IPMA 的成员国组织，并代表中国加入 IPMA 成为 IPMA 的会员国组织，IPMA 已授权 PMRC 在中国进行 IPMP 的认证工作。PMRC 已经根据 IPMA 的要求建立了"中国项目管理知识体系（C-PMBOK）"及"国际项目经理资质认证中国标准（C-NCB）"，这些均已得到 IPMA 的支持和认可。PMRC 作为 IPMA 在中国的授权机构，于 2001 年 7 月开始在中国全面推行国际项目管理专业资质的认证工作，截至 2020 年，中国已经有近 10 万人获得了 IPMP 证书。

1.3.3 项目管理与职业发展

著名管理顾问 Tom Peters 指出："在当今纷繁复杂的世界中，项目管理是成功的关键。"

美国《财富》杂志指出："项目管理将成为 21 世纪的最佳职业。项目管理专业人员将成为各国争夺人才的热点。"

在现实的工作和生活中，我们发现，很多人做事缺乏计划性和有效性。同样的一件事情，那些善于计划思考并有效执行的人做得相对比较圆满，反之，会浪费很多资源和时间，结果却事与愿违，不尽如人意！"系统计划，高效做事"不但是在校大学生必备的素质，也是职场人士特别是管理者必备的职业素质之一！

项目管理所强调的系统的思维能力和系统的做事能力将有助于职业生涯的发展。系统的思维实际上就是看待问题的角度、观念和思路的系统性与整体性，要求完整和全面，强调的是基于系统的观念分析与处理问题。系统思维能力的核心涉及：把混乱的东西——条理化，强调的是系统的思维；把条理的东西——合理化，强调的是科学的管理；把合理的东西——细分化，强调的是细节的落实；把细化的东西——有机化，强调的是和谐的平衡；把有机的东西——最优化，强调追求的目标是"多、快、好、省"。

系统的做事能力是如何有效完成一件有待完成的任务的工作能力，这涉及：如何在给定的时间、资源及费用等各种约束下，按期实现任务的目标；如何根据任务的目标、范围及时间要求，制订一份有效的任务实施计划；如何在任务执行的过程中进行有效的监控；如何分析任务实施过程中的不确定性和风险，以便更好地完成任务的目标。这些就是系统做事能力的体现，是一个管理者应该具备的基本素质能力，也是作为任何一个日常生活中应该具备的基本能力体现。

项目管理将有助于职业道路的成长，正如图 1-3 所示，如果你具有系统的项目管理知识，你将更具有成为企业高层领导的潜力，项目管理实际上是从技术走向管理的桥梁。

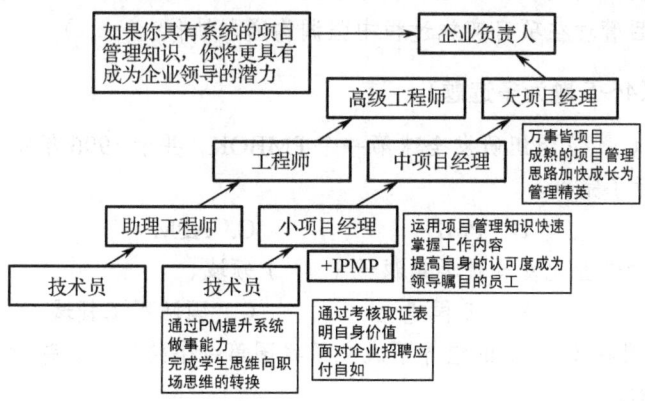

图 1-3　项目管理的职业成长道路

当然，项目经理的能力要求是一个综合的系统能力问题，甚至比专业的职能管理具有更高的要求。个人项目管理能力的提升需要通过多方面进行完善，但改变观念接受项目管理的思维理念是其核心所在。系统学习项目管理知识体系将有助于树立项目管理的思维理念，有意识地按照项目管理的思维方式去做事将会不断提升自己完成任务的效率。

基于项目经理在企业中的重要价值和项目中的重要角色，项目经理必须不断提升自己的管理能力，以不断促进自己职业生涯的发展。要成为一名优秀的项目经理，参加专业权威的项目经理认证也是必不可少的，行业协会组织的专业认证通常是项目经理能力在专业领域达到某一水平的重要证明和标志。国际上最具权威的项目管理认证当数 IPMA 的 IPMP 认证，这是一个适应多层次、多级别的全球认证，适应了项目经理的职业发展需求。从担任项目中的一个角色，到负责一般项目、大型项目，再到项目群的管理的角色，这一认证均有对应的认证级别。

总体来说，项目经理是企业项目化管理的基石，是项目任务的责任主体，是团队管理的灵魂，是项目目标的管控者，是企业执行力提升的组织者，项目经理应该不断地提升自己的管理能力，并使自己的能力得到行业及专业的认可，才能更好地促进自己的职业发展，并在企业管理效率与效益的提升中体现自己的价值。

复习思考题

一、判断题

1. 传统的项目管理通常被认为起源于第二次世界大战。（ ）
2. 项目管理的专业化发展是目前项目管理学科的发展特点之一。（ ）
3. 项目管理知识体系（PMBOK）的概念是由美国项目管理协会首先提出来的，是指项目管理专业领域中知识的总和。（ ）
4. 研究和开发 PMBOK 就是在明确建立 PMBOK 的"目的"的基础上，解决好知识体系的"范畴"和"结构"问题。（ ）
5. 国际上主要的两大项目管理证书体系是 PMI 的 IPMP 和 IPMA 的 PMP。（ ）
6. 成功的项目管理在项目实施过程中强调沟通与协作。（ ）

二、选择题（4～5 题为多选题）

1. 1987 年由（ ）组织研发全球第一个 PMBOK，并于 1996 年发布，2000 年、2004 年、2008 年又进行了完善。
   A. IPMA   B. PMI   C. APM   D. PMRC
2. 项目管理的专业化发展最早起源于（ ）领域。
   A. 信息产业   B. 工程建设   C. 国防军工领域   D. 制造业
3. 1991 年 6 月在（ ）的倡导下成立了我国第一个跨地区、跨行业的项目管理专业学术组织——PMRC。
   A. 清华大学   B. 北京大学

C. 西安交通大学　　　　　　　　　　D. 西北工业大学
4. 当前项目管理发展的特点是（　　）。
A. 全球化发展　　B. 多元化发展　　C. 专业化发展　　D. 普及化发展
5. IPMP 与 PMP 的主要不同体现在（　　）。
A. 证书体系不同　　　　　　　　　　B. 认证标准不同
C. 考核方式不同　　　　　　　　　　D. 运作方式不同

三、思考题

1. 项目管理学科的发展趋势和发展特点是什么？
2. 项目管理知识体系（PMBOK）是什么？
3. 简述中国项目管理的发展现状与发展趋势。
4. 说明国际上主要的两大证书体系的各自特点。
5. 如何看待项目管理的专业化与项目经理的职业化发展？

第 2 章

项目与项目管理

本章要点

本章系统介绍了项目与项目管理的基本概念和理念框架,使读者对项目管理有了整体和初步的认识。首先介绍项目的概念、特征与属性,项目的组成要素,项目生命周期及项目集群与项目组合的概念;然后阐述项目管理的概念、特点,以及项目管理与作业管理的区别,并介绍了敏捷项目管理的概念与优势;最后介绍常见的几种国际工程项目管理模式,包括工程总承包、项目管理服务和项目管理总承包。

引导案例 项目管理为华为产品研发带来的管理变革[①]

华为公司成立于 1984 年,从 3 万元人民币开始创业,至 2019 年销售收入已超过了 8 500 亿元。20 世纪末期,华为公司的销售额已经达到了几十亿元。为了谋求更好的发展,公司高层先引入了基本法对企业的文化理念进行系统阐述,由于基本法解决不了产品研发中的质量和成本问题,之后又引入了集成产品开发(Integrated Product Development,IPD)咨询,公司在 IBM 咨询顾问的带领下,对公司产品和流程进行重整,对项目管理体系进行了细致的梳理。下面是华为公司研发项目管理特点的简要介绍。

1. 基于流程的产品开发项目管理体系的形成

为了把产品项目管理好,华为公司建立了结构化的产品开发流程,分为 6 个阶段:概念阶段、计划阶段、开发阶段、验证阶段、发布阶段、生命周期管理阶段。公司首先建立了产品开发流程的袖珍卡,即产品开发概略图,但由于袖珍卡在指导产品开发项目团队方面还不足以具体化、可操作,所以针对袖珍卡的每个阶段又进行了展开,制作了阶段流程图并描述了流程图中每项活动的含义。按照 IBM 咨询顾问指导设计的产品开发流程,华为

[①] 本案例由深圳汉捷研发管理咨询公司副总裁郭富才提供。

公司更加重视概念阶段对产品的定义及各领域策略的制定，重视计划阶段对技术方案的制订及各领域实施方案的制订。虽然延长了概念阶段和计划阶段的周期，但是整个产品开发项目的周期缩短了。

2. 对产品开发项目实施端到端的管理

华为公司在 IBM 顾问协助下实施端到端的管理，这种管理理念要求产品开发项目从市场中来，最终又通过项目活动来满足市场需求。也就是说，产品开发项目需要跨部门团队之间的合作才能完成产品开发目标，保证市场的需求，项目经理则是这个团队的关键领导。

3. 建立有利于多部门协作的跨部门项目管理模式

在 IBM 咨询引入之前，华为公司是采用职能式的产品开发模式，这种开发模式导致项目成员沟通不顺畅，产品开发周期长。为了改变这种现状，华为公司建立了许多跨部门的业务团队，其中产品开发团队（Product Development Team，PDT）是最典型的。PDT 采用强矩阵式管理模式，在这种模式下，职能部门经理由原来既管事又管人转变为只管人，更多地关注培养部门的能力，包括对部门人力资源的规划与培养、部门技术的规划及开发、部门的管理体系建设、向 PDT 团队提供合格的人力资源等。

4. 将研发项目按不同业务类型进行分类管理

华为公司在 IBM 咨询顾问指导下，将研发分为预研和开发，研发体系的项目重点则分为产品预研、产品开发、技术预研、技术开发四大类。产品预研是在市场前景尚不明确或技术难度较大的情况下，对符合公司战略的产品进行立项研究，着重探索和解决产品实现的可行性。技术预研在产品应用前景尚不明确或技术难度较大的情况下，对有利于增强公司产品竞争力的产品，进行前瞻性技术、关键技术或技术难点的立项研究。之所以将研发项目分类，是为了考核的需要。由于开发项目的进度、结果可以预知，质量可以控制，因此针对开发项目，进度、质量、财务往往成为考核的目标。

5. 依靠过程审计保证项目流程体系的完善执行

在华为有专门的部门负责公司的流程建设与优化。为保证流程体系得到执行，华为公司引入过程审计的概念，由产品质量保证（Product Quality Assurance，PQA）承担过程审计的任务。在每个产品开发项目启动阶段，公司质量部会为项目指定一个 PQA，PQA 定位于项目中的流程专家。在华为公司，管理优化部门负责流程的制定，研发团队在执行流程的过程中接受 PQA 的审计，以保证流程得到有效执行。

6. 通过项目经理的认证体系引导项目经理的发展

IPD 咨询引入后，华为公司开始注重对项目经理和系统工程师的培养。为了培养项目经理，专门成立了项目管理能力建设组，制定了培养规划，并对项目经理的资格条件进行了规定。在外部合作中，建立了一致的项目经理项目管理能力标准、培训课程与平台、认证程序与平台，并在第一目标中（2002 年）培养了 100 名种子项目经理。

7. 体现了技术管理和项目管理两条线管理的思路

华为公司的研发项目管理，体现了技术线和管理线分开的思路。在项目团队中有两个非常重要的角色：一个是项目经理；另一个是系统工程师。PDT 经理来源于研发、市场、制造等各个领域，全面负责新产品的成功开发，并组织项目开发团队，对团队的结果负责。

系统工程师将市场需求转化成产品包需求，确保开发过程中产品预定的需求和规格，关注产品总体架构的开发，并推动产品集成和测试策略及计划的实施。

华为公司作为中国新兴的科技型企业，短短的 20 年时间，从 3 万元开始，2009 年基本没有任何悬念地进入世界 500 强企业，这首先得益于项目管理的应用及带来的管理变革。之后通过自身的实践经验，形成了独特的项目管理模式，其成功转型过程中有许多方面被中国其他企业所借用，使项目管理这种理念为更多的企业带来收益。

【案例点评】华为公司为了谋求发展引入了基本法，但由于基本法无法解决产品研发质量和成本问题，因此对公司产品和流程及项目管理体系进行重新调整，建立结构化产品开发流程，形成了基于流程的产品开发项目管理体系。对产品的开发实行了端到端的管理，这种管理方式也有利于跨部门之间的合作。公司按照不同的业务类型将研发项目进行分类管理，按照不同的研发项目设定不同的考核指标。公司在完善了项目管理体系之后也开始关注对项目经理和系统工程师的培养，制定了不同的资格能力标准。华为公司的研发项目管理，从技术线和管理线两个方面展开，确保了产品研发质量和成本，为公司成为世界 500 强企业奠定了基础。

2.1 项目

什么是项目？对于项目的定义和概念，很多教科书或专家从许多不同的角度给出，对于本书而言，项目的定义是从一般项目和广义的角度给出的。

2.1.1 项目的概念

项目，来源于人类有组织活动的分化。随着人类的发展，有组织的活动逐步分化为两种类型：

（1）一类是连续不断、周而复始的活动，人们称之为"作业（或运作）"（Operations），如企业日常生产产品的活动。

（2）另一类是临时性、一次性的活动，人们称之为"项目"（Projects），如企业的技术改造活动、一项环保工程的实施等。

美国项目管理协会《PMBOK 指南》（第 6 版）对项目的定义为：项目是为创造独特产品、服务或成果而进行的临时性工作。

国际项目管理协会 ICB 4.0 中对项目的定义为：项目是一种独特的、临时的、多学科的有组织的活动，通过这些活动得到预定义的、商定的要求和约束范围内的可交付成果。

国际知名项目管理专家、《国际项目管理杂志》主编罗德尼·特纳认为：项目是一种一次性的努力，它以一种新的方式将人力、财力和物资进行组织，完成有独特范围定义的工作，使工作结果符合特定的规格要求，同时满足时间和成本的约束条件。项目具有定量和定性的目标，实现项目目标就是能够实现有利的变化。

美国著名的项目管理专家詹姆斯·刘易斯博士认为：项目是指一种一次性的复合任务，具有明确的开始时间、明确的结束时间、明确的规模与预算，通常还有一个临时性的项目组。

综合来讲，我们给出项目的定义：

项目是特殊的将被完成的有限任务，它是一个组织为实现既定的目标，在一定的时间、人员和其他资源的约束条件下，所开展的满足一系列特定目标、有一定独特性的一次性活动。

其中包含三层含义：

（1）项目是一项有待完成的任务，有特定的环境与要求。这一点明确了项目自身的动态概念，即项目是指一个过程，而不是指过程终结后所形成的成果。例如，可以把一个新图书馆的建设过程称为一个项目，而不是把新图书馆本身称为一个项目。

（2）在一定的组织机构内，利用有限资源（人力、物力、财力等）在规定的时间内完成任务。任何项目的实施都会受到一定的条件约束，这些条件是来自多方面的，如环境、资源、理念等。这些约束条件成为项目管理者必须努力促使其实现的项目管理的具体目标。在众多的约束条件中，质量（工作标准）、进度、费用是项目普遍存在的三个主要的约束条件。

（3）任务要满足一定功能、质量、数量、技术指标等要求。项目是否实现，能否交付用户，必须达到事先规定的目标要求。功能的实现、质量的可靠、数量的饱满、技术指标的稳定，是任何可交付项目必须满足的要求，项目合同对于这些均具有严格的要求。

在不同的项目中，项目内容可能千差万别。但项目本身有其共同的特点，这些特点可以概括如下：

（1）项目由多个部分组成，跨越多个组织，因此需要多方合作才能完成。

（2）通常是为了追求一种新产物才组织项目。

（3）可利用资源事先要有明确的预算。

（4）有严格的时间界限，并公之于众。

（5）可利用资源一经约定，通常不再接受其他资源。

（6）项目的构成人员来自不同专业的不同职能组织，项目结束后原则上仍回原职能组织中。

（7）项目的产物及保全或扩展通常由项目参加者以外的人员来进行。

从上述项目的概念可以看到，项目的外延是广泛的。大到长江三峡工程建设，小到组织一次会议之类的活动，均称其为一个项目。正像美国项目管理专业资质认证委员会主席保罗·格罗斯所讲："在当今社会中，一切都是项目，一切也将成为项目。"

2.1.2 项目的特征与属性

1. 项目的特征

项目是为提供某项独特产品、服务或成果所做的一次性努力,通过对项目概念的认识和理解,可以归纳出项目作为一类特殊的活动(任务)所表现出来的区别于其他活动的特征。

(1)项目的临时性。临时性是指每一个项目都有确定的开始和结束时间,当项目的目的已经达到,或者已经清楚地看到项目目的不会或不能达到时,或者项目的必要性已不复存在并已终止时,该项目即达到了它的终点。临时性不一定意味着时间短,许多项目都要进行好几年。然而,在任何情况下项目的期限都是有限的,项目不是持续不断的努力。

但是临时性一般不适用于项目所产生的产品、服务或成果,大多数项目是为了得到持久的结果。项目还经常会产生比项目本身更久远的、事先想到或未曾预料到的社会和环境后果。

(2)项目目标的明确性。人类有组织的活动都有其目的性。项目作为一类特别设立的活动,也有其明确的目标。从上面对项目概念的剖析可以看到,项目目标一般由成果性目标与约束性目标组成。其中,成果性目标是项目的来源,也是项目的最终目标,在项目实施过程中成果性目标被分解为项目的功能性要求,是项目全过程的主导目标;约束性目标通常又称限制条件,是实现成果性目标的客观条件和人为约束的统称,是项目实施过程中必须遵循的条件,从而成为项目实施过程中管理的主要目标。可见,项目的目标正是二者的统一,没有明确的目标,行动就没有方向,也就不成其为一项任务,也就不会有项目的存在。

(3)项目的整体性。项目是为实现目标而开展的任务的集合,它不是一项项孤立的活动,而是一系列活动有机组合,从而形成的一个完整的过程。强调项目的整体性,也就是强调项目的过程性和系统性。

2. 项目的属性

以上分析的是项目的外在特征,外在特征应该是其内在属性即项目本身所固有的特性的综合反映。结合项目的概念,项目的属性可归纳为以下六个方面。

1)唯一性。又称独特性,这一属性是"项目"得以从人类有组织的活动中分化出来的根源所在,是项目一次性属性的基础。每个项目都有其特别的地方,没有两个项目会是完全相同的。建设项目通常比开发项目更程序化,但不同程度的用户化是所有项目的特点。在有风险存在的情况下,项目就其本质而言,不能完全程序化,项目主管之所以被人们强调很重要,是因为他们有许多例外情况要处理。

2)一次性。由于项目的独特性,项目作为一种任务,一旦任务完成,项目即告结束,不会有完全相同的任务重复出现,即项目不会重复,这就是项目的"一次性"。但项目的一次性属性是对项目整体而言的,并不排斥在项目中存在着重复性的工作。

项目的一次性也体现在如下几个方面:

（1）项目——一次性的成本中心。
（2）项目经理——一次性的授权管理者。
（3）项目组织——一次性的项目实施组织机构。
（4）作业层——一次性的项目劳务构成。

3）多目标属性。项目的目标包括成果性目标和约束性目标。成果性目标是项目必须实现的，而约束性目标是项目管理者必须努力的方向。在项目过程中成果性目标都是由一系列技术指标来定义的，同时都受到多种条件的约束，其约束性目标往往是多重的。因此，项目具有多目标属性。多目标属性的根源是使利益相关者满意。项目多个目标之间可以是相互协调、相互制约的，为了达到时间要求不得不降低功能要求，在尽量满足利益相关者要求的前提下，实现系统目标最优。如图 2-1 所示，也就是说，项目的总目标是多维空间的一个点。

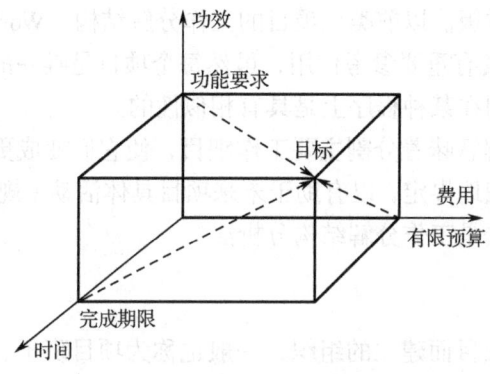

图 2-1　项目的多目标属性示意图

4）生命周期属性。项目是一次性的任务，因而它是有起点也有终点的。任何项目都会经历概念、规划、实施、结束这样一个过程，人们常把这一过程称为"生命周期"。项目的生命周期特性还表现在项目的全过程中概念阶段比较缓慢，规划、实施阶段比较快速，而结束阶段又比较缓慢的规律。

5）相互依赖性。项目常与组织中同时进展的其他工作或项目相互作用，但项目总是与项目组织的标准及手头的工作相抵触的。组织中各事业部门（营销、财务、制造等）间的相互作用是有规律的，而项目与事业部门之间的冲突是变化无常的。项目主管应清楚这些冲突并与所有相关部门保持适当联系。项目是一个相互关联的系统，要用系统的观点和方法去组织项目。在一些冲突问题上，如果只考虑某方面工作的最优，则整体不一定最优。

6）冲突属性。项目管理中唯一不变的是变化，不确定性贯穿项目整个生命周期，不确定性引起不一致性从而产生冲突。项目经理与其他经理相比，生活在一个更具有冲突特征的世界中，项目之间有为资源而与其他项目进行的竞争，有为人员而与其他职能部门进行的竞争。项目组的成员在解决项目问题时，几乎一直处在资源和领导问题的冲突中。

由上面关于项目特征和属性的分析可以看出，在我们社会中可以发现有各种各样的项目，埃及的金字塔和中国的古长城可以说是最早的"项目"，而真正把项目作为一个系统来进行管理的是由曼哈顿原子计划开始的。

2.1.3 项目的组成要素

项目的组成要素是指与项目本身活动有关的方方面面的总和，项目管理人员必须对项目的组成要素有正确的认识和足够的了解。一般来讲，项目由以下五个要素构成。

1．项目范围

正确的范围界定是项目成功的关键，经验告诉我们，确定项目不做什么比确定项目做什么更为重要。从利益相关者角度来看，范围是指项目中可交付成果的总和。"当它是一个很差劲的范围界定时，由于不可避免的变化会使项目最终的成本提高，因为这些不可避免的变化会破坏项目节奏，导致重复工作、增加项目运行的时间、降低生产功效和工作人员的士气。"界定项目范围所使用的工具和技术主要有：

（1）工作分解结构样板。以前类似项目的工作分解结构（Work Breakdown Structure，WBS）对新项目的分解具有重要参考作用，虽然每个项目是唯一的，但是 WBS 经常能被"重复使用"，多数项目间在某种程序上是具有相似性的。

（2）范围分解。分解意味着分割主要工作细目，使它们变成更小、更易操作的要素，直到工作细目被明确详细地界定，以有助于未来项目具体活动（规划、评估、控制和选择）的开展。分解的主要方法是工作分解结构分析法。

2．项目组织

项目组织是为完成项目而建立的组织，一般也称为项目班子、项目管理班子、项目组等。项目组织的具体职责、组织结构、人员构成和人数配备等会因项目性质、复杂程度、规模大小和持续时间长短等而有所不同。

项目组织可以是另一个组织的下属单位或机构，也可以是单独的一个组织。例如，某企业的新产品开发项目组织是一个隶属于该企业的组织。

项目组织结构类型有许多，常见的有工作队式、部门控制式、项目型、矩阵型和直线职能型。各种类型的组织结构适应不同的公司规模及项目需要。

3．项目质量

项目质量在很大程度上既不同于产品质量，也不同于服务质量。因为项目兼具产品和服务两个方面的特性，同时还具有一次性、独特性与创新性等自己的特性，所以项目质量的定义和内涵也具有自己的独特性。项目质量的独特性主要表现在如下两个方面。

（1）质量的双重性。项目质量的双重性是指项目质量既具有产品质量的特性，又具有服务质量的特性。这是因为多数项目既会有许多产品成果也会有许多服务性成果。

（2）项目质量的过程特性。项目质量的过程特性是指一个项目的质量是由整个项目活动的全过程形成的，是受项目全过程的工作质量直接和综合影响的。由于项目具有一次性和独特性，所以人们在项目的定义和决策阶段往往无法充分认识和界定自己明确和隐含的需求，项目的质量要求也在许多情况下无法比较明确和完全地确定下来，这一系列的要求都是在项目进行过程中通过不断修订和变更而最终形成的。

4．项目成本

项目成本是指为实现项目目标而开展的各种项目活动所消耗资源形成的各种费用的总和，项目成本管理主要包括项目资源计划、项目成本估算、项目成本预算、项目成本控制、项目成本预测等。

5．项目时间

项目时间至少应包括每项工作的计划开始日期和期望的完成日期。项目时间进度可以以提要的形式或者详细描述的形式表示，相关项目进度可以表示为表格的形式，但更常用的是以各种直观的图形方式加以描述。主要的项目进度表示形式有带有日历的项目网络图、条形图（或称甘特图）、里程碑事件图、时间坐标网络图等。

项目管理的五个要素中，项目的范围和项目的组织是最基本的，而质量、时间、成本可以有所变动，是依附于界定和组织的。

2.1.4　项目生命周期

项目经理或组织可以把每个项目划分成若干个阶段，以便有效地进行管理控制，并与实施该项目组织的日常运作联系起来。这些项目阶段合在一起称为项目生命周期。

项目生命周期确定了将项目开始和结束连接起来的阶段。从项目生命周期的一个阶段转到另一个阶段通常是某种形式的技术交接或成果交接。一般前一阶段产生的可交付成果通常已经完成，并在准确的审查和验收之后才能开始下一阶段的工作。但如果认为可以接受可能的风险，那么后一阶段可以在前一阶段交付成果通过验收之前开始。

项目生命周期的定义可以帮助我们区分项目从开始到结束哪些行动在项目范围之内，哪些不在范围之内。这样就可以用项目生命周期的定义把项目和项目组织的日常运作业务联系在一起。

目前还没有确定项目生命周期的唯一最好办法，一般项目生命周期通常规定：

（1）项目的各个阶段应当从事何种技术工作（例如，建筑师的工作应放在项目的哪个阶段完成）。

（2）项目各阶段可交付成果应何时生成，以及如何审查、核实和确认。项目各阶段由哪些人员参与（例如，并行工程要求实施人员参与制定要求说明书和设计）。

（3）如何控制和批准项目各个阶段。

项目生命周期的说明可以十分笼统，也可以非常详细。大多数项目生命周期的说明具有若干共同特点：

（1）项目阶段一般按顺序首尾衔接，通常根据某种形式的技术信息传递或技术部件交接来确定。

（2）人力投入和成本，开始时低，随之增高，在项目接近收尾时迅速下降，如图 2-2 所示。

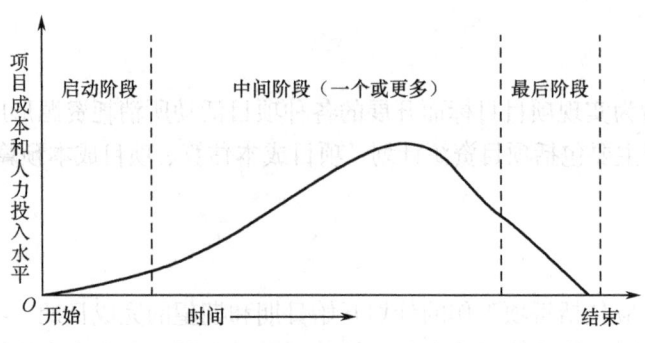

图 2-2　项目成本和人力投入水平在项目生命周期中的分布

（3）项目开始时，成功地完成项目的可能性最低，因此风险性和不确定性最高。随着项目的持续进行，成功地完成项目的可能性通常都逐渐上升，到最后则完全明确。

（4）项目开始时，项目利益相关者对项目整体的影响力最强，而随着项目的继续，这种影响逐步减弱，如图 2-3 所示。

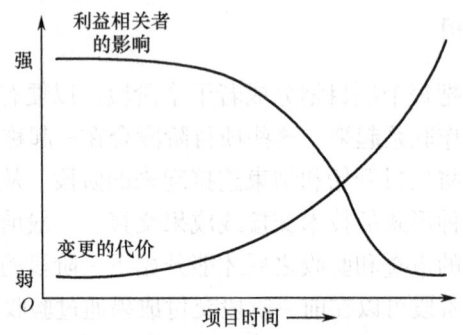

图 2-3　项目利益相关者影响随时间的变化

项目生命周期的阶段划分，不同的行业领域一般各不相同，有的划分成 4 个或 5 个阶段，有的甚至划分成 9 个或 10 个阶段。即使在同一应用领域内，不同的组织、不同的项目之间也有可能存在很大差别。例如，一个组织的软件开发项目生命周期阶段的划分可能只有一个设计阶段，而另一个组织可能将其分为功能设计和详细设计两个单独的阶段。

一般划分阶段的首要标志是项目工作的相同性。一般情况下，相同性质的项目工作会划分在同一个项目阶段中，而不同性质的项目工作会划分在不同的项目阶段中。第二个标志是项目阶段成果（项目产出物）的整体性，即一个项目阶段的全部工作应该能够生成一个自成体系的标志性成果。这种阶段性成果既是这个项目阶段的输出，也是下个项目阶段的输入，或者整个项目的终结。

一个具体的项目可以根据项目所属专业领域的特殊性和项目的工作内容等因素划分成不同的项目阶段。但对于一般意义上的项目而言，一般都会经历概念阶段、规划阶段、实施阶段、结束阶段四个阶段，如图 2-4 所示。

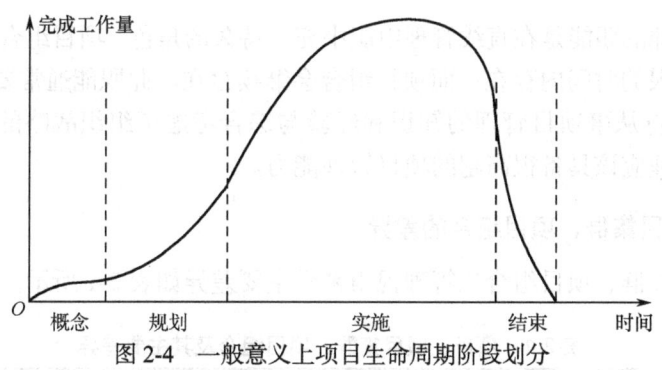

图 2-4　一般意义上项目生命周期阶段划分

2.1.5 项目集群与项目组合

项目（Project）、项目集群（Programme）、项目组合（Portfolio）是相互联系但又有一定差异的一组相关的概念。

1. 项目集群

项目集群（或称大型项目计划）是为了达到某个战略目标而设立的，项目集群包括一系列相关的项目、必要的组织改变、达到战略目标和既定的商业利益。项目集群的管理通常需要高级项目经理来管理。

项目集群不同于项目，项目集群中重要的是结果而不是项目的输出。所谓输出是在项目中明确说明的在一定时间、成本、质量约束条件下可交付的成果；所谓结果是变化所产生的效果，它构成了项目集群的远景目标。为了获得理想的结果，需要对变化过程进行积极的管理，包括改变行为、态度或思想方法的过程。

项目集群是实现变化的过程，通过此过程产生结果和收益。它是在预期结果的引导下，实施业务战略、方针、举措或大规模变化的工作框架。项目集群将项目分解为可管理的若干部分并设置评审点，以检测工作的进展并对工作效果做出评估。

项目集群的管理就是对不确定性的管理，它有助于在一个不确定的环境中对变化进行管理和控制的同时，实现预期的结果。项目集群的管理中通常会涉及组织文化、风格和组织个性的变化，要使项目集群取得成功就必须考虑并接受人的变化因素。

2. 项目组合

一个项目组合可以包含数个项目集群和项目，因此，更加准确的词语应该是"项目集群和项目的项目组合"。项目组合是为了控制、协调和达到项目组合整体的最优效果，而放在一起进行管理的一群不一定相关的项目和/或项目集群。项目组合级别的重要事件需要由项目组合经理汇报给组织的高级管理部门，并同时提出解决方案。这样有助于管理部门基于实际的信息，做出决策。

在一个组织中可能同时存在多个项目组合。比如，可能有一个对于涉及多个组织部门参与的所有项目和项目集群进行协调层面的组合，或者需要最高管理层直接监督的组合，也可能有在一个组织部门内产生，并服从于该组织部门控制的项目和/或项目集群组合。

项目组合经理的职能是在直线管理组织中充当持久的角色。项目组合中的项目和/或项目集群只会在有限的时间内存在,而项目组合会继续存在。此职能通常要求负责项目组合的高级项目经理将从事项目管理的知识和经验与综合考虑了组织战略的项目组合结合起来。项目组合经理应该具备很高超的项目管理能力。

3. 项目、项目集群、项目组合的差异

项目、项目集群、项目组合从管理视角来看主要差异如表2-1所示。

表2-1 项目、项目集群、项目组合及其主要差异

	项 目	项 目 集 群	项 目 组 合
目标	完成商业利益中定义的交付物	实现战略变更	项目组合与战略相一致的协调与优化
愿景和战略	通过项目的运营相联系	通过项目集群来实现	通过项目组合进行协调和监控
商业利益	在很大程度上不考虑	充分考虑	在很大程度上不考虑
组织变更	通常不考虑	通常被考虑	通常不考虑
时间、成本	在业务中进行了定义,在项目中进行管理	在战略中有粗略的定义,在项目集群中被分解为多个独立的项目	基于项目组合的项目优先级排序和战略目标的考虑

项目的目标是完成商业利益中定义的交付物。战略考虑和组织的利益被转化为商业利益,因此战略本身不是项目经理所要考虑的。一个项目在支持了业务战略之后,相对于其他的项目就会有较高的优先性,同时也能简化项目经理的工作,但是项目还是要交付商业利益所定义的交付物。一旦交付了项目,项目经理就不负责实现商业利益,而在很大程度上应由组织来实现。项目通常不变更组织,而是需要教育和培训项目成员,使其能以不同方式更好地胜任其工作。如果项目更加关注的是组织变更,那么将要实施的变更就会作为项目的输出,由直线管理部门进行管理,而不是项目团队。如果项目在一开始就清楚地定义了交付物,并且组织在项目实施的过程中没有对交付物做出太大的变更,那么在预计的时间和成本内交付项目就会容易得多。

项目集群是为了实现组织制定的战略目标而集中在一起的多个项目。启动一组相互关联的项目就是为了交付达到目标所要求的产品/输出,并且识别规定必要的组织变更来推动战略的变更。项目集群定义业务利益管理过程,并制定业务利益跟踪调查的程序。项目集群经理的职责是通过项目经理来指导项目,并促进他们与直线经理的相互联系来共同实现变更,并负责利益管理,而利益的实现不是他们的职责所在,应由直线管理部门负责。项目集群的例子有:开发一个系列的相关产品,全国范围的一次抵制毒品的行动,建立一个新的交通系统,或者是在一个复杂知识体系中对信息的标准化。在规定的时期之后,项目集群要按照战略的要求进行整体的交付,这样,项目集群就结束了。

项目组合管理是对一个组织的多个项目和项目集群进行协调,对其生产能力进行优化、平衡项目组合的风险及管理众多项目与组织战略相一致,并在这些项目预算范围内交付

在这一层面上,项目的数量、复杂程度和影响力都会明显地提高,因此管理和控制必须到位。项目组合经理应该有适合的程序、机制和系统向高级管理部门显示项目组合将如何来实现组织的战略目标,并负责资源的整体最优使用。他还应该向上级管理部门提出自己的观点和决策建议,比如应该向项目组合中添加什么新的项目,哪些项目应该继续,为了达到项目间的平衡,应该从群组中去除哪些项目,哪些项目符合战略目标,哪些项目可以在有限的时间和成本范围内交付等。在成熟的组织中,项目组合经理还应负责评估愿景和战略的变更对项目组合的影响。总体来说,项目组合包含许多已确定的、优先性排序的、相互协调的、监控和管理的项目。项目组合受高层领导或组织的监督,他们有权利和责任批准资源和资金的使用,以保证项目的完成。项目组合的例子有:一个部门所有的大项目、公司内部的所有信息交换技术项目、一个非营利组织的所有项目、一个城市所有的建设项目等。

实际上,世界上的事情不是绝对的,对于项目、项目集群、项目组合之间差别的看法是不尽相同的。每个人都能够列举出与以上矩阵所述不相同的实践案例。

2.2 项目管理

2.2.1 项目管理的概念

"项目管理"给人的最直观的理解就是"对项目进行的管理",这也是其最原始的概念,它说明了两个方面的内涵,即:

(1)项目管理属于管理的范畴。

(2)项目管理的对象是项目。

然而,随着项目及其管理实践的发展,项目管理的内涵得到了较大的充实和发展,当今的"项目管理"已是一种新的管理方式、一门新的管理学科的代名词。

"项目管理"一词有两种不同的含义,其一是指一种管理活动,即一种有意识地按照项目的特点和规律,对项目进行组织管理的活动;其二是指一种管理学科,即以项目管理活动为研究对象的一门学科,它是探求项目活动科学组织管理的理论与方法。前者是一种客观实践活动,后者是前者的理论总结;前者以后者为指导,后者以前者为基础。就其本质而言,二者是统一的。

美国项目管理协会对项目管理的定义是:项目管理就是把各种知识、技能、手段和技术应用于项目活动之中,以达到项目的要求。项目管理是通过应用和综合诸如启动、计划、实施、监控和收尾等项目管理过程来进行的。项目经理是负责实现项目目标的个人。管理一个项目包括:

(1)识别要求。

(2)确定清楚而又能够实现的目标。

(3)权衡质量、范围、时间和费用方面互不相让的要求。

(4)使技术规定说明书、计划和方法适合各种各样利益相关者的不同需求与期望。

国际知名项目管理专家、《国际项目管理杂志》主编罗德尼·特纳（J. Rodney Turner）提出不要试图去定义一个本身就不精确的事物，因此他给出了一个很简练的泛泛的定义：项目管理既是艺术，又是科学，它使远景转变为现实。

美国著名的项目管理专家詹姆斯·刘易斯（James Lewis）博士认为：项目管理就是组织实施对实现项目目标所必需的一切活动的计划、安排与控制。

综合上述定义，我们认为：项目管理就是以项目为对象的系统管理方法，通过一个临时性的专门的柔性组织，对项目进行高效率的计划、组织、指导和控制，以实现项目全过程的动态管理和项目目标的综合协调与优化。

项目管理贯穿项目的整个生命周期，对项目的整个过程进行管理。它是运用既规律又经济的方法对项目进行高效率的计划、组织、指导和控制的一种手段，并在时间、成本和技术效果上达到预定目标。

2.2.2 项目管理的特点

项目管理与传统的部门管理相比的最大特点是项目管理注重综合性管理，并且项目管理工作有严格的时间期限。项目管理必须通过不完全确定的过程，在确定的期限内生产出不完全确定的产品，日程安排和进度控制常对项目管理产生很大的压力。具体来讲，表现在以下几个方面。

1. 项目管理的对象是项目或被当作项目来处理的运作

项目管理是针对项目特点而形成的一种管理方式，其适用对象是项目，特别是大型的、比较复杂的项目。鉴于项目管理的科学性和高效性，人们通常将重复性"运作"中的某些过程分离出来，加上起点和终点当作项目来处理，以便更好地应用项目管理的方法。

2. 项目管理的全过程都贯穿着系统工程的思想

项目管理把项目看成一个完整的系统，依据系统论"整体—分解—综合"的原理，可将系统分解为许多责任单元，由责任者分别按要求完成目标，然后汇总、综合成最终的成果。同时，项目管理把项目看成一个有完整生命周期的过程，强调部分对整体的重要性，促使管理者不要忽视其中的任何阶段，以免造成总体效果不佳甚至失败。

3. 项目管理的组织具有特殊性

项目管理的一个最为明显的特征是其组织的特殊性。其特殊性表现在以下几个方面：

（1）有了"项目组织"的概念。项目管理的突出特点是项目本身作为一个组织单元，围绕项目来组织资源。

（2）项目管理组织的临时性。由于项目是一次性的，而项目的组织是为项目的建设服务的，项目终结了，其组织的使命也就完成了，项目管理组织也就解散了。

（3）项目管理组织的柔性化。所谓柔性，即可变之。项目的组织打破了传统的固定建制的组织形式，而是根据项目生命周期各个阶段的具体需要适时地调整组织的配置，以保障组织的高效、经济运行。

（4）项目管理组织强调其协调控制职能。项目管理是一个综合管理过程，其组织结构的设计必须充分考虑到有利于组织各部分的协调与控制，以保证项目总体目标的实现。因此，目前项目管理的组织结构多为矩阵结构，而非直线职能结构。

4. 项目管理的体制是一种基于团队管理的个人负责制

由于项目系统管理的要求，需要集中权力以控制工作正常进行，因此项目经理是一个关键角色，他要具体负责项目的实施和项目成果。

5. 项目管理的方式是目标管理

项目的实施具有明确的目标和约束，因此项目管理是一种多层次的目标管理方式。由于项目往往涉及的专业领域十分宽广，而项目管理者谁也无法成为每一个专业领域的专家，对某些专业虽然有所了解但不可能像专门研究者那样深刻。因此项目管理者只能以综合协调者的身份，向被授权的专家，讲明应承担工作的责任和意义，协商确定目标及时间、经费、工作标准的限定条件，具体的工作则由被授权者独立处理。同时，经常反馈信息、检查督促并在遇到困难需要协调时及时给予各方面的有关支持。可见，项目管理只要求在约束条件下实现项目的目标，其实现的方法具有灵活性。

6. 项目管理的要点是创造和保持一种使项目顺利进行的环境

有人认为，"管理就是创造和保持一种环境，使置身于其中的人能在集体中一道工作以完成预定的使命和目标"。这一特点说明了项目管理是一个管理过程，而不是技术过程，处理各种冲突和意外事件保证项目顺利进行是项目管理的主要工作。

7. 项目管理的方法、工具和手段具有先进性、开放性

项目管理采用科学先进的管理理论和方法。如采用网络图编制项目进度计划；采用目标管理、全面质量管理、价值工程、技术经济分析等理论和方法控制项目总目标；采用先进高效的管理手段和工具，如使用电子计算机进行项目信息处理等。

2.2.3 项目管理与作业管理

作业管理在如下三个方面有明显的特点：

（1）产生且只产生两种类型的变化。产品本身的生产技术过程，以及增加产量、扩大再生产的过程，并通过这两个过程来不断改善其性能。

（2）作业管理是以一系列混合的经济指标作为工作目标的，各指标的优先级常常是彼此矛盾的，特别是关于时间、成本和质量等方面约束的指标。

（3）作业包含多种资源，通常在某个经理的指令下通过现有的组织系统进行运作。作业管理不是单一的，是重复地执行既定的工作任务。

项目管理与作业管理最重要的不同点是单一、独立性。两个极端的例子是罐头食品生产与航天飞行器的发射（或开发一种新食品罐头）。据此我们可以推导出项目管理与作业管理的诸多不同点，如表2-2所示。

表 2-2 项目管理与作业管理的比较

项 目 管 理	作 业 管 理
独一无二	重复的
有限时间	无限时间（相对）
革命性的改变	渐进性的改变
目标之间不均衡	目标相对均衡
多变的资源需求	稳定的资源需求
柔性的组织	稳定的组织
效果性	效率性
以完成目标、目的为宗旨	以完成任务、指标为宗旨
风险和不确定性	经验性

（1）项目管理是独一无二的，作业管理是重复进行的。

（2）项目管理存在于一个有限的期间内，作业运作于一个长期稳定的环境中。

（3）项目管理所导致的是对事物产生一些根本性的变革、改观，而作业所带来的是改良性的、渐进性的改变。

（4）由于革命性（根本性）的变革，项目管理必然处于不平衡（非均衡）的状态，而作业管理总是强调处于动态均衡的状态。

（5）由于不平衡的产生，项目经理所考虑的关键是化解和分散问题，而作业管理经理的目标是通过平衡矛盾的指标来保持均衡。

（6）项目管理聘用的是短期（临时）人员，而作业管理是建立稳定的队伍。

以上各点决定了项目管理充满了不确定因素，跨越了部门的界限并且有严格的时间期限要求；而一般的作业管理注重对效率和质量的考核，注重当前执行情况与前期进行比较。两者的主要区别体现在以下几个方面。

（1）管理对象不同。项目管理的对象是一个或多个具有一次性、独特性的项目，管理的是有关项目的评估、决策、实施与控制；而日常作业管理的对象是企业生产和运营的决策、实施与控制这些周而复始的日常作业。

（2）管理方法不同。项目管理的方法中有许多针对具体任务的管理技术与方法，而日常运营中有更多的部门协调、指挥命令等针对日常作业的滚动计划方法和工具。在典型的项目环境中，尽管一般的管理办法也适用，但管理结构须以任务（活动）定义为基础来建立，以便进行时间、费用和人力的预算控制，并对技术、风险进行管理。

（3）管理周期不同。项目管理的周期是一个项目的生命周期，这是有明确起点和终点的，而日常作业管理的周期是重复性的。

2.3 敏捷项目管理

2.3.1 敏捷项目管理的概念

Scrum 是橄榄球比赛的一个术语，意为灵活应对的一种说法，具有敏捷之意。如今，项目管理的步伐越来越快，项目管理需要更灵活、更积极地响应客户的需求。敏捷项目管理方法应运而生，利用其灵活多变及不断迭代的思想，项目经理可以在不影响价值、质量和商业规则的前提下实现所有项目目标。Scrum 的管理思想使人们可以尽早地发现可能的问题，可以更快地、最小损失地应对问题。根据 Scrum 的主要原则"没有问题被扫入地毯下"，Scrum 鼓励每一个团队成员描述他所遇到的困难，而这个困难可能对整个团队的工作造成影响。

敏捷项目管理是规划和指导项目流程的迭代方法。与敏捷软件开发一样，敏捷项目是在叫作迭代的小型部门中完成的。每个迭代都由项目团队审查和评判；从迭代的评判中获得的信息用于决定项目的下一个步骤。每个项目迭代通常是安排在相对短的时间内完成的。

敏捷项目管理适用于需求难以预测的复杂商务应用产品的开发项目。它定义一组活动，这些活动可帮助项目团队更快地向客户交付更多价值。利用这些活动，客户有机会在项目团队开展工作时检查、指导和影响团队的工作。

在敏捷项目管理中，客户成为开发团队中的一部分（因为客户肯定对开发的结果真正感兴趣）。这使得客户可以更早地掌握可以交付的工作成果，同时使得项目可以变更项目需求以适应不断变化的需求。频繁的风险和缓解计划是由开发团队自己制订的，在每一个阶段根据承诺进行风险缓解、监测和管理（风险分析）。计划和模块开发的透明，让每一个人知道谁负责什么，以及什么时候完成。频繁地进行所有相关人员会议，以跟踪项目进展，例如提前了解可能的延迟或偏差。没有问题会被藏在地毯下，认识到或说出任何没有预见到的问题并不会受到惩罚。在工作场所和工作时间内必须全身心投入，完成更多的工作并不意味着需要工作更长时间。

Scrum 的概念在市场营销中也可以应用，由于市场营销通常以项目的方式运作，许多一般项目管理的原则应用在市场营销上。市场营销也可以像项目管理技术那样进行优化。以 Scrum 方法进行市场营销被认为是有助于克服市场营销经理们所遇到的问题的。短时和固定的会议对于小的市场营销团队来说很重要，这是因为团队的每一个成员都可以了解其他人在做些什么，以及整个团队在朝着什么方向前进。Scrum 使得市场营销计划更灵活，使得采用冲刺的短期市场营销计划更加有效。如果一种促销方法在冲刺过程中显示无效，市场营销经理有机会将其换成另一种促销方法。向每一个团队成员说明每一个小的，但重要的任务交付时间也变得更容易。

敏捷开发（Agile Development）已成为在国际上被广泛认可的项目管理框架和方法，近年来在国内软件行业更是发展得如火如荼，在软件行业，如果不知道敏捷就会被业内同行鄙视，敏捷似乎大有取代传统瀑布模型的趋势。

2.3.2 敏捷项目管理与传统项目管理的比较

传统项目管理通常采用的是瀑布式、部分迭代开发模式,要求在项目建设时,需求足够明确、文档足够规范,迭代过程中需求变更越多、越晚,对项目影响越大,会影响项目的交付质量。

敏捷项目管理作为新兴的项目管理模式,简化了传统项目管理的烦琐流程和文档。以 Scrum 为代表,欢迎需求变更,在客户需求不明确的时候,以在较短的周期内开发出可用的软件为目标,来帮助客户描述自己的需求。迭代过程中的需求变更会加入项目继续迭代需求池,丰富项目的产品功能。

1. 管理流程差异

完整的项目管理流程可以分为五个过程组:启动、规划、执行、监控、收尾。

1)传统项目管理。

传统项目管理要对项目的所有过程进行管理和风险把控,并要求在不同环节有文档输入和输出。比如,PMBOK 对项目整合管理的过程组做了文档输入和输出的整理。但是项目管理主要是对范围、进度、成本、质量、人力资源、沟通、风险、采购和利益相关者进行的管理,每个环节都存在启动、规划、执行、监控和收尾过程。

如果采用传统的项目管理模式,每个环节都必须进行严格的规划,一旦出现规划以外的变更,都需要经过批准后才能执行改变。

2)敏捷项目管理。

敏捷项目管理简化了烦琐的流程和文档管理,主张团队内部的面对面沟通和交流。以 Scrum 为代表,简单、持续集成、不断交付、价值优先、拥抱变化的原则在面对时刻变化的市场经济和不断发展的技术时变得十分友好。

在敏捷项目中,项目管理计划分不同的等级,可以用一个洋葱图来表示,也就是洋葱计划图,如图 2-5 所示。

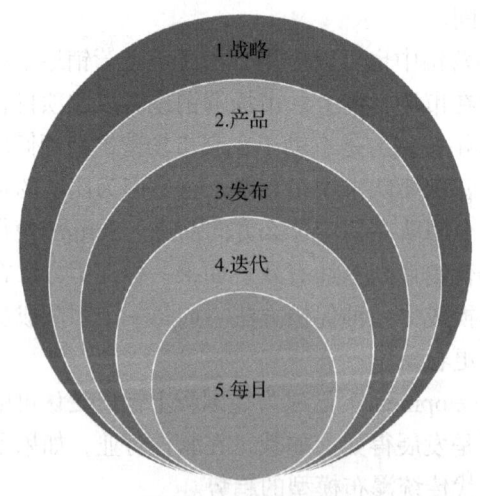

图 2-5 洋葱计划图

战略和投资规划在敏捷项目管理的最外层，由更广泛的组织管理系统来处理。由外往内，不断切分项目计划，最后实现最小周期的可行性版本迭代。对复杂或不明确的客户需求进行合理的分割，最终实现总体上的统一。

2．风险控制环节

项目风险在任何项目中都存在不确定性，一旦发生，会对项目造成积极或消极的影响，如范围、进度、成本和质量。

1）传统项目管理。

传统项目管理要求项目在规划过程中规划风险管理、识别风险，并且对风险进行定性/定量分析，给出风险应对方案。虽然已知的风险可以在被识别和分析后采取应对措施，但正是因为风险的不确定性，要求项目风险管理必须给未知风险或者已知却又无法主动管理的风险分配一定的资源储备。

所以，传统项目管理会要求提供风险登记表，并且记录风险应对措施在处理已识别风险及其根源方面的有效性，完成风险再评估和风险审计，直到风险被降到最低。

2）敏捷项目管理。

敏捷项目管理不同于传统项目管理，开发评估是以工作量为导向而非时间导向。所以，在进行开发任务评估时采用的是相对估算而不是绝对估算，为风险留足了应对空间。同时，Scrum 集合了一线人员的参与，经验分享，集思广益，将小型团队转化成独立的管理者，更有利于问题的解决。

敏捷项目管理在项目没有正式结束前，交付的可用软件是允许风险存在的，并且是根据风险的优先级来进行排期修复的。

2.3.3　敏捷项目管理的优势

敏捷项目管理的提出是基于如下的价值理念：

  个体和互动　高于　流程和工具
  工作的软件　高于　详尽的文档
  客户合作　　高于　合同谈判
  响应变化　　高于　遵循计划

也就是说，尽管右边有其价值，但敏捷思想更重视左边的价值。

应该说敏捷是吸收了传统精益、看板、现代教练技术的精髓，首先在软件开发行业诞生发展，以可视化管理、项目范围管理、质量管理和团队绩效为着力点，快速响应变化，执行过程中频繁地失败，不断试错、得到反馈后持续校正的一系列简单却互相依赖的最佳实践组成。这些最佳实践不断提炼成为行业标准动作，并结合在一起形成了一个胜于部分结合的整体框架体系、方法论及工具包集合。

敏捷项目管理的优势主要有：

（1）专注于如何在最短的时间内实现最有价值的部分。

（2）每隔一两周或者一个月，我们就可以看到实实在在的可以上线的产品。

（3）团队按照商业价值的高低先完成高优先级的产品功能，并自主管理，凝结了团队智慧创造出最好的方法，因而提高效率。

（4）能够在开发进程中不断检查，并做出相应调整，便于快速发现问题，促使团队和组织持续改进。

2.4 国际工程项目管理模式

项目由过程组成，项目过程可以分为两大类：一类是创造项目产品的过程（Project-Oriented Processes）；另一类是项目管理过程（Project Management Processes）。

创造项目产品的过程，因项目产品不同过程也不同。例如，对于工程项目，其创造项目产品的过程是：立项—设计—采购—施工—开车—考核验收。而对于一个软件开发项目，它的创造项目产品的过程可能是：需求分析—概念设计—详细设计—编程—测试。创造项目产品的过程具体描述的是项目产品，并根据描述创造产品，它关注和实现项目产品的特性、功能和质量。在工程建设项目中，设计（Engineering）、采购（Procurement）、施工（Construction）是创造项目产品的过程，可以简称EPC。

而对于项目管理过程，它不会因为项目产品的不同而不同，大多数项目都有相同的项目管理过程，即项目的启动过程—计划过程（Planning）—执行过程（Executing）—监控过程（Controlling）—收尾过程，可以简称PEC。项目管理过程具体描述和组织实施项目的各项工作，它关注和实现项目过程的效率和效益。虽然字母都是相同的，但其意义大相径庭。

2.4.1 工程总承包

工程总承包是指从事工程总承包的企业受业主委托，按照合同约定对工程项目的勘察、设计、采购、施工、试运行（竣工验收）等实现全过程或若干阶段的承包，它要求总承包商按照合同约定，完成工程设计、设备材料采购、施工、试运行等服务工作，实现设计、采购、施工各阶段工作合理交叉与紧密配合，并对工程质量、安全、工期、造价全面负责，承包商在试运行阶段还需承担技术服务。工程总承包商在合同范围内对工程的质量、工期、造价、安全负责。

工程总承包项目的产品是合同约定的工程，工程总承包商为完成工程必须进行创造项目产品过程与项目管理过程的管理，因其项目产品是工程，因此拥有工程建设所特有的过程。完整的工程总承包项目，其创造项目产品的过程要经过五个阶段，即可行性研究阶段、设计阶段、采购阶段、施工阶段、开车阶段。每一个阶段有各自的使命，分别起到各自的作用。

（1）可行性研究——描述项目产品的概略目标和要求。

（2）设计——描述项目产品详细的和具体的要求。

（3）采购——按设计要求制造设备和材料。

(4) 施工——完成建筑和安装。
(5) 开车——验证项目产品。

1. 工程总承包的项目特征

（1）业主把工程的设计、采购、施工和开车服务工作全部委托给工程总承包商负责组织实施，业主只负责整体的、原则的、目标的管理和控制。

（2）业主只与工程总承包商签订工程总承包合同。签订工程总承包合同后，工程总承包商可以把部分设计、采购、施工或开车服务工作，委托给分包商完成；分包商与总承包商签订分包合同，而不是与业主签订合同；分包商的全部工作由总承包商对业主负责。

（3）业主可以自行组建管理机构，也可以委托专业的项目管理公司代表业主对工程进行整体的、原则的、目标的管理和控制。

（4）业主把工程总承包的管理风险转嫁给总承包商，因而，工程总承包商要承担更多的责任和风险，同时工程总承包商也拥有更多获利的机会。

（5）业主介入具体组织实施的程度较浅，工程总承包商更能发挥主观能动性，充分运用其管理经验，为业主和承包商自身创造更多的效益。

（6）工程总承包的承包范围有若干派生的模式，例如，设计承包可以从方案设计开始，也可以从详细设计开始；采购工作的某些部分委托给设备成套公司；施工工作可以自行完成，也可以分包给专业施工单位完成等。

2. 工程总承包的优势

（1）设计、采购、施工的组织实施是统一策划、统一组织、统一指挥、统一协调和全过程控制的。

（2）设计、采购、施工之间是合理、有序和深度交叉的，在保证各自合理周期的前提下，缩短总工期。

（3）对设计、采购、施工进行整体优化；局部服从整体，阶段服从全过程，提高经济效益。

（4）采购被纳入设计程序，进行设计可施工性分析，以提高设计质量。

（5）实施设计、采购、施工全过程的进度、费用、质量、材料控制，以确保实现项目目标。

这些特点都是 E、P、C 被分离时难以做到的。

3. 工程总承包项目实施中应注意的问题

1）合理交叉地完成项目产品的创建过程。

（1）工程总承包创造项目产品过程各阶段必须循序渐进地进行，即前一阶段的成果经过审核确认，才能作为下一阶段的输入，这通常叫作"阶段门"。

（2）创造项目产品过程各阶段是合理交叉地进行的，即在上一阶段的工作结束之前，开始进行下一阶段的工作，以缩短工程建设周期。

（3）创造项目产品过程合理交叉，带来缩短工期、增加效益的机会，但同时随着返工的风险。决定合理交叉深度的原则是：机会大于风险。合理交叉设计和有序操作，反映工程公司在工程总承包的水平和经验。

2）交钥匙工程。交钥匙（Turnkey）工程是工程总承包的主要模式之一。交钥匙工程总承包适用于业主希望承包商能保证确切的工期、投资和质量，接收后就能正常运转的项目。此项目的业主只负责提供资金，提供合同规定的条件，监控项目实施，按合同要求验收项目，而不负责具体组织实施项目。交钥匙工程总承包业主把大部分风险转移给承包商，因此承包商的责任和风险大，同时获利的机会也多。BOT、BOOT、BLT 工程也是交钥匙工程总承包的模式之一。

除交钥匙工程总承包以外，工程总承包项目通常是不包括可行性研究的，而把可行性研究作为一个独立的项目进行管理。

2.4.2 项目管理服务

项目管理服务是指专业化的项目管理公司为业主提供的项目管理服务工作。以项目的生命周期为主线，项目管理服务主要是针对项目中的管理过程而言的，它并不针对项目中创建项目产品的过程。也就是本节开头所述的项目实施过程中的 P、E、C 工作内容。

一般而言，项目管理服务可以分为咨询服务型和代理服务型两类，咨询服务型只对业主提供建议，不直接指挥承包商；代理服务型则代表业主管理承包商，对项目进行管理和控制。在实际项目运作中，项目管理服务的提供模式种类是非常多的，最关键的就是项目管理服务商按照合同要求为业主提供其所必需的项目管理工作。

1. 项目管理服务的基本特征

（1）业主自身缺乏项目管理人才、项目管理体系、项目管理经验，需要委托专业化的项目管理公司提供咨询服务或代表业主对项目进行管理和控制。

（2）项目管理服务属于咨询服务，不属于承包；与业主签订的合约，通常是服务协议书，不是承包合同。

（3）项目管理服务除咨询服务型和代理服务型以外，根据业主的需要还可以有其他一些派生的形式，如可行性研究咨询服务、招标投标代理、工程监理等。

（4）提供项目管理服务的组织，可以是合格的项目管理公司、工程公司、工程咨询公司、设计院、工程监理公司等。

（5）项目管理服务可以避免非专业机构管理项目造成的弊端和经济损失。

2. 项目管理服务在项目实施过程中的优点

（1）在质量控制上，可以减少返工，降低维修成本。

（2）在采购上，采用项目管理服务有助于降低价格，避免纠纷和索赔。

（3）设计审查，避免返工和进度的延误。

（4）材料管理，使因为质量、损耗、延误、丢失、恶意损坏或偷盗造成的开支降到最小。

（5）施工进展监理，避免返工和进度的延误。

（6）安全，减少保险费的开支。
（7）优化工程，识别不必要的开支，使每一项开支均取得最大的效益。
（8）施工可行性分析，识别能够降低成本及提高效率的设计变更。
（9）运行及维护的分析，提高效率和安全，使每一潜在的收益最大化。
（10）信息管理，提高交流、档案管理、信息处理的效率。

3. 项目管理服务的发展

项目管理服务的概念，已经越来越引起业主单位的重视。随着项目种类和项目复杂程度的逐渐加深，业主单位除要求设计总体单位完成传统的总体设计以外，还对设计总体单位提出了许多涉及项目管理服务的内容。

（1）设计总体工作贯穿初步设计、施工图设计、施工及设备采购、联调、竣工验收各阶段，直至试运营结束。

（2）设计总体单位的任务是自始至终对设计方案、设计质量、设计进度、设计接口、限额设计、设计工作内外协调、设计工作全面管理等工作负总责。

（3）设计总体单位的总包管理工作包括合同管理、质量管理、计划管理、信息管理、后勤服务。

（4）负责工程总体策划。

（5）参与各项试验工作。

（6）参与业主主持的设备引进谈判、统一产品的规格与型号，配合业主设备选型，负责引进设备技术参数与设计要求的一致性，协调全线工程各系统设计技术接口。

（7）要求设计总体单位对单项设计的标段划分提出建议。

以上情况说明，不少业主已经建立起对"项目管理服务"的需求，广泛推行国际通行的工程项目管理，已经具备了一定的市场条件。通过建立项目管理服务机制，明确服务内容、服务形式、实施步骤，明确相关内容负责人的工作职责，树立团队成员的项目服务意识，是推广项目管理服务模式的关键所在。

2.4.3 项目管理总承包

项目管理总承包（Project Management Contractor，PMC）是近几年来在国际上发展起来的一种特殊的项目管理服务方式。

首先，业主委托一家有相当实力的国际工程公司对项目进行全面的管理承包；其次，项目被分成两个阶段来进行。

第一阶段称为定义阶段，PMC 要负责组织/完成基础设计，确定所有技术方案及专业设计方案，确定设备、材料的规格与数量，做出相当准确的投资估算（±10%），并编制出工程设计、采购和建设的招标书，最终确定工程中各个项目的总承包商（EPC 或 EP+C）。

第二阶段称为执行阶段，由中标的总承包商负责执行详细设计、采购和建设工作，PMC 要代表业主负起全部项目的管理协调和监理责任，直至项目完成。在各个阶段，PMC 应及时向业主报告工作，业主则派出少量人员对 PMC 的工作进行监督和检查。在定义阶段，

PMC负责编制初步设计及取得中国有关部门批准，并为业主融资提供支持；在执行阶段，不管采用EP+C方案，还是EPC方案，PMC都要直接参与从试车至投料及协助业主开车和做性能考核。

PMC项目管理方式对于国内工程建设领域而言是一种新的形式，但国际大型工程公司实施PMC管理已经成为惯例，它们对工程项目的PMC在设计、采购、建设、进度控制、质量保证、资料控制、财务管理、合同管理、人力资源管理、IT管理、HSE管理、政府关系管理、行政管理等方面，都已形成相应的管理程序、管理目标、管理任务和管理方法，尤其是在项目费用和奖励机制、项目费用估算、项目文档管理体系方面都有一些独特做法。

在国际上，从20世纪90年代中期开始，项目建设更多地采用了PMC总承包的管理模式。就大型复杂项目而言，国外已经完成了从EPC为主要形式向PMC形式的转化。

PMC作为一种新的国际工程项目管理模式，就是要让具有相应资质、人才和经验的项目管理承包商，受业主委托，作为业主的代表或业主的延伸，帮助业主在项目前期策划、可行性研究、项目定义、计划、融资方案，以及设计、采购、施工、试运行等整个实施过程中有效地控制工程质量、进度和费用，保证项目的成功实施。

PMC通常存在于国际性的大型项目中：

（1）项目融资超过10亿美元，并且有大量复杂的技术含量。
（2）业主方面包括许多公司，甚至有政府部门介入。
（3）需要得到商业银行或出口信贷机构的国际信贷。
（4）"业主"不以原有资产进行担保。
（5）业主意欲完成项目，但是由于内部资源短缺，而难以实现。

作为一种新的项目管理方式，PMC并没有取代原有的项目前期工作和项目实施工作，只是工程公司或项目管理公司受业主委托，代表业主对原有的项目前期工作和项目实施工作进行管理、监督、指导，是工程公司或项目管理公司利用其管理经验、人才优势对项目管理领域的拓展，因此就其使用的管理理念、管理原则、管理程序、管理方法与以往的项目管理相比并没有什么不同。

PMC的主要优点包括以下几方面：

（1）有利于充分发挥设计在建设过程中的主导作用，使工程项目的整体方案不断优化。
（2）有利于克服设计、采购、施工相互制约和脱节的矛盾，使设计、采购、施工各环节的工作合理交叉，确保工程进度和质量。
（3）这种专业化的工程公司和项目管理公司有与项目管理和工程总承包相适应的机构、功能、经验、先进技术、管理方法和人力资源，对建设项目的前期策划与项目定义，对项目实施的进度、费用、质量、资源、财务、风险、安全等建设全过程实行动态、量化管理和有效控制，有利于达到最佳投资效益，实现业主所期待的目标。
（4）新技术或多学科复杂技术的应用；由多个承包商承建的大型项目；投资多元化的必然要求；银行和信贷方面的要求；业主缺乏技术、管理的手段和人力资源；业主对投资效益的追求和转移投资风险；业主集中资源进行生产准备和市场开发的需要；政府投资对项目管理和投资效益的要求。

项目管理总承包与项目管理服务的主要区别在于，项目管理总承包对业主要承担更多的管理责任和经济责任。另外，根据合同的规定，项目管理总承包还可以承担 EPC 工程总承包以前的可行性研究和项目定义（初步设计或基础工程设计）工作。项目管理总承包具有以下一些主要特征：

（1）项目管理总承包是代理型的项目管理服务，负有直接管理、监督、检查和控制的责任。

（2）项目管理总承包适用于规模大、技术复杂、投资主体多元化、需要巨额融资、项目前期工作量大的项目。

（3）由项目管理总承包完成主要的项目前期工作（Front-End Loading，FEL）和 EPC 的管理工作，业主直接管理较少，采取"小业主，大 PMC"的项目管理组织机构。

（4）项目管理总承包的报酬系统设计体现风险共担、利益共享的原则，采用"成本加奖罚"的办法。成本包括实际开支加合理利润。项目工期、成本、质量、安全等效绩超过业主规定的目标，则按合同规定的计算方法给项目管理承包商支付奖励款；反之，项目管理承包商则应按合同规定的计算方法向业主支付罚款。

（5）项目管理总承包可以是独立的工程公司或项目管理公司，也可以是以合同形式联合组建的项目管理承包公司。

复习思考题

一、判断题

1. 项目是为完成某一独特的产品、服务或任务所做的一次性努力。（　）
2. 每一个项目阶段的结束必须以某种可交付成果为标志。（　）
3. 日常运作总是在很短的时间内完成，而项目必须跨越数年或数十年。（　）
4. 项目的生命周期可归纳为四个阶段，这种划分通常是固定不变的。（　）
5. 里程碑是一个可交付成果。（　）
6. 可交付成果必须是可以测量的、可以验证的事项或结果。它可以是有形的，也可以是无形的。（　）
7. 项目在开始时，它的风险和不确定性最高。（　）
8. 项目管理的客体是项目管理者。（　）
9. 项目管理中规划过程、执行过程、监控过程是截然分开的。（　）
10. 项目变更所需要的费用将随着项目生命周期的推进而增加。（　）

二、单选题

1. 项目是（　）。
   A. 一个实施相应工作范围的计划
   B. 一组以协作方式管理、获得一个期望结果的主意
   C. 创立独特的产品或服务所承担的临时努力
   D. 必须在规定的时间、成本和资源等约束条件下完成的一次性任务

2. 不属于项目目标的是（　　）。
   A. 项目组织　　　　B. 时间　　　　　C. 费用　　　　　　D. 交付物
3. 随着项目生命周期的进展，资源的投入（　　）。
   A. 逐渐变大　　　　B. 逐渐变小　　　C. 先变大再变小　　D. 先变小再变大
4. 下列表述正确的是（　　）。
   A. 与其他项目阶段相比，项目收尾阶段与启动阶段的成本投入较少
   B. 与其他项目阶段相比，项目启动阶段的成本投入是较多的
   C. 项目从开始到结束，其风险是不变的
   D. 项目开始时，风险最低，随着任务的一项项完成，风险逐渐增多
5. 确定项目是否可行是在（　　）过程中完成的。
   A. 启动　　　　　　B. 规划　　　　　C. 执行　　　　　　D. 收尾
6. 下列表述正确的是（　　）。
   A. 项目的生命周期是指项目的开始时间和项目的结束时间这一段时间的累计
   B. 不同的项目阶段如何划分，一般均可归纳为启动项目阶段、执行项目阶段、收尾项目阶段
   C. 失败的项目也存在收尾阶段
   D. 项目生命期是循环往复的一段时间
7. 项目的"一次性"的含义是指（　　）。
   A. 项目的持续时间很短　　　　　　B. 项目没有确定的开始和结束时间
   C. 项目在未来一个不确定的时间结束　D. 项目可以在任何时间取消
8. 对项目利益相关者管理的主要目的是（　　）。
   A. 识别项目的所有潜在客户来确保需求分析的完成
   B. 积极减少可能严重影响项目的项目利益相关者的活动
   C. 在进度和成本超支时建立商业信誉
   D. 关注项目利益相关者对项目的批评
9. 应对项目可交付成果负主要责任的是（　　）。
   A. 质量经理　　　　　　　　　　　B. 项目经理
   C. 高级管理层　　　　　　　　　　D. 项目团队成员中的某个人
10. 一个典型的短期项目可能是（　　）。
    A. 3个月　　　　　　　　　　　　B. 6个月
    C. 1年　　　　　　　　　　　　　D. 随公司与行业的不同而不同

三、多选题

1. 下列属于项目实例的是（　　）。
   A. 举办一场婚礼　　　　　　　　　B. 开发一种新的计算机软件系统
   C. 提供金融服务　　　　　　　　　D. 管理一个公司
2. 项目利益相关者可能包括（　　）。
   A. 项目经理　　　　B. 客户　　　　　C. 供货商　　　　　D. 项目发起人
3. 项目管理过程可包括（　　）。

A. 启动过程 B. 规划过程 C. 执行和监控过程 D. 收尾过程
4. 属于项目组成要素的有（ ）。
A. 项目范围 B. 项目组织 C. 项目的质量 D. 项目经理
5. 项目的利益相关者可定义为（ ）。
A. 与项目直接有关的个人和组织
B. 使用项目产品的个人和组织
C. 利益受项目执行过程或完成结果影响的个人和组织
D. 任何项目可能涉及的个人和组织
6. 与作业相比，项目（ ）。
A. 时间有限 B. 组织稳定
C. 目标间不均衡 D. 具有风险和不确定性

四、思考题

1. 举例说明什么是项目，并简述项目的特性与属性。
2. 什么是项目管理？项目管理的特点体现在哪些方面？
3. 什么是项目生命周期？项目生命周期应如何划分？
4. 常见的国际工程项目管理模式有哪些？
5. 敏捷项目管理的优势有哪些？

第 3 章

项目管理体系框架

本章要点

本章主要介绍国际上具有代表性的项目管理体系框架与项目管理核心内容。首先介绍国际上有代表性的、典型的项目管理知识体系,包括美国 PMI 的 PMBOK、英国 CCTA 的 PRINCE 2、中国 PMRC 的 C-PMBOK;其次介绍项目管理标准体系,包括 IPMA 的 Delta 模型、组织项目管理能力模型、卓越项目管理模型、个人能力基准及 PMI 的 OPM3;最后从项目管理的层次、阶段、过程和知识领域的角度阐述项目管理的核心内容,并介绍企业项目管理体系的概念与建设。

引导案例 塔里木油田一体化项目管理体系

20 世纪 90 年代进行勘探开发的塔里木油田地处我国西北部,塔里木油田公司成立之初在继承中国石油工业优良传统的基础上,突破传统会战模式,不搞"大而全、小而全",而是以项目管理为基础实现专业化服务、社会化依托、市场化运行、合同化管理。围绕油田勘探开发重点工作,坚持在勘探开发全过程中实施项目化管理,油田基本不配备各种作业队伍,全部采用甲乙方合同制的办法,各项专业技术服务依靠国内外石油行业主力,辅助生产、生活后勤服务依托当地社会基础,全方位开放石油勘探开发市场,按照公开招标、公平竞争的原则,择优选择服务商和供应商,依照合同进行管理。油田作为投资主体和总甲方,只设立精干的管理和研究机构,主要掌握投资使用方向,对勘探开发工作进行决策部署,确定勘探开发目标、施工项目、标准和要求等,形成了以甲乙方体制创新为核心的管理方式,创立了油田开发管理新模式,实现了少人高效。

随着油田业务的快速发展和我国经济体制改革的深入,油田公司在项目管理方面的弊端凸显出来。尽管在 20 多年的发展中,公司在项目管理方面积累了一些成功的经验和做法,如项目市场管理、招标管理、合同管理、安全管理等方面形成了一些管理制度,但油田公司的项目组织实施方式仍按照职能分工,将项目实施按专业拆分开来,由各职能部门各管一摊，缺少协调统一，缺乏围绕项目的一套规范的管理制度。因此，油田公司的项目管理只是零散的项目管理某些方面的应用，没有从企业整体形成一套规范的管理体系，为此，为了实现油田公司的跨越式发展，借鉴国外油田公司的管理模式，公司提出了建立、实施一体化项目管理的战略。

1. 一体化项目管理的理念

一体化项目管理包括项目投资纵向一体化和项目市场横向一体化。投资纵向一体化是指一体化项目涵盖范围可包含油田公司从勘探、评价、地面建设和开发前期到生产全过程的工作，在进行投资分析和项目后评价时可直接将油田公司上游业务工作成果与产量、收入等指标联系起来，通过一体化项目可综合考量对比不同的勘探开发方案。市场横向一体化就是利用企业外部市场资源实现油田公司的项目管理，油田公司只抓最核心的东西，其他采用市场化合作。

一体化项目管理倡导项目各参与方遵循"一个团队，一个策略，一个目标"的管理理念，通过各方管理人员的共享和互补，缩短指挥链，减少界面协调工作量，达到项目费用、进度、质量和安全的有效控制，产生经济效益和社会效益。

2. 一体化项目管理组织

一体化项目管理组织包括公司层面的组织结构和项目层面的一体化项目组。公司层面的一体化项目管理组织以油田公司目前的组织结构为基础，构建了项目决策中心、行业管理中心、监督和服务中心、项目实施中心和支撑中心。项目层面的一体化项目组组建时要考虑项目所涉及的油田公司各个层面、各个组织系统的人员，通过矩阵式组织方式形成一体化项目组。

3. 一体化项目管理体系

一体化项目是对油/气田勘探开发、生产全过程工作的组合，一体化项目立项时，明确项目全生命周期包含的工作范围，确定项目边界，形成符合实际的完整的一体化项目过程。从项目管理过程（如项目立项与可研、组织与策划……）和项目管理要素（如项目范围管理、时间管理、质量管理……）两个维度，构建一体化项目管理的流程体系。

一体化项目管理体系构建时特别注重以下方面：

（1）项目目标一体化（油田公司内部、利益相关者）。"一体化"考虑了项目内部及各利益相关者的兼容性并使得他们各自核心价值观统一及兼容，形成"一体化"的项目管理组的核心价值观及统一的项目目标。

（2）项目管理平台一体化。项目管理平台一体化中考虑了程序、制度、标准的一体化和信息沟通平台的一体化。一体化项目管理全生命周期过程各个阶段的程序、制度、标准都进行一体化，项目的各利益相关者的信息沟通数据交互基于相同的沟通平台，使用同一平台基础结构、沟通形式、沟通的制式模板。

【案例点评】塔里木油田公司尽管实行了多年的项目管理，但没有形成体系，油田公司的一体化项目管理模式的提出，就是从项目的组织、计划、控制、信息、沟通及文化等方面构建了公司项目管理体系，实现了项目组织方式的柔性管理、企业资源的动态配置，满足了公司管理的需要，促进了公司可持续的快速发展。

3.1 项目管理知识体系

3.1.1 美国 PMI 的 PMBOK

1. PMBOK 的发展

项目管理知识体系是美国项目管理协会于 1984 年首先提出的一个概念，并于 1987 年推出了其第一个原型版本，随后 1996 年进行了改进并正式发布了 PMBOK 第 1 版，以后每四年发布一版，2016 年发布了 PMBOK 第 6 版。PMBOK 是项目管理职业的知识总和，就像法律、医学、会计这些职业一样，项目管理专业人员也需要一套完善的项目管理专业知识体系。PMBOK 是作为在所有项目中使用项目管理知识领域的指导纲要而编写的，同时它也描述了这些领域的基本知识框架。因此 PMBOK 识别了项目管理知识体系普遍公认为是良好做法的那一部分。所谓识别是指一般概括性介绍，而非详尽无遗地说明。普遍公认是指介绍的知识和做法在绝大多数情况下适用于绝大多数的项目，其价值和实用性也得到了人们的广泛认同。良好做法是指一致认为正确应用这些技能、工具和技术能够增加范围极为广泛的各种不同类型项目成功的机会。良好做法并不是说这些知识和做法一成不变地应用于或应当应用于所有的项目，对任何一个指定的项目，项目管理团队负责决定体系中的哪些东西适用。

PMBOK 还是一个项目管理职业和实践中共同的术语汇编，为讨论、书写和应用项目管理方面的问题提供了便利。PMBOK 作为项目管理职业的基本参考资料，既非包罗万象，也非面面俱到。PMBOK 只讨论了公认的对单个项目进行管理的良好做法及其项目管理过程，其他诸如组织项目管理能力的成熟度、项目经理的胜任能力及涉及这些领域属于公认的良好做法的其他题目有其他标准进行讨论。

PMBOK 不提供每一方面的所有细节，不能认为 PMBOK 中未提到的方面就不重要。因为该方面可能已列入其他有关标准，可能很一般，不是特别用于项目管理的，或者人们尚未就这一方面取得一致看法。

PMBOK 的全部内容不但包括已经被实践证明并得到了广泛应用的传统做法，而且也包括仅在有限范围之内应用的、创新的和较艰深的做法，不仅包括已发表过的资料，而且也包括未发表过的资料。因此 PMBOK 一直处于不断演进完善之中。

2. PMBOK 的结构

PMBOK 第 6 版主要由三大部分构成：

第一部分项目管理知识体系指南（PMBOK 指南），是项目管理知识领域的基本框架介绍，包括引论、项目运行环境、项目经理的角色及十大项目管理知识领域。

第二部分项目管理标准，定义项目管理过程及各过程的输入和输出，定义五大过程组，即启动、规划、执行、监控和收尾，以及将项目管理知识领域映射到具体的项目管理过程组中。

第三部分附录、术语表、索引。

PMBOK 第 6 版是一个复杂的项目管理体系，主题内容包含十大知识领域和五大过程组，进一步可分为 49 个子过程，每个过程都有自己的输入、工具与技术和输出，这 49 个过程一共涉及 80 个输入或输出及 132 个工具与技术，表 3-1 反映了十大知识领域和五大过程组的关系。

表 3-1 项目管理十大知识领域与五大过程组的关系

知识域	启动过程组	规划过程组	执行过程组	监控过程组	收尾过程组
4. 项目整合管理	4.1 制定项目章程	4.2 制订项目管理计划	4.3 指导与管理项目工作 4.4 管理项目知识	4.5 监控项目工作 4.6 实施整体变更控制	4.7 结束项目或阶段
5. 项目范围管理		5.1 规划范围管理 5.2 收集需求 5.3 定义范围 5.4 创建 WBS		5.5 确认范围 5.6 控制范围	
6. 项目进度管理		6.1 规划进度管理 6.2 定义活动 6.3 排列活动顺序 6.4 估算活动持续时间 6.5 制订进度计划		6.6 控制进度	
7. 项目成本管理		7.1 规划成本管理 7.2 估算成本 7.3 制定预算		7.4 控制成本	
8. 项目质量管理		8.1 规划质量管理	8.2 管理质量	8.3 控制质量	
9. 项目资源管理		9.1 规划资源管理 9.2 估算活动资源	9.3 获取资源 9.4 建设团队 9.5 管理团队	9.6 控制资源	
10. 项目沟通管理		10.1 规划沟通管理	10.2 管理沟通	10.3 监督沟通	
11. 项目风险管理		11.1 规划风险管理 11.2 识别风险 11.3 实施风险定性分析 11.4 实施风险定量分析 11.5 规划风险应对	11.6 实施风险应对	11.7 监督风险	

续表

知识域	启动过程组	规划过程组	执行过程组	监控过程组	收尾过程组
12.项目采购管理		12.1 规划采购管理	12.2 实施采购	12.3 控制采购	
13.项目相关方管理	13.1 识别相关方	13.2 规划相关方参与	13.3 管理相关方参与	13.4 监督相关方参与	

3.1.2 英国 CCTA 的 PRINCE 2

受控环境中的项目（PRojects IN Controlled Environments，PRINCE）是进行有效项目管理的结构化方法，该方法最初是由英国中央计算机与电信局（Central Computer and Telecommunications Agency，CCTA，现为政府商务办公室）于 1989 年在项目资源组织管理计划技术（Project Resource Organization Management Planning Technique，PROMPT II）的基础上建立起来的。PROMPT II 是 Simpact Systems 公司于 1975 年建立的项目管理方法，1979 年由 CCTA 接受为政府部门信息系统项目的标准，尤其是在公共部门的信息系统和信息技术项目中使用。1989 年 3 月，在引入很多新的特色后，在政府项目中用 PRINCE 取代了 PROMPT II，以区分官方版本与其他版本。

为了适应对所有项目而不单纯是信息系统项目管理进行改进指导的要求，CCTA 在深入调研和广泛咨询后，对该方法做了进一步的开发，形成了 PRINCE 2。PRINCE 2 尽管沿用了 PROMPT 的基本原理，但还是有许多改进，PRINCE 2 以数十个项目的经验为基础，汇集了项目经理和项目小组的成功经验和失误教训，其目的是要适用于比 IS/IT 项目更大范围的所有项目。PRINCE 2 是一个公共标准，是被英国政府普遍使用的"事实上"的标准，同时也被英国和国际上许多企业所广泛接受和使用。

PRINCE 2 采用一套基于过程的方法进行项目管理，将多阶段的项目管理过程作为核心。PRINCE 2 过程界定了项目过程中需要进行的管理活动，同时 PRINCE 2 描述了这些活动所包含的一些组成内容。PRINCE 2 过程模型由 8 个各有特色的管理过程组成，包括项目准备、项目指导、项目启动、阶段边界管理、阶段控制、产品交付管理、项目收尾、计划，如图 3-1 所示，涵盖了从项目启动到项目结束过程中进行项目控制和管理的所有活动。

（1）项目准备。这是 PRINCE 2 的第一阶段，是为了保证满足项目启动的先决条件，先于项目的一个准备过程。该过程较短，其隐含条件是已经存在一个项目任务书，对项目的原因及其产品进行了概略说明。

（2）项目指导。从"项目准备"阶段结束开始，持续到项目收尾。该过程针对的对象是代表业主、用户和供应商进行决策的项目管理委员会。项目管理委员会通过多种形式对项目进行管理监控，并通过一系列决策点进行决策。

（3）项目启动。这一过程是获得授权，其主要产品是项目启动文件（Project Initiation Document，PID）。项目启动文件定义了项目的内容、原因、人员、时间和方法等。

（4）阶段边界管理。本过程是为项目管理委员会提供信息，供其做出项目是否继续进行的决策。

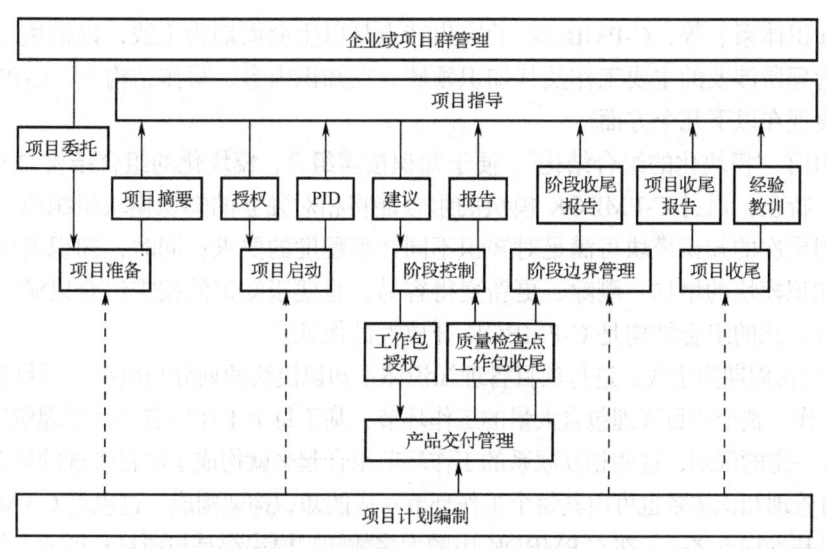

图 3-1 PRINCE 2 的项目管理过程模型

（5）阶段控制。本过程描述了项目经理在工作分配、保证一个阶段按预定计划进行及应对突发事件方面的监控活动。它是项目经理开展日常管理工作的过程，是项目经理的核心工作。

（6）产品交付管理。该过程规定了在每个阶段完成时交付高质量产品的途径，以及通过该过程形成或更新的产品。

（7）项目收尾。该过程的目的是实现受控的项目收尾，包括项目经理在项目结束或在项目提前终止时，为项目收尾所做的工作。这些工作主要是为项目管理委员会准备信息，使项目收尾获得他们的认可。

（8）计划。计划是一个可重复的过程，在其他过程都涉及计划，包括启动阶段计划、项目计划、阶段计划、更新项目计划、例外计划等。

PRINCE 2 过程活动所包含的组成内容包括商业论证、组织、计划、控制、风险管理、项目环境中的质量、配置管理和变更管理八个，如图 3-2 所示。

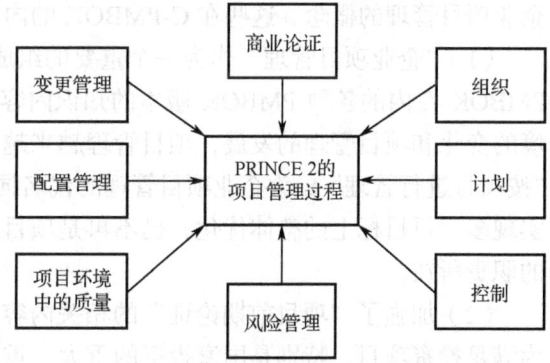

图 3-2 PRINCE 2 过程活动的组成部分

3.1.3 中国 PMRC 的 C-PMBOK

1. C-PMBOK 的发展及特点

中国项目管理知识体系（Chinese-Project Management Body of Knowledge，C-PMBOK）是由中国（双法）项目管理研究委员会发起并组织实施的，2001 年 7 月推出了第 1 版，2006 年 10 月推出了第 2 版。

与其他国家的 PMBOK 相比，如《美国项目管理知识体系》《英国项目管理知识体系》《德国项目管理知识体系》《法国项目管理知识体系》《瑞士项目管理知识体系》《澳大利亚项目管理知识体系》等，C-PMBOK 的突出特点是以生命周期为主线，以模块化的形式来描述项目管理所涉及的主要工作及其知识领域。在知识内容、写作结构上，C-PMBOK 的特色主要表现在以下几个方面。

1）采用了"模块化的组合结构"，便于知识按需组合。模块化的组合结构是 C-PMBOK 编写的最大特色，通过 C-PMBOK 模块的组合能将相对独立的知识模块组织成一个有机的体系，不同层次的知识模块可满足对知识不同详细程度的要求；同时，知识模块的相对独立性，使知识模块的增加、删除、更新变得容易，也便于知识的按需组合以满足各种不同的需要，模块化的组合结构是 C-PMBOK 开放性的保证。

2）以生命周期为主线，进行项目管理知识体系知识模块的划分与组织。项目管理涉及多个方面的工作，整个项目管理包含大量的工作环节，基于每个工作环节项目管理所用到的知识和方法都有一定的区别，这些相互联系的工作环节组合起来就构成了项目管理的整个周期。相应地，项目管理知识体系也可由其每个工作环节对应的知识构架构成，这也是 C-PMBOK 所表现出来的最基本特点之一。在 C-PMBOK 中的大多数知识模块都是与项目管理的工作环节相联系的。基于这一思路，C-PMBOK 按照国际上通常对项目生命周期的划分，以概念阶段、规划阶段、执行阶段和收尾阶段这四个阶段为组织主线，结合模块化的编写思路，分阶段提出了项目管理各阶段的知识模块，便于项目管理人员根据项目的实施情况进行项目的组织与管理。

3）体现中国项目管理特色，扩充了项目管理知识体系的内容。C-PMBOK 在编写过程中充分体现了中国项目管理工作者对项目管理的认识，加强了对项目投资前期阶段知识内容的扩展，同时将项目后期评价的问题列入了 C-PMBOK 中，在项目的实施过程中强调了企业项目管理的概念。这些在 C-PMBOK 的内容上主要表现为以下几个方面：

（1）"企业项目管理"作为一个重要的组成部分纳入 C-PMBOK 中。国际上包括美国 PMBOK 在内的各种 PMBOK 版本的知识内容都是集中在单一项目管理上的，随着商业环境的变化和项目管理的发展，项目管理越来越多地为企业中各种各样的任务管理所采用，"按项目进行管理"成为企业项目管理的代名词，多项目管理是企业项目管理的核心，如何实现多项目目标上的整体优化，已不再是项目经理们所能解决的问题，而是企业项目管理的职责所在。

（2）加强了"项目前期论证"的相关内容。基于当前我国项目管理应用领域的现状，为满足投资项目，特别是国家投资的重大、重点项目管理的需要，C-PMBOK 特别加强了有关项目前期论证的内容。

（3）增加了"项目后评价"的内容。基于"以客户为中心"的需要，促使项目管理人员对项目实施过程进行总结，C-PMBOK 增加了项目后评价的内容，主要从项目竣工验收、项目效益后评价、项目管理后评价三个方面进行了扩展。

2．C-PMBOK 的知识模块结构

C-PMBOK 主要是以项目生命周期为基本线索进行展开的，从项目及项目管理的概念入手，按照项目开发的四个阶段——概念阶段、规划阶段、实施阶段及收尾阶段，分别阐述了每个阶段的主要工作及其相应的知识内容，同时考虑到项目管理过程中所需要的共性知识及其所涉及的方法工具。C-PMBOK（2006）将项目管理的知识领域分为 94 个模块，如表 3-2 所示。

第 3 章 项目管理体系框架

表 3-2 中国项目管理知识体系框架（C-PMBOK 2006）

		项目生命周期				项目管理领域
基础	1.项目管理知识体系框架 2.项目管理学科体系框架 2.1 项目 2.2 项目管理	3. 概念阶段 3.1 一般机会研究 3.2 项目机会研究 3.3 方案策划 3.4 初步可行性研究 3.5 详细可行性研究 3.6 项目评估与决策	4. 开发阶段 4.1 项目启动 4.2 范围规划 4.3 范围定义 4.4 工作分解 4.5 质量计划 4.6 组织规划 4.7 采购计划 4.8 工作排序 4.9 工作持续时间估计 4.10 进度安排 4.11 资源计划 4.12 费用估计 4.13 费用预算 4.14 项目计划集成	5. 实施阶段 5.1 采购招标 5.2 合同管理 5.3 合同确定 5.4 质量保证 5.5 质量控制 5.6 质量验收 5.7 生产要素管理 5.8 进展报告 5.9 范围控制 5.10 进度控制 5.11 费用控制 5.12 范围确认	6. 结束阶段 6.1 项目资料验收 6.2 项目交接或清算 6.3 费用决算 6.4 项目审计 6.5 项目后评价	
		7.1 范围管理 1. 项目启动 (4.1) 2. 范围规划 (4.2) 3. 范围定义 (4.3) 4. 范围控制 (5.9) 5. 范围确认 (5.12)	7.2 时间管理 1. 工作分解 (4.4) 2. 工作排序 (4.8) 3. 工作持续时间估计 (4.9) 4. 进度安排 (4.10) 5. 进度控制 (5.10)	7.3 费用管理 1. 资源计划 (4.11) 2. 费用估计 (4.12) 3. 费用预算 (4.13) 4. 费用控制 (5.11)	7.4 质量管理 1. 质量计划 (4.5) 2. 质量保证 (5.4) 3. 质量控制 (5.5) 4. 质量验收 (5.6)	7.5 人力资源管理 1. 组织规划 (4.6) 2. 人员招募 3. 团队建设 4. 项目经理	7.6 信息管理 1. 信息管理规划 2. 信息分发 3. 进展报告 (5.8) 4. 信息归档
		7.7 风险管理 1. 风险管理规划 2. 风险识别 3. 风险评估 4. 风险应对计划 5. 风险监控 6. 安全管理	7.8 采购管理 1. 采购计划 (4.7) 2. 采购招标 (5.1) 3. 合同管理 (5.2) 4. 合同收尾 (5.3)	7.9 综合管理 1. 项目计划集成 (4.14) 2. 综合变更控制 3. 冲突管理 4. 项目监理 5. 行政监督			

53

续表

8. 常用方法与工具		1. 工作分解结构	2. 网络计划技术	3. 甘特图	4. 里程碑图	5. 项目融资	6. 双S曲线	7. 资源负荷图	8. 质量控制方法	9. 质量技术文件	10. 标杆管理	11. 责任矩阵	12. 激励理论	13. 信息沟通方式	14. 模拟技术	15. 挣值方法	16. 并行工程
项目管理		17. 要素分层法	18. 方案比较法	19. SWOT分析法	20. 资金时间价值	21. 评价指标体系	22. 项目财务评价	23. 项目国民经济评价	24. 不确定性分析	25. 项目环境影响评价	26. 有无比较法
9. 项目化管理	9.1 项目化管理体系框架
	9.2 项目化管理方法	9.2.1 大型计划管理	9.2.2 项目组组织管理
	9.3 项目化管理组织	9.3.1 项目化管理组织设计原则	9.3.2 项目化管理常见组织形式	9.3.3 项目化管理常见组织元素
	9.4 项目化管理机制	9.4.1 项目选择与决策机制	9.4.2 资源配置与整合机制	9.4.3 绩效考评与激励机制	9.4.4 信息沟通与积累机制	9.4.5 项目管理能力持续改进机制
	9.5 项目化管理流程	9.5.1 组织内部的单项项目管理流程	9.5.2 组织内部的多项目管理流程	9.5.3 跨组织的项目管理流程

由于 C-PMBOK 模块化的特点，在项目管理知识体系的构架上，C-PMBOK 完全适应了按其他线索组织项目管理知识体系的可能性，如可以按照基于项目管理职能为基础的框架结构进行分类。实际上由于 C-PMBOK 模块结构的特点，使其具有了各种知识组合的可能性，特别是对于结合行业领域和特殊项目管理领域知识体系的构架非常实用。各应用领域只需根据自身项目管理的特点加入相应的特色模块，就可形成行业领域的项目管理知识体系。

3.2 项目管理标准体系

3.2.1 IPMA 的 Delta 模型

IPMA 的 Delta 是 IPMA 开发的一个组织项目管理能力评估认证模型。组织项目管理能力是指企业内在的通过项目管理实现预期项目目标与利益相关者期望的能力。它涉及企业的人员、项目、组织等多方面的因素。IPMA 在集成其已有的针对"人员"的国际项目管理专业资质认证体系和针对"项目"的国际项目管理大奖卓越项目管理模型的基础上，开发的面向组织（包括企业、事业单位和政府部门等）项目管理能力评估认证模型，也称为金三角模型，如图 3-3 所示。

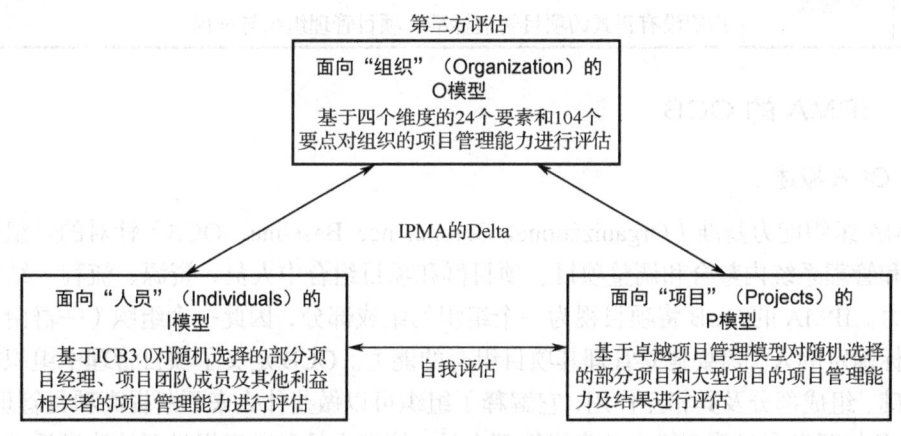

图 3-3　IPMA 的 Delta 模型

IPMA 的 Delta 由面向"组织"（Organization）的 O 模型、面向"项目"（Projects）的 P 模型和面向"人员"（Individuals）的 I 模型三个模型组成。面向"组织"的 O 模型是基于四个维度的 24 个要素和 104 个要点对组织的项目管理能力通过第三方评估进行评估；面向"项目"的 P 模型是基于卓越项目管理模型对随机选择的部分项目和大型计划的项目管理能力及结果通过自我评估进行评估；面向"人员"的 I 模型是基于 ICB 4.0 对随机选择的部分项目经理、项目团队成员及其他利益相关者的项目管理能力通过自我评估进行评估。

面向"组织"的 O 模型的四个维度及其包含的要素如下：
（1）管理。使命、远景与战略，效果与效率，组织，文化，领导与沟通，发展。
（2）过程。决策过程，项目和大型计划管理过程，项目组合管理过程，集成和调整，合作与合同，报告与文档。

（3）人员。项目经理、大型计划经理与项目组合经理的能力，其他利益相关者能力，招聘，发展能力。

（4）环境。个人管理，健康、保障、安全与环境、财务、法律、采购与物流，系统、产品与技术，商业，知识管理。

IPMA 的 Delta 的能力等级分为五级。各级的名称和表现特征如表 3-3 所示。

表 3-3　IPMA 的 Delta 的能力等级划分

等级		等级表现特征
5	优化级	组织全面定义了项目管理标准、项目管理组织与过程，并且全面应用于企业实践，主动控制管理过程，可持续发展
4	可管理级	组织全面定义了项目管理标准、项目管理组织与过程，并且全面应用于企业实践，主动控制管理过程
3	标准化级	组织全面定义了项目管理标准、项目管理组织与过程，并且绝大部分应用于企业实践
2	可定义级	组织定义了部分项目管理标准、项目管理组织与过程，并部分应用于企业项目实践
1	初始级	项目管理成功依赖个人经验，组织中部分人员能力表现优秀，但只是偶尔的，组织没有正式的项目管理标准、项目管理组织与过程

3.2.2　IPMA 的 OCB

1. OCB 概述

IPMA 组织能力基准（Organizational Competence Baseline，OCB）针对的是组织在支持治理和管理系统内整合和调整项目、项目群和项目组合中人员、资源、流程、结构和文化的能力。IPMA 的 OCB 将项目视为一个组织的组成部分，因此一个组织（一群由共同利益或目标确定的人）需要建立管理其项目组合的能力。OCB 定义了项目管理中组织能力概念的基础、组成部分及其相互作用，它解释了组织可以做些什么来不断提高项目管理能力。OCB 为参与开发项目管理能力的高级管理人员、管理人员和顾问提供开始改进活动的标准或基准。

OCB 的主要目的是清楚地表明组织在管理其项目、项目群和项目组合的相关工作中的作用。它描述了与管理项目、项目群和项目组合相关工作的组织能力的概念，以及如何使用它来以可持续的方式实现组织的愿景、使命和战略目标。它还展示了项目、项目群和项目组合的治理和管理应如何不断进行分析、评估、改进和进一步开发。

2. OCB 框架

IPMA 的 OCB 描述了五组组织能力。

（1）治理能力。PP&P 治理是组织公司治理的一部分，涉及项目、项目群和项目组合。

它通常由高层管理人员参与指导委员会的工作。它包括：PP&P 的使命愿景战略、PP&P 管理发展、领导力、绩效四个方面。

（2）管理能力。PP&P 管理是组织管理系统中处理项目、项目群和项目组合的一部分。它通常由组织的长期和临时部门的不同级别的管理职能来执行，并为所有能力要素的可持续发展提供人员、方法、工具、指导方针、决策、监督和控制及方向。包括项目管理、项目群管理、项目组合管理三个方面。

（3）调整能力。这是一组涉及确保重要组织和 PP&P 管理要素之间一致性的能力。它由 PP&P 经理在其他职能经理的支持下进行。在这个小组中，有内部和外部各方协调 PP&P 的流程、结构和文化的能力元素。这些都得到团队合作和有效沟通的支持。它包括进程调整、保持一致、文化调整三个方面。

（4）资源能力。PP&P 资源能力针对高层管理人员设定的资源可用性和利用率的目标和期望，由 PP&P 管理人员与财务、法律、采购和技术等支持职能一起进行。它为确定资源需求、收购和可持续发展 PP&P 资源提供了指导。它包括资源需求、资源状态、资源获取、资源开发四个方面。

（5）人员能力。PP&P 人员能力是根据高层管理人员的总体目标和对人员能力的期望，包括团队合作、沟通、表现和认可，由 PP&P 管理人员在人力资源管理和其他职能管理的支持下进行。如果一个组织长期为了利益相关者的利益而实现其目标，那么它是成功的。它包括人员能力要求、人员能力现状、人员能力获得和人员能力发展四个方面。

3.2.3　IPMA 的 PEB

IPMA 的卓越项目管理模型（Project Excellence Baseline，PEB）是 IPMA 项目管理大奖的评审依据。卓越项目管理模型是在著名的欧洲质量奖模型的基础上创建的。卓越项目管理模型总共有 9 个评估标准，分为两个部分：项目管理（500 分）和项目结果（500 分）。项目管理部分有 5 个准则，分别是项目目标（140 分）、领导力（80 分）、人员（70 分）、资源（70 分）及过程（140 分）；项目结果部分有 4 个准则，分别是客户结果（180 分）、人员结果（80 分）、利益相关者结果（60 分）及主要成就和项目结果（180 分），如图 3-4 所示。

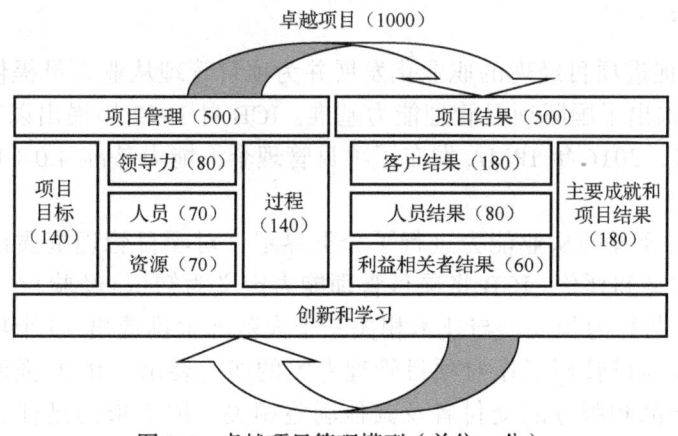

图 3-4　卓越项目管理模型（单位：分）

（1）项目目标。展示如何基于充足的项目利益相关者的需求信息，设定、开发、跟踪、检查并实现项目目标的情况，展示如何识别并确定项目利益相关者的期望值和需求，如何基于充足的相关信息综合权衡、优化项目目标及如何赋予实施、检验、调整并实现项目目标。

（2）领导力。展示领导者如何激励、支持和促进"卓越项目"的情况，展示领导者追求卓越并积极有效推进的实证，并提供领导者如何关心客户、供应商和其他机构的例证。

（3）人员。展示项目团队成员如何参与到项目中，他们的潜力如何被识别、开发、维护和发展，并为项目目标的实现而发挥作用，以及项目团队成员如何被授权并独立开展工作的情况。

（4）资源。展示如何充分高效力、高效率地利用现有资源的情况，说明项目如何计划并使用财政资源、信息资源、供应商及他们所提供的服务及其他必要资源的情况。

（5）过程。展示如何确定、审核，并在必要时变更项目过程的情况，说明项目成功所需的过程是如何被系统化地确定、管理、审核、调整和优化的，项目管理的方法和体系是如何被选择、有效地采用并加以改进的，是如何将过去和当前的经验教训提取并文档化，并使其他项目受益的。

（6）客户结果。须表明项目达到的成果包含客户的期望值和满意度情况，展示出客户是如何评价项目所取得的绩效和成果的。

（7）人员结果。须表明项目所达到的成果包括参与员工的期望值和满意度情况，并展示出员工和项目经理是如何评价该项目、项目过程中的团队合作及项目绩效和项目结果的。

（8）利益相关者结果。展示项目达到的成果包含利益相关者的期望值和满意度情况并说明该项目对其他利益相关者所产生的影响。

（9）主要成就和项目结果。表明项目所取得预期成果，包括项目目标的实现情况及其他绩效情况。

3.2.4 IPMA 的 ICB

1. ICB 概述

IPMA 为了促进项目经理的职业化发展并为项目管理从业人员提供一套能力提升的基准，IPMA 推出了国际项目管理能力基准。ICB 自 1992 年提出以来，已经进行了多次修改和完善，2016 年 IPMA 发布了项目管理个人能力基准 4.0（IPMA ICB4.0）版本。

ICB 对项目经理的从业能力进行了分类界定，对项目管理资质认证所要求的能力标准进行了定义和评价。ICB 将项目管理能力定义为知识+经验+个人素质，ICB4.0 从与环境相关、与行为相关、与技术相关三个大范畴中挑选出 29 个项目管理能力要素，来阐明从事项目管理工作对项目管理专家的能力要求。ICB 强调项目经理应该以满足客户、产品和服务的交付者及其他利益相关者的需求为己任，为项目、大型项目和项目组合付出努力。项目经理要能够在必要的时候得到专家的帮助，并且在做出决策的时候得到专家们的尊重和支持，还应该能激励专家们运用知识和经验，为项目、大型项目和项目组合的利益做出贡献。

2．ICB4.0 的框架和结构

在 ICB4.0 中，为了评价项目管理人员在实践中应用项目管理的总体专业能力，其对项目经理的能力要素归纳如下。

（1）环境能力：5 个与环境相关的能力要素，涉及理解适合管理项目环境的能力。

（2）行为能力：10 个与行为相关的能力要素，涉及处理在项目中与行为相关的社会能力及人际关系能力。

（3）技术能力：14 个与技术相关的能力要素，涉及在项目实践中应用项目管理技术、工具的能力。

对于每个能力要素，都有相应的知识和经验的要求。ICB 认为，知识不仅仅是指准确地记忆，还应该知晓相互间的联系，了解在实际项目管理环境中的应用。表3-4 展现了 ICB4.0 的三个能力要素模块及它们所包含的 29 个能力要素。

表 3-4 ICB4.0 的 29 个能力要素

	1. 环境能力		2. 行为能力		3. 技术能力
1.01	战略 （Strategy）	2.01	自我反思与自我管理 Self-reflection and self-management	3.01	项目策划 Project Design
1.02	治理、架构与过程 Governance, structures and processes	2.02	诚信与可靠 Personal integrity and reliability	3.02	需求与目标 Requirements and objectives
1.03	遵循的要求、标准与规则 Compliance, standards and regulations	2.03	人际沟通 Personal communication	3.03	范围 Scope
1.04	权力与利益 Power and interest	2.04	关系与参与度 Relations and Engagement	3.04	时间 Time
1.05	文化与价值 Culture and values	2.05	领导力 Leadership	3.05	组织与信息 Organization and information
		2.06	团队工作 Teamwork	3.06	质量 Quality
		2.07	冲突与危机 Conflict and crisis	3.07	财务 Finance
		2.08	谋略 Resourcefulness	3.08	资源 Resources
		2.09	谈判 Negotiation	3.09	采购 Procurement
		2.10	结果导向 Result orientation	3.10	计划与控制 Plan and control
				3.11	风险与机会 Risk and opportunities

续表

1. 环境能力	2. 行为能力	3. 技术能力	
		3.12	利益相关者 Stakeholders
		3.13	变化与变革 Change and transformation
		3.14	选择与权衡 Select and balance

ICB4.0 中对每一项能力要素从以下几个方面进行了描述，包括定义、目的、描述、相关的知识要求、相关的技能和才能要求、涉及的其他能力要素、主要能力指标的描述与测量。ICB 对于项目经理对自身能力的评估与提升具有实际指导价值，也是企业项目经理能力培养的基准参考。

3.2.5 美国 PMI 的 OPM3

项目管理成熟度表达的是一个组织（通常是一个企业）具有的按照预定目标和条件成功地、可靠地实施项目的能力，它是一个组织项目管理过程成熟度的反映。

OPM3 是组织级项目管理成熟度模型（Organizational Project Management Maturity Model）的英文缩写，是描述组织如何提高或获得竞争能力的过程和框架。它是美国项目管理协会发布的一种评价和学习标准。对于各类组织而言，它是极具针对性的自我评估工具和学习基准，也是高度有效的管理改进路线图。

1998 年 PMI 开始启动 OPM3 计划，并期望作为标准模型投入市场竞争。John Schlichter 担任计划的主管，并在全球招募了来自包括中国在内的 35 个不同国家、不同行业的 100 余位专业人员参与。经过五年的努力，OPM3 终于在 2003 年 12 月问世，掀起继 CMM 震撼后的另一股企业开始追求建立"组织全面性项目管理能力"的风潮。

1．OPM3 的定义

PMI 对 OPM3 的定义是：评估组织通过管理单个项目和项目组合来实施自己战略目标的能力的方法，还是帮助组织提高市场竞争力的方法。OPM3 的目标是"帮助组织通过开发其能力，成功地、可靠地、按计划地选择并交付项目而实现其战略"。OPM3 为使用者提供了丰富的知识和自我评估的标准，用以确定组织的当前状态，并制订相应的改进计划。

2．OPM3 的基本构成

OPM3 的基本构成包括以下要素。

（1）最佳实践。组织项目管理的一套"最佳实践"是指经实践证明和得到广泛认同的比较成熟的做法。

（2）能力。能力是"最佳实践"的前提条件，或者说，能力集合成"最佳实践"，具备了某些能力就预示着对应的"最佳实践"可以实现。

（3）路径。识别能力整合成"最佳实践"的路径，包括一个"最佳实践"内部的和不同"最佳实践"之间的各种能力的相互关系。

（4）成果。这些成果和组织的种种能力之间有确定的关系，成果意味着组织存在或者达到了某种特定的能力。

（5）关键绩效指标。能测定每个结果的一个或多个主要绩效指标。

（6）模型的范畴（Model Context）。包括组织项目管理的过程和改进的步骤和梯级。

OPM3 包括 586 种最佳实践模型、2 109 种核心能力、2 184 种关键产出。这些"最佳实践"、能力、成果和绩效指标，同一些叙述性的说明、指导手册、自我评估模板和组织项目管理过程的描述一起就构成了 PMI 的组织项目管理成熟度模型。

3. OPM3 的结构

PMI 的 OPM3 是一个三维模型，第一维是成熟度的四个梯级，第二维是项目管理的九个领域和五个基本过程，第三维是组织项目管理的三个版图层次。

成熟度的四个梯级分别是标准化的（Standardizing）、可衡量的（Measuring）、可控制的（Controlling）、持续改进的（Continuously Improving）。

项目管理的九个领域指项目整合管理、项目范围管理、项目进度管理、项目成本管理、项目质量管理、项目资源管理、项目沟通管理、项目风险管理和项目采购管理。

项目管理的五个基本过程是指启动过程、规划过程、执行过程、监控过程和收尾过程。

组织项目管理的三个版图是单个项目管理（Project Management）、项目集群管理（Program Management）和项目组合管理（Portfolio Management）。

OPM3 框架如图 3-5 所示，OPM3 中每种最佳实践在这个三维模型中都占据一个或多个位置。换句话说，OPM3 将告诉使用者一个最佳实践处于项目管理过程组（启动、规划、执行、监控、收尾）的哪个位置，处于哪个版图（项目管理、项目集群管理、项目组合管理），处于组织过程提高的哪个梯级（标准化的、可衡量的、可控制的、持续改进的）。如此一来，组织就可以看出哪些最佳实践和组织项目管理成熟度最密切相关，组织处于成熟度的哪一等级，如何进行改进。

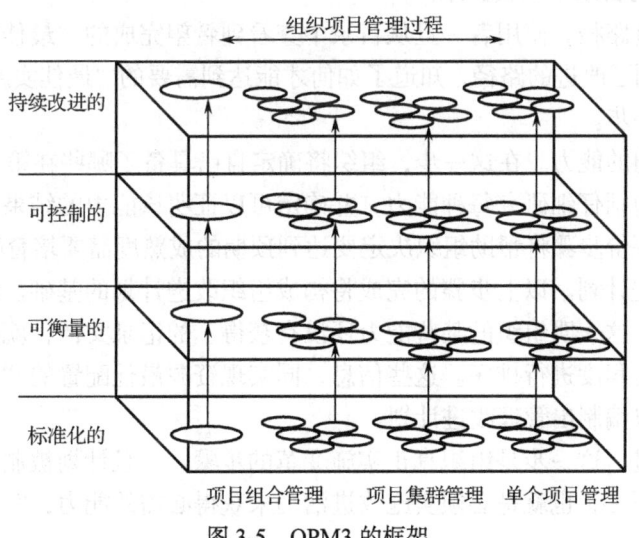

图 3-5　OPM3 的框架

4. OPM3 的应用步骤

OPM3 的应用过程如图 3-6 所示。

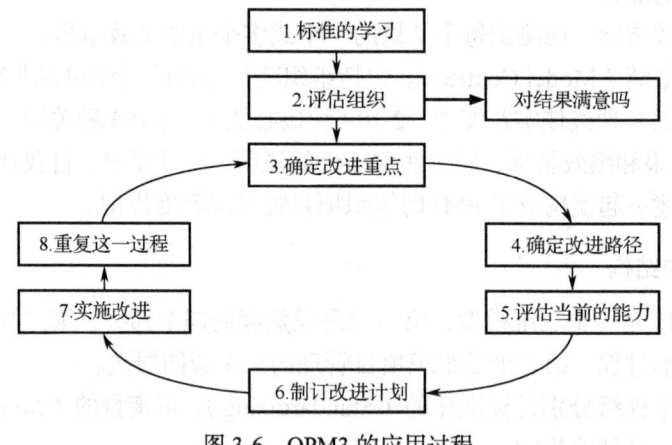

图 3-6　OPM3 的应用过程

（1）标准的学习。第一步是组织必须尽可能透彻地了解该模型所依托的种种概念。这包括研究比较标尺的内容，熟悉组织项目管理及 OPM3 的组成和操作程序。

（2）评估组织。这一步是评估组织的组织项目管理成熟度。为此，组织必须把自己当前的成熟度状态的特征和 OPM3 所描述的具有代表性的特征进行对比。通过对比，识别自己的当前状态，包括自己的强势和弱势，以及在组织项目管理成熟度中的位置处于哪个梯级，从而可以决定是否需要制订和实施改进计划。

（3）确定改进重点。OPM3 的自我评估帮助组织识别了自己的状态，了解了自己目前在组织项目管理方面已经具备和还缺乏哪些基本的特征。这样使用者就可以把重点放在与"最佳实践"相关的、需要改进的那些特征上来，并制定适当的改进规划。一旦使用者知道哪些"最佳实践"是需要测定和致力于改进的，这种"最佳实践"及对它们的描述，都可以在 OPM3 给出的目录中查找出来。

（4）确定改进路径。使用者一旦从目录中查看到希望完成的"最佳实践"所需要的一系列能力，就找到了改进的路径，知道了如何才能达到需要的"最佳实践"，以便将当前的成熟度梯级提高一步。

（5）评价当前的能力。在这一步，组织将确定自己具备了哪些在第 4 步中提到的首先必备的能力。这包括仔细研究每种能力，并确定可以证明该能力的结果是否存在或者是否可以观察到。该评价步骤将帮助组织决定要达到预期的成熟度需要培育哪些特定能力。

（6）制订改进计划。以上步骤的完成将构成组织改进计划的基础。组织可以根据那些未被观察到结果（这表明组织的某些能力还没有获得）的记录文档，就这些结果所反映组织所需能力的优先程度进行排序。这些信息，同实现资源最佳配置的"最佳实践"的选取结合起来，就可以编制出管理改进计划。

（7）实施改进。这一步是组织真正实施变革的步骤。一旦计划被制订，组织必须一步一步地将其贯彻下去，也就是必须实施改进活动来获得必需的能力，并沿着组织项目管理成熟度发展的道路不断推进。

（8）重复这一过程。完成计划中的一些改进活动后，组织将重新评估当前的组织项目管理成熟度状态，即回到第 2 步；或者开始进行其他的在先前的评估中确定下来但还没来得及实施的"最佳实践"，即回到第 5 步，重新评估当前能力，从而更新改进计划。

3.3 项目管理的核心内容

3.3.1 项目管理的两个层次

项目管理的两个层次是指企业层次的项目管理和项目层次的项目管理。

1. 企业层次的项目管理

在新的商业环境下，企业为了生存和发展，应对由于快速变化所带来的挑战，越来越多地引入项目管理的思想和方法，将企业中的各种任务按项目进行管理，不但对传统的项目型任务实行项目管理，而且还将一些运作型的业务当作项目对待以实行项目管理。随着企业中"项目化"工作越来越多，企业每天面对的不仅是几个项目，而是成百上千个不断发生变化的项目。在多项目并存、快速变化和资源有限的环境下，企业就需要从企业战略层面，站在企业高层管理者的角度考虑如何有效地对企业中的各项任务实行项目管理，如何从企业层面创造和保持一种使企业各项任务都能有效实施项目管理的企业组织环境和业务平台。因此企业层次的项目管理，即企业项目管理的主导思想是按项目进行管理。

企业层面的项目管理关心的是企业所有项目目标的实现。一个企业在同一时间内可能有很多项目需要完成，如何经济、高效地同时管理好众多的项目是企业层面项目管理的核心问题。为了一些经济方面的原因和最有效地使用资源，企业层面的项目管理常常采用多项目管理的方法，即一个项目经理同时管理多个项目。

企业项目管理的重点是企业项目管理体系的建立，主要涉及企业项目管理组织架构、企业项目管理制度体系、项目经理的职业化发展等，其成果是企业项目管理执行指南，这是企业项目管理的纲领性文件。

2. 项目层次的项目管理

项目层次的项目管理是指一般项目管理的范畴。随着项目管理的快速发展，与传统项目管理相比，现代项目管理的范畴越来越丰富，表现在现代项目管理应用范围已不再局限于传统的建筑、国防和工程等领域，而扩展到了各种领域、各种项目都可使用的范围。现代项目管理理论认为所有一次性、独特性和具有不确定性的任务都属于项目的范畴，需要现代项目管理。此外，现代项目管理形成了自己系统的知识体系，不仅很多国家已经推出了本国的知识体系，同时随着项目管理国际化的发展，全球范围内互认的具有普遍意义的项目管理知识体系也正在研究发展中。

因此，项目层次的项目管理关注的重点是单个项目的成功，如何通过计划、安排与控制等管理活动实现项目的目标，使项目利益相关者满意。

项目层次的项目管理的重点是建立项目管理的操作手册，其主要涉及项目操作流程体系设计、项目管理的标准模板建立及项目管理方法工具的应用。项目管理操作手册是项目经理和项目管理人员实施项目的业务操作指南，反映项目执行过程的方方面面，通过各种流程与表格予以体现。

3.3.2 项目管理的四个阶段

项目生命周期可以分为四个大的阶段，即概念阶段、规划阶段、实施阶段及结束阶段，项目不同阶段的项目管理的内容是不相同的。项目管理的内容多以其生命周期过程为重点进行展开，它使得人们能够从开始到结束对整个项目的实施有个全面系统而又完整的了解。图 3-7 就是从项目生命周期的角度，对项目的 C、D、E、F 四个阶段工作内容的概括描述。

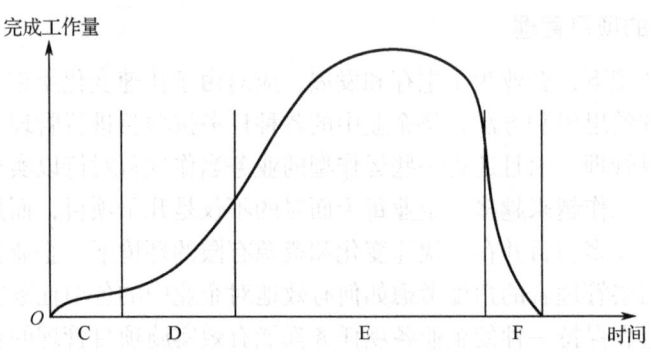

C—概念阶段	D—规划阶段	E—实施阶段	F—结束阶段
• 明确需求、策划项目 • 调查研究、收集数据 • 确立目标 • 进行可行性研究 • 明确合作关系 • 确定风险等级 • 拟订战略方案 • 进行资源测算 • 提出组建项目组方案 • 提出项目建议书 • 获准进入下一阶段	• 确定项目组主要成员 • 项目最终产品的范围界定 • 实施方案研究 • 项目质量标准的确定 • 项目的资源保证 • 项目的环境保证 • 主计划的制订 • 项目经费及现金流量的预算 • 项目的工作结构分解制定 • 项目政策与程序的制定 • 风险评估 • 确认项目有效性 • 提出项目概要报告，获准进入下一阶段	• 建立项目组织 • 建立与完善项目联络渠道 • 实施项目激励机制 • 建立项目工作包，细化各项技术需求 • 建立项目信息控制系统 • 执行 WBS 的各项工作 • 获得订购物品及服务 • 指导/监督/预测/控制：范围、质量、进度、成本 • 解决实施中的问题	• 最终产品的完成 • 评估与验收 • 清算最后账务 • 项目评估 • 文档总结 • 资源清理 • 转换产品责任者 • 解散项目组

图 3-7　项目的生命周期及其主要工作

3.3.3 项目管理的五个过程

任何项目都是由一系列项目阶段所构成的一个完整过程，而各个阶段又是由一系列具体活动所构成的具体工作过程。过程是指为了生成具体结果（可度量结果，如产品、成果或服务）而开展的相互联系的一系列行动和活动的组合。一个项目的过程又分为两种类型。一是项目的实现过程，是指人们为创造项目的产出物而开展的各种业务活动所构成的整个过程,该过程面向项目产品的过程,称为项目过程,一般由项目生命周期表述,并因应用领域不同而不同。二是项目的管理过程,是指在项目实现过程中,人们开展项目的计划、决策、组织、协调、沟通、激励和控制等方面活动所构成的过程。一般不同项目的实现过程有着相同或相似的项目管理过程,在一个项目的过程中,项目管理过程和项目实现过程从时间上是相互交叉和重叠的,从作用上是相互制约和相互影响的。

1. 项目管理的五个过程

一般而言,项目管理过程是由五个不同的项目管理的具体过程(或阶段/活动)构成的。这五个项目管理的具体过程构成了一个项目管理过程的循环。一个项目管理过程循环中所包含的具体过程如图3-8所示。

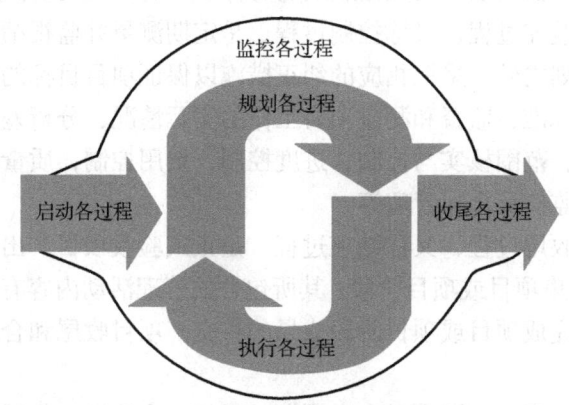

图3-8 项目管理过程及其循环

图3-9中经过扩展的循环可以用于过程组内及其之间的相互关系中。规划过程组与"计划—执行—检查—行动"循环中的"计划"对应;执行过程组与"计划—执行—检查—行动"循环中的"执行"对应;而监控过程组与"计划—执行—检查—行动"循环中的"检查"和"行动"对应。此外,因为一个项目的管理是一种有限的努力,所以启动过程组是这些循环的开始,而收尾过程组是其结束。项目管理的综合性要求监控过程组与其他过程组的所有方面相配合。

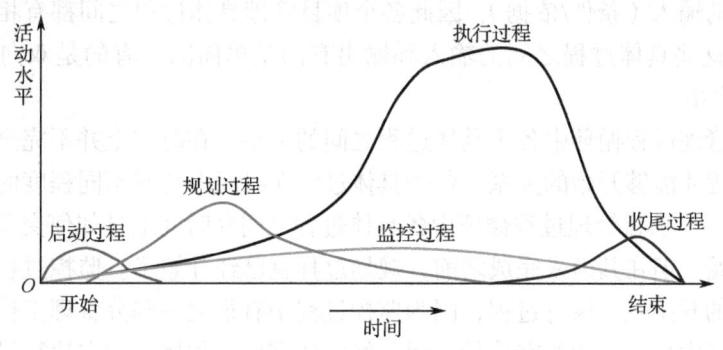

图3-9 项目管理五个过程的交叉与重叠

(1)启动过程。启动过程,又称开始过程,处于一个项目管理过程循环的首位。它所包含的管理活动内容有：确定并核准项目或项目阶段，即定义一个项目或项目阶段的工作与活动，决策一个项目或项目阶段的开始与否，或者决策是否将一个项目或项目阶段继续进行下去等。

（2）规划过程。规划过程，又称计划过程，是确定和细化目标，并为实现项目而要达到的目标和完成项目要解决的问题范围规划必要的行动路线。其所包含的管理活动内容有：拟定、编制和修订一个项目或项目阶段的工作目标、任务、计划方案、管理计划、范围规划、进度计划、资源供应计划、费用计划、风险规划、质量规划及采购规划等。

（3）执行过程。执行过程是将人与其他资源进行结合，具体实施项目管理计划。其所包含的管理活动内容有：组织协调人力资源及其他资源，组织协调各项任务与工作，实施质量保证，进行采购，激励项目团队完成既定的各项计划，生成项目产出物等。

（4）监控过程。监控过程，又称控制过程，是定期测量并监视绩效情况，发现偏离项目目标和项目管理计划之处，采取相应的纠正措施以保证项目目标的实现。其所包含的管理活动内容有：制定标准，监督和测量项目工作的实际情况，分析差异和问题，采取纠偏措施，整体变更控制，范围核实与控制，进度控制，费用控制，质量控制，团队管理，利益相关者管理，风险监控及合同管理等。

（5）收尾过程。收尾过程，又称结束过程，是正式验收项目产出物（产品、服务或成果），并有序地进行结束项目或项目阶段。其所包含的管理活动内容有制定项目或项目阶段的移交与接受条件，完成项目或项目阶段成果的移交，项目收尾和合同收尾，使项目或项目阶段顺利结束等。

一个项目的实现过程中，即项目生命周期的任何一个阶段，都需要开展上述项目管理过程循环中的各项管理活动，因此项目管理过程的五个具体过程是在项目阶段中不断地循环发生的。

2．项目管理五个过程之间的关系

一个项目过程循环中的五个具体管理过程之间具有特定的关系。首先它们之间是一种前后衔接的关系。各项目管理具体过程都有自己的输入和输出，这些输入和输出就是各个具体管理过程之间的相互关联要素。一个项目管理具体过程的输出（结果）是另一个项目管理具体过程的输入（条件/依据），因此各个项目管理具体过程之间都有相应的文件和信息传递，并且这些具体过程之间的输入和输出有的是单向的，有的是双向循环的，这从图 3-9 就可以看出。

一个项目管理过程循环中各个具体过程之间的关系，在时间上并不完全是一个过程完成后另一个过程才能够开始的关系，各个具体过程在时间上会有不同程度的交叉和重叠。图 3-9 描述了一个项目管理过程循环中各具体过程之间在时间上是如何交叉和重叠的。启动过程最先开始，但在其尚未完成之前，规划过程就已经开始了。监控过程在规划过程之后开始，但它的开始先于执行过程，因为监控过程中有很大一部分管理工作属于事前控制工作，因此它必须预先开始并在执行过程开始之间完成。收尾过程在执行过程尚未完成之前就已开始，这意味着结束工作中涉及许多文档准备工作可以提前开始，在执行过程完成以后所开展的结束过程工作只剩下移交性工作了。

但是过程组不是项目阶段。当大项目或复杂项目有可能分解为不同的阶段或不同的子项目时，如可行性研究、概念推敲、设计、样机或样品、建造、试验等，每一阶段或子项目都要重复过程组的所有子过程。

3.3.4 项目管理的十个领域

现代项目管理知识体系包括许多方面的内容，这些内容可以按照多种方式去组织，PMI从不同的管理职能角度，将现代项目管理知识体系划分为十大知识领域，包括项目整合管理、项目范围管理、项目进度管理、项目成本管理、项目质量管理、项目资源管理、项目沟通管理、项目风险管理、项目采购管理和项目利益相关者管理，如图3-10所示。

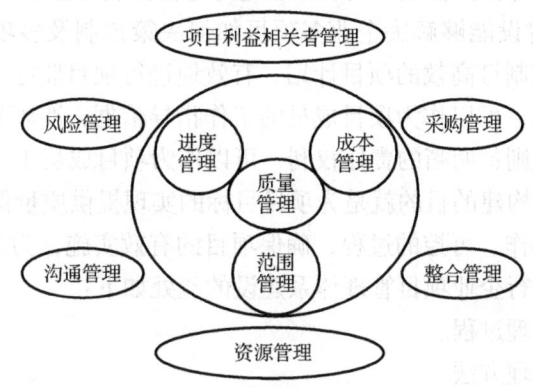

图 3-10 项目管理的十大知识领域

项目管理十大知识领域是不同性质、不同规模、不同行业进行项目管理的通用核心内容，也是任何组织推行项目管理，建立项目管理制度体系的核心内容。

3.4 企业项目管理体系及其建设

3.4.1 企业项目管理体系概述

企业项目管理应用的核心关键和基础性工作就是建立一个有效的企业项目管理体系，包括职能部门和项目组织之间的权力分配与职责界定、项目管理岗位职责的设置与工作流程的规范、多项目之间的资源冲突协调与利益平衡机制的建立和以目标为导向的项目团队成员的双重考核体系建立等。

企业项目管理体系建设就是在企业建立一套项目管理的标准方法，并与企业的业务流程集成在一起，形成以项目管理为核心的运营管理体系。项目管理体系是企业有组织地放弃、有组织地持续改进、有计划地挖掘成功经验和系统化管理创新的重要手段。项目管理体系用系统化的思维方式，综合企业项目管理中涉及的多项目管理、项目集群管理和单个项目管理的问题，融入企业项目管理策略和方法，规范项目的工作流程、操作规则及操作方法，为项目考核评价奠定基础。

在急速变化的环境中，面对快速发展的压力，企业开展的业务越来越多、经营范围越来越广，项目型的工作任务急剧增加。如果企业缺乏项目管理体系，则可能出现如下问题：

（1）缺少系统性，使项目管理流和业务流分离，往往顾此失彼，矛盾此起彼伏。
（2）项目经理和公司领导成为消防队员。
（3）责权不明，协调与沟通不畅。
（4）常常陷于项目经理无法，公司管理层无奈，项目成员无从的状态。
（5）不利于项目实施的控制，给项目成功实施带来了潜在的风险。

因此，建设企业项目管理体系就是建立支持企业项目管理的组织体系和企业环境，为企业所开展的所有项目成功实施提供保障。企业项目管理体系可以为企业提供：体系化的项目管理理念、可视化的项目管理工具、动态化的过程控制方法、程序化的项目作业流程。企业项目管理体系的建设能够解决企业多项目如何决策控制及多项目如何考核评价的问题；可以指导项目经理制订高效的项目计划、有效地进行项目监控，确保项目目标的有效实现；明晰的过程规范，可以作为项目成员的工作指导依据；明晰的操作模板，可以作为项目成员的工作实施准则；明晰的责任权利，可以作为项目成员工作考核的基础。

企业项目管理体系构建的目的就是为项目目标的实现提供质量保证，通过正确的决策、高效的流程、标准的操作、可控的过程，确保项目的有效实施，为企业创造良好社会效益和经济效益。因此，进行企业项目管理体系建设的益处如下：

（1）规范并指导管理过程。
（2）一致的项目管理方法。
（3）通用的项目管理术语。
（4）方便的新员工培训。
（5）可展示的质量保证。
（6）项目管理经验的有效积累。

3.4.2 企业项目管理体系建设

1. 企业项目管理体系建设的内容

企业项目管理体系的建设以国际项目管理知识为基础，从现代项目管理理念入手，从思想上让企业及其员工认识到项目管理的重要性、项目管理能够帮助他们解决什么问题，然后将项目管理理念和通用的现代项目管理知识、方法和工具融入企业项目实践中，结合企业项目类型和业务流程，编制公司项目管理手册，形成企业项目管理体系。

企业项目管理体系建设包括两个层次的内容，即企业层次的项目管理制度体系建设和项目层次的项目操作流程体系建设。

（1）企业层次的项目管理制度体系建设：主要是项目管理执行指南，注重组织管理、项目管理模式和制度建设，是企业项目管理的纲领性文件。

（2）项目层次的项目操作流程体系建设：主要是项目管理操作手册，是项目经理和项目管理人员实施项目的业务操作指南，包括项目执行过程的方方面面，通过各种流程与表格予以体现。

2. 企业项目管理体系建设面临的问题

企业项目管理体系建设面临实用性、先进性、系统性和层次性四个方面的问题。

（1）体系建设的实用性问题：可操作性问题如何得到保证；个性化需求问题如何体现；相关的责权不够分明，项目管理的漏洞较多，缺乏协调性；体系真正起到的作用不理想。

（2）体系建设的先进性问题：与现代项目管理理念体系的结合不密切；与现代项目管理方法体系结合的完整性不强；与行业项目管理模式的发展适应性不好；发现并解决问题的实时性和有效性能力不够；缺乏体系建设的优化与更新机制。

（3）体系建设的系统性问题：企业项目管理策略和思路的完整性不强；项目管理流和业务流分离，往往顾此失彼；体系建设过程中"头痛医头"的现象比较明显，缺乏整体的解决方案；体系模块之间的一致性、衔接性常常出现问题；体系反映出来的管理真空现象较为频繁；没有实现项目管理、流程管理、知识管理的有机集成。

（4）体系建设的层次性问题：企业层次与项目层次在体系建设过程中没有清晰界定；单项目管理、多项目管理、项目组合管理、企业级项目管理体系的一体化与差异性问题；与企业质量管理体系的关系与适应问题；不同复杂度项目的管理差异问题。

3. 企业项目管理体系建设的思路和对策

项目管理体系建设已经成为企业有组织地放弃昨天、有计划地实施今天、有策略地规划明天的有效手段，它是企业积累成功经验、系统化管理创新的有效方法。

1）观念性变更。

如何认识项目管理体系建设对企业变革的意义；如何结合企业实际，建立成功有效的项目管理体系；如何确保项目管理体系建设的可操作性等问题，是面向项目化管理所面临的首要问题。不更新管理思想，不改变管理体制和管理办法，单纯追求工具的完美是做不好项目管理的。企业项目管理体系建设必须涉及管理体制、管理思想、管理水平、管理规范、人员素质、组织形式等多方面的问题。

2）组织变更与调整。

建立一个综合的、专业化的、相对独立的、严密的项目管理组织，需要做好四方面的工作：

（1）健全各种数据采集、管理制度，采用科学的方法和适宜的技术。

（2）应明确项目经理与职能经理的责权利，建立有效授权体系并合理授权。

（3）明确团队成员汇报关系，善于运用管理技能并进行有效沟通。

（4）有更高层的管理人员的支持机制。

3）业务流程优化。

业务流程优化有利于统一思想，统一标准，统一步骤，促使管理人员自觉运用项目管理的原理、方法和技术。项目管理体系建设的最大难点是：如何将项目管理方法与企业的业务流程集成起来，从而建立以项目管理为核心的业务流程，而此业务流程又是基于项目管理的过程所设定的。项目管理方法和业务流程相互配合，在实践中进行优化，将全面增加企业项目成功的机会，同时也使企业的相关部门以项目为导向，步调一致。

4）项目分类战略与优先原则。

项目管理体系建设是站在组织层面上进行管理，为企业战略服务的，因此需要建立项目分类战略与优先原则，包括基于组织战略的项目分类原则、合理决定项目优先级原则、多项目之间的资源冲突解决原则。这些原则的建立，将有利于项目成组管理与项目组合管理的有机结合，有利于合理配置资源、拟订资源计划、分析资源的可得性、优化资源配置。

5）多层次项目管理体系。

企业构建项目管理体系时可能面临项目"多元化"的问题，即项目的领域、规模、类型差异很大，因此难以建立一个统一的项目管理体系。实际上，可以通过分层管理的方式解决这个问题，即构建多层次项目管理体系。图3-11所示为一个三层项目管理体系。这个三层体系是按项目管理的重点将体系划分为"项目级""过程级"和"人员级"三个层次，并通过这三者的集成管理和相互促进不断提高软件项目的开发质量和效率。

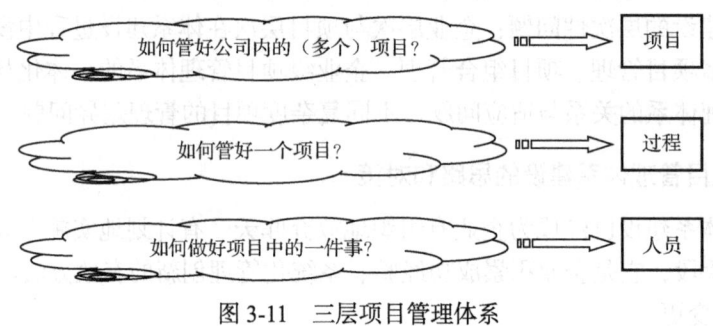

图3-11　三层项目管理体系

（1）项目级：项目级是指公司项目监控体系，管理的重点是项目的运行指标，解决"如何管好公司内的（多个）项目"问题。这个层次应该由公司内专门的部门负责，统一对项目执行全过程进行监控。

（2）过程级：过程级是指公司的过程规范，过程规范可以根据不同的领域、规模和项目类型有所不同，其管理的重点是项目的执行过程，解决"如何管好一个项目"的问题。这个层次由项目组负责执行。

（3）人员级：人员级是指培训体系，管理的重点是人员的效率，解决"如何做好项目中的一件事"的问题。这个层次的工作个性化非常强，可能每个项目组都不同。这个层次的工作可以分为两个方面：一方面，通过各种培训提高个人能力，如为项目经理设置项目管理、客户关系、员工管理等课程，还可以根据需要为个人提供有针对性的培训；另一方面，可以引入新的技术和方法、推广新的工具软件以提高过程能力和工作效率，并降低规范化造成的管理成本。

项目管理体系三个层面之间的相互促进可以不断推动体系的发展：过程规范是监控体系的基础，但随过程化建设的不断深入，监控的内容会不断深入和细化，公司对项目的控制力也会不断增强；随着人员经验的积累和工具方法的改进，又会不断优化各个过程，并作为过程规范转化为组织的能力；而过程改进的效果和人员效率变化又可以直接通过监控体系的运行指标反映出来，作为进一步行动的依据。

可见，三层项目管理体系是从共性到个性的渐进。"项目级"统一对时间、质量、成本等指标进行监控,监控范围覆盖所有类型的软件项目;"过程级"依据不同的领域、规模和项目类型有所不同。"人员级"具有很强的个性化,依据不同项目、不同的个人和不同的工作需要有针对性地培训人员、选择工具/方法。通过三层的互动,可以推进企业项目管理体系的不断发展。

6)知识管理的融入。

知识管理可实现项目成功经验的复制,组织必须根据自身业务领域项目的运作特点,建立项目管理流程及规范,总结实际项目运行过程中的经验与教训,逐步改进项目过程模型、流程与规范(见图 3-12)。

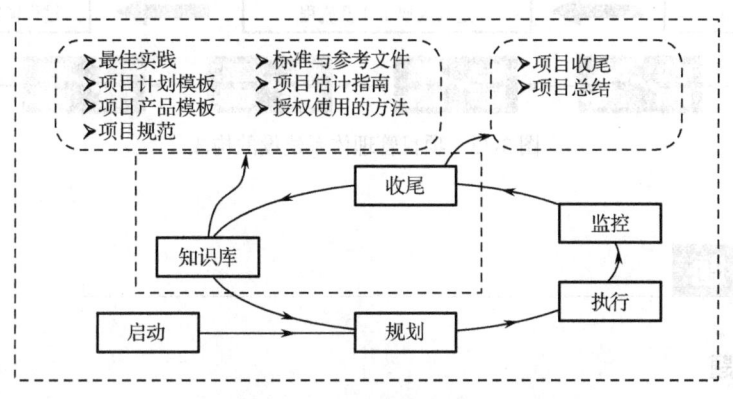

图 3-12 知识管理的融入

7)体系建设的系统性。

项目管理体系的建设涉及项目管理流程与规范,也涉及组织机构设置、角色与职责。项目管理体系就是项目过程、管理过程与组织结构相结合的产物。

项目管理可以划分为项目资源支持保证部分、项目核心过程部分、项目质量控制部分(包括质量管理和文档管理)和项目管理活动部分(项目评估、实施策略、过程监控等)等。

项目管理体系建设涉及管理体制和管理思想的变革、管理人员素质的提高、全员管理意识的加强,所以说是个系统工程。

4. 成功企业项目管理体系建设

成功企业项目管理体系建设强调通过项目生命周期的过程定义,通过对过程输入与输出的界定,分析组织如何将项目看作一个整体来处理,分析各职能部门如何对过程起到帮助作用,并通过项目管理过程、项目实施支撑、项目监控方法及项目作业指导,以项目管理的理念、工具方法为支撑,系统化地将项目管理理论与项目过程要求融入具体的操作实践中(见图 3-13)。

(1)项目过程控制总体思路,包括企业项目实施策略、项目各阶段控制思路及过程控制方法等。

(2)输入和输出的要素,包括数据和信息、计划和报告、风险及可以交付的成果等。

(3)过程控制,包括工作流程、工作方法、操作规则和作业指导,应制定基于过程的流程和基于角色的流程。

（4）职责，包括职能部门和项目角色对项目阶段和实施步骤的贡献。

（5）模板，包括简单明了的表格和文档模板，使操作简单规范。

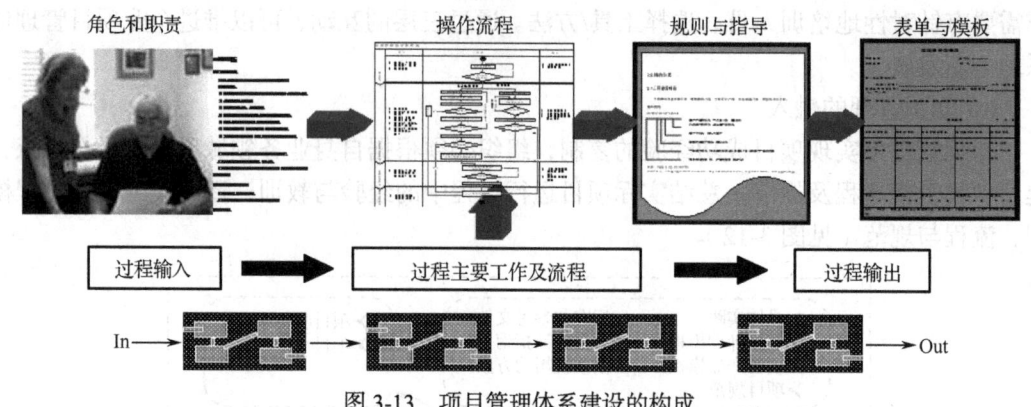

图 3-13　项目管理体系建设的构成

复习思考题

一、判断题

1. 项目管理的两个层次是指企业层次的项目管理和项目层次的项目管理。（　　）
2. 项目生命周期与产品生命周期的含义是相同的。（　　）
3. 项目管理的四个阶段和五个过程其实是一样的。（　　）
4. 项目管理中规划过程、执行过程、监控过程是截然分开的。（　　）

二、单选题

1. 下列（　　）不是项目生命周期的一个过程。
   A. 规划　　　　　　B. 收尾　　　　　　C. 启动　　　　　　D. 项目可行性研究
2. 项目生命周期的第二个阶段是（　　）。
   A. 概念阶段　　　　B. 实施阶段　　　　C. 规划阶段　　　　D. 结束阶段
3. 项目的生命周期阶段中（　　）两个过程比较缓慢。
   A. 启动、规划　　　B. 规划、执行　　　C. 执行、收尾　　　D. 启动、收尾
4. 以下（　　）不属于项目概念阶段的工作。
   A. 商业计划书的编制　　　　　　　　　B. 初步可行性研究
   C. 进度控制　　　　　　　　　　　　　D. 详细可行性研究
5. 下列各项描述属于项目规划阶段的是（　　）。
   A. 费用估计　　　　B. 费用控制　　　　C. 方案策划　　　　D. 质量验收
6. OPM3 是由（　　）提出的。
   A. 美国 PMI　　　　B. 英国 CCTA　　　C. ISO 10006　　　D. C-PMBOK

三、多选题

1. 下列属于 PRINCE 2 的特色管理过程的是（   ）。
   A. 项目准备、项目指导
   B. 项目启动、项目边界管理
   C. 阶段控制、产品交付管理
   D. 项目收尾、计划
2. 在 ICB4.0 中，对项目经理的能力要素有（   ）。
   A. 14 个技术能力要素
   B. 10 个行为能力要素
   C. 15 个管理能力要素
   D. 5 个环境能力要素
3. OPM3 中的梯级分别是（   ）。
   A. 标准化的   B. 可衡量的   C. 可控制的   D. 持续改进的
4. 项目管理的实施阶段包括（   ）。
   A. 生产要素管理   B. 质量保证   C. 采购规划   D. 费用控制

四、思考题

1. PMI 的 PMBOK 的项目管理知识领域有哪些？
2. PRINCE 2 的项目管理过程和过程活动所包含的内容有哪些？
3. C-PMBOK 的模块结构和特色有哪些？
4. 如何理解项目管理的四个阶段和五个过程？
5. 请说明 IPMA 的 Delta 模型与 PMI 的 OPM3 的联系与区别。
6. IPMA 的 OCB、PEB、ICB 是针对项目管理哪方面的标准？
7. 企业项目管理体系建立的价值和作用是什么？

第 4 章

项目组织与项目团队

本章要点

本章主要介绍项目组织与项目团队的相关知识。首先介绍常见的几种项目组织形式及其优缺点，项目经理的责任与权利，以及项目经理的能力和素质要求；其次阐述项目团队的概念、特点和发展阶段；然后阐述企业项目管理和多项目管理的概念和内容；最后介绍项目管理办公室的概念、职责及其建立和运行。

引导案例　解析 IBM 的矩阵式组织形式

1．IBM 矩阵关系"官僚化"？

当美国国际商用机器公司（IBM）大胆引进"矩阵式组织形式"之后，公司内出现了类似多重领导的局面，一度给员工带来不小的麻烦。

在 IBM 办公大楼里，财务部朱利（Juley）正在为查尔斯（Charles）核算财务支出。查尔斯首先通过内部的 notes 系统给朱利和人事部雪莉（Shelly）发送了一封邮件说明情况。在朱利核算之后，查尔斯需要经过大中华区 CEO 周先生的同意，然后由人事部总经理和财务部总经理签字通过，之后雪莉才可以发出招聘启事。这整个批复过程需要 3~4 天的时间，业务人员的行为由查尔斯负责，朱利和雪莉不承担责任，只提供建议。在 IBM 朱利是战略与发展部的财务人员，同时是 IBM 财务部的业务人员。雪莉和朱利一样，也身兼两职。这样，她们就直接对财务部和人事部的总经理和战略与发展部总经理查尔斯负责。通常，许多 IBM 业务人员同时要对 3~4 人甚至 5 人负责。

IBM 引进矩阵式组织形式之后导致新员工需要花很长时间来寻找自己的领导，弄清楚年终总结需要通过哪些人的审核，经过多少道程序才可以得出结论。有咨询师甚至用"官僚化"来比喻这种多人批复一个文件的现象，但是正当人们质疑这种现象的时候，IBM 却用矩阵式组织形式给它带来的利益说明了一切。

2. IBM 从矩阵中获得了惊人的利益

多重领导所带来的麻烦只是 IBM 矩阵的一个侧面而已，IBM 从矩阵中更多的是获得利益。而其中最为直接的效果就是大大削减了人力成本。在这种组织形式中，多重领导是指每个员工都肩负着几个不同的职责，这样也就意味着每个员工可以做更多的工作。IBM 雇员的高峰期达到了 45 万人，经过改革，最低谷达到了 26 万人左右，现在随着公司业务的发展，目前的雇员达到了 32 万人。如果按照 10 万元人民币的平均年薪来算，IBM 每年大概节约了 25 亿美元人力成本。通过多个领导审核可以最大限度地降低决策失误。即使解决一个小客户的投诉电话，IBM 通常也需要调动两三个部门的五六个员工，这样可以保证决策的正确性。

矩阵式组织形式给 IBM 带来的另一个管理上的好处就是，它让每个 IBM 员工都明白自己属于 IBM 而不属于某个区域总经理。这样就分散了区域总经理的权力而集中了公司整体的决策权和统一调配权。事实证明，现在的 IBM 总裁可以直接通过全球统一的信息交流平台将信件发送给每个员工，再也不会出现相关信件被区域总经理拦截的现象。

矩阵式组织形式的一个特点就是关注客户，这一点在 IBM 的矩阵式组织形式中尤为突出。它的每个客户都有 3 个以上的 IBM 员工关注，这样可以让更多的人了解 IBM 甚至购买 IBM 的产品，这也是矩阵式组织形式为 IBM 带来的一个决定性的利益。

IBM 的员工之所以愿意如此勤奋地工作，首先是因为他们意识到这个企业并不属于某几个股东，而是属于他们。另外，IBM 的业绩考核制度也推动员工在不断地为整个公司工作。他们通过结果、执行、团队三个方面来考核一个员工在本年度是否合格。而最后"团队"这一项就决定了 IBM 员工必须积极主动地配合临时组建的解决方案小组，这种临时的小组只有在矩阵式组织形式中才会出现。

IBM 公司建立了较为完善的内部信息系统，为员工积极工作创造了有利条件。通过网络随时传递信息，节省了大量的时间和精力。IBM 中国公司引入"随需应变的工作场所"，某种程度上解决了复杂矩阵式组织形式给 IBM 员工带来的多重领导的困惑。

IBM 全球的每个员工都有一张电子名片，上面包括员工所有的信息，如联系方式、工作部门、以往经历和专长。而这些电子名片被储存在 IBM 全球共享的数据库中。它可以帮助 IBM 员工在 24 小时内找到自己需要找的人而且他们找到的都是专业人士，这样可以尽量减少员工找人的时间。这个理念使 IBM 的员工可以通过内部的交流系统直接进行部分文件批复，这也是 IBM 针对多重领导做出的一个回应。

矩阵式组织形式是有机的，既能保证稳定地发展，又能保证组织内部的变化和创新。所以，IBM 公司常常流传着一句话：换了谁也无所谓。

【案例点评】IBM 公司在引入矩阵式组织形式之后，虽然给公司员工带来多重领导的困扰，但是公司更多的是从矩阵式组织形式中获得利益。其中最为显著的就是极大地降低了人力成本，由于一个员工会身兼多职，那么一个员工所做的工作所创造的价值也就更多了。这种组织形式使员工明确了自己的归属，不属于某个区域或者经理，而属于公司，这样的认识也使得员工更加关注自己所服务的客户和所创造的价值。IBM 公司建立的内部信息系统某种程度上也解决了矩阵式组织形式给员工带来的困扰。总之，矩阵式组织形式能够保证企业快速响应外界变化且提高自身创新和适应环境的能力。

4.1 项目组织

一个项目一旦确立，首先将要面临两个问题：一是必须确定项目与公司的关系，即项目的组织结构；二是必须确定项目内部的组成。项目组织对于项目的顺利完成很重要，它能为项目经理的工作打好基础，构筑组织机构是企业高层领导人的职责，他有责任设置好组织，使项目经理能够顺利地开展工作。组织设置是否合理，将影响项目经理工作的成败。随着社会的进步，人的认识不断深化，对组织的要领认识逐步从物的组织转换到人的组织、从静态的组织转换到动态的组织、从封闭的组织转换到开放的组织、从单个的组织转换到系统的组织。因此，在各个时期组织的定义有所不同。一般来讲，组织是在共同目标指导下协同工作的人群组成的社会实体单位。从动态角度，它又是建立一定的机构，通过分工合作而协调配合人们行为的组织活动过程。而项目组织是指由一组个体成员为实现具体的项目目标而组织的协同工作的队伍。项目组织的根本使命是在项目经理的领导下，协同工作、共同努力、增强组织凝聚力，为实现项目目标而努力工作。

项目组织的形式对于项目最终的成败有很大影响，常见的项目组织形式有职能式组织、项目式组织、矩阵式组织。

4.1.1 职能式组织

层次化职能式组织是当今世界上最普遍的组织形式。这是一个金字塔的结构，高层管理者位于金字塔的顶部，中层和低层管理者则沿着塔顶向下分布。

职能式组织是指企业按职能及职能的相似性来划分部门。例如，一般企业要生产市场需要的产品必须具有计划、采购、生产、营销、财务、人事等职能，那么企业在设置组织部门时，按照职能的相似性将所有计划工作及相应人员归为计划部门、从事营销的人员划归营销部门等，企业便有了计划、采购、生产、营销、财务、人事等部门。

采用职能式组织的企业在进行项目工作时，各职能部门根据项目的需要承担本职能范围内的工作，也就是说，企业主管根据项目任务需要从各职能部门抽调人员及其他资源组成项目实施组织，如要开发新产品就可能从营销、设计及生产部门各抽调一定数量的人员形成开发小组。然而，这样的项目实施组织界限并不十分明确，小组成员完成项目中需本职能完成的任务，同时他们并没有脱离原来的职能部门，而项目实施的工作多属于兼职工作性质。这样的项目实施组织的另一个特点是没有明确的项目主管或项目经理，项目中各种职能的协调只能由处于职能部门顶部的部门主管或经理来协调。例如上述开发新产品项目，若营销人员与设计人员发生矛盾，只能由营销部门经理与设计部门经理来协调处理，同样各部门调拨给项目实施组织的人员及资源也只能由各部门主管或经理决定。职能式组织如图4-1所示。

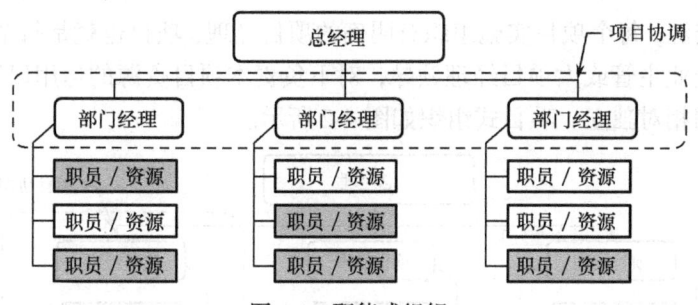

图 4-1 职能式组织

1. 职能式组织的优点

（1）有利于企业专业技术水平的提升。由于职能式组织是以职能的相似性来划分部门的，同一部门人员可以交流经验及共同研究，有利于专业人才专心致志地钻研本专业领域的理论知识，有利于积累经验与提高业务水平。这种形式同时为项目实施提供了强大的技术支持，当项目遇到困难时，问题所属职能部门可以联合攻关。

（2）资源利用的灵活性与低成本。职能式组织中项目实施组织中的人员或其他资源仍归职能部门领导，因此职能部门可以根据需要分配所需资源，而当某人从某项目退出或闲置时，部门主管可以安排他到另一个项目去工作，可以降低人员及资源的闲置成本。

（3）有利于从整体协调企业活动。由于每个部门或部门主管只能承担项目中本职能范围的责任，并不承担最终成果的责任，同时每个部门主管都直接向企业主管负责，因此要求企业主管要从企业全局出发进行协调与控制。因此，有学者说这种组织形式"提供了在上层加强控制的手段"。这种从整体上对组织的控制，有利于企业的长远发展和稳定性。

2. 职能式组织的缺点

（1）协调的难度。由于项目实施组织没有明确的项目经理，而每个职能部门由于职能的差异性及本部门的局部利益，因此容易从本部门的角度去考虑问题，发生部门间的冲突时，在部门经理之间很难进行协调。这会影响企业整体目标和项目目标的实现。

（2）项目组成员责任淡化。由于项目实施组织只是临时从职能部门抽调而来的，有时工作的重心还在职能部门，因此很难树立积极承担项目责任的意识。尽管说在职能范围内承担相应责任，然而项目是由各部门组成的有机系统，必须有人对项目总体承担责任，这种职能式组织不能保证项目责任的完全落实。

（3）对于环境适应性差。如果项目处于多变的环境中，而职能式组织很难快速依据客户的需求来对各种资源进行协调，从而降低了顾客的满意度。

职能式组织适合公司的内部需要协调工作较少的、规模较小的项目。

4.1.2 项目式组织

与职能式组织截然相反的是项目式组织，项目从公司组织中分离出来作为独立的单元，有其自己的技术人员和管理人员。它按项目来划归所有资源，即每个项目有完成项目任务所必需的所有资源，每个项目实施组织有明确的项目经理，项目也就是每个项目的负责人，对上直接接受企业主管或大项目经理领导，对下负责本项目资源的运用以完成项目任务。每个项目组之间相对独立。项目式组织如图 4-2 所示。

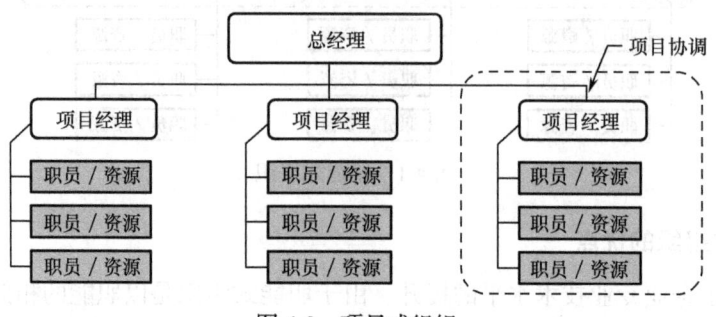

图 4-2 项目式组织

例如，某企业有 A、B、C 三个项目，企业主管则按项目 A、B、C 的需要获取并分配人员及其他资源，形成三个独立的项目组 A、项目组 B、项目组 C，项目结束以后项目组织随之解散。这种组织形式适用于项目规模大、数量少的公司。

1. 项目式组织的优点

（1）目标明确及统一指挥。项目式组织是基于某项目而组建的，圆满完成项目任务是项目组织的首要目标，而每个项目成员的责任及目标也是通过对项目总目标的分解而获得的。同时项目成员只受项目经理领导，不会出现多头领导的现象。

（2）有利于项目控制。由于项目式组织按项目划分资源，项目经理在项目范围内具有比较绝对的控制权，因此从项目角度讲利于项目进度、成本、质量等方面的控制与协调，而不像职能式组织或后面介绍的矩阵式组织那样，项目经理要通过职能经理的协调才能达到对项目的控制。

（3）有利于全面型人才的成长。项目实施涉及计划、组织、用人、指挥与控制等多种职能，因此项目式组织提供了全面型管理人才的成长之路，从管理小项目的小项目经理，经过管理大中型项目的项目经理，成长为管理多项目的项目群经理，直至最后成长为企业的主管。另外，一个项目中拥有不同才能的人员，人员之间的相互交流学习也为员工的能力开发提供了良好的条件。

2. 项目式组织的缺点

（1）机构重复及资源闲置。项目式组织按项目所需来设置机构及获取相应的资源，这样一来就会使每个项目都有自己的一套机构，一方面是完成项目任务之必需，另一方面是企业从整体上进行项目管理之必要，这就造成了机构重复设置。而在包括人在内的资源使用方面，不论哪种资源的使用频度都要拥有，这样当这些资源闲置时，其他项目也很难利用这些资源，造成闲置成本很大。

（2）不利于企业专业技术水平的提高。项目式组织并没有给专业技术人员提供同行交流与互相学习的机会，企业也很难集中对专业技术人员进行全面系统的培训，只注重于项目中所需的技术水平，因此不利于形成专业人员钻研本专业业务的氛围。

（3）不稳定性。项目的一次性特点使项目式组织随项目的产生而建立，也随项目的结束而解体，因此从企业整体角度看，企业的资源及结构会不停地发生变化。而在项目组织内部，由新成员刚刚组建的组织会发生相互碰撞而不稳定，随着项目进程的进展而进入相对稳定期，但在项目快结束时所有成员预见到项目的结束，都会为自己的未来做相应的考虑，使"人心惶惶"，而又进入不稳定期。

4.1.3 矩阵式组织

职能式组织和项目式组织各有其优缺点，而且职能式组织的优点与缺点正好对应项目式组织的缺点与优点。如何建立一种组织既有两种组织的优点又能避免两种组织的缺点呢？矩阵式组织能较好地解决这一问题。矩阵式组织的特点是将按照职能划分的纵向部门与按照项目划分的横向部门结合起来，以构成类似矩阵的管理系统。矩阵式组织首先在美国军事工业中实行，它适应多品种、结构工艺复杂、品种变换频繁的场合。

当很多项目对有限资源的竞争引起对职能部门的资源的广泛需求时，矩阵管理就是一个有效的组织形式，传统的职能组织在这种情况下无法适应的主要原因是职能组织无力对包含大量职能之间相互影响的工作任务提供集中、持续和综合的关注与协调。因为在职能组织中，组织结构的基本设计是职能专业化和按职能分工的，不可能期望一个职能部门的主管人会不顾他在自己的职能部门中的利益和责任，或者完全打消职能中心主义的念头，使自己能够把项目作为一个整体，对职能之外的项目各方面也加以专心致志的关注。

在矩阵式组织中，项目经理在项目活动的"什么"和"何时"方面，即内容和时间方面对职能部门行使权力，而各职能部门负责人决定"如何"支持。每个项目经理要直接向最高管理层负责，并由最高管理层授权。而职能部门从另一方面来控制，对各种资源做出合理的分配和有效的控制调度。职能部门负责人既要对他们的直线上司负责，也要对项目经理负责。

1. 矩阵式组织的基本原则

（1）必须有一个人花费全部的时间和精力用于项目或关注项目目标，有明确的责任制，这个人通常即项目经理。

（2）必须同时存在纵向和横向两条通信渠道。

（3）要从组织上保证有迅速有效的办法来解决矛盾。

（4）无论项目经理之间，还是项目经理与职能部门负责人之间，要有确切的通信渠道和自由交流的机会。

（5）各个经理都必须服从统一的计划。

（6）无论是纵向还是横向的经理（或负责人）都要为合理利用资源而进行谈判和磋商。

（7）必须允许项目作为一个独立的实体来运行。

矩阵式组织中的职权以纵向、横向和斜向在一个公司里流动，因此在任何一个项目的管理中，都需要有项目经理与职能部门负责人的共同协作，将二者很好地结合起来。要使矩阵式组织能有效地运转，必须考虑和处理好以下几个问题：

（1）应该如何创造一种能将各种职能综合协调起来的环境？由于具有每个职能部门从其职能出发只考虑项目的某一方面的倾向，考虑和处理好这个问题就是很必要的。

（2）一个项目中哪个要素比其他要素更为重要是由谁来决定的？考虑这个问题可以使主要矛盾迎刃而解。

（3）纵向的职能系统应该怎样运转才能既保证实现项目的目标，而又不与其他项目发生矛盾？

（4）要处理好这些问题，项目经理与职能部门负责人要相互理解对方的立场、权利及职责，并经常进行磋商。

2．矩阵式组织的几种形式

图4-3是一种典型的矩阵式组织，人们常称之为强矩阵组织。这种组织中资源均由职能部门所有和控制。每个项目经理根据项目需要向职能部门借用资源。各项目是一个临时性组织，一旦项目任务完成后就解散。各专业人员又回到各职能部门再执行别的任务。项目经理向项目管理部门经理或总经理负责。他领导本项目内的一切人员，通过项目管理职能，协调各职能部门派来的人员以完成项目任务。

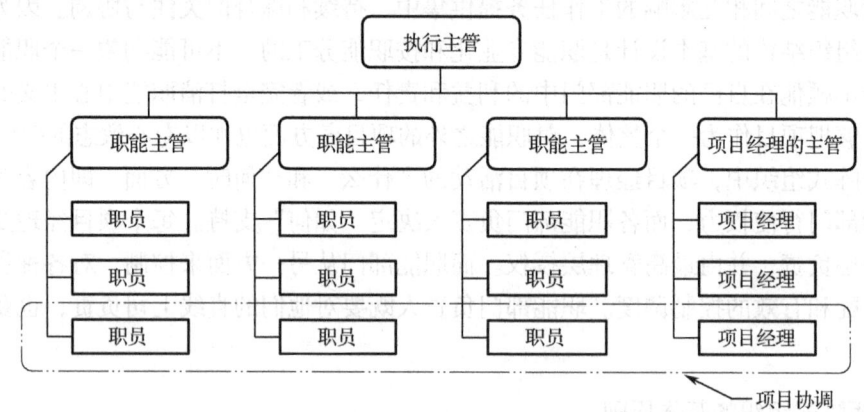

图 4-3　强矩阵组织

实际中还有其他几种形式的矩阵式组织，如弱矩阵组织、平衡矩阵组织。弱矩阵组织（见图 4-4）基本上保留了职能式组织的主要特征，但是为了更好地实施项目，建立了相对明确的项目实施班子。这样的项目实施班子由各职能部门下的职能人员所组成，但并未明确对项目目标负责的项目经理，即使有项目负责人，他的角色只不过是一个项目协调者或项目监督者，而不是真正意义上的项目管理者，对于资源的支配权仍然掌握在职能部门经理手中。

为了加强对项目的管理而对弱矩阵组织进行改进而建立的组织形式是平衡矩阵组织。与弱矩阵组织的区别是，平衡矩阵组织在项目实施班子中任命一名对项目负责的管理者，即项目经理。为此，项目经理被赋予完成项目任务所应有的职权和责任，但是这种项目经理并不是独立于职能部门的，他在负责项目的同时要承担所在部门的工作，如图4-5所示。

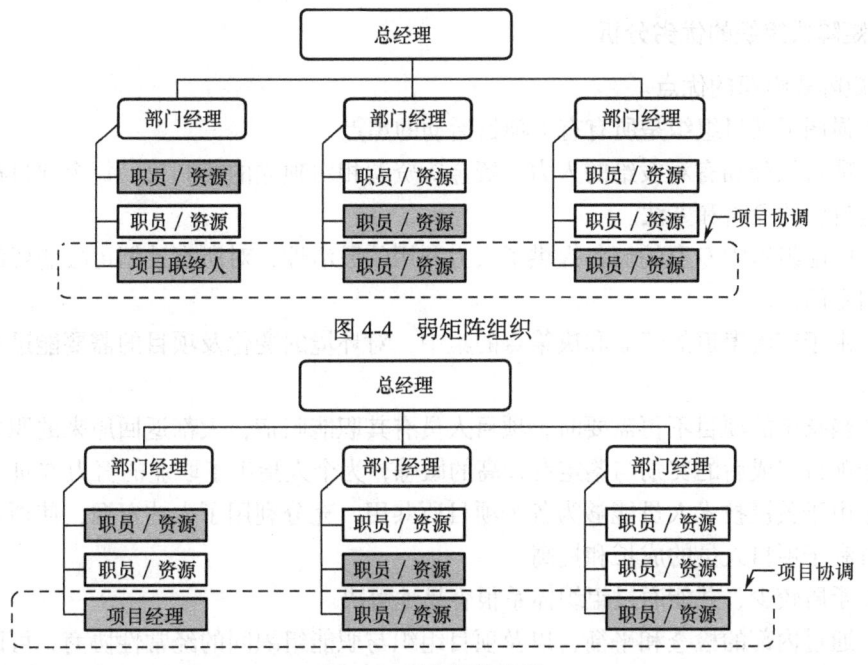

图 4-4　弱矩阵组织

图 4-5　平衡矩阵组织

尽管矩阵式组织结合了项目职能式组织和项目式组织的优点，但它本身还有一定的不足。矩阵式组织的不足也正发生在如何恰当地运用项目式及职能式组织的优点之时。它主要的不足表现在项目有项目行政和职能两个方面：一方面表现在项目成员受到多头领导而无所适从；另一方面在多项目争取职能部门资源时由于协调不好而使资源得不到有效配置，最后是项目成功之时职能经理与项目经理争抢功劳，而当项目失败时，两者又会争相逃避责任。因此，尽管从图形上看，任何一种矩阵式形式都是棋盘状的，然而现实中可能出现不规则的鱼网状形态。

另外，在实际中还会出现矩阵式组织与其他组织混合使用的情况。例如，当一个部门的某个小组成员经常为某项目提供服务时，一般可以将该小组作为一个独立的职能单元，而从项目组角度出发可以将这部分服务作为独立子项目转包给这个职能小组。这种复合式矩阵组织如图 4-6 所示。

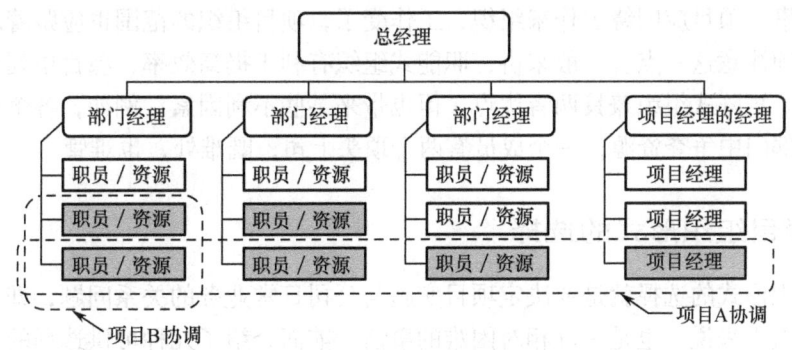

图 4-6　复合式矩阵组织

3. 矩阵式组织的优劣分析

1) 矩阵式组织的优点。

（1）强调了项目组织是所有有关项目活动的焦点。

（2）项目经理拥有对拨给的人力、资金等资源相对独立的控制权，每个项目都可以独立地制定自己的策略和方法。

（3）职能组织中专家的储备提供了人力利用的灵活性，对所有计划可按需要的相对重要性使用专门人才。

（4）由于交流渠道的建立和决策点的集中，对环境的变化及项目的需要能迅速地做出反应。

（5）当指定的项目不再需要时，项目人员有其职能归宿，大都返回原来的职能部门。他们对于项目完成后的奖励与鉴定有较高的敏感，为个人指出了职业的努力方向。

（6）由于关键技术人员能够为各个项目所共用，充分利用了人才资源，使项目费用降低，又有利于项目人员的成长和提高。

（7）矛盾较少，并能通过组织体系很容易地解决。

（8）通过内部的检查和平衡，以及项目组织与职能组织间的经常性协商，可以得到时间、费用及运行的较好平衡。

2) 矩阵式组织的缺点。

（1）职能式组织与项目式组织间的平衡需要持续地进行监视，以防止双方互相削弱对方。

（2）在开始制定政策和方法时，需要花费较多的时间和劳动量。

（3）每个项目都是独立进行的，容易产生重复性劳动。

（4）对时间、费用及运行参数的平衡必须加以监控，以保证不因时间和费用而忽视技术运行。

（5）双重领导的存在，容易产生责任不明确，多头指挥的现象。

项目的组织形式对于项目的管理实施具有一定的影响，然而任何一种组织形式都有它的优点和缺点，没有一种形式是能适用于一切场合的，甚至是在同一个项目的寿命周期内。所以，项目管理组织在项目生命周期内为适应不同发展阶段的不同突出要求而加以改变也是很自然的事。项目应围绕工作来组织，工作变了，项目组织的范围也应跟着改变。在实际工作中必须注意这一点。一般来讲，职能式组织有利于提高效率，项目单列式结构有利于取得效果。矩阵组织兼具两者优点，但也带来某些不利因素。例如，各个项目可能在同一个职能部门中争夺资源；一个成员有两个顶头上司，既难处，也难管。

4.1.4 项目组织形式的选择

项目组织形式的选择就是要决定项目实施与公司日常业务的关系问题，即使对一个有经验的专业人士来说，也是一件相对困难的事情。前面介绍了几种可供选择的项目组织形式，那么究竟哪一种形式最好呢？或者说，对于某一项目来说有没有唯一的最优选择呢？要回答这一问题是比较困难的。一方面是衡量选择的标准是什么。项目成功的影响因素很多,即使采用同一组织也可能有截然不同的结果。另一方面正如人们常说的,管理是科学也是艺术,而艺术性正体现在权变性地将管理理论应用于管理实践中去。项目的内外环境的复杂性及如上所述每种组织形式的各种优劣使得几乎没有普遍接受、步骤明确的方法来告诉人们怎样决定需要什么形式的组织,它可以说是项目管理者知识、经验及直觉等的综合结果。

前面介绍的三种项目组织形式,即职能式、项目式和矩阵式,各有各的优点和缺点,主要的优缺点如表 4-1 所示。这三种组织形式有着内在的联系,它们可以表示为一个变化的系列,职能式在一端,项目式在另一端,而矩阵式是介于职能式和项目式之间的一种组织形式,如图 4-7 所示。随着某种组织的工作人员人数在项目团队中所占比重的增加,该种组织的特点也渐趋明显;反之,则相反。

表 4-1 三种组织形式的比较

组织形式	优 点	缺 点
职能式	• 没有重复活动 • 专业职能优异	• 狭隘、不全面 • 反应迟钝 • 不注重客户
项目式	• 能控制资源 • 向客户负责	• 成本较高 • 项目间缺乏知识信息交流
矩阵式	• 有效利用资源 • 职能所有专业知识可供所有项目使用 • 促进学习、交流知识 • 沟通良好 • 注重客户	• 双层汇报关系 • 需要平衡权力

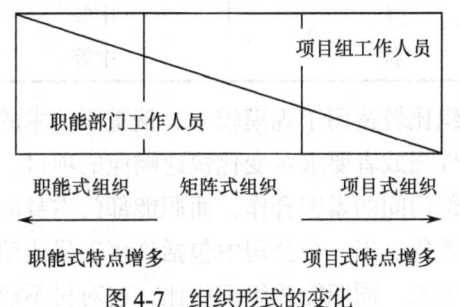

图 4-7 组织形式的变化

不同的项目组织形式对项目实施的影响互不相同。表 4-2 列出了主要的组织形式及其对项目实施的影响。

在具体的项目实践中,究竟选择何种项目的组织形式没有一个可循的公式,一般只能在充分考虑各种组织结构的特点、企业特点、项目的特点和项目所处的环境等因素的条件下,然后才能做出较为适当的选择。因此,在项目组织形式的选择时,需要了解哪些因素制约着项目组织的实际选择,表 4-3 列出了一些可能的因素与组织形式之间的关系。

表 4-2 项目组织结构形式及其对项目的影响

特 征	组 织 形 式				
	职能式	矩 阵 式			项目式
		弱 矩 阵	平衡矩阵	强 矩 阵	
项目经理的权限	很少或没有	有限	小到中等	中等到大	很高甚至全权
全职工作人员的比例	几乎没有	0~25%	15%~60%	50%~95%	85%~100%
项目经理投入时间	兼职	半职	全职	全职	全职
项目经理的常用头衔	项目协调员	项目协调员	项目经理	项目经理	项目经理
项目管理行政人员	兼职	兼职	半职	全职	全职

表 4-3 影响组织形式选择的关键因素

影响因素	组 织 形 式		
	职能式	矩阵式	项目式
不确定性	低	高	高
所用技术	标准	复杂	新
复杂程度	低	中等	高
持续时间	短	中等	长
规模	小	中等	大
重要性	低	中等	高
客户类型	各种各样	中等	单一
对内部依赖性	弱	中等	强
对外部依赖性	强	中等	弱
时间限制性	弱	中等	强

一般来说，职能式组织比较适用于规模较小、偏重于技术的项目，而不适用于项目的环境变化较大、时间限制性强或者要求对变化快速响应的项目。因为环境的变化、要求快速响应的项目需要各职能部门间的紧密合作，而职能部门本身的存在及权责的界定成为部门间密切配合不可逾越的障碍。当一个公司中包括许多项目或项目的规模比较大、技术复杂时，则应选择项目式的组织。同职能式组织相比，在对付不稳定的环境时，项目式组织显示出了自己潜在的长处，这来自项目团队的整体性和各类人才的紧密合作。同前两种组织相比，矩阵式组织是一种多元化的结构，在充分利用企业资源上显示出了巨大的优越性。由于其融合了两种组织的优点，这种组织在进行技术复杂、规模巨大的项目管理时呈现出了明显的优势。

有些项目在采用某种组织形式之后，其组织人员仍可能错误地判断其组织类型。针对此情况，可根据项目组织中项目经理特征对职能式、项目式、矩阵式组织类型的差异加以区别，如表 4-4 所示。

表 4-4 项目组织形式的项目经理特征

组织形式		特 征
职能式		没有项目经理，没有项目成员扮演项目联络人
矩阵式	弱矩阵式	没有项目经理，但有一个项目成员扮演项目联络人的角色
	平衡矩阵式	没有专职的项目经理，但有一个项目成员扮演项目经理的角色
	强矩阵式	有专职的项目经理，但无或只有部分专用的项目资源
项目式		有专职的项目经理，项目有专用的项目资源

4.2 项目经理

4.2.1 项目经理概述

项目管理是以个人负责制为基础的管理体制，项目经理就是项目的负责人，有时人们也称为项目管理者或项目领导者，他负责项目的组织、计划及实施全过程，以保证项目目标的成功实现。成功的项目无一不反映了项目管理者的卓越管理才能，而失败的项目同样也说明了项目管理者的重要性。项目管理者在项目及项目管理过程中起着关键的作用。因而项目经理就是一个项目全面管理的核心和焦点。

项目经理是项目的管理者，那么管理者的角色特点他也具有。加拿大管理学者亨利·明茨伯格提出的经理角色理论充分说明了管理者在实际工作中的角色特点，它比以往的管理职能说更加具体、生动，利于人们对于管理者工作的理解。按照明茨伯格的研究，企业领导者的职责涉及人际关系、信息交流和决策过程三个方面的 10 种职责。

在人际关系方面起到：

（1）头面人物的作用，完成若干礼仪性的职责。

（2）领导人的作用，即用人的职责。

（3）联络人的作用，和同行或者有关单位保持个人或组织的横向联系。

在信息交流方面起到：

（1）监督人的作用，掌握企业内部和外部环境所发生的变化。

（2）传播人的作用，综合分析各种信息传达到内部各部门。

（3）发言人的作用，代表本企业向上级汇报和向有关部门通报情况。

在决策方面起到：

（1）企业家的作用，作为企业各种重大变革的创始者和设计者，以适应不断变化的环境。

（2）应急人员的作用，及时处理各种危机事件。

（3）资源分配者的作用，涉及对资金、时间、材料、设备、人力分配及质量和信誉保证体系的决策。

（4）谈判人的作用，为企业的巩固和发展寻求资源或资源交换。

项目经理尽管也是一个管理者，但他与其他管理者有很大的不同。首先项目经理与部门经理的职责不同，在矩阵组织形式中可以明显看到项目经理与部门经理的差异，项目经理对项目的计划、组织、实施负全部责任，对项目目标的实现负终极责任。而部门经理只能对项目涉及本部门的部门工作施加影响，如技术部门经理对项目技术方案的选择、设备部门经理对设备选择的影响等。因此项目经理对项目的管理比起部门经理更加系统全面，要求他具有系统思维的观点。其次项目经理与项目经理的经理或公司总经理职责不同，项目经理是项目的直接管理者，是一线的管理者，而项目经理的经理或公司的总经理是通过项目经理的选拔、使用、考核等来间接管理项目的。在一个实施项目管理的公司中，往往项目经理的经理或总经理也是从项目经理做起来的。

具体来讲，项目经理应该做哪些工作呢？

由于项目所处行业、规模、复杂度各异，因此很难给出一个统一的且详细的责任描述。下面以一个建筑行业项目经理的职责为例说明。

1）计划。

（1）对所有的合同文件完全熟知。

（2）为实施和控制项目制订基本计划。

（3）指导项目程序的准备。

（4）指导项目预算的准备。

（5）指导项目进度安排的准备。

（6）指导项目的基本设计准则及总的规范的准备。

（7）指导现场建筑活动的组织/实施和控制计划的准备。

（8）定期对计划和相关程序进行检查评价，在必要的时候对项目的计划和程序进行修改。

2）组织。

（1）开发项目组织图。

（2）对项目中的各职位进行描述，列出项目主要监管人员的职责、范围。

（3）参与项目主要监管人员的挑选。

（4）开发项目所需的人力资源。

（5）定期对项目组织进行评价，必要的时候对项目组织结构及人员进行变动。

3）指导。

（1）指导项目合同中规定的所有工作。

（2）在项目组中建立决策系统，以便在适当的层次做出决策。

（3）促进项目主要监管人员的成长。

（4）设立项目经理目标，并为主要监管人员建立绩效标准。

（5）培养团队精神。

（6）辅助解决存在于承担项目的不同部门或小组之间的分歧或问题。

（7）对项目总体进展情况保持了解，以避免或减少潜在问题的发生。

（8）对关键问题确立书面的战略指导原则，清楚地定义责任和约束。

4）控制。

（1）监督项目的活动，使项目的进展与项目目标及公司总体政策相一致。

（2）监督项目的活动，使项目的进展与合同、计划、程序及顾客的要求相一致。

（3）对人员进行控制，保证其遵守合同条款。

（4）密切监督项目的有关活动，建立有关"变更"的沟通程序，对有关项目范围可能的变更进行必要的评价和沟通。

（5）对成本、进度及质量进行监控，保证及时报告。

（6）与顾客及有关组织保持有效沟通。

4.2.2 项目经理的责任和权利

项目经理作为项目管理组织的核心，其职责和权利都是多方面的。

1. 项目经理的责任

作为项目的负责人，项目经理有相应的责任。简而言之，他的责任就是通过一系列的领导及管理活动使项目的目标成功实现并使项目利益相关者都满意。这里的项目利益相关者包括一切参加或可能影响项目工作的所有个人或组织，主要有：

（1）顾客——项目产品的接受者。

（2）消费者——项目产品的使用者。

（3）业主——发起该项目的人。

（4）合伙人——项目的合作者。

（5）提供资金者——金融机构。

（6）承包商——为项目组织提供产品的组织。

（7）社会——司法、执法机构、社会大众。

（8）内部人员——项目组织成员。

项目经理的责任可以粗略地分为对于所属上级组织的责任和对于所领导项目小组的责任。

1）项目经理对于所属上级组织的责任。

对所属上级组织负责包括资源的合理利用，及时、准确的通信联系，认真负责地管理工作。但必须强调的是：让所属上级组织的高级主管了解项目的地位、费用、时间表和进程是非常有用的，必须让高级主管了解未来可能发生的情况。项目经理应注意到项目推迟和出现赤字的可能，并了解减少此类头痛事的方法，向上级的报告必须准确、及时，这样才能得到上级的信任，使公司不冒大的风险，及时得到高级主管的帮助。主要表现在以下几个方面：

（1）保证项目目标符合上级组织的目标。项目往往从属于更大的组织，项目与组织的其他工作一起配合协调完成组织的目标，因此在项目目标的确定、目标的分解及计划制订、实施的全过程都要有利于总目标的实现。

（2）充分利用和保管上级分配给项目的资源。组织的资源是有限的，保证资源的有效利用是任何管理者的目的。项目一方面要充分有效地利用上级分配给项目的资源，使资源的效能得到最大发挥，而且能从企业总体角度出发优化资源的使用。如企业往往不止一个项目，如何使资源在一个项目内部及项目间有效利用是项目经理的责任。

（3）及时与上级就项目进展进行沟通。项目与上级组织目标的实现息息相关，及时将项目的进展信息，如进度、成本、质量等向上级汇报，企业就可以从宏观角度进行项目群的管理，同时可以取得上级对本项目的各方面的支持。

2）项目经理对所管项目的责任。

项目经理对所管项目应承担的责任具体表现在以下两个方面：

（1）对项目的成功与否负有主要责任。

（2）保证项目的完整性，使其不受在项目中有合法性的当事人不同要求的影响。项目经理应该关心由于委托人的影响而使工程部门做出的变动。同时，合同（或法律代理人）应指出委托人无权提出变动，生产部门也无法适应这种变动。因为市场的建议没有完整的重新设计方案，所以在项目中是不可能具体化的。

3）项目经理对项目小组的责任。

项目经理对项目小组的责任主要表现在以下几个方面：

（1）项目经理有责任为项目组成员提供良好的工作环境与氛围。项目经理作为项目的负责人及协调人，应该保证项目组成员形成一个良好的工作团队，成员之间密切配合，相互合作。项目经理还应该适时鼓励团队成员，使其能够全身心投入目前的项目活动中。

（2）项目经理有责任对项目小组成员进行绩效考评。项目经理要建立一定的考评制度以便对成员的绩效进行监督与考评。绩效考评级应该关注组织和个人的当前表现，还应该考虑组织和个人未来的发展，不仅要对当前业绩有所激励，还应该对未来的发展产生推动作用。

（3）由于项目小组是一个临时的集体，项目经理在激励其成员时还应考虑他们的将来，让他们在项目完成之后有一个好的归属。

2. 项目经理的权利

权责对等是管理的一条原则，权大于责可以导致乱拍板，无人承担相应的后果，而责大于权又会使管理者趋于保守，没有创新精神。

通常情况下，项目经理该被授予以下几方面的权利。

（1）项目团队的组建权。项目团队的组建权包括两个方面：一是项目经理班子或者管理班子的组建权；二是项目团队队员的选择权。

项目经理班子是项目经理的左膀右臂，因此，授予项目经理组建班子的权利至关重要。这包括：项目经理班子人员的选择、考核和聘用；对高级技术人才、管理人才的选拔和调入；对项目经理班子成员的任命、考核、升迁、处分、奖励、监督指挥甚至辞退等。

建立一支高效、协同的项目团队是保证项目成功的另一关键因素。这包括：专业技术人员的选拔、培训、调入，管理人员、后勤人员的配备，团队队员的考核、激励、处分甚至辞退等。

（2）财务决策权。实践告诉我们，拥有财务权并使其个人的得失和项目的盈亏联系在一起的人，能够较周详地顾及自己的行为后果，因此，项目经理必须拥有与该角色相符的财务决策权。否则，项目就难以展开。一般来讲，这一权利包括以下几个方面：

首先,具有分配权,即项目经理有权决定项目团队成员的利益分配,包括计酬方式、分配的方案细则。项目经理还有权制定奖罚制度。

其次,拥有费用控制权,即项目经理在财务制度允许的范围内拥有费用支出和报销的权利。如聘请法律顾问、技术顾问、管理顾问的费用支出,工伤事故、索赔等的营业外支出。

最后,项目经理还应拥有资金的融通、调配权利。在客户不能及时提供资金的情况下,资金的短缺势必影响工期,对于一个项目团队来说时间也具有价值。因此,还应适当授予项目经理必要的融资权利和资金调配权利。

(3)项目实施控制权。在项目的实际实施过程中,由于资源的配置可能与项目计划书有所出入,有时项目实施的外部环境会发生一定的变化,这使项目实施的进度无法与预期同步,这就要求项目经理根据项目总目标,将项目的进度和阶段性目标与资源和外部环境平衡起来,做出相应的决策以便对整个项目进行有效的控制。

授予项目经理独立的决策权对于项目经理乃至项目目标的实现都至关重要。除少数重大的战略决策外,大部分问题可以让项目经理自行决策、自行处理。许多问题和商业机会都具有时效性,如果经过冗长、费时的汇报批示,可能错过时机,甚至可能导致无法挽回的损失。

4.2.3 项目经理的素质与能力要求

实践证明,并不是所有人都可以成为合格的项目经理,项目及项目管理的特点要求项目经理具备相应的素质与能力,才能圆满地完成项目任务。通常,一个合格的项目经理应该具备良好的道德素质、健康的身体素质、全面的理论知识素质、系统的思维能力、娴熟的管理能力、积极的创新能力及丰富的项目管理经验。

1. 良好的道德素质

人的道德观,决定着人行为处事的准则。项目经理必须具备良好的道德品质。这种道德品质大致可以分为两个方面:一方面是对社会的道德品质;另一方面是个人行为的道德品质。

(1)社会的道德品质。项目经理应有良好的社会道德品质,必须对社会的环境、安全、文明、进步和经济发展负有道德责任。有些投资项目虽然自身的预期经济效益较为可观,但有可能是建立在牺牲社会利益基础之上的。例如,某一客户欲委托项目经理在风景区投资兴建一稀有金属的开采项目,该自然风景区此种稀有金属含量很多,国内外市场奇缺,有着广阔的市场前景,该项目的投建势必有很高的经济效益。但是从社会的利益、公众的利益角度考虑,该项目的投建必然破坏风景区的整体效果,必然造成环境污染、生态环境的破坏。虽然项目经理并不能阻碍客户的投资动机,但具有高度社会责任感的项目经理,可以通过项目规划和建议,能将此类项目的社会负效应降到最低限度,最终保证社会利益、客户利益和自身利益的统一。

（2）个人行为的道德品质。个人行为的道德品质决定着个人行为的方式和原则。在当今市场经济和商品经济的体制下，在利益的驱动下，项目经理也会置道德与法律而不顾。在现代的项目管理中，项目经理对大型复杂的工程项目、控制着巨大的财权和物权，如果项目经理个人道德品质不纯不良，很容易出现贪赃枉法、以权谋私的行为。为了挖公填私，项目经理往往对工程项目进行偷工减料，导致项目最终的失败，影响组织的整体目标和声誉，造成不可挽回的重大损失。

因此，好的项目经理必须保证自己项目经理班子及项目团队成员严格遵纪守法，坚决抵制和杜绝贪污、挪用公款、逃税、漏税、瞒报等各种不法行为，绝不能因小失大，既害自己，又害社会。好的项目经理还应遵循各种法律、规章和准则，以身作则，树起良好的模范榜样。

2．健康的身体素质

项目管理是在一定的约束下达到项目的目标，它的工作负荷要求项目经理要有相应的身体素质。例如，一个复杂的大规模的项目从项目计划的制订到执行过程中冲突的解决等，这样大的工作负荷没有健康的体质是不行的。健康的身体素质不仅指生理素质，也指心理素质。一般项目经理应该性格开朗、胸襟豁达，易于同各方人士相处；有坚毅的意志，能经受挫折和暂时的失败；既有主见，不优柔寡断，能果断行事，又遇事沉着、冷静，不冲动、不盲从；要既有灵活性和应变能力，又不失原则等。自然，金无足赤，人无完人，尤其对人的性格不能过于苛求。

3．全面的理论知识素质

在当今时代要对项目进行有效的管理，就必须懂得项目及项目管理相关的理论知识。

首先项目经理是项目管理者，他要具备系统的项目管理理论知识，成熟的已经成为一门学科的项目管理为他们提供了完善的项目管理理论知识体系，如美国项目管理协会的项目管理知识体系，欧洲国际项目管理协会制定的项目管理知识体系及我国项目管理研究会制定的中国项目管理知识体系等。

其次项目经理是相关行业（或项目类型）的专家，一些大型复杂的工程项目，其工艺、技术、设备的专业性要求很强，对项目经理的要求也就越高。不难想象，作为项目实施的最高决策人的项目经理，如果不懂技术，就无法决策，就无法按照工程项目的工艺流程施工的阶段性来组织实施，更难以鉴别项目计划、工具设备及技术方案的优劣，从而对项目实施中的重大技术决策问题就没有自己的见解，就没有发言权。不懂专业技术往往是导致项目经理失败的主要原因之一。项目经理如果自己缺少基本的专业知识，要对大量错综复杂的专业性任务进行计划、组织和协调都将十分困难。在沟通交流中，项目的有关当事人经常用到一些专业知识和术语，如果项目经理不具备一定的专业知识，沟通也是困难的，更不用说做出正确的决策了。当然由于项目经理作为项目的管理者，一般并不需要亲自去做一些较为具体的工作，在知识深度方面并不刻意要求越深越好，但是知识的全面性及广度是必需的。

第4章 项目组织与项目团队

4．系统的思维能力

人们解决问题的能力固然和他的经验和知识有密切关系，但是两者并不是一回事。没有全面系统的知识肯定不能设计出解决项目与项目管理中的问题的方案，但是不具备系统的思维能力，即使有了相应的知识，也不能有效地运用知识，自然不能保证使问题得到圆满解决。实际中常见这样的案例，有些人知识丰富，思维敏捷，多谋善断而善于解决问题，有些人尽管"学富五车"，然而头脑迟钝不能将所学用于解决问题，是谓"书呆子"。项目经理要对项目及项目管理全面负责，系统思维能力更是非常重要。

系统的思维能力是指项目经理要具备良好的逻辑思维能力、形象思维能力及将两种思维能力辩证统一于项目管理活动中的能力。系统的思维能力还要求项目经理具有分析能力和综合能力，具有从整体上把握问题的系统思维能力。系统思维的核心就是把研究对象看作由两个或两个以上相互间具有有机联系、相互作用的要素所组成的具有特定结构和功能的整体，而且其中各个要素可以是单个事物，也可以是一群事物构成的子系统。在运用系统的概念与观点分析处理问题时要注意：

（1）把研究对象作为一个整体来分析。既要注意整体中各部分的相互联系和相互制约关系，又要注意各要素间的协调配合，服从整体优化的要求。

（2）综合考察系统的运动和变化，以保证科学地分析和解决问题。研究系统所处的外界环境的变化规律及其对系统的影响，使系统适应环境变化。

5．娴熟的管理能力

所谓管理能力，就是把知识和经验有机地结合起来运用于项目管理的本领。对于项目经理，知识和经验固然重要，但归根结底还要靠能力。项目经理应该具有娴熟的管理能力，主要有：

（1）决策能力。项目从开始到结束会出现各种各样的问题，如项目的确定、方案的选择等，问题的解决就是一个决策过程，包括与问题解决相关的情报活动、设计解决问题方案、评价与抉择方案并利用选择的方案去解决问题的过程。在项目中会有各种各样的决策问题要求用不同的决策方法去解决，因此项目经理必须有很强的决策能力。

（2）计划能力。计划工作对于任何工作的重要性已经为人所共知了。项目与项目管理也一样，要在一定的约束下达到项目的目标，必须有细致周密的计划，对项目从开始到结束的全过程进行系统的安排。计划的制订是在项目经理的领导与参与下进行的。项目经理应了解并运用计划制订的方法和步骤。同时项目经理还必须懂得如何运用计划去指导项目工作，也就是不仅会计划，还要会控制。

（3）组织能力。项目经理的组织能力是指设计团队的组织结构，配备团队成员及确定团队工作规范的能力。显然，拥有较高组织能力的项目经理一方面能建立起科学的、分工合理的、高效精干的组织结构，另一方面能了解团队成员的心理需要，善于做人的工作，使参加项目的成员为实现项目目标而积极主动地工作，还能建立一整套保证团队正常工作的有效规范。

（4）协调能力。项目经理的协调能力是指能正确处理项目内外各方面关系，解决各方面矛盾的能力。一方面项目经理要有较强的能力协调团队中各部门、各成员的关系，全面实施目标；另一方面项目经理能够协调项目与社会各方面的关系，尽可能地为项目的运行创造有利的外部环境，减少或避免各种不利因素对项目的影响，争取项目得到最大范围的支持。在协调活动中，对项目经理而言最为重要的是沟通能力。

（5）激励能力。项目经理的激励能力就是调动团队成员积极性的能力。项目团队成员有其自身的需求，项目经理要进行需求分析，制定并实施系统的激励与约束制度，对员工的需求进行管理，调动团队成员的工作积极性，从而有效地完成团队任务。

（6）人际交往能力。项目经理的人际交往能力就是与团队内外、上下左右人员打交道的能力。项目经理在工作中要与各种各样的人打交道，只有正确处理了与这些人的关系才能使项目进行顺利。人际交往能力对于项目经理而言特别重要，人际交往能力强、待人技巧高的项目经理，就会赢得团队成员的欢迎，形成融洽的关系，从而有利于项目的进行，为团队在外界树立起良好的形象，赢得对项目更多的有利因素。

6．积极的创新能力

由于项目的一次性特点，使项目不可能有完全相同的以往经验可以参照，加上激烈的市场竞争，要求项目经理必须具备一定的创新能力。创新能力一方面要求项目经理在思维能力上创新，曾任美国心理学会主席的吉尔福特指出创新思维包括以下五个方面：

（1）对问题的敏感性。
（2）思维的流畅性。
（3）思维的灵活性。
（4）发挥创见的能力。
（5）对问题的重新认识能力。

创新能力另一方面要求项目经理要敢于突破传统的束缚。传统的束缚主要表现在社会障碍和思想方法障碍。所谓社会障碍，是指一些人会自觉不自觉地向社会上占统治地位的观点或主流思想看齐，这些观点和风尚已经进入管理者的经验之中。如果完全被已有框框束缚住，真正的创新是不可能的。所谓思想方法障碍，是指思想上的片面性和局限性。

7．丰富的项目管理经验

项目管理是实践性很强的学科，项目管理的理论方法是科学，但是如何把理论方法应用于实践是一门艺术。通过不断的项目及项目管理实践，项目经理会增加他对项目及项目管理的悟性，而这种悟性是通过运用理论知识与项目实践的反省而得来的。要丰富项目管理经验不能只局限在相同或相似的项目领域中，而要不断地变换从事的项目类型，这样一来才能成为卓越的项目管理专家。

一个项目经理的职业道路经常是从参加小项目开始的，然后是参加大项目，直到授权管理小项目到大项目。例如，其职业道路可能是小项目 U 的工具管理，较大项目 V 的技术管理，大项目 W 的生产管理，大项目 X 的执行项目管理，小项目 Y 的项目经理，大项目 Z 的项目经理。如果一帆风顺的话，项目经理可以升任公司的执行主管、生产副经理、经理直至总经理。

4.3 项目团队

4.3.1 项目团队的概念

团队是指在工作中紧密协作并相互负责的一小群人,他们拥有共同的目的、绩效目标及工作方法,且以此自我约束。或者说团队就是指为了达到某一确定目标,由分工与合作及不同层次的权利和责任构成的人群。团队的概念包含以下内容:

(1)团队必须具有明确的目标。任何团队都是为目标而建立和存在的。目标是团队存在的前提。

(2)没有分工与合作也不能称为团队;分工与合作的关系是由团队目标确定的。

(3)团队要有不同层次的权利与责任。这是由于分工之后,就要赋予每个人相应的权利和责任,以便团队成员能充分发挥自己的价值并实现团队目标。

团队是相对部门或小组而言的。部门和小组的一个共同特点是:存在明确内部分工的同时,缺乏成员之间的紧密协作。团队则不同,队员之间没有明确的分工,彼此之间的工作内容交叉程度高,相互间的协作性强。团队在组织中的出现,根本上是组织适应快速变化环境要求的结果,"团队是高效组织应付环境变化的最好方法之一"。为了适应环境变化,企业必须简化组织结构层级和提供客户服务的程序,将不同层级中提供同一服务的人员或服务于同一顾客的不同部门、不同工序的人员结合在一起,从而在组织内形成各类跨部门的团队。

项目团队,就是为适应项目的实施及有效而建立的团队。项目团队的具体职责、组织结构、人员构成和人数配备等方面因项目性质、复杂程度、规模大小和持续时间长短而异。项目团队的一般职责是项目计划、组织、指挥、协调和控制。项目组织要对项目的范围、费用、时间、质量、风险、人力资源和沟通等进行多方面管理。

由以上定义可知,简单地把一组人员调集在一个项目中一起工作,并不一定能形成团队,就像公共汽车上的一群人,不能称为团队一样。项目团队不仅仅是指被分配到某个项目中工作的一组人员,更是指一组互相联系的人员同心协力地工作,以实现项目目标和个人目标,满足客户需求。要使这些人员发展为一个有效协作的团队,一方面需要项目经理做出努力,另一方面需要项目团队中每位成员积极地投入团队中。一个有效率的项目团队不一定能决定项目的成功,而一个效率低下的团队注定要使项目失败。概括来讲,项目团队的特点如图 4-8 所示。

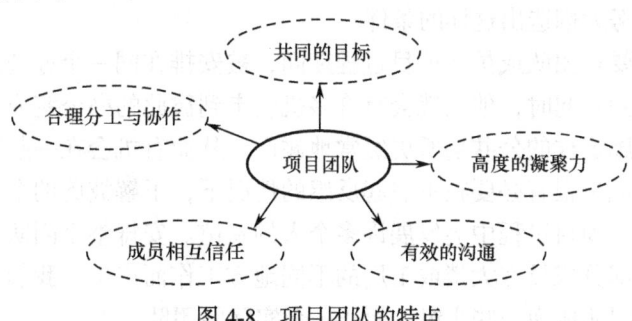

图 4-8 项目团队的特点

4.3.2 项目团队的发展与建设

1. 项目团队的发展

一个项目团队从开始到终止，是一个不断成长和变化的过程。这个发展过程可以描述为五个阶段：组建阶段、磨合阶段、正规阶段、成效阶段和解散阶段。几乎所有的项目都经历过大家被召集到一起的初始阶段。在这个阶段，团队成员从原来不同的组织调集到一起，大家开始互相认识，这一时期的特征是成员们既兴奋又焦虑，而且有一种主人翁感。他们必须在承担风险前相互熟悉，这是一个短暂的时期，很快进入磨合阶段。这个阶段成员之间还不了解，时常感到困惑，有时甚至会产生许多矛盾从而引发敌对心理，在实际工作中，各方面的问题逐渐显露出来。接下来在强有力的领导下，经受了磨合阶段的考验，团队成员之间、团队与项目经理之间的关系已确立好，绝大部分个人矛盾已得到解决。总体来说，这一阶段的矛盾程度要低于磨合阶段，这就意味着正规阶段的到来。随着个人期望与现实情形——要做的工作、可用的资源、限制条件、其他参与的人员相统一，队员的不满情绪也就减少了，这正是成效阶段的标志。此时项目团队接受了这个工作环境，项目规程得以改进和规范化。团队的工作方式在正规阶段得以统一，经过前一阶段，团队确立了行为规范和工作方式。项目团队积极工作，急于实现项目目标。这一阶段的工作绩效很高，团队有集体感和荣誉感，信心十足，协作意识较高。在这种状态下完成某项任务后，实现了项目目标。随着项目的竣工，该项目准备解散。这时，团队成员开始骚动不安，成员们考虑自身去向和今后的发展，思考"我以后可怎么办"，并开始做离开的准备。

这五个阶段的关系如图 4-9 所示。

图 4-9　项目团队的五个发展阶段

2. 项目团队的建设

团队建设——把一组人员组织起来实现项目目标是一个持续不断的过程，是项目经理和项目团队的共同职责。团队建设能创造一种开放和自信的气氛，成员有统一感，强烈希望为实现项目目标做出贡献。

使团队成员社会化会促进团队建设，团队成员之间相互了解越深入，团队建设得越出色。项目经理要确保个体成员能经常相互交流沟通，并为促进团队成员间的社会化创造条件。团队成员也要努力创造出这样的条件。

项目团队可以要求团队成员在项目过程期间，被安排在同一个办公环境下进行工作。当团队成员被安排到一起时，他们就会有许多机会走到彼此的办公室或工作区进行交谈。同样，他们会在走廊这样的公共场所更经常地碰面，从而有机会在一起交谈。谈论未必总是围绕工作。团队成员很有必要在不引起反感的情况下，了解彼此的个人情况并熟悉个人的工作风格和习惯。项目过程中会发展许多个人的友谊。安排整个团队在一起工作，就不会出现因为团队一部分成员在大楼或工厂的不同地方工作而产生"我们对他们"的思想。这种情形导致项目团队成为一些小组，而非一个实际的团队。

项目团队可以举办社交活动庆祝项目工作中的事件。例如，取得重要的阶段性成果——系统通过测试，或者与客户的设计评审会成功，也可以是为放松压力而定期举办活动。团队为促进社会化和团队建设，可以组织各种活动。例如，下班后的聚餐或聚会、会议室的便餐、周末家庭野餐、观看一场体育活动或剧院演出等，一定要让团队中每个人都参加这类活动。也许有些成员无法参加，但一定要邀请到每个人，并鼓励他们参加。团队成员要利用这个机会，尽量与更多的其他团队成员（包括参加活动的家庭成员）相互结识，增进了解，便于大家快速融入这个团队中。一个基本规律是试图与不太熟悉的人在一起聊天，提出一些问题，听他谈论，发现共同兴趣。要尽量避免让人们形成几个人组成的小团体，并在每次活动中老是聚集在一起。参加社会化活动，不仅有助于培养忠诚友好的情感，也能使团队成员在项目工作中更容易进行开放、坦诚的交流沟通。

除组织社交活动外，团队还可以定期召开团队会议。相对项目会议而言，团队会议的目的是广泛讨论下面这些类似问题：作为一个团队，我们该怎样工作？有哪些因素妨碍团队工作（如工作规程、资源利用的先后次序或沟通）？我们如何克服这些障碍？我们怎样改进团队工作？如果项目经理参加团队会议，对他应一视同仁。团队成员不应向经理寻求解答，经理也不能利用职权否决团队的共识。因为这是团队会议，而不是项目会议，只讨论与团队相关的问题而与项目无关。

4.3.3 项目团队的学习

团队学习是提高团队成员互相配合、整体搭配与实现共同目标的能力的学习活动及其过程。当团队真正在学习的时候，不仅团队整体产生出色的成果，个别成员成长的速度也比其他学习方式更快。当需要深思复杂的问题时，团队必须学习如何萃取出高于个人智力的团队智力；当需要具有创新性而又协调一致的行动时，团队能创造出一种"运作上的默契"，如在一流爵士乐队中，乐队成员既有自我发挥的空间，又能协调一致。杰出团队也会发展出同样"运作上的默契"的关系，每一位团队成员都非常留意其他成员，而且相信人人都会采取互相配合、协调一致的方式；当团队中的成员与其他团队发生作用时，能培养团队之间相互配合的能力。虽然团队学习涉及个人的学习能力，但基本上是一项集体的修炼。

团队可以从理论上学习，也可以从实践中学习，而优胜基准也是一种学习方法，它最早应用于企业的学习，项目团队采用此法有利于提高项目团队竞争力，有助于项目的顺利完成。

1. 优胜基准学习法概述

20世纪70年代末80年代初，美国施乐公司总裁发现日本的复印机与自己的产品功能相同，但价格大大低于施乐的产品，而且当时施乐的市场占有率从70年代中的80%降到了70年代末的30%。他不是简单地以压低原材料及产品价格来解决问题，而是派了一个考察团去日本参观学习，了解日本厂商从原材料供应到生产制造的全过程，想从中找到一个"参照点"，从而明确自己的水平，自己与"参照点"的差异，确定自己的行动。施乐通过"了解自己，了解自己的对手以及那些行业中的一流企业，研究它们并向它们学习，善于利用它们的有益经验"的活动，使质量问题减少了2/3，制造成本降低了1/2，生产周期缩短了2/3，并且在提高产量的同时减少一线工人50%及职员35%。这种由施乐公司率先采用并迅速推广扩散到全球范围的绩效改善优化活动（过程）就是 Benchmarking（优胜基准）。

Benchmarking 是对产生最佳绩效的行业最优经营管理实践的探索，也就是以行业中的领先团队为标准或参照，通过资料收集、分析比较、跟踪学习等一系列规范化的程序，改进绩效，赶上并超过竞争对手，成为市场中的领先者。Benchmarking 在英语词典中的意思为"以……为测量或判断的基准"，因此国内一些学者将 Benchmarking 活动或过程译作"优胜基准"。

2. 优胜基准学习法对项目团队的作用

在激烈的市场竞争中，项目团队采用"优胜基准"学习法往往可以得到以下好处。

（1）"优胜基准"可以评价项目的绩效。"优胜基准"是一个辨别最优项目实践并向它们学习的过程。通过这样的过程，进行"优胜基准"的项目团队可以知晓自己与其他项目团队相比所处的位置，处于优势的其他项目团队可以显现出本项目团队存在的问题及相应的解决方法。也就是说，采用"优胜基准"的项目团队可以对自己的绩效做出评价。

（2）"优胜基准"建立了项目团队赶超的对象。"优胜基准"的一个核心就是在现实中找出比自己优秀或在一定范围内优秀的项目团队，以它们为参照进行项目团队的优化活动并争取赶超这些优秀项目团队。

（3）"优胜基准"可以提高品质、降低成本、改善绩效。"优胜基准"不仅是明确自己位置（评价）、确定赶超对象的过程，而且是通过将自己的业务流程与赶超对象的业务流程比较，通过取长补短，重新优化自己业务流程而使自己的绩效大大提高，使自己处于市场中领先位置的过程。

（4）"优胜基准"是一种学习的方法。要使项目团队不断发展壮大，建立学习型团队是非常重要的。项目团队的学习方法多种多样，而"优胜基准"就是其中之一。从后面可以看到，"优胜基准"的程序实际上是一种学习的方法步骤，它给项目团队指出了向谁学、怎样学等问题。

（5）"优胜基准"可以使项目团队形成外向型团队文化。"优胜基准"是在市场中寻找那些最佳的满足用户的项目团队为榜样，长期不懈地坚持"优胜基准"，就会形成与过去那种视野仅局限于项目团队内的内向型文化相对立的、更有发展前途的面向市场、面向未来的外向型项目团队文化。

（6）"优胜基准"提高了工作满足感。项目团队在"优胜基准"的过程中，项目团队内的"优胜基准"伙伴及项目团队外的"优胜基准"伙伴形成一个团体，共同分享"优胜基准"获得的方法，以及在极富挑战性的"优胜基准"中遇到的成功和失败，从而产生较高的工作满足感。

4.4 企业项目管理

4.4.1 概述

1. 企业项目管理的定义

实践已经证明，项目管理是一种行之有效的管理变化的方法。正如著名管理顾问汤姆·彼得斯（Tom Peters）和戴维·克利兰（David Cleland）所指出的："在当今纷繁复杂的世界中，项目管理是成功的关键。"但是对于一个组织来说，仅仅一个项目的成功并不能代表整个组织项目管理能力上的成功，出色的项目管理应该是连续成功的项目管理。为了使项目能够连续成功，人们开始根据项目的特点来探索其规律、具有普适性和可重复性的管理方法。在新的市场环境下，越来越多的企业引入项目管理的思想和方法，将企业的各种任务"按项目进行管理"，不但对传统的项目型任务实行项目管理，而且将一些传统的作业型业务当作项目对待，从而实行项目管理。

企业项目管理（Enterprise Project Management，EPM）就是伴随着项目管理方法在长期性组织中的广泛应用而逐步形成的一种以长期性组织为对象的管理方法和模式。其主导思想就是把任务当作项目以实行项目管理，即"按项目进行管理"（Management by Projects）。企业项目管理就是站在企业战略层的角度对企业中各种各样的任务实行项目管理，是一种以"项目"为中心的长期性组织管理方式，其核心是基于项目管理的组织管理体系。

企业项目管理早期的概念是基于项目型公司而提出来的，是指"管理整个企业范围内的项目"（Managing Projects on an Enterprise Wide Basis），即着眼于企业层次总体战略目标的实现对企业中诸多项目实施管理。随着外部环境的发展变化，项目管理方法在长期性组织中的应用已不再局限于传统的项目型公司，传统的生产作业型企业及政府部门等非企业型组织中也已广泛地实施着项目管理。企业项目管理的概念有了较大的发展，企业项目管理已成为一种长期性组织（不局限于企业组织）管理的范式。

2．企业项目管理的主要内容

1）基于项目管理方式的企业组织设计，主要解决：
（1）目标管理与业务过程。
（2）绩效评价与激励机制。
（3）资源管理。
（4）冲突管理。
（5）项目管理信息系统。
（6）客户关系管理。
（7）项目管理规范与程序。

2）多项目管理。企业项目管理的核心方法是多项目管理。多项目管理是指在组织中协调所有的项目的选择、评估、计划、控制等各项工作。多项目管理主要包括项目组合管理和项目成组管理。

3．企业项目管理面临的主要问题

企业项目管理模式下，由于企业大多数任务是以项目形式完成并实行项目管理的，因而企业层次的管理需要适应单个项目实行项目管理的要求，同时从企业总体目标出发也要平衡企业中多个项目间的资源和利益。为此，企业项目管理通常需要解决好下列几个主要的问题：

(1)企业资源效用最大化的问题。
(2)企业与个人的共同成长的问题。
(3)项目间利益均衡的问题。
(4)项目组织的临时性与终身为客户服务的问题。

4．实施企业项目管理所带来的好处

在新的不断变化的市场环境下,项目管理已成为企业发展的有力保障,而企业项目管理也将成为未来长期性组织管理的一种发展趋势。这是因为通过实施企业项目管理可以保证:

(1)组织的灵活性。一直以来,多数企业都采取面向职能的管理模式。该管理模式中各部门的职能人员长期固定地待在某个部门中,并且通常只对所在部门负责,当面对不确定性高、跨部门的任务时,组织的效力将难以发挥,组织缺乏必要的灵活性。而企业项目管理采取面向对象(项目)的管理模式,把项目本身作为一个组织单元,围绕项目来组织资源,打破了传统的固定建制的组织形式,根据项目生命周期各个阶段的具体需要适时地配备来自不同职能部门的工作人员,项目成员共同工作,为项目目标的实现而努力。当该项目完成后,该项目组织解散,项目成员根据工作需要又投入另一个项目的工作中。此外,根据项目工作的需要及人员的限制,有的成员可以同时参加两个项目。企业项目管理基于任务与目标的管理方式使得组织形式具有了较大的灵活性。

(2)管理责任的分散。按项目进行管理是把企业的管理责任分散为一个一个具体项目的管理责任,由各项目经理具体对各项目负责,确保各项目的执行及完成。此外,各项目经理可以将项目分解为许多小的责任单元,由责任者分别按照要求完成目标,然后综合、汇总。从而管理责任被细分为一个个细小的责任单元,其有利于组织对项目执行情况及成员工作的考核、监督,有利于企业整体目标的实现。

(3)目标为导向解决问题的过程。企业项目管理是一种多层次的目标管理方式。每个项目的目标要与其相关的企业战略目标相适应;每个项目都有具体而明确的目标;项目中的每一任务都有明确的目标;同时,为了便于检查目标的实现情况,还会设立一系列阶段性的目标;从企业的负责人到项目经理,直至项目团队的每一个成员都有各自的目标。企业负责人根据项目实施的目标和情况来考核项目经理,而项目经理只要求项目成员在约束条件下实现项目目标,强调项目实施的结果,项目成员根据协商确定的目标及时间、经费、工作标准等限定条件,独自处理具体工作,灵活地选择有利于实现各自目标的方法,以目标为导向逐一地解决问题,最终来确保项目总体目标的实现,保证企业战略的实现。

(4)对复杂的问题集中攻关。项目团队集中了与项目有关的来自不同部门的人员,他们具有不同的专业知识和专业经验,集中在一起共同为实现项目的整体目标而努力,并经常进行开放、坦诚而及时的沟通,彼此交流信息及想法,相互做出和接受彼此的反馈及建议性的批评。基于这样的合作,团队成员可以对复杂问题集中讨论、集中解决、集中攻关,有利于复杂问题的快速解决,保证项目按期、按质量完成。

(5）实现以目标为导向解决问题的过程。一般来说，列作项目管理的一般是指技术上比较复杂、工作量比较繁重、不确定性很多的任务或项目。如通过传统的面向职能的管理模式来解决列作项目管理的问题，由于各职能部门间以各自利益为重，不注重企业的整体利益，部门间存在利益的冲突，交流沟通不及时，十分不利于解决项目实施过程中所遇到的问题。而企业项目管理关注项目整体目标的实现，关注客户对项目实现程度的满意度，并且在项目的实施过程中，团队成员能以项目目标的实现、客户满意度为动力，相互之间充分交流和合作，不断做出科学决策，力争高质量、按时、在预算内完成全部项目范围，保证了问题解决方案的质量和被接受的可能性。

（6）个人及组织发展的机会。在传统的职能式管理模式下，企业员工处在各自独立的部门中，处理仅与该部门专业有关的工作，部门内经验的交流也仅限于某方面的专业知识，没有一个人经历整个管理过程，因而没有人能独立地处理整体性管理问题，从而很难成为综合性的高级管理人才。由于项目往往涉及十分广泛的专业领域，因而项目团队中聚集了来自不同专业领域的专家，团队成员聚集在一起，相互交流不同方面、不同专业的知识，从而有利于个人获取综合性的知识。此外，项目成员经历了项目管理的整个过程，对与项目管理有关的问题有一个整体的把握，为今后独立处理整体性管理问题积累了经验，有利于员工发展为综合性的管理人才。可见，企业项目管理在保证企业项目成功实施的同时也为员工个人的发展提供了良好的机会。

5．天士力的企业项目化管理

天士力运用现代企业项目管理的知识和技术，使企业创新从过去的自发、自觉、自然的状态转变到了目前的规范化、制度化、系统化的体系，形成了全员参与的项目管理文化，为企业向更高层次的发展打下了坚实的基础。

全员持续改善（Total Progressive Movement，TPM）起源于美国的生产性维护（Productive Maintenance，PM），日本丰田首先应用并提出了 TPM 的精益化生产思路。

按项目进行管理（Management by Projects，MBP）将项目观念渗透到企业所有的业务领域，冲破了传统的管理方式和界限，包括市场、工程、质量管理、战略规划、人力资源管理、组织变革、业务管理等。

天士力提出的从 TPM 到 MBP 的实质是在企业各个环节上通过 TPM 提案持续不断地进行改善，积小善为大善，最终达成整体上的飞跃，同时通过项目化管理的活动将创新取得的成果加以保持，并将企业项目管理固化为日常的行为规范。从 TPM 到 MBP 带来的新理念是让好主意成为项目，并让好项目能够成为现实。

天士力在企业项目化管理的过程中，根据企业项目的重要性及提出的管理级别将其中的项目分为企业级、部门级及小组级三个级别的项目，同时按照项目的性质将提出的项目分为研发类、技改类及管理类三个类别，项目的分类如图 4-10 所示。不同级别、不同类别的项目分别采用不同的管理方式，也有不同的操作流程和操作要求，具体的项目实施流程框架如图 4-11 所示。

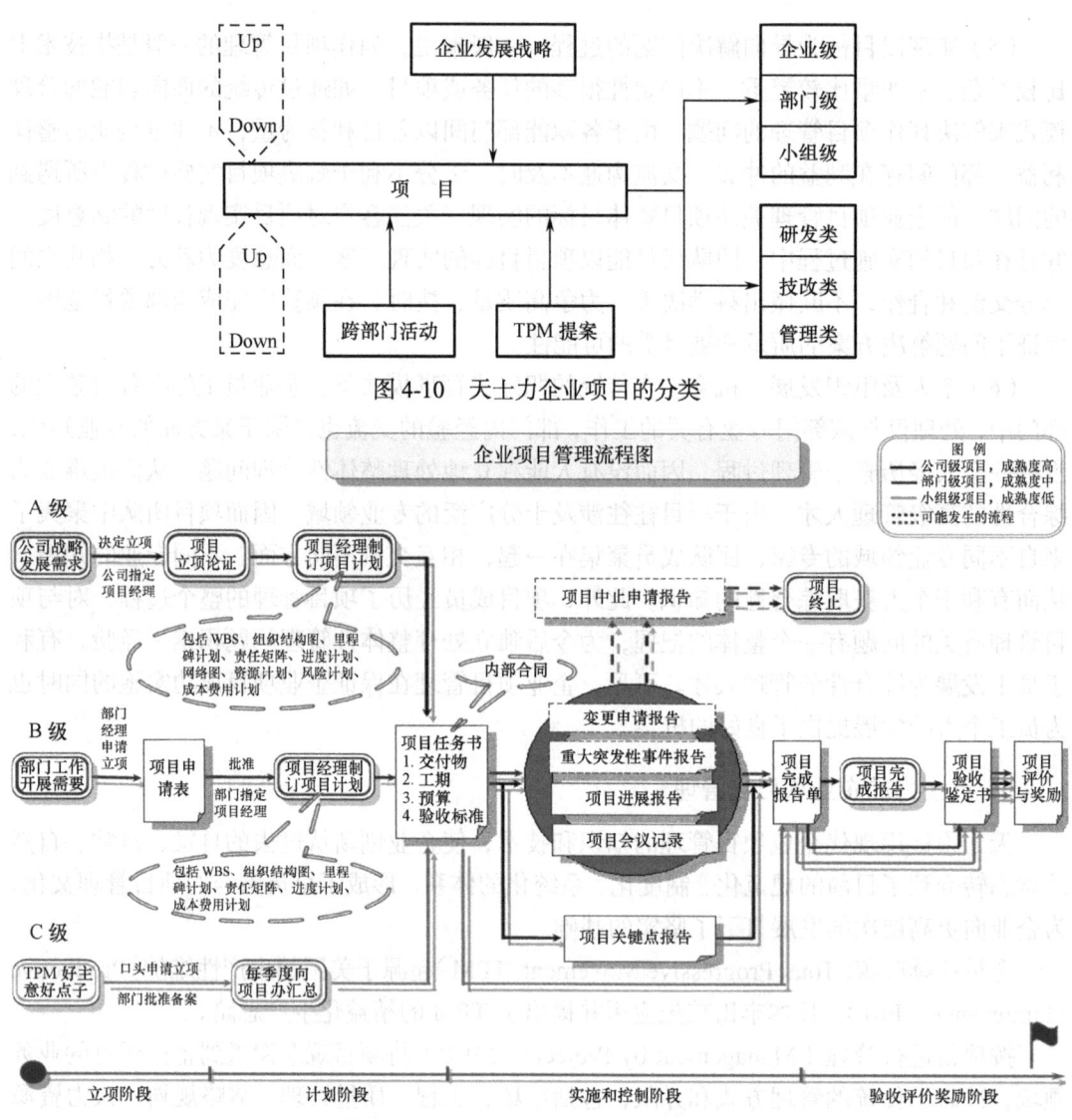

图 4-10 天士力企业项目的分类

图 4-11 天士力企业项目实施流程框架

4.4.2 按项目进行管理

1. 概述

在商品供不应求的市场环境下，企业根据专业分工，设置有关的专业职能部门，同时为了确保专业人员的工作成效，企业内形成层层请示、层层监督、自上而下、递进控制的金字塔状的结构。随着全球经济一体化的趋势的日益强劲，企业已经处于以顾客、竞争和变化为主要特征的新的市场环境下，在新的市场环境下，企业的组织结构已开始发生变化，特别是由传统的"金字塔结构"转为"倒金字塔"结构，这种变化意味着企业不同的组织层次之间"角色"的转换，企业高层管理的职能由传统的"指挥"变为"支持"。企业组织内部以"项目"为中心的管理正是在这一背景下产生的。

第4章 项目组织与项目团队

企业每天所面对的不仅仅是几个大型项目，而是成百上千不断发生和进行的项目。在这种多项目并发、高技术、快速变化、资源有限的环境下，失败和挫折是经常发生的。由于企业总是需要努力满足不断变化的市场需求和面对各种挑战，因此需要考虑实施新的管理方法。可采取的方法之一是按项目进行管理，将对企业中项目的执行和组织文化的变化产生深刻的影响。按项目进行管理是传统项目管理方法和技术在企业所有项目（无论大小）上的综合应用，并冲破了传统的管理方式和界限。按项目管理意味着项目观念渗透到企业所有的业务领域，包括市场、工程、质量管理、战略规划、人力资源管理、组织变革、业务管理等。项目管理者也不再被认为仅仅是项目的执行者，他们应能胜任更为复杂的工作，参与需求确定、项目选择、项目计划直至项目收尾的全过程，在时间、成本、质量、风险、合同、采购、人力资源等方面对项目进行全方位管理。

"按项目进行管理"是企业项目管理的主导思想，是长期性组织的一个核心概念，它是把任务当作"项目"以实行项目管理，即站在企业高层管理者的角度对企业中的各项任务实施"项目管理"。实施项目管理的任务可以是"项目"，如新产品开发项目；也可以是具备了项目特性的作业，如为适应客户个性化的需求，每一批产品从洽谈订单到向客户提交产品的过程。按项目进行管理，要求企业文化必须能够接纳这种新的思维方式。员工对自身工作的认识，应从"满足部门的要求"，转向"满足项目的要求"。图4-12就是按过程管理和按项目管理的主要差异描述。

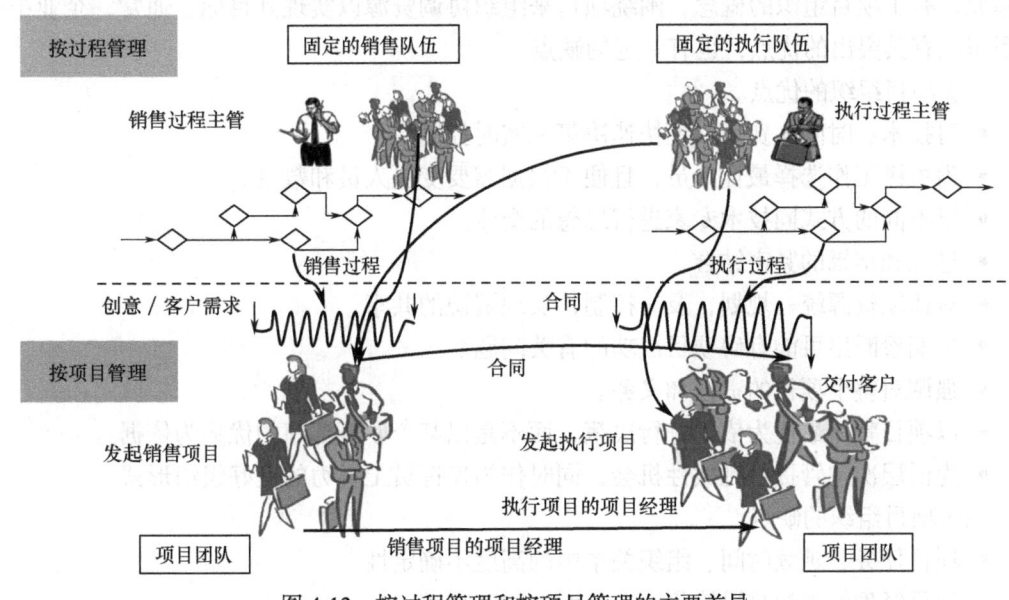

图4-12 按过程管理和按项目管理的主要差异

可以看出，"按项目进行管理"以"项目"作为其相对独立的组织单元，围绕项目来组织资源。它根据项目生命周期各个阶段的具体需要，配置和协调人力、原材料、设备、资金及时间等资源，最大限度地利用有效资源，以项目目标为导向来解决问题，保证项目目标的实现。

按项目进行管理涉及项目管理的专业知识、综合管理知识和应用领域的专用知识。其中，项目管理的专业知识是一套独特的知识和技术体系。综合管理则包括了诸如计划、组织、人员管理、企业业务的执行和控制等。应用领域的专用知识包括了不同项目类型所特有的一些共性要素，应用领域可按技术特征（如软件开发、系统集成）或管理特征（如承包项目、自主新产品开发）定义。随着市场环境的不断变化，项目管理实践的不断发展，"按项目进行管理"不但被用于某个组织中的任务或活动的管理，而且也被用作两个或多个组织共同开展活动的管理方法。"按项目进行管理"的思想正被越来越多的企业及非企业型的长期性组织所接受。

2. 按项目进行管理的核心内容

企业项目管理与单个项目管理不同的地方在于，企业中的大多数任务都以项目形式存在并实行项目管理，企业内部同时进行着许多的项目，企业项目管理必须关心企业中所有项目目标的实现。而单个项目管理只关心单个项目目标的实现。故企业项目管理既需要适应单个项目实行项目管理的要求，同时也要从企业总体目标出发，平衡企业中多个项目间的资源和利益，以保证所有项目的实现。因而按项目进行管理的核心内容就是创造和保持一种使企业各项任务都能有效实施项目管理的组织环境和平台。

1) 按项目进行管理组织设计的要求。随着"按项目进行管理"这一理念的导入，企业中越来越多的任务将按项目进行管理。按项目进行管理的基本前提就是把项目作为一个组织单元，有了项目组织的概念，围绕项目来组织协调资源以实现其目标。通常，企业中的项目组织有其突出的优点，也有一定的缺点。

（1）项目组织的优点。
- 对技术、时间、费用保证快速决策和实时控制。
- 为关键工作选择最佳人员，且便于根据需要变更人员和数量。
- 以不同的方式同技术专家进行思想的交流。
- 过程和结果的紧密结合。
- 对稀缺资源统一规划，及时控制，实现资源的共享。
- 早期诊断出可能有碍项目成功的有关问题。
- 强调对整个项目的责任和义务。
- 以项目整体最优为依据进行决策，而不是以某个职能部门的优势为依据。
- 为低层次主管提供挑战性机会，同时作为发挥员工潜力的良好组织形式。

（2）项目组织的缺点。
- 项目任务、延续时间、组织关系中的高度不确定性。
- 项目经理的责权难以均衡。
- 容易产生与职能组织和其他项目组织的冲突。
- 项目的临时性使项目成员为未来的职位担忧。
- 项目成员的多头领导问题。
- 项目组织难以获得优势资源，可能被职能主管作为甩掉包袱的机会。

项目组织是实现项目计划、完成项目目标的基础条件，组织的好坏对于能否取得项目的成功具有直接的影响，只有在组织合理化的基础上才谈得上其他方面的管理。因此，企业在组织设计过程中应充分考虑项目组织的特点,发挥其优势,克服其不足。

因而,"按项目进行管理"对企业组织结构和组织体系提出了特别的要求:

(1)组织结构应扁平化。扁平结构是指管理幅度较大,管理层次较少的组织结构形态,如图4-13所示。其中,管理幅度是指一个管理者直接有效指挥和监督的下属的数目,管理层次是指组织中职位等级的数目。扁平结构由于层次少,信息传递的速度快,组织适应性强;较大的管理幅度有利于员工的主动性和首创精神的发挥。按项目进行管理是要保证企业中的所有项目都能有效地实施项目管理,绝大多数项目的完成要跨越若干部门的界限,需要有关各部门之间进行充分的沟通及合作。而传统的"金字塔"结构,是管理幅度较小,管理层次较多的组织结构,组织层次较多,机构臃肿,不同的职能部门有各自不同的任务和目标,往往过多地强调本部门的任务,而忽视项目的总体目标,不符合企业项目管理的面向对象(项目)的管理要求,故应改变以往金字塔的结构,改为以一个一个项目为单元来建立组织结构,使组织结构向扁平化发展,以利用企业中的项目来实现总体目标,即由图4-13中的实线方框式的结构转为虚线圆圈式的结构,其中的项目主管可以是来自某个职能部门的主管,也可以是企业某个部门的员工。

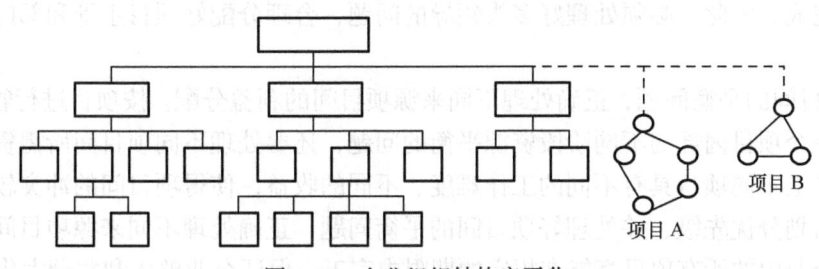

图4-13 企业组织结构扁平化

(2)适应"按项目进行管理"的组织体系和运行机制,必须是能确保项目组织获取所需资源,有利于对项目实施中所遇到的技术、资金的不确定性问题的快速决策,以项目整体最优、企业利润最大为决策依据的组织结构和组织体系。

2)按项目进行管理组织形式的确定。项目管理的常见组织形式有职能式、矩阵式和项目式。企业采用何种项目管理组织形式应视项目的特点而定,主要考虑的因素有:

(1)项目的规模。当项目的规模较小,需跨越的职能部门较少时,应考虑采用职能式的组织形式,而不是采用项目式的组织形式。

(2)项目的周期(时间跨度)。若项目的时间跨度较大,即项目的周期较长时,应考虑采用项目式的组织形式。

(3)项目的特殊方面(独特性)。若项目较特殊、较复杂,是企业从未经历过的项目或是具有很多新内容的项目,企业以往没有处理过这方面的类似的项目,则应考虑采用项目式的组织形式。

(4)项目管理组织的经验。若项目管理组织的经验较丰富,能够较好地合理分配项目所需资源,处理项目实施中的不确定性问题,保证项目目标的顺利完成,且能同时处理多个项目时,应考虑采用矩阵式或项目式的组织形式。

(5)高层管理者的观点。若高层管理者能够接受面向对象的管理思想,并大力支持项目管理团队的工作，关心项目管理的工作，为项目调配所需资源，则应采用矩阵式或项目式的组织形式。

（6）项目所处的位置。当项目价值较大、较主要时，可采用项目式的组织形式。

（7）可用的资源。当项目的可用资源集中在某一个或某几个部门时，可采用职能式的组织形式。

3）按项目进行管理的管理体系设计与开发。

（1）企业组织管理体系设计的主要问题。按项目进行管理的企业，除选择确定适当的组织结构形式之外，更重要的是要设计和开发一整套适合各项任务按项目进行管理的组织体系和运行机制。结合项目管理的特点，企业的组织管理体系的设计应注意解决好下列主要问题：

① 多头领导的问题，合理分配项目主管与部门主管之间的权力。按项目进行管理很可能出现：一个团队成员既要向他所属项目的项目经理汇报，又要向其原来的部门领导汇报，当他的两个上级意见不一致时，他就会不知所措，无法进行正常的工作，即多头领导的问题。若企业存在多头领导的情况，则会十分不利于项目的完成，造成项目进度拖延或耽搁，甚至无法完成。因此，必须处理好多头领导的问题，合理分配好项目主管和部门主管的权力。

② 项目间的平衡问题，正确处理不同来源项目间的利益分配。按项目进行管理，不仅要处理同一个项目内部的不同阶段资源平衡的问题，还要处理不同项目间所需资源的平衡问题。再加上不同项目具有不同的工作难度、不同的收益，使得项目间的冲突较大。因而必须对项目划分优先级，并处理好项目间的平衡问题，正确处理不同来源项目间的利益分配，保证企业内的所有项目都能在规定的期限内完工，保证企业整体利益最大化。

③ 人员的激励问题，客观有效的量化考核体系。激励就是引发和促进人们去进行某种特定行为的活动。项目的复杂性、一次性，对项目人员素质又提出了较高的要求，同时在项目的实施过程中又涉及了众多不同专业的人员。因此，按项目进行管理的企业必须更重视人员的激励问题，建立客观而有效的量化考核体系，通过考评及时发现问题，促进员工提高工作绩效，并创造一种有利于员工才能充分发挥的公平合理的环境。

（2）企业组织管理体系设计的主要内容。企业组织管理体系设计的主要内容包括责权的分配与界定、项目管理支持体系、项目管理监控体系、考核体系与激励机制四项内容。

① 责权的分配与界定。权是在规定的职位上行使的权力；责是在接受职位、职务后必须履行的义务，包括尽其职责完成自己所接受的工作任务；为完成工作任务而向上级承担责任。按项目进行管理既涉及职能部门与项目组织权责的分配问题，又涉及项目组织间、项目组织内的权责分配问题。因此，其权责的分配与界定应该遵循以下两个原则：其一是权责对等的原则。在任何工作中，权与责必须大致相当，不但要有权，还要有责，权力太小或者过大都是不妥当的，变动权力时，必须同时变动与权力相应的责任。如果要求一名项目经理履行某些责任，那就要授予他充分的权力。如果这些权力已经授给他，但该项目经理不能承担相等的责任，那么就应收回这些权力或对他的职务做某些变动。其二是明确目标的原则。每一项权力的分配都是为了获得所期望的结果，因此，责权的分配和界定，必须根据企业的整体目标及所在职位的具体要求来进行。

② 项目管理支持体系。项目一般是技术上比较复杂、不确定性较高的任务，由于外部环境的变化和内部资源的限制，在项目的实施过程中，必然会遇到各种各样的问题，为了保证项目顺利完成，有必要为项目管理提供支持。项目管理支持体系包括业务支持、行政支持两项。

业务支持——项目管理办公室。应组建项目管理办公室。项目管理办公室将项目管理的多项职能加以整合，为企业中多项目的管理提供规范的专业化服务，将项目经理从日常的琐碎事务中解放出来，提高工作效率，为项目提供项目进展等方面的信息，更好地支援项目，以满足企业的业务需求。

行政支持——资源的调配。任何项目的完成都离不开人力、原材料、资金等资源，而这些资源对企业来说总是有限的。因此，在项目的进展过程中，企业都会不同程度地遇到资源短缺的问题，如缺乏项目所需的某类专业人员。企业项目管理同时会进行多个项目，资源短缺的问题更为突出。因此，必须通过强有力的行政支持，为项目提供一定的援助，调配项目所需的人力、资金等资源。

③ 项目管理监控体系。任何项目，即使事先经过认真的分析与准备，在实施的过程中仍难免出现一些意想不到的情况或遇到各种困难。这就需要发挥控制和监督的作用，项目监控作用就在于收集、处理和分送有关进度、质量及财务等方面的信息，监督项目计划的执行，保证实现项目的预期目标，为企业正确决策提供帮助。项目管理监控体系主要包括以下三方面的内容。

业务监控——方案、进度、质量审核。业务监控是在项目的各个阶段，对项目方案的实施情况、进度完成情况、工作质量，进行定期或不定期的检查，将项目的实际完成情况与项目计划进行比较，一旦发现问题，就及时指出并采取纠正措施。可借助网络图、控制图等工具来实施监控。

财务监控——支出与分配的审计。项目成本是指从项目计划到完成期间所需全部费用的总称，是同意为一个可接受的项目交付物所付的款额。因此，在项目的实施过程中，应对项目成本实行跟踪管理，保证各项工作在它们各自的预算范围内完成。财务监控的基本方法是：规定各部门定期上报其管理费用，再由财务控制部门对其进行费用审核，定期对项目实施情况进行检查分析，以保证各种支出及分配的合法性，然后将已经发生的费用与预算相比较，分析其是否超支，并采取相应的措施加以弥补。

协作监控——项目管理委员会。企业项目管理是通过项目管理委员会来进行协作监控的。委员会是执行某方面管理职能并实行集体行动的一群人，它促进协调和合作，行使制定和执行某方面重大决策的职能，具有很强的群体决策的特征。项目管理委员会定期或不定期地聚集在一起分析问题，提出建议或做出决策，协调有关的活动并监控项目的进行。

④ 考核体系与激励机制。企业组织中的激励是指管理者运用某种方法和途径，使得组织成员或群体为达到组织目标而积极行动、努力工作。良好的考核和激励体系能调动组织成员的积极性，提高他们的工作绩效，员工绩效既包括员工完成工作的出色程度，也包括员工对工作的满足程度。有效的激励应建立在对人的工作动机和需求分析及短期利益和长期利益均衡的基础上，激励的方法也因人而异，既可以是物质激励，也可以是精神激励。

如可根据员工的岗位工作能力、管理工作幅度、项目效益水平等来分配员工的工资，扩大项目骨干与普通管理人员的分配落差，激励能者有所能，能者有所酬。而激励必须借助有效且合理的考核体系来实施和体现。考核体系的指标必须根据企业及项目的具体情况来确定。

4.4.3 按项目进行管理带来的变革

企业中有组织的活动可以分为两种类型，即项目（Projects）和作业（Operations）。

项目作为一种任务，一旦完成，项目即告结束，不会有完全相同的任务重复出现，即对项目的整体而言，项目不会重复，这就是项目的一次性。既然项目不会重复，也就不会有完全可以照搬的先例。因而在实际工作中，如果一项任务没有已经完全程序化的过程可以对照执行，以后也不可能完全按照该项任务的过程去完成另一项任务，我们即可认为该任务是一次性的，是一个项目。反之，如果一项任务有已经完全程序化的过程可以对照执行，以后也可以完全按照该项任务的过程去完成另一项任务，则可认为该任务是重复性的，是一项作业。例如，建设一家钢铁厂可以当作一个大项目，但建成投产以后的日常生产过程则是作业。前者无完全可以照搬的先例，后者每天重复的是大体相同的内容。

从企业的角度来看，作业只是维持企业日常的运转和长期的稳定，并不能促进企业的发展，而项目是企业发展的载体。企业作为一种长期性的组织，都有其长远的战略目标，这是企业面对激烈变化、严峻挑战的环境，为求得企业长期的生存和不断发展而进行的总体性谋划。而企业如要实现其长远的战略目标，首先必须描述企业组织的根本性质和存在的理由，将企业赖以生存的经营业务与其他类似企业的业务区分开来，即定义组织使命；然后根据组织使命中的价值观，建立实现组织使命的长期目标和短期目标，将组织使命细化为一个个具体的方向或目标，并寻找实现这些具体目标或方向的策略或方法；最后再通过一个个不同的一次性的任务来实现，即通过具体的项目来实现，而作业通常只在企业已有的发展层次上，处理一项项的重复性的日常工作，并不能促使企业上升到一个新的发展层次上。企业战略目标的实现可以用图4-14描述，由此可见，项目是实现企业战略目标的载体。

在企业的发展中，项目和作业是企业发展过程中密切相关的两类活动。企业的创立本身就是一个项目的开始，它通过一个新建设项目使企业形成了提供某种产品或服务的能力，以满足市场或顾客的需要，从而获取盈利并得以生存和发展，并在此基础上重复作业。经过一段时间的运作之后，由于企业设备老化陈旧或环境及市场变化等原因，企业原有的设备可能已无法生产出高品质的产品或者原有的产品或服务可能已不适应市场需求，企业因此可能无法生存或发展下去，这时就又需要通过设备的大修改造项目、新产品开发项目或企业的改扩建项目来使企业恢复原有的生产能力或上升到一个新的生产能力水平。在企业的整个发展过程中，总是如此不断地重复着项目与作业的交替过程，作业导致企业的量变，项目使得企业出现了质变，是企业跳跃式发展的动力，如图4-15所示。

第4章 项目组织与项目团队

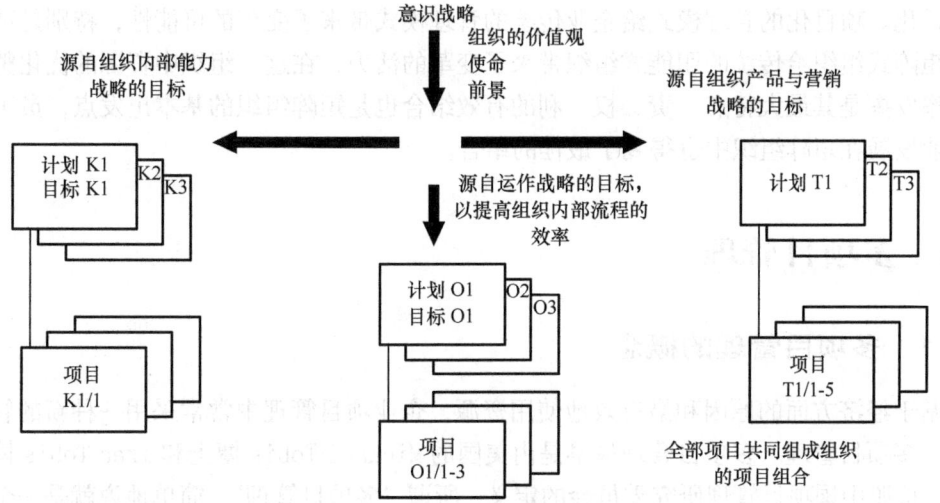

图 4-14 项目管理与组织战略

随着时代的发展,企业所面临的市场环境已发生了深刻的变化。

首先,市场竞争日趋激烈化、国际化。随着我国加入世界贸易组织,国际竞争已成为我国企业必须面对的挑战。我国企业在国内市场上,不仅面临来自国内同行业企业的竞争,还必须与来自国外的跨国公司进行竞争。近年来,国际跨国公司纷纷进入我国,《幸福》杂志所列的 500 家大公司、大集团

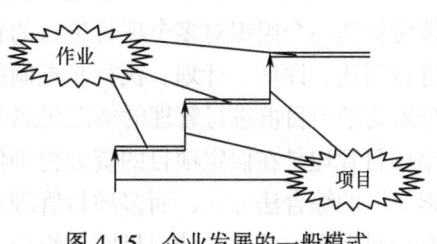

图 4-15 企业发展的一般模式

几乎都在我国有投资或经济活动。进口商品的竞争力大大增强,中国企业面临的竞争压力变得更大。

其次,客户类型日趋复杂化、需求日趋个性化。随着市场经济体制的进一步确立和完善,我国企业的市场环境逐渐转变为买方市场,顾客开始起决定作用;随着市场的发展、技术的进步,顾客的需求也发生了很大的变化,"大众市场"(Mass Market)早已烟消云散,需求日趋个性化、多样化。

最后,技术发展日新月异。现代数字信息技术和网络技术飞速发展,高新技术不断涌现,使得企业技术的更新速度逐步加快。企业所面临的新的市场环境,使得企业的产品或服务在市场上的生命周期越来越短,且其周期的长短难以预测。因此越来越多的企业调整其经营管理策略和方法以适应环境的变化:一方面为降低投资风险越来越多地采用外协等外借资源的生产方式以减少固定资产的投入;另一方面则以产品作为管理和核算的对象以考核各产品生命周期的效益。在这种情况下,一种产品从创意到退出市场的全过程也就具备了项目的特性,可以当作一个项目来看待;而产品生产过程的组织也因为客户需求的个性化及外协生产方式的采用,每批产品从洽谈订单到向客户提交产品的过程也可当作一个项目来管理。

总之,在新的市场环境下,企业传统的作业业务具备了越来越多项目的特色,作业日

趋项目化。项目化的管理模式给企业传统的管理模式带来了变革的可能性，特别是项目管理的矩阵式组织给传统的职能式组织带来了变革的活力，在这一组织中资源的优化整合和高效率发挥是其最大特点，责、权、利的有效结合也是矩阵组织的基本出发点，员工成长与企业发展在矩阵组织中也得到了最佳的结合。

4.5 多项目管理

4.5.1 多项目管理的概念

基于经济方面的原因和最有效地使用资源，企业项目管理中常常采用一种新的管理方法——多项目管理。多项目管理最早是由美国的 Michael Tobis 博士和 Iren Tobis 博士提出的。按照中国项目管理研究委员会的定义，所谓"多项目管理"，简单地说就是一个项目经理同时管理多个项目，是指在组织中协调所有项目的选择、评估、计划、控制等各项工作。从广义上来说，多项目管理不仅指"一个项目经理同时管理多个项目"的活动，还应该延伸到一个组织对多个项目进行的管理活动，是站在企业层面对现行组织中所有的项目进行筛选、评估、计划、执行与控制的项目管理方式。需要说明的是，将一个复杂的项目分解为子项目群进行管理的情况仍属于一般项目管理的范畴，不属于"多项目管理"。因为单项目管理是在假定项目的资源得到保障的前提下进行的项目管理，思考角度采取"由因索果"的综合法方式；而多项目管理是在假定存在多个项目的前提下，如何协调和分配现有项目资源、获取最佳项目实施组合的管理过程，其思考角度一般采取"由果索因"的分析方式。

企业中的多个项目，依据项目之间的相关程度，可分为两种情形：一种是多个项目之间在目标上没有共同的联系，但项目本身类似，在工作开展方法、所需人员等方面具有相似性，多个项目之间可以相互参照；另一种则是多个项目间不具有类似性，难以相互参照，但这些多个项目组合在一起能够使企业的技术和财务资源得到有效配置和利用，进而可以提高企业的市场竞争力。因而，多项目管理又分为项目集群管理（Group Projects for Management or Program Management）和项目组合管理（Project Portfolio Management）。

项目集群管理是以多任务的实施为导向，对人为定义的一组项目进行管理，这些项目并不是为某个共同的目标服务的，但项目实施具有相似性或关联性，把这些项目放在一起进行管理，可以形成规模经济，提高工作效率；而项目组合管理是以战略目标为导向，从企业整体出发，动态地选择不具类似性的项目，对企业所拥有的或可获得的生产要素和资源进行优化组合，有效地、最优地分配企业资源，以分散企业风险，达到企业效益最大化，提高企业的核心竞争能力。

4.5.2 项目集群管理

一个企业可能有许多彼此无关的小项目需要完成并将产品交付给客户。这些项目同样需要有某种形式的项目计划及获取相应的资源以完成任务，但是为每个项目指派一个主管并组织一个项目团队可能并不是完成项目的最有效办法。由于在技术解决方案上同出一辙，这些彼此无关的小项目无须像大项目一样正规地计划。某些计划是需要的，而这些计划（如沟通计划）的主要框架对所有项目来说可能是相同的。甚至好几个项目的产品也可能是提供给同一个客户的。项目的这些共性使得用较少的资源进行单个项目的管理成为可能。

PMI 将项目集群管理定义为，以协调方法管理一批项目，以获得单个管理它们所不能获得的效益。一个项目集群由具有共同特性的多个项目所构成，通常为了管理需要而把它们组织在一起进行管理，来获得单个项目独自难以得到的效果和收益。故项目组就是对现有的和将开展的一些类似项目进行集群，项目集群管理是为了实现组织的战略和项目群的共同目标，应用知识、技能、技术和方法，对项目组进行的协同管理。

1．项目集群管理的益处

项目集群管理以多任务的实施为导向，通过更有效地利用资源和使用公用的"标准"计划来实行多个项目管理。实行项目集群管理可以实现 1+1>2 的效应，可以为企业带来很多好处：

（1）在一个人能跨多个项目对人员进行任务分配的情况下可更有效地利用资源。

（2）在同一项目经理领导下的多项目能够良好地计划、实施、控制和按时结束的话，可更有效地发挥项目经理的作用，即在多个项目中充分发挥经验丰富的项目经理的才干。

（3）通过专门的努力及多个项目分组时使用优先权理念可更快地交付项目产品。

（4）通过一次汇报几个项目的进展情况及使用相似的汇报方式，可以提高汇报的效率。

（5）通过一系列小项目的学习，可改善组织的项目管理技术。

（6）通过一系列小项目的实践，可改善项目管理的过程。

（7）根据项目优先权，使用用于平衡资源的单一项目进度表对资源和时间进行管理。

（8）具有调节各个项目节奏来满足交付要求的灵活性。

2．项目集群管理的分组原则

项目集群管理对多个项目分组进行计划、实施和控制，以从重复性职能和共性工作中获益。项目分组必须遵循一些基本原则，否则项目获得成功的难度将会增大。项目分组的基本原则包括：

（1）项目优先级。优先级是指对某项目需要的迫切程度，它指明了项目获取资源的先后顺序及需要完成的先后顺序。同组的项目应具有相同的优先级。混合优先级很容易导致不给予低优先级的项目以必要的资源。这种风险就是低优先级项目的完成可能受到影响。

（2）项目类别。所谓项目类别是指用周期、价值或所需资源等指标对项目规模的度量。这是组织用以确定项目对组织业绩影响程度的一种方法。同组的项目应当类别相似。当大、小项目混合进行管理时，在项目的执行过程中就会出现一些不平衡情况。由于大项目被认为非常重要，因而它有可能得到多于其实际需要的资源。另一方面，由于小项目可以较快地完成并显示项目的进展情况，所以小项目也有可能获得多于其应有份额的资源。

（3）项目管理的生命周期。同组的项目应具有相类似的生命周期。尽管不同的项目处于其生命周期的不同阶段，由于相似的生命周期，所以仍具有统一制订计划与实施的基础。

这种在生命周期方面的相似性有助于项目实施过程和管理过程的改进。

（4）项目的复杂性。为了多项目管理而进行的项目分组应当简单化。复杂的技术解决方案可能需要更多精力与管理，这样就可能分散对其他项目的注意力。

（5）项目周期与资源。对于同组项目，其周期应相对短一些，通常每个项目的生命周期应小于3个月，且项目需要的资源较少，单个项目所需的人力资源也应小于6人。要求更多的资源可能分散较重要项目的资源。

（6）项目应用技术。项目所需的技术应当类似。如果这些项目属于一个技术门类则更好。混合技术要有不同的技术组合，由于不相互兼容，所以无法跨项目使用。任何技术的混合都将削弱多项目管理的效率。

3．项目集群管理的适用范围

对企业中的一个项目，既可以作为单个项目进行管理，也可以将其纳入一个项目组中实行"项目集群管理"。至于究竟是将一个项目纳入项目集群管理还是抽出来单独进行管理，必须在充分掌握信息并加以权衡之后才能做出决策。

实行单独管理项目可能将要占用更多的资源，而这些资源也许不能被很有效地利用。通常，当一个项目非常重要而且需要对其采取专门的措施时，就要单独对其进行管理。以下是一些项目需要单独进行管理的情形：

（1）由于需求的紧迫性及其对组织的重要性，某个项目需要特别予以关注，如果项目失败将会产生很大的负面影响。

（2）由于会影响所有其他的项目，所以要求必须首先完成此项目。

（3）由于项目技术复杂而需要特别关注。预见到将会出现许多变化且其范围也是微妙的。

（4）项目成为样板，因而要求项目经理要格外地关注。

（5）对于组织而言，项目是新类型，或者使用了新技术。

4.5.3 项目组合管理

项目组合管理的概念来源于金融领域，Harry Markowtiz 于 1952 年创立了现代资产组合理论，这个理论的核心基于"不要将所有的鸡蛋放在一个篮子里"的风险分散和规避理念。1981 年，F. Warren Mcfarlan 教授首次将这一理论运用到 IT 项目的选择和管理中，通过项目组合的运作方式实现了一定风险情况下的收益最大化。1999 年，NP Archer 和 F. Ghasemzadeh 提出一个详尽的项目组合选择体系，项目组合管理在国际项目管理领域得到广泛应用。

PMI 将项目组合管理（Portfolio Management）定义为，在可利用的资源和企业战略计划的指导下，进行多个项目或项目群投资的选择和支持，通过项目评价选择、多项目组合优化，确保项目符合企业的战略目标，从而实现企业收益最大化。项目组合是一组使用共同资源池的项目，是一系列项目和/或项目群及其他工作聚合在一起，通过有效管理以满足业务战略目标。故项目组合管理的重点主要是项目的组合管理，而非单一项目的管理。它以战略目标为导向，通过选择合理的项目组合，并进行有效的组合管理来保证组织中的项目、生产和业务活动与组织战略目标的一致性。项目组合所选择的项目是不具类似性的项目，它的目的是有效地、最优地分配企业资源，达到企业效益最大化。

1. 项目组合管理的特点

（1）组合管理的战略性。组合管理是战略的体现，项目组合分析及资源分配与公司总体经营战略紧密相连并保持一致，这是企业竞争成功的关键。在组合管理中，高层管理人员的合作和积极参与是其重要特征之一。组合管理在某种程度上考虑了风险、不确定性和成功的概率，并且将其体现在项目选择决策过程中。

（2）组合管理的动态性。组合决策环境呈现动态特性，在组合中项目的状态和前景是经常改变的，组合管理可以不断发现新机会，新机会又与现有的项目竞争资源，这些情况使得企业需要将自己的活动不断调整到一个合适的位置和重点上，要求对处于不同阶段的、具有不同质量和数量信息的项目之间进行比较，这是传统项目管理的方法所不能解决的。组合管理的方法能够适应整个项目生命周期内所发生的目标、需求和项目特征变化，能够同时处理项目之间的资源、效益、结果方面的互相影响，能够使管理人员对现行项目按时间变化做出计划，对组合适时地进行调整，明确项目在总体项目组合中所起的作用。

（3）强调组织的整合性。项目组合体中各项目小组成员在一个统一的合作体中工作，可形成一种连续式的沟通机制。技术、知识、信息共享程度较高，易于形成和强化统一的合作观念，沟通效率和有效性较高。而传统的项目管理模式中，各项目小组分散于不同的项目中，项目间成果和技术沟通多，过程和人员沟通少，是一种间歇的沟通机制，沟通效率和有效性较低。项目组合管理有利于显示决策过程的信息，能够系统地选择每个项目，并评价组合中某一个项目的状态，以及它与公司目标的适应程度。

2. 项目组合管理的益处

（1）核心能力的培养和提升。在资源有限的条件下，往往导致许多企业选择一些快速、容易、低成本的项目。通常这些项目又是不重要的，如一些产品的改进和延伸。那些能够产生实际竞争优势的、带来重大创新的重要项目则没有受到重视，从而导致有利于核心能力培养和发展的重要项目缺乏人力和资金。项目组合管理通过识别低价值的、不符合战略的、多余的、执行很差的项目来降低成本，从而降低运营风险；通过有效的项目组合，应用组织学习手段，将不同项目的技术知识整合起来，形成节点知识或新的知识联结方式，以培养、拓展和强化企业的核心能力。

（2）与企业经营战略相匹配。项目组合管理对项目的特性及成本、资源、风险等项目要素按照统一的评价标准进行优先级别排序，选择符合企业战略目标的项目；能保证在不同类型、不同经营领域和市场的项目之间的费用分配与经营战略相符，实现与企业经营战略相匹配。

（3）组合价值最大化。在资源配置方面，项目组合管理合理分配资源可以使企业在一些战略目标（如长期盈利能力、投资回收期、成功的可能性或其他一些战略目标）的组合价值最大化。组合管理可产生比单一资源单独使用更大的效益，使资源在企业的不同阶段的配置更为合理,可以分散或降低风险,有利于企业发展过程各环节的一体化,降低交易成本,能够根据项目各自的优势对企业活动进行合理分工。

可见,合理地进行项目组合管理,能够使企业的技术和财务资源得到有效配置和利用,进而提高企业的创新效率和市场竞争力。因此,企业有必要把注意力放在项目组合管理上,特别是资源如何在项目之间合理分配,使企业获得持久的竞争优势。

3. 项目组合与构建

项目组合管理采取的是自上而下的管理方式,即从组织的整体战略目标出发,评价选择项目,形成项目组合,并对组织所拥有的资源进行优化配置,然后进入项目实施阶段,对项目组合进行动态管理,直至通过项目组合的实施来实现公司战略目标。具体包括识别需求与机会、项目组合与构建、项目计划与执行三个阶段。

在单个项目的管理中,"怎样做好这个项目"可能是问题的关键。而在项目组合管理中,"怎样实现各个项目对目标贡献最大"是关键的问题。因此,项目组织与构建是项目组合管理的核心环节,而项目组合构建阶段的主要任务是选择项目,在有限的资源范围内使所选项目组合起来能更好地实现组织目标。从组织内定义的标准的角度看,所选择的项目应组成最佳项目组合,同时还要从资源(财务、人力等)可用性的角度检查项目组合内的项目和项目群的切实可行性,评估项目组合平衡性并做出项目组合结构的最终决策。

选择项目经常考虑以下几个问题:该项目对于整个项目群的目标的实现是否有贡献?怎样组合这些项目才能使项目群的总体效益最好?现有的每个项目对将要加进来的项目是否有负面影响?项目群中的各个项目是否有较大的依赖性?项目群的总目标和总收益是否有分派?

项目组合分析与构建过程,包括:按优先顺序列出企业目标,明确公司的战略目标;估计项目对每一企业战略因素的贡献;按目标优先顺序确定出项目的优先顺序;通过对给定约束条件中项目的不同成本和资源的需求做出评价,优化项目组合;在投资回报、风险及战略、战术上的多种考虑因素之间进行平衡,确定最适合的项目组合结构。

项目优先级的划分是其中较为重要的一个环节。PMI建立并发布的"项目组合管理标准"针对的主要是项目组合的构建阶段,概括地介绍了根据组织战略识别和选择项目纳入项目组合的步骤,解决了项目优先级划分的方法和策略、资源的有效利用及对战略目标的贡献等问题。指出应根据项目为组织带来的收益划分项目优先级,选择及优先级划分标准应定期更新,以与组织战略保持一致。

4. 项目组合管理的组合范围

项目组合管理的组合范围包括:
(1)长期项目与短期快速项目间的组合。
(2)高风险的远景项目与低风险有把握项目间的组合。
(3)经营业务所处的不同市场项目之间的组合。
(4)不同技术或技术类型(如初始技术、先进技术、基础技术)项目之间的组合。
(5)新产品开发项目与产品改进和费用减少项目间的组合。

(6)产品创新项目与工艺创新项目间的组合等。

4.6 项目管理办公室

4.6.1 项目管理办公室的内涵

项目管理办公室是项目组织非常重要的职能部门。过去,项目办公室就是为了保持与培养出最好的习惯,以维护项目管理的规则。它原被认为是项目管理信息的静态智囊团,受到培训组织的制约。现在,这一概念由于实际需要而有所改动,确定了其对项目经理的组织维持功能。在这种情况下,项目管理办公室可被定义为一个协助项目经理达到项目目标的组织实体,它对项目进行计划、估计、安排行程、监督与控制。

实际上,项目管理办公室是长期性组织的一个组成部分。很明显,它的作用是支持项目经理的工作,为各个项目或者大型项目的经理制定标准和指导方针,收集项目管理相关的数据,进行整理,并向有关责任部门汇报。项目管理办公室应该确保项目与组织的战略和愿景一致。

项目管理办公室(Project Management Office)作为企业项目管理中一种常用的组织形式,在实际应用中对这一组织形式存在着各种不同的叫法,常见的有:项目支持办公室(Project Support Office)、计划支持办公室(Program Support Office)、项目办公室(Project Office)、项目管理支持办公室(Project Management Support Office)、计划办公室(Program Office)。

成立项目管理办公室的最初目的是减少企业中项目管理职能的成本和改进呈报高层管理者的信息质量。许多企业通过项目管理办公室来履行项目管理的诸多职能,对多种职能实现整合可使企业在行动上保持统一,在不同项目的管理上有统一的规范。例如,对进度表和报告的使用有通用标准。

项目管理办公室的组织形式是项目管理办公室的核心内容之一。不同的企业采取的项目管理办公室的组织结构往往不同。常见的项目管理办公室组织结构如图4-16所示。

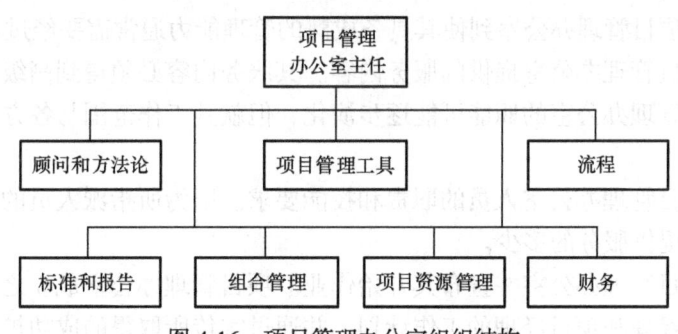

图4-16 项目管理办公室组织结构

4.6.2 项目管理办公室的职责

微观地讲,项目管理办公室的职责取决于企业的具体需求,而且会随着这些需求的变化不断调整。通常，项目管理办公室被定位为企业项目管理的业务支持机构或内部咨询机构，其主要职责包括：

（1）开发和维护项目管理标准、方法和程序。

（2）为企业提供项目管理的咨询和指导。

（3）为企业提供合格的项目经理。

（4）为企业提供项目管理培训。

（5）为企业提供有关项目管理的其他支持。

对以上项目管理的职责可进一步细化。项目管理办公室内部又可视情况需要设立一些专业小组，如风险评估小组等。

宏观地讲，项目管理办公室对于企业的职责表现在其在企业项目运行过程中扮演的角色上。项目管理办公室的角色如图4-17所示。

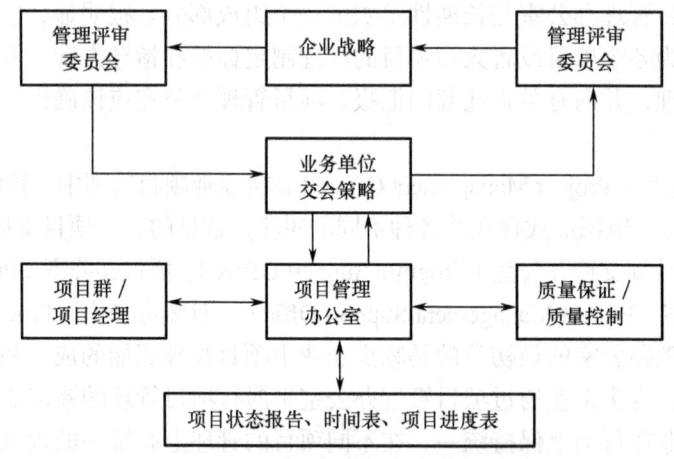

图4-17　项目管理办公室的角色

4.6.3　项目管理办公室的建立与运行

从开始建立项目管理办公室到使其具备成熟的管理能力通常需要经过如下几个阶段：

（1）确定项目管理办公室提供的服务内容。其服务内容必须得到高级管理层和项目经理的认可。项目管理办公室的职能可能逐步演化，但就其工作范围与各方面达成一致意见是非常重要的。

（2）确定项目管理办公室人员的职责和技能要求。因为所指派人员的职责与技能水平决定了他们所能提供服务的多少。

（3）建立项目管理办公室并宣布其开始作业。项目管理办公室成立之初，应制订一个能成功地支持总经理和项目经理的工作计划，并通过宣传所取得的成功扩大项目管理办公室的影响。

（4）工作中与总经理和项目经理密切联系，以便了解他们的需求并满足这些需求。由于项目经理被从日常事务中解脱出来，这些日常工作交由项目管理办公室去做。这时又可能产生其他的要求。

（5）在为项目经理提供服务时，通过不断满足业务需求，扩展项目管理办公室的服务。

（6）在项目管理办公室客户的经常参与下，不断地改进其技能并完善其职责。

（7）为客户提供最佳的服务。

项目管理办公室的建立必须有高层管理者的支持，但其运行的成功与否取决于其"客户"。如果客户对其服务不满意，那么来自高层管理者的支持将会减弱，项目管理办公室也就无法生存下去。项目管理办公室的客户是指接受项目管理办公室的产品和服务的个人，主要包括公司总经理、项目经理或主管、项目团队成员、职能部门的经理、其他利益相关者（如项目产品的接收者）等。

项目管理办公室的运作通常根据企业所处行业不同而不同，通常可分为三步，如图4-18所示。

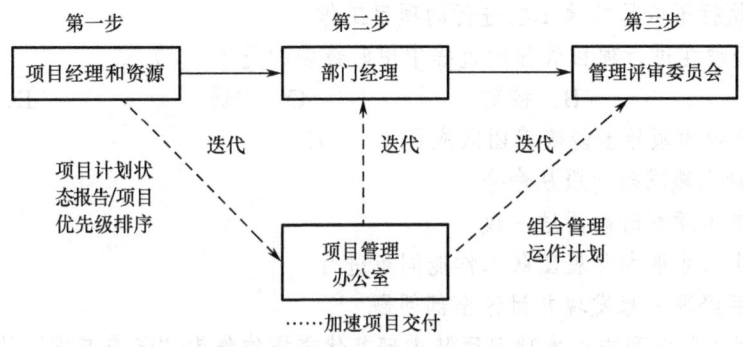

图4-18　项目管理办公室的运作

总之，项目管理办公室提供项目相关的专业化服务以满足企业的业务需求，并可将项目经理从日常的琐碎事务中解放出来。项目管理办公室为项目相关各部门收集信息并将其格式化，以便对项目进展情况的统一认识。项目管理办公室将项目管理的多项职能加以整合可以提高工作效率，并更好地支援项目。需要强调的是，项目管理办公室通常不是一个决策机构和项目的管理机构，而是一个项目决策的支持机构和项目管理的服务机构。

复习思考题

一、判断题

1. 不利于企业专业技术水平的提高是项目式组织的一个缺点。（　　）
2. 矩阵式组织形式集合了职能式和项目式组织形式的优点。（　　）
3. 项目的财务决策权不属于项目经理的权力范围。（　　）
4. 由若干有共同目标的人组成的一群人就可以认为是一个团队。（　　）
5. 磨合阶段是项目团队发展的一个不可避免的阶段。（　　）
6. 项目团队的学习对于执行效率高的团队来说是可有可无的。（　　）
7. 项目管理办公室并不能取代项目经理的地位。（　　）

二、单选题

1. 在以下（　　）组织中，项目成员在收尾阶段的压力最大。
   A. 职能式　　　　B. 项目式　　　　C. 弱矩阵式　　　　D. 强矩阵式
2. 项目经理必须（　　）。
   A. 发展、使用正式和非正式的沟通网络　　　B. 仅使用正式沟通以免误解
   C. 利用非正式沟通以消除官僚　　　　　　　D. 将项目外的所有沟通留给投资方
3. 经由项目经理授权的工作（　　）。
   A. 意味着项目经理不再控制工作
   B. 必须征得上级职能经理的同意
   C. 并没有减轻项目经理对这个工作所负的责任
   D. 它的执行不依赖其他正在进行的项目工作
4. 项目经理在进行项目管理的过程中用时最多的是（　　）。
   A. 计划　　　　　B. 控制　　　　　C. 沟通　　　　　D. 团队建设
5. 一个有效的领导者能确保团队成员（　　）。
   A. 毫无疑问地准确地服从命令
   B. 当进展不顺利时能团结一致
   C. 发挥个人才能和开展团队工作能同步进行
   D. 和项目经理一起发现并讨论全部问题
6. 在项目团队学习中以本项目团队内部某优秀操作作为"优秀基准"的属于（　　）。
   A. 内部"优胜基准"　　　　　　　　B. 竞争"优胜基准"
   C. 行业"优胜基准"　　　　　　　　D. 最优"优胜基准"
7. 项目经理在（　　）中的权力最大。
   A. 职能式组织　　B. 项目式组织　　C. 矩阵式组织　　D. 协调式组织
8. 在项目团队的发展过程中，冲突最大的阶段是（　　）。
   A. 形成阶段　　　B. 磨合阶段　　　C. 规范阶段　　　D. 表现阶段

三、多选题

1. 项目组织通常是（　　）的组织。
   A. 临时性　　　　B. 长期性　　　　C. 柔性　　　　　D. 稳定性
2. 非正式组织的积极作用包括（　　）。
   A. 可以满足员工的需要　　　　　B. 有利于正式组织的变革
   C. 易于产生和加强合作精神　　　D. 有利于正式组织维护正常的活动秩序
3. 项目式组织的优点包括（　　）。
   A. 资源利用的灵活性与低成本　　B. 目标明确及统一指挥
   C. 有利于项目控制　　　　　　　D. 有利于全面型人才的成长
4. 项目经理的权力有（　　）。
   A. 项目团队的组建权　　　　　　B. 财务决策权
   C. 项目实施控制权　　　　　　　D. 资源配置权

5. 项目经理的责任有（　　）。
   A. 对所属上级组织的责任　　　　B. 对投资方的责任
   C. 对项目小组的责任　　　　　　D. 对所管项目的责任
6. 项目管理办公室的主要职责包括（　　）。
   A. 开发和维护项目管理标准、方法和程序　　B. 为企业提供项目管理的咨询和指导
   C. 为企业提供合格的项目经理　　　　　　　D. 为企业提供项目管理培训

四、思考题

1. 常见的项目组织形式有哪些？它们各自有什么优缺点？
2. 如何进行项目组织形式的选择？
3. 一般项目经理具有什么样的责任和权力？
4. 你认为一个合格的项目经理应具备哪些素质和能力？
5. 项目团队的特点有哪些？
6. 请说明项目团队的发展过程及每个阶段的主要工作与领导风格。
7. 项目管理办公室的内涵是什么？项目管理办公室的职责有哪些？
8. 阐述企业项目管理的定义及企业项目管理面临的主要问题。
9. 多项目管理的方式有哪几种？其特点及管理对象有何差异？

五、案例讨论与分析

1. 说到中国空间技术研究院，可能很多人都觉得陌生，但是提起"神舟五号"——中国空间技术研究院这个成功的项目，却家喻户晓。中国空间技术研究院是中国空间技术的主要研究中心和航天器研制、生产基地。成立初期，管理方式是自上而下的，来了任务就按职能往各部门里分，如总体设计由总体部负责、分项设计和制造由下属各所负责、装配由总装部负责等。技术一条线，行政一条线，各部门没有合作的意识和动机，而且都希望实现本部门效率最大化。由于没有人对整个任务负责，这样工作起来效率很低，工期常常是一拖再拖，成本也得不到控制，总体目标很难达到。随着科研任务的增多，研究院发现这种管理方式不能满足工作的需要。20世纪90年代中期，研究院决定尝试采用项目管理法。

他们将项目管理办公室并入总体部，转变后的总体部成为其他各业务部门的上一级部门，负责所有项目的管理协调工作和总体设计，这样真正实现了技术与管理的合一，提高了运行效率，同时组织结构得到简化和明晰。

"成功的关键不仅仅是采用了科学项目管理的方法，更重要的是建立了一个真正符合项目运作需要的组织结构。"该院总体部的副部长刘晖说道，"就像生产关系要不断适应生产力的发展，企业的组织形态也要符合项目的要求。"

问题：
（1）该院在采取项目管理法之前是哪种组织形式？有什么特点？
（2）使用项目管理法时采取了哪种组织形式？为何采取这种组织形式？
（3）怎么理解该院总体部的副部长刘晖的话？

2. 陈东是一个 ERP 系统开发项目的项目经理，目前正与另一个合作伙伴一起开发一

个项目。陈东主要负责系统分析、开发，对方主要负责业务需求分析，实施是双方一起合作进行的。

目前项目处于业务需求阶段，但陈东发现对方的业务能力比想象中要差。对 ERP 的管理理念不清，故很难进行业务分析，所以业务分析的工作就自然而然地落在了陈东的头上。这就出现了这样的情况，陈东及自己的项目人员日夜兼程地疯狂工作，而对方帮不上什么忙。团队的合作将会出现问题。

问题：
（1）请分析，在这种情况下，项目组该如何协调工作。注：双方不在同一个地方工作。
（2）作为项目经理，陈东存在哪方面的失误或不足？
（3）假如你是项目经理，你将如何组建项目团队及管理？

第 5 章

项目管理核心技术

本章要点

本章主要介绍项目管理的核心技术,包括项目识别与构思、项目论证、项目融资、项目启动、项目范围管理、项目时间管理、项目成本管理、项目质量管理、项目采购管理、项目变更管理及项目验收与后评价,并对每个部分的相关概念、内容、方法技术与应用流程进行了详细阐述。项目管理核心技术所涉及的管理过程是任何项目管理必须执行的关键内容,做好与核心技术相关内容的管理也是项目管理成功的基础。

引导案例　向波音公司学习项目管理[①]

波音公司历经 5 年完成了 777 飞机研制项目从启动、计划到执行、控制到最后顺利交付客户的全过程,该项目的研制遍布 44 个国家、涉及人员成千上万。777 飞机研制项目的成功不仅仅是工程技术上的成功,也使得整个波音公司在项目管理水平上取得了长足的进步。那么,我们可以从波音公司学到哪些项目管理的理念和技能呢? 美国著名项目管理专家詹姆斯·刘易斯在其著作《全球最成功的项目管理实战案例》中,总结了该项目成功的 12 条项目管理黄金法则,分别是:携手合作、梦想蓝图、明确目标、项目计划、人人参与、从数据求解放、透明管理、适度抱怨是可以接受的、提出计划——寻求办法、彼此倾听——相互帮助、保持心情愉快、享受工作乐趣。

(1)项目战略定义的正确。这里有两个要素:一是要和该项目所有利益相关者进行充分的沟通,了解、分析、过滤与项目相关的任何信息;二是要将项目战略和最大利益相关者的需求紧密结合起来。在 777 项目启动之初,项目团队就与设计人员、市场销售人员、采购人员、法律顾问、客服人员及工程人员一起合作,探讨什么样的飞机更符合消费者的

---

① 张雄华. 向波音公司学项目管理——读《全球最成功的项目管理实战案例》. 项目管理联盟网站(http://www.mypm.net).

需求、对消费者更加友好，如何便于制造，如何方便维修等，然后将收集到的信息进行分析、过滤。在对所有信息进行前期处理之后，还要进行权重的排序，把最大利益相关者（消费者）的要求和项目目标紧密结合起来。项目战略类似于公司做的产品规划，项目战略的成功可以保证选择"做正确的事"，即做适合市场的产品。在制定项目战略的过程中，"携手合作"是波音公司一条人人自觉遵循的行为准则，也是保证制定正确的项目战略的要求之一。

（2）描绘项目目标，即"梦想蓝图"。在777项目启动之初，项目经理艾伦·穆拉利就为人们描绘了项目目标——"炎热一日跨越丹佛和火奴鲁鲁"，并且把它制成卡通形的徽章给成员佩戴，以便让大家时刻了解团队的"梦想蓝图"。一旦定下了项目目标，就不能随便偏移，一定要"咬定青山不放松""以终为始"，让它成为一切工作的出发点。

（3）以计划为基础，即"计划先行"。没有目标就无法做计划，没有计划就无法去控制。在国际领先的产品开发流程IPD中，在概念阶段就严格规定了所有项目成员都要参与制订计划，并且在计划阶段要进行调整。在波音公司，项目计划的制订是一个人人参与的过程，协同的项目计划使所有人的步调一致，大家的语言一致，因此可以避免项目中出现不规则的"布朗运动"。

（4）按计划执行，即"正确地做事"。有了计划，就有了路标，就要去执行，就要去"正确地做事"。执行的方法可以通过流程去引导，执行的效果可以通过计划去控制，但在项目执行的过程中，有一些大家公认的、形成习惯的行为模式也是必要的。在波音公司，倡导的是"从数据求解放、透明管理、适度抱怨是可以接受的、提出计划—寻求办法、彼此倾听—相互帮助"等管理法则。基础数据的整理和分析是一个比较烦琐的过程，但对于及时发现一些项目风险和遗漏之处及提高项目管理水平等方面都有益处，同时，可以作为历史的经验库供后来者借鉴，提升整个公司的项目管理成熟度水平。"透明管理"在波音公司的由来是在一次777项目例会上，有个人报告了本部门的工作进展，当他结束发言时，来自另一个部门的人说"我们不这么认为"，并给出了一些相反的陈述。然后，第一个人承认自己没有完全说出目前项目面临的问题。于是，大家就提出"不能一边保密，一边管理，如果大家都保守秘密的话，那干脆都回家好了"。这就是"透明管理"这个法则的由来。我们也经常有项目的周例会，主要目的是通报进度、找出问题、提出解决方案。但在项目组内信息不流畅就会产生很多问题，问题不能掩盖，要大家一起协作解决。艾伦·穆拉利对他的项目成员说："只要不养成万事抱怨的习惯，那么在你需要安慰的时候，尽可以告诉我们。"尽管我们有"梦想蓝图"，但人毕竟是感情的动物，有喜、怒、哀、乐，所以你在工作上如果有什么怨气的话，尽可以找人谈谈，释放自己的心理压力；遇到了困难，可以和成员们一起"提出计划、寻求办法"。没有什么大不了的事，睡一觉起来，地球照样转，又是一个艳阳天。"彼此倾听—相互帮助"说的是沟通的重要性。项目中的沟通是一个很常见的动作，但在沟通中也极易产生矛盾。沟通的六个主要要素是"信息发送者、信息接收者、通道、反馈、噪声、背景"，任何一个出现问题都会影响沟通的效果。

（5）团队精神的发挥，即"愉快地工作"。"保持心情愉快、享受工作乐趣"也是波音公司极力倡导的。艾伦·穆拉利曾对777项目组的全体成员说过："我们的愉悦情绪可以给整个团队带来稳定和希望，这样大家才能提出计划，找到解决问题的方法。如果我们不这样表现,那么团队会成为一盘散沙。"每个人的工作对于组织来说都是必要的、必需的。在项目运作过程中,每个项目成员都是一个项目利益相关者,每个人只有保持愉快的心情工作,精诚合作才能促使"梦想蓝图"的实现,既享受了过程中的乐趣,也成就了个人的成功。

【案例点评】在 777 项目的研制过程中,波音公司不仅在进度、成本、质量、风险、采购等各个方面对项目进行了全方位的管理,更从启动、计划到执行、控制到最后顺利交付进行了全过程的管理。波音公司在 777 项目研制过程中不断推行并强化的 12 条项目管理法则,是保证 777 项目质量、提高经济效益及研制顺利进行的重要因素。而这些项目管理法则,也正是项目管理核心技术的关键所在。管理大师彼得·德鲁克说过:"管理是一种实践,其本质不在于知,而在于行;其验证不在于逻辑,而在于果。"只有系统地了解项目管理的核心技术,才能将其与实际结合起来,运用到项目管理实践中,并使项目最终走向成功。

5.1 需求识别、项目识别与项目构思

5.1.1 需求识别

1. 需求的产生

随着社会的发展,人们的要求日益增长和多样化。项目来源于各种需求和要解决的问题,人们的要求就是亟待解决的问题。人民生活、社会发展和国防建设的种种要求,常常要通过项目来满足,需求是产生项目的基本前提。

项目产生于社会生产、分配、消费和流通不断的循环之中。

科学研究,也是项目的来源,而且是更重要的来源。由科学研究发现产生的项目常常使国民经济结构发生重大变化,甚至改变人类的历史。科学发现要变成生产力,中间要经过许多环节。正是这些中间环节,为社会带来了数不清的项目。

自然资源的存在和发现当然也是项目的来源。科学发现和科学研究常常为以前人类无法利用的资源找到新用途,因而能够提出许多新项目。

政府经济体制改革、提出的新政策等更为许多于国于民有利的项目创造了条件。在计划经济时期无法想象的项目现在都可以提出来,都可以付诸实施。

2. 需求识别的过程

需求识别也称识别需求,是项目启动阶段的首要工作。需求识别始于需求、问题或机会的产生,结束于需求建议书的发布。客户识别需求、问题或机会,是为了使自己所期望的目标能以更好的方式来实现,客户清楚地知道,只有需求明晰了,承约商才能准确地把握自己的意图,规划出好的项目,这对自己是大有益处的。

需求识别是一个过程,需求产生之时就是开始识别需求之始,因为尽管产生了需求,客户萌发了要得到什么的愿望,或者感觉到缺乏什么,但这只是一种朦胧的念头,他还不能真正知道具体的什么东西才能满足他这种愿望,他所期望的东西可能还只是一个范围,

于是就要收集信息和资料，就要进行调查和研究，从而最终确定到底是什么样的一种产品、一项服务才能满足自己。当然，在需求识别的过程中还需要考虑一系列的约束条件，需求的识别并非想入非非、随意确定的。有时，识别需求也并非客户的个体行为，他可能受到熟知群体的影响，向他们征求建议，也可能在与承约商接触时请求他们帮助定夺，因为承约商在此方面是专家，见多识广。当客户的需求界定之后，他便开始着手准备需求建议书了，这就是从客户自己的角度出发，全面详细地论述、表明自己所期望的目标或者希望得到什么，这种期望或希望实质上就是项目目标的雏形。当需求建议书准备完毕之后，客户剩下的工作就是向可能的承约商发送需求建议书，以便从回复的项目申请书中挑选出一家自己认为最满意的承约商，并与之签约。至此，需求识别告一段落。

需求识别的过程对客户来说无疑是至关重要的。在现实的生活中，我们经常碰到这样的例子，当装修公司询问客户需要什么样的布局、风格时，客户却说："你看着办吧，只要好就行。"结果会如何呢？也许当房子装修完毕之后，客户说："你怎么装修得如此浮华俗气，你知道我是一个知识分子，房间的布局、风格应充满书香墨气，具有古典之美才对！"

责任是很明确的：一方面是客户没有明确地告诉委托人他所希望的目标，另一方面是委托人也没有进行充分调查与研究。双方都有一定的责任。

可以看出，需求识别的过程和作用，对于项目与项目管理是异常重要的，需求识别意味着从开始时就避免了项目投资的盲目性。一份良好的需求建议书便是客户与承约商沟通的基本前提条件，也是使项目取得成功的关键所在。

3. 需求建议书

需求建议书（Requirement For Payment，RFP）是从客户的角度出发，全面、详细地向承约商陈述、表达为了满足其已识别的需求应做哪些准备工作。也就是说，需求建议书是客户向承约商发出的用来说明如何满足其已识别需求的建议书。一份良好的需求建议书，主要包括满足其需求的项目的工作陈述、对项目的要求、期望的项目目标、客户供应条款、付款方式、契约形式、项目时间、对承约商项目申请书的要求等。

好的需求建议书能让承约商把握客户所期待的产品或服务是什么，或者他所希望得到的是什么，只有这样，承约商才能准确地进行项目识别、项目构思等，从而向客户提交一份有竞争力的项目申请书。仍以前面装修的例子来说，显然，客户向承约商发送一份简单的装修申请是不够的，装修房子只是客户的一种愿望，它并不能使承约商清楚地知道客户具体的需求，或者所希望的项目目标是什么。装修风格和式样千差万别，费用也相去甚远，这使得承约商即装修公司无所适从。装修公司显然不知道该如何设计装修的风格和式样，从而也无法向该客户提交项目申请书。为此，客户的需求建议书应当是全面的、明确的，能够提供足够的信息，以使承约商能把握客户主体的思想，做出一份最优秀的项目申请书。

当然，并非在所有的情况下都需要做一份正式的需求建议书，当某一单位产生的需求由内部开发项目予以满足时，这一过程似乎变得简单多了，此时更多需要的是口头上的交流和信息传递，而不是把宝贵的时间花在仅仅进行信息传递的需求建议书上。

客户为了全面、准确地向承约商表达自己的意图，就需要认真、充分地准备一份好的需求建议书。那么，一份好的需求建议书应包括哪些内容呢？

一般来说，客户主要应明确表达以下内容：
（1）项目工作陈述。
（2）项目的目标。
（3）项目目标的规定。
（4）客户供应。
（5）客户的付款方式。
（6）项目的进度计划。
（7）对交付物的评价标准。
（8）有关承约商投标的事项。
（9）投标方案的评审标准。

5.1.2 项目识别

1．项目识别的定义

所谓项目识别，就是面对客户已识别的需求，承约商从备选的项目方案中选出一种可能的项目方案来满足这种需求。项目识别与需求识别的不同之处是，需求识别是客户的一种行为，而项目识别是承约商的行为。

项目识别是项目管理人员应当掌握的重要内容。项目管理人员不应仅仅接受他人的委托，而且应将其想法变成现实。

经过长期发展，发达国家市场上的竞争非常激烈。我们能够想到的项目提供的产品或服务市场在发达国家大多数已经饱和。要想挤入发达国家市场或开辟新市场，就必须有新的产品，为客户提供新的服务。要实现这一点，就有新的项目。所以，识别新项目就非常重要。

2．项目识别的主体

项目识别是发现对项目的需求，明确项目的目的、目标及实施该项目所有必要和充分条件的过程。因此，项目识别是以项目的承约商为主体的。

如此说来，哪些人可以识别项目呢？只要我们在家庭生活、工作、学习、社会活动和交往中，甚至在闲暇之中遇到问题或看到机会，从内心产生解决问题、摆脱困境或利用机会的欲望，萌发动机并决定采取具体行动时，项目就提出来了。例如，种菜的农民见冬季时鲜蔬菜有利可图，决定建塑料大棚于天冷时种黄瓜，就是一个项目。因此，工、农、商、学、兵等社会各界，政府官员、企业领导与员工、街道民众和乡村百姓，人人皆可提出项目。

识别项目来源、提出项目设想的，可以是个人，也可以是社会组织，包括外国人、外国组织或国际组织，如世界银行、亚洲开发银行、国际货币基金组织、联合国等。

3．项目识别的任务

项目识别阶段不仅要提出项目目标，也要识别有关的制约和限制条件。明确制约项目目标实现的因素非常重要。许多项目失败的原因就是因为项目发起人和管理者有意或无意地忽略了制约因素。

制约因素多种多样，如地理、气候、自然资源、人文环境、政治体制、法律规定、技术能力、人力资源、时间期限等，所有这些都有可能制约和限制项目的实现。脱离了制约和限制条件而谈论项目的前景是没有意义的。

5.1.3 项目构思

1．项目构思的定义

项目最终是为了满足社会需要。但是许多组织或者个人寻找项目的直接目的却是实现他们自己的利益。项目是他们实现自身利益的手段。

为了实现自己的利益而提出项目并付诸实施的，很多是投资者或投资集团。这些投资者挖空心思琢磨点子，或者为自己的资金寻找出路，或者为了利用他人的资金获取收益。他们琢磨出来的点子变成项目后，同以往的项目很不一样。

项目构思是提出实施项目的各种各样的实施设想，寻求满足客户需求的项目最佳方案。

2．项目构思的内容

进行项目构思要考虑的内容及其范围有哪些呢？一般来说，进行项目构思时，要考虑如下的内容：

（1）项目的投资背景及意义。

（2）项目投资的方向和目标。

（3）项目投资的功能及价值。

（4）项目的市场前景及开发的潜力。

（5）项目建设环境和辅助配套条件。

（6）项目的成本及资源约束。

（7）项目所涉及的技术及工艺。

（8）项目资金的筹措及调配计划。

（9）项目运营后预期的经济效益。

（10）项目运营后社会、经济、环境的整体效益。

（11）项目投资的风险及化解方法。

（12）项目的实施及其管理。

3．项目构思的过程

一个成功的令客户满意的项目构思不是一蹴而就的，它需要一个逐渐发展的递进过程。项目的构思一般分为三个阶段：准备阶段、酝酿阶段和调整完善阶段。

1）准备阶段。项目构思的准备阶段即进行项目构思的各种准备工作的阶段。一般来说，它包括如下一些具体的工作和内容：

（1）明确拟定构思项目的性质和范围。

（2）调查研究、收集资料和信息。

（3）进行资料、信息的初步整理，去粗取精。

（4）研究资料和信息，通过分类、组合、演绎、归纳、分析等多种方法，从所获取的资料和信息中挖掘有用的信息或资源。

2）酝酿阶段。酝酿阶段一般包括潜伏、创意出现、构思诞生三个小过程。潜伏过程实质上就是把所拥有的资料和信息与所需要构思的项目联系起来，经过全面系统的反复思考，进行比较分析。创意的出现就是在大量思维过程中，所出现的与项目有关的独特新意，但又不完全成熟或全面的某些想法或构思。项目构思的酝酿阶段是整个项目规划的基础，也是项目构思进一步深入的切入点。

3）调整完善阶段。项目构思的调整完善阶段，就是从项目初步构思的诞生到项目构思完善的这一过程。它又包含发展、评估、定型三个具体的小阶段。所谓项目构思的发展，就是将诞生的构思进行进一步的分析和设计，在外延和内涵上做进一步补充，使整个构思趋于完善；评估，就是对已形成的项目构思进行分析评价，或者对形成的多个构思方案进行评价筛选。

项目构思的如上三个阶段，体现出了一个渐进发展的过程，只有每个阶段、每一个步骤的工作做得扎实了，才能达到理想的目标。

4．项目构思的方法

项目构思是一种创造性的活动，无固定的模式或现成的方法可循，需要具体情况具体分析，但仍有一些常用的分析构思方法可以借鉴、参考，项目管理者根据实践的经验，归纳出了一些有用的方法。

1）项目混合法。根据项目混合的形态，项目混合法又分为两种形式：一是项目组合法；二是项目复合法。

所谓组合法，简单地说，就是把两个或两个以上项目相加，形成新项目，这是项目构思时常采用的最简单方法。投资者（或客户）为了适应市场需要、提高项目的整体效益和市场竞争力，依据项目特征和自身条件，往往将企业自有或社会现有的几个相关项目联合组成一个项目。

复合法就是将两个以上的项目，根据市场需要，复合成一个新的项目。它与项目组合不同的是，经过组合后的项目，基本上仍保留原项目的性质，而项目经过复合后，则可能变成性质完全不同的新项目。

2）比较分析法。这种项目构思方法是指项目策划者通过对自己掌握或熟悉的某个或多个特定的项目，既可以是典型的成功项目也可以是不成功的项目，进行纵向分析或横向联想比较，从而挖掘和发现项目投资的新机会。这种方法是将现有项目从内涵和外延上进行研究和反复思考，因而比组合法、复合法要复杂些，而且要求项目策划者具有一定的思维深度，掌握大量有价值的信息。

3）集体创造法。一个成功的项目构思，它所涉及的问题和因素很多，需要宽广的知识面、大量的商业信息及多方向、多层次的思维。因此，单靠投资者本人或某些项目构思者，往往很难顺利地完成项目构思。发挥集体的力量，依靠群众力量和群众智慧进行项目构思是十分重要的。集体创造法通常有如下几种。

（1）头脑风暴法，又称脑力刺激法或智力激励法。创造过程的中心是"发现设想，提出新构思"。开展这种集体创造时，需要召集较多的人，一般6~12人为佳，共同讨论。这种方法既可以用来对整个项目方案进行构思，也可以用来解决项目中的某个具体问题或改进某个局部方案。

（2）多学科法。根据所构思项目的性质和特征，选择有关行业的专家参加。对于那些技术性强、投资内容较多的大中型综合项目，在项目构思阶段，一定要组织多学科专家共同研究讨论，这样才能做到取长补短，尽善尽美。

（3）集体问卷法。给每位参加集体构思创造的人一份与项目构思相关的主要问题的问卷，要求他们每个人在一定的时间内将问题的解决方法，以及对项目投资的某些设想、看法记录在问卷上。然后将问卷收回，将内容汇集整理，并加以总结，再提交集体讨论会，做进一步讨论、研究、比较和筛选，最后形成一致的方案。

（4）逆向头脑风暴法。这种方法通常认为，已构思出的项目初步方案不是十全十美的，尚存在这样或那样的缺点，应该加以改进和完善。此方法是集中研究讨论项目构思中的不足问题并加以解决，而不是进行新的项目构思。

4）创新法。项目的构思除以上几种传统的方法之外，策划者在实践中又总结了如下几种新方法。

（1）信息整合术。将通过各种途径获取的信息整理后，把不同性质的信息进行相互"交合""杂交"，可以生成创新构思。

（2）聚集式创新。这种方法是使头脑中的许多创新思维向某个中心点，向某一思维节点发起创新攻势。它的基本功能是抽象、概括和判断。

（3）发散式创新。就是从某一研究和思考的对象出发，充分发挥想象思维，从一点联想到多点，在对比联想、接近联想和相似联想的广阔领域中分别涉猎，从而形成项目构思的扇形格式，产生由此及彼的多项创新思维。

（4）逆向式创新。人们一般采用的是顺向思维方式，而这种新思维法是反其道而行之，故有其独特性，且能获得独特的效果。

5.2 项目论证

5.2.1 概述

1. 基本概念

项目论证是指对拟实施项目在技术上的先进性、适用性，经济上的合理性、营利性，实施上的可能性、风险性进行全面科学的综合分析，为项目决策提供客观依据的一种技术经济研究活动。其目的是避免或减少项目决策的失误，提高投资的效益和综合效果。

项目论证研究的对象一般包括工程项目、技术改造与设备更新项目、产品开发项目及技术发展项目等，它是各类项目论证实施前的首要环节。一般情况下，任何项目都要通过项目论证说明这个项目建设的条件是可靠的，采用的技术是先进的，经济上是有较大利润可图的。项目论证报告也是筹措项目资金、进行银行贷款、开展设计、签订合同、进行施工准备的重要依据,只有经过项目论证认为可行的项目,才允许继续进行设计、实施和运行。

项目论证应该围绕市场需求、工艺技术、财务经济三个方面进行调查分析。市场是前提,技术是手段,财务经济是核心,其他一切问题,包括复杂的技术工作、市场需求预测等都是围绕这个核心工作的。

一般来说,通过项目论证应该回答以下几个方面的问题:

(1)项目产品或劳务市场的需求如何?为什么要实施这个项目?
(2)项目实施需要多少人力、物力资源?供应条件如何?
(3)项目需要多少资金?筹资渠道如何?
(4)项目采用的工艺技术是否先进适用?项目的生命力如何?
(5)项目规模多大?地址选择的指向性如何?

2. 项目论证的作用

任何项目都可能有多种实施方案,不同的方案将产生不同的效果。同时,未来的环境也具有不确定性,同一方案在不同的状态下也可能产生不同的效果。为了从多种可供实施的方案中选优,就需要对各种可供实施的方案进行分析、论证,预测其可能产生的各种后果。项目论证通过对实施方案的工艺技术、产品及原料未来的市场需求与供应情况及项目的投资与收益情况的分析,从而得出各种方案的优劣及在实施技术上是否可行、经济上是否合算等信息,供决策参考。

项目论证的作用主要体现在以下几个方面:

(1)项目论证是确定项目是否实施的依据。
(2)项目论证是筹措资金、向银行贷款的依据。
(3)项目论证是编制计划、设计、采购、施工及机构设置、资源配置的依据。
(4)项目论证是防范风险、提高项目效率的重要保证。

3. 项目论证的阶段划分

项目论证一般分为机会研究、初步可行性研究和详细可行性研究三个阶段。对各个阶段的工作内容、费用、准确性要求,如表5-1所示。

表5-1 项目论证的阶段划分

阶 段	工作内容	费 用	误差控制
机会研究	寻求投资机会,鉴别投资方向	占总投资的0.2%~1%	±30%
初步可行性研究	初步判断项目是否有生命力,能否盈利	占总投资的0.25%~1.5%	±20%
详细可行性研究	详细技术经济论证,在多方案比较的基础上选择出最优方案	中小项目占总投资的1%~3% 大项目占总投资的0.2%~1%	±10%

以上费用百分比只是表明三个阶段之间的相对关系,而不是绝对标准。由于项目之间的复杂性、涉及的工作范围和难易程度、论证人员的业务水平及相互竞争程度有很大不同,

所以费用百分比也会有较大差异。

4. 项目论证的一般程序

项目论证是一个连续的过程，它包括提出问题、制定目标、拟订方案、分析评价，最后从多种可行的方案中选出一种比较理想的最佳方案，供投资者决策。具体来讲，一般有以下七个主要步骤。

（1）明确项目范围和业主目标。主要是要明确问题，包括弄清项目论证的范围及业主的目标。

（2）收集并分析相关资料。包括实地调查及技术研究和经济研究，每项研究所要包括的主要方面。需要量、价格、工业结构和竞争将决定市场机会，同时原材料、能源、工艺要求、运输、人力和外围工程又影响适当的工艺技术的选择。

（3）拟订多种可行的能够相互替代的实施方案。为了达到目标，通常会有多种可行的方法，因而就形成了多种可行的能够相互代替的技术方案。项目论证的核心点是从多种可供实施的方案中选优，因此拟订相应的实施方案就是项目论证的一步关键工作。在列出技术方案时，既不能把实际上可能实施的方案漏掉，也不能把实际上不可能实现的方案当作可行方案列进去。否则，要么导致最后选出的方案可能不是实际最优的方案，要么由于所提方案缺乏可靠的实际基础造成不必要的浪费。所以，在建立各种可行的技术方案时，应当根据调查研究的结果和掌握的全部资料进行全面和仔细的考虑。

（4）多方案分析、比较。这个阶段包括分析各个可行方案在技术上、经济上的优缺点；方案的各种技术经济指标（如投资费用、经营费用、收益、投资回收期、投资收益率等）的计算分析；方案的综合评价与选优，如敏感分析及对各种方案的求解结果进行比较、分析和评价，最后根据评价结果选择一个最优方案。

（5）选择最优方案进一步详细全面地论证。包括进一步的市场分析、方案实施的工艺流程、项目地址的选择及服务设施、劳动力及培训、组织与经营管理、现金流量及财务经济分析、额外的效果等。

（6）编制项目论证报告、环境影响报告书和采购方式审批报告。项目论证报告的结构和内容常常有特定的要求，这些要求和涉及的步骤，在项目的编制和实施中可能有助于业主。

（7）编制资金筹措计划和项目实施进度计划。项目的资金筹措在比较方案时，已做过详细考察，其中一些潜在的项目资金会在贷款者进行可行性研究时冒出来。实施中的期限和条件的改变也会导致资金的改变，这些都应根据项目论证报告的财务分析做出相应的调整。同时应做出一个最终的决策，以说明项目可根据协议的实施进度及预算进行。

以上步骤只是进行项目论证的一般程序，而不是唯一的程序。在实际工作中，根据所研究问题的性质、条件、方法的不同，也可采用其他适宜的程序。

5.2.2　项目论证的主要方法

适用于项目论证与评价的方法很多，本节我们主要介绍有关常用方法的基本概念和基本原理。

1. 现金流量

资金数额在特定利率条件下,对时间指数的变化关系称为资金时间价值。例如,资金和其他生产要素相结合,投入项目的建设和运行,经过一段时间发生增值,价值大于原始投入的价值。

对于资金时间价值可以从另一方面对它加以定义,即从量的角度来说明资金时间价值究竟是什么。我们说:同等数量的资金由于处于不同的时间而产生的价值差异,称为资金的时间价值。

资金时间价值的大小,受到三个因素的约束:资金投入量、资金投入方式和利息计算方式。

资金时间价值涉及的基本参量有现值、终值和年值三个,由于这三个基本参量已知任何两个都可进行第三个参量的计算,因此涉及六个计算公式。

在项目论证时,对比不同的备选方案,会发现其现金流量存在两种性质的差异:一是现金流量大小的差异,即投入及产出数量上的差异;二是现金流量时间分布上的差异,即投入及产出发生在不同的时点。如果只是简单地对比两个方案的现金流量,或者将前期费用和后期收益直接做静态对比,是不可能得出正确结论的。为了保证项目生命周期内不同时点发生的费用和收益具有可比性,必须运用资金时间价值的理论,将不同时点的现金流折算成相同时点的有可比价值的现值(或终值),才能科学地判断方案优劣。

现金流量图是把项目生命周期内现金流量用时间坐标轴表示出来的示意图,如图 5-1 所示的三种基本类型。

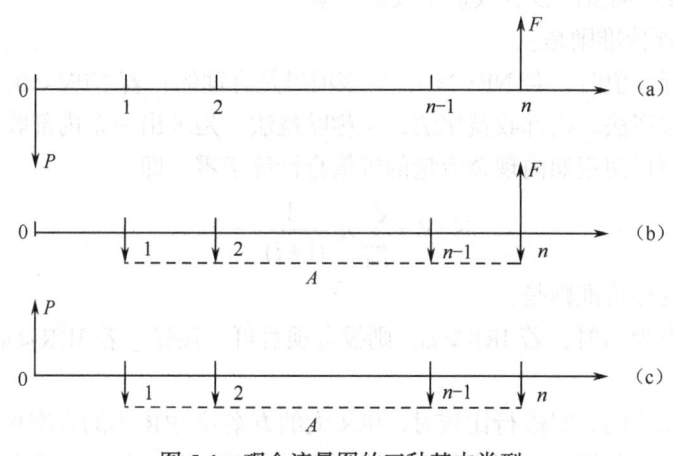

图 5-1 现金流量图的三种基本类型

2. 静态评价法

静态评价法是指不考虑资金的时间价值的分析方法。其主要指标有投资收益率与投资回收期。

(1)投资收益率(E),又称投资利润率,是项目投资后所获的年净现金收入(R,或利润)与投资额(K)的比值,即

$$E = \frac{R}{K}$$

（2）投资回收期（T），是指用项目投产后每年的净收入（或利润）补偿原始投资所需的年限，它是投资收益率的倒数，即

$$T = \frac{1}{E} = \frac{K}{R}$$

若项目的年净现金收入不等，则回收期为使用累计净现金收入补偿投资所需的年限，投资收益率是相应投资回收期的倒数。

（3）投资项目的评价原则。投资收益率越大，或者投资回收期越短，经济效益就越好。

不同部门的投资收益率（E）和投资回收期（T）都有一个规定的标准收益率（$E_{标}$）和标准回收期（$T_{标}$），只有评价项目的 $E \geq E_{标}$、$T \leq T_{标}$ 时，项目才是可行的；否则项目就是不可行的。

3. 动态评价法

（1）净现值法。现值（PV）即将来某一笔资金的现在价值。

净现值法是将整个项目投资过程的现金流按要求的投资收益率（折现率），折算到时间等于零时，得到现金流的折现累计值［净现值（NPV）］，然后加以分析和评估。

$$\text{NPV} = \sum_{t=0}^{n} A_t \frac{1}{(1+i_0)^t} = \sum_{t=0}^{n} (B_t - C_t) \frac{1}{(1+i_0)^t}$$

式中，A_t 表示第 t 年的净现金流量；B_t 表示第 t 年收入额；C_t 表示第 t 年支出额；n 表示项目生命周期；i_0 表示期望的投资收益率或折现率。

NPV 指标的评价准则是：

当折现率取标准值时，若 NPV ≥ 0，则该项目是合理的；若 NPV < 0，则是不经济的。

（2）内部收益率法。内部收益率法，又称贴现法，是求出一个内部收益率（IRR），这个内部收益率使项目使用期内现金流量的现值合计等于零，即

$$\text{NPV} = \sum_{t=0}^{n} A_t \frac{1}{(1+i)^t} = 0$$

内部收益率的评价准则是：

当标准折现率为 i_0 时，若 IRR $\geq i_0$，则投资项目可以接受；若 IRR $< i_0$，项目就是不经济的。

对两个投资相等的方案进行比较时，IRR 大的方案较 IRR 小的方案可取。

（3）动态投资回收期法。考虑到资金的时间价值后，投入资金回收的时间即动态投资回收期（T_d），即

$$T_d = \frac{-\log\left(1 - \frac{P \times i}{A}\right)}{\log(1+i)}$$

式中，A 表示投产后年收益；P 表示原始投资额。

相应地，项目动态投资收益率为：

$$E_d = \frac{1}{T_d}$$

动态投资回收期和动态投资收益率的评价准则是:

当 $T_d \leqslant T_{标}$ 或 $E_d \geqslant E_{标}$ 时,项目投资是可行的;当 $T_d > T_{标}$ 或 $E_d < E_{标}$ 时,项目投资是不可行的。

4. 不确定性分析

1) 不确定性分析的概念。不确定性分析是以计算和分析可能性的各种不确定因素的变化,对项目经济效益的影响程度为目标的一种经济分析方法。通过不确定性分析,可以推测项目可能承担的风险,进一步确认项目的可能性及可靠性。

常用的不确定性分析方法有盈亏平衡分析、敏感性分析与概率分析。

2) 盈亏平衡分析。盈亏平衡分析又称量本利分析法,它是通过盈亏平衡点分析工程项目成本与收益的平衡关系的一种方法。

盈亏平衡分析的主要步骤如下所述。

(1) 建立基本的盈亏平衡方程:

$$PQ = F + VQ$$

式中,P 表示产品价格;Q 表示设计产量;F 表示固定成本;V 表示单位产品变动成本。

(2) 计算各种盈亏平衡点。盈亏平衡点,又称盈亏分界点或保本点,是指当项目的年收入与年支出平衡时所必需的生产水平。在盈亏平衡图上就表现为总销售收入(S)曲线与总销售成本(C)曲线的交点,如图 5-2 所示。当 $0 < Q < Q_{BEP}$ 时,企业处于亏损状态;当 $Q > Q_{BEP}$ 时,企业处于盈利状态。

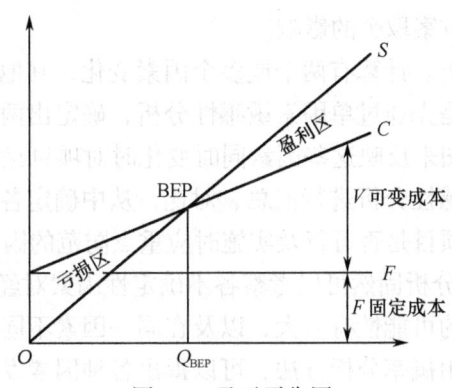

图 5-2 盈亏平衡图

常用的盈亏平衡点有以下几种。

以产品产量表示的盈亏平衡点:

$$Q = \frac{F}{P - V}$$

以价格表示的盈亏平衡点:

$$\text{保本价格 } BEP_P = \frac{F}{Q} + V$$

以设计生产能力利用率表示的盈亏平衡点：

$$\mathrm{BEP}_Q = \frac{F}{Q(P-V)} \times 100\%$$

（3）盈亏平衡点及经营风险分析。以产量表示和以生产能力利用率表示的盈亏平衡点越低，项目未来的经营风险越小；以价格表示的盈亏平衡点越低，则表示项目未来经营风险越大。通过盈亏平衡方程的推导分析还可以得出固定成本比率越高，项目生产经验的风险越大的结论。

3）敏感性分析。敏感性分析是论证方案中一个或多个因素发生变化时，对整个项目经济评价指标所带来的变化程度的预测分析。敏感性分析要考虑资金的时间价值，采用现值分析法，所以是一种动态分析法。它又可以分为单因素敏感性分析和多因素敏感性分析。

主要步骤和内容为：

（1）计算基本情况下，备选方案的净现值和内部收益率。净现值是该项目效益现值的总额减去投资和生产成本现值总额的余额。净现值用绝对数表示，以大于、等于、小于零来判断该项目的可取程度。如果净现值大于零，说明此项目有利可获，数字越大，获利越多；净现值小于零，说明该项目投资成本大于效益，项目不可取。

内部收益率（内部报酬率）是项目效益现值总额等于投资成本现值总额时的贴现率。

（2）选定需要分析的不确定性因素。常选的因素有投资总额、建设年限、项目生命周期、生产成本、销售价格、投产期和达产期等。选定的原则是：选取因其变化将较大幅度影响经济评价指标的因素；选取项目论证时数据准确性把握不大或今后变动幅度大的因素。

（3）单因素敏感性分析。分别假设只有某一个因素变化而其他因素不变，将新预测的数据取代基本情况表的相关内容，重新计算变动后的净现值和内部收益率，从而考虑评价指标的变化大小对项目或方案取舍的影响。

（4）多因素敏感性分析。计算有两个或多个因素变化，其他因素不变的情况下，对项目经济效益的影响。一般是先通过单因素敏感性分析，确定出两个或多个主要因素，然后用双因素或多因素敏感性图来反映这些因素同时变化时对项目经济效益的影响。

（5）对整个项目的敏感性分析进行汇总、对比，从中确定各因素的敏感程度和影响大小的先后次序，以便判断项目是否可行及实施时应重点防范的因素。

4）概率分析。敏感性分析固然可以考察各不确定性因素对经济指标的影响程度，却不能表明该不确定因素发生的可能性有多大，以及在同一因素不同变化幅度综合考虑时，会对项目产生多少影响。利用概率分析方法，可以得出各种因素发生某种变动的概率，并以概率为中介进行不确定性分析。

概率分析的一般步骤为：

（1）在许多不确定因素中，经过分析判断先选出一个最不确定的因素，或者影响程度最大的因素，将其他几个因素假定为确定因素。

（2）估计这种不确定因素可能出现的自然状态的概率。概率估计的准确度直接影响概率分析的可靠度，并影响项目决策的正确与否。因此，分析人员必须通过认真细致的调查、收集整理数据，做出慎重的估计。

（3）计算经济效益期望值。经济效益期望值是指在参数值不确定的条件下，项目经济效益可能达到的平均水平。

（4）计算方差与标准差。方差是反映随机变量与实际值的分散程度的数值。标准差是概率分析中必用的指标，它能反映随机变量变异程度或分散程度，从而有助于判断项目的风险程度。

（5）计算变异系数。标准差是绝对值，用它来衡量项目风险大小有时仍会有局限性。例如，两个备选方案投资规模、预期净现金流量相差都很大，用标准差就不能准确反映风险大小。此时可以通过变异系数反映单位期望值可能产生的离差（变异）。

（6）再选择一个影响程度大一些的不确定因素，假定其他因素为确定数，重复上述（2）、（3）、（4）的工作。

（7）进行综合分析，判断备选方案中的优劣顺序，供决策者作为选择方案时的依据。

5.2.3 项目论证的主要内容

1. 市场需求预测

产品的需求预测是项目论证的基础工作，这项工作的好坏将直接影响项目论证的水平。需求和市场分析的关键因素是就拟议中的项目使用期间对某一具体产品的需求量做出估计，因为一个项目是否可行，除其他因素外，还取决于预计的销售额或收入。在任何一个特定时间，需求大小都是若干可变因素的函数，这些可变因素包括市场构成，来自相同产品和代用品的其他供应来源的竞争，需求的收入弹性与价格弹性，市场对社会经济形式产生的反应，经销渠道和消费增长水平等。因此，需求估计比一般想象中复杂，因为不仅需要估计对某一具体产品的需求，而且还要辨明其组成（产品组合）和各个部分或各消费者类别，以及其增长与敏感性所受到的社会与制度方面的限制。

2. 原材料和投入的选择供应

这也是进行项目论证首先应考虑的问题。项目论证应包括同原材料和投入需要量有关的下列问题：

（1）原材料和投入的分类。
（2）原材料投入的选择与说明。
（3）原材料和投入的特点。
（4）供应计划。

3. 产品结构及工艺方案的确定

产品结构及其生产过程采用什么工艺方案，是项目论证中的技术选择问题，它对企业的经济效益有着直接的影响。要根据具体的技术经济条件选择"适宜技术"，并做相应的评价。采用新结构、新工艺应有实验的根据，而不应采用不成熟的技术，因为工程项目的技术方案在技术上首先应是"可行"的。工艺方案的选择，包括所采用的技术和工艺过程。当然，它与生产规模有着密切的关系。

项目论证中技术评价应反映下述几个方面：

（1）技术的先进性。
（2）技术的实用性。
（3）技术的可靠性。
（4）技术的连锁效果。
（5）技术后果的危害性。

4．生产规模（或生产能力）的确定

根据市场调查的结果，可以预测出计划生产的产品在未来 5 年、10 年或 15 年内可能的需求量。根据目前的生产情况及条件，可以估算出该产品在未来若干年内可能达到的产量。两者相比就可初步做出未来的供需预测。这种预测既是判断扩建或新建某类企业是否可行的依据，又是确定一个工业项目生产规模的依据。但是确定企业生产规模还必须考虑规模的经济性。

5．技术与设备选择

（1）技术选择。项目论证应该说明具体项目所需的技术，评价可供选择的各种技术，并按项目各组成部分的最佳结合选择最适合的技术。应估计获得这类技术所涉及的各种问题，还应说明与选择的技术相联系的具体设计和技术服务，同时选择和获得技术还必须与选择机器设备相呼应。

（2）设备选择。设备选择和技术选择是相互依存的，在项目论证报告中应根据工厂生产能力和所选择的生产技术来确定机械和设备方面的需要。

项目论证阶段的设备选择，应概略说明通过使用某种生产技术达到某种生产规模所必需的机械设备最佳组合。确定设备要求应与论证报告的其他组成部分联系起来，这些组成部分大多数应在确定工厂生产规模和工艺过程时涉及，而另一些可能是有关的。

6．坐落地点和厂址选择

坐落地点和厂址这两个词常常被当作同义词使用，但应当对其加以区别。坐落地点的选择应当在一个相当广阔的地理区域内，从中可以考虑几个可供选择的厂址。一个合适的坐落地点可以包括一个相当大的地区，但是厂址的选择应当是确定建立项目的具体场地所在，因而应该更为详细。

1）坐落地点的选择。确定建立工业的地点应该考虑三个主要方面：政府政策、与具体项目有关的各种因素（如投入和市场）之间的关系和相互作用及一般的地点考虑。由于运输费用关系重大，对工业坐落地点的考虑一向仅限于接近原料和市场，但近年来其他因素的重要性已有增加。

2）厂址选择。一旦决定了地理区域，项目可行性研究报告就应当说明项目的具体厂址或至少两三个可供选择的厂址的费用。这就需要评价每个厂址的特点，包括如下方面：

（1）土地费用。
（2）当地条件。
（3）场地整理和开拓。

（4）厂址的最后选定。

通常需要按照项目主持者制定的准则对厂址和地点的选择实行限制，这样也就减轻了项目可行性研究的任务。如果评价报告必须在没有任何这类准则或限制因素的情况下说明各个可供选择地点和厂址的情况，就应当考虑前面的因素。

7．投资、成本估算与资金筹措

（1）总投资费用。投资费用就是固定资本与净周转资金的合计，固定资本是建设和装备一个投资项目所需的资金，除固定投资外固定资本还包括生产前的所有投资费用；周转资金（或称流动资金）则相当于全部或部分经营该项目所需的资金，在项目评价阶段计算周转资金需要量很重要，应使它保持在一个合理的、必要的水平上；净周转资金则是指流动资产减去短期负债，流动资产包括应收账款、存货（原料、辅助材料、供应品、包装材料、备件及小工具等）、在制品、成品和现金，短期负债主要包括应付账款（贷方）等。

（2）资金筹措。为一个项目调拨资金，不仅对任何投资决定而且对项目拟定和投资前分析都是明显的基本先决条件。如果一项项目论证研究没有这样的合理保证的支持，那么这项研究就没有多大用处。大多数情况是，在进行项目论证研究之前就应该对项目筹资的可能性做出初步估计。因此，说明实际或可能的资金来源，包括自有资金、各种贷款及其偿还条件，是项目论证最为基本和最为关键的内容。

（3）生产成本。在项目论证阶段，所遇到的另一个问题是生产消耗和成本预算不精确，从而可能导致完全不同的结论。成本估算的精度也应当和投资估算的精度相当。成本计算，要以生产计划的各种消耗和费用开支为依据，计算全部成本和单位产品的成本。

（4）财务报表。为了估计一个新建或扩建项目的资金需要，要编制一套财务报表。财务报表关系到管理决策，所以在对一个公司的财务状况分析中，必须注重所用的表格形式。只有当财务报表有标准的项目和格式时，才能进行有意义的对比和分析，所以财务报表的格式，不应随意改变。项目论证中的财务报表，主要目的是向投资者系统说明项目编制及随之而来的财务分析。

8．经济评价及综合分析

1）经济评价。经济评价分为企业经济评价和国民经济评价。

（1）企业经济评价。对于一项投资来说，投资的准则乃是从投入资本取得最大的财务收益，即利润。因此，投资盈利率分析基本上就在于确定利润和投资的比率，同时，在分析投资和利润两者之间的关系时应考虑时间因素，并对项目的整个生命周期进行总的评价。

企业经济评价大致可以分为三个步骤：第一步，进行分析的基础准备；第二步，编制财务报表；第三步，进行经济效果计算。

（2）国民经济评价。国民经济评价是从国民经济的利害得失出发，对项目的经济效果进行评估。就是将项目纳入整个国民经济系统之中，考虑对其他相关部门的影响，从国家和社会的全局出发去衡量项目在经济效果上是否可行。该评估要求比较真实地反映项目在生命周期投入与产出的价值、国民经济的真正得失，因此，在评估的方法及数据处理上不完全与企业经济评估相同。

2）综合分析。在对项目进行了经济评价后，还需要对项目进行综合评价分析，这是因为一方面拟建项目未来所处的环境可能随时发生一定的变化，另一方面需要分析项目的实施对整个社会及国民经济的影响。

5.3 项目融资

5.3.1 概述

1. 基本概念

项目融资作为一个金融术语，有广义的项目融资和狭义的项目融资两种观点。从广义上讲，以建设一个新项目、收购一个已有项目或者对已有项目进行债务重组为目的所进行的融资活动都称为项目融资。本书所说的项目融资专指狭义的项目融资（Project Financing），是一种与公司融资相对应的，以项目公司为融资主体，以项目未来获取的收益和项目形成的资产为基础，由参与项目的各方分担风险，具有有限追索权性质的特定融资方式。

项目融资方式的早期形成可以追溯到20世纪50年代的美国。当时，一些银行利用产品贷款方式为石油天然气项目安排融资活动。到20世纪60年代中期，以英国北海油田开发中所使用的有限追索项目贷款为标志，项目融资成为大型项目筹措资金的一种新形式。在长期的实践中，各国都在项目融资领域积累了丰富的实践经验和理论成果。20世纪80年代，我国在一些大型投资项目建设中开始引进项目融资作为筹集资金的一种方式。目前，我国在项目融资尤其是在BOT（Build，Operate and Transfer）融资方面积累了很多经验。

2. 项目融资的特征

与一般传统的公司融资方式相比，项目融资具有以下显著特征。

（1）项目导向。以项目为导向安排融资是项目融资的一个显著特征。从还款基础上分析，公司融资还款内容与发起人的收益水平相关，项目融资则仅以项目未来收益和资产作为基础，而不是项目投资者的资信。在融资主体方面，公司融资主体通常是项目承办者或发起人，而项目融资主体应是项目公司。项目融资中贷款人的注意力主要放在项目贷款期间能够产生多少现金流量用于偿还贷款上。因此，贷款的数量、融资成本、融资结构与未来的现金流量和项目资产的价值直接相关。

（2）有限追索。从贷款人对债务的追索权方面看，公司融资将对发起人公司实行全额追索，而项目融资仅对项目发起人实行有限追索。在某种意义上，贷款人对项目借款人的追索形式和程度是区别融资属于项目融资还是传统融资的重要标志。

作为有限追索的项目融资，贷款人可以在贷款的某个特定阶段（如项目的建设开发阶段和试生产期）对项目借款人实行追索。除此之外，无论项目出现任何问题，贷款人均不能追索到项目借款人除该项目资产、现金流量及所承担的义务之外的任何形式的财产。

（3）风险分担。从债务风险的承担看，公司融资风险由发起人承担，而项目融资风险由项目参与各方承担，具有风险分担的特征。为了实现项目融资的有限追索，在组织项目融资的过程中，项目投资者（借款人）应该学会如何去识别和分析项目的各种风险因素，确定自己、贷款人及其他参与者所能承受风险的最大能力及可能性，充分利用与项目有关的一切可以利用的优势，最后设计出对投资者具有最低追索的融资结构。一旦融资结构建立，任何一方都要准备承担任何未能预料到的风险。

（4）非公司负债型融资。非公司负债型融资也称资产负债表外的融资，是指项目的债务不表现在项目投资者（实际借款人）的公司资产负债表中的一种融资形式。这种债务至多以某种说明的形式反映在公司资产负债表的注释中。

项目融资通过对其投资结构和融资结构的设计，可以帮助投资者（借款人）将贷款安排为一种非公司负债型融资。从债务影响方面分析，项目融资债务不进入项目发起人公司的资产负债表，其还款状况对发起人信用影响较小；而公司融资的债务进入发起人公司的资产负债表，所以能否按时偿还直接影响发起人公司的信誉。

非公司负债型融资对于项目投资者的价值在于使得这些公司有可能以有限的财力从事更多的投资，同时将投资的风险分散和限制在更多的项目之中，有利于公司进行其他的融资活动，不会造成公司的资产负债比例失衡而超出银行设置的安全警戒线。

（5）信用结构多样化。为减少风险，可以将贷款的信用支持分配到与项目有关的各个关键方面，因此，项目融资中用于支持贷款的信用结构的安排是灵活多样的。典型的做法包括：在市场方面，可以要求对项目产品感兴趣的购买者提供一种长期购买合同作为融资的信用支持；在项目建设方面，可以要求工程承包公司提供固定价格、固定工期的合同或"交钥匙"工程合同；可以要求项目设计者提供工程技术保证等。总之，可采取多种方式来减少项目风险。

（6）融资成本较高。与传统的融资方式相比，项目融资相对筹资成本较高，组织融资所需的时间较长。这主要是由项目融资涉及面广、结构复杂、前期工作量大且具有有限追索的性质造成的。项目融资成本较高，限制了其使用范围。在实际运作中，除需要分析项目融资的优势之外，还必须考虑项目融资的规模经济效益问题。

3. 项目融资的参与者

由于项目融资的结构复杂，因此，参与融资结构并在其中发挥不同程度重要作用的利益主体也较传统的融资方式多。一般来说，项目融资的参与者主要包括项目发起人、项目的直接主办人、项目贷款银行、与项目有利益关系的第三方和项目融资顾问。

（1）项目发起人。项目发起人是项目的实际投资者或主办方，他们提出项目，取得经营项目所必要的许可协议，将各当事人联系在一起，即从组织上负有督导该项目计划落实的责任。项目发起人可以是单独一家公司，也可以是由多家公司组成的投资财团。

在有限追索的项目融资中，项目发起人除拥有项目公司的全部或部分股权外，还要以直接担保或间接担保的形式为项目公司提供一定的信用支持。项目发起人在项目融资中需要承担的责任和义务，以及需要提供的担保性质、金额和时间要求，主要取决于项目的经济强度和贷款银行的要求，是由借贷双方谈判决定的。

（2）项目的直接主办人。项目的直接主办人是指直接参与项目投资和项目管理、直接承担项目债务责任和项目风险的法律主体。项目融资中一个普遍的做法是成立一个单一目的的项目公司，作为项目的直接主办人，而不是由项目发起人来作为项目直接主办人。项目公司的主要法律形式是有限责任公司和股份有限公司。项目公司作为一个独立的法人，拥有一切公司资产和处置资产的权利，并承担一切有关的债权、债务，在法律上具有起诉权和被起诉的可能。

（3）项目贷款银行。为项目提供资金的主要是商业银行。承担贷款责任的银行可以是一两家银行，也可以是由十几家银行组成的国际银团。银行参与数目主要根据贷款的规模和项目的风险等因素决定。

（4）与项目有利益关系的第三方。可能包括承包商、保险提供人、法律与税务顾问、资源供应商、第三方运营商、借款人、政府、国际机构等。

（5）项目融资顾问。融资顾问在一定程度上关系到项目融资的成败，起着极为重要的作用。项目融资顾问通常由投资银行、财务公司或者商业银行中的项目融资部门来担任，可分为两类：一类是只担任项目投资者的顾问，为其安排投资结构和贷款，而自己不参加最终的贷款银团；另一类是在担任融资顾问的同时，参与贷款，作为贷款银团的成员或经理人。在项目融资的谈判过程中，融资顾问的任务通常是充分考虑有关利益主体的融资目标和要求，通过对融资方案的反复设计、分析、比较和谈判，最后形成一个既能在最大程度上保护项目投资者的利益，又能为贷款银行所接受的融资方案。

4．项目融资的主要方式

（1）生产支付和预先购买。生产支付和预先购买是项目融资的早期形式，通常是贷款人从项目中购买特定份额的生产量，生产量的收益即作为偿债资金。这种方式由于比较易于形成无追索或有限追索，所以往往适用于资源储备已经探明、现金流量能够准确计算的项目。预先购买类似于生产支付，知识运用起来更灵活。

（2）融资租赁。融资租赁（Financial Lease）通常由租赁公司根据项目需要向银行贷款，购买并向项目公司出租所需要的设备。项目公司运用设备进行生产，以生产获得的收益分期支付设备租金。租赁公司以租金收益偿还银行贷款利息。融资租赁不仅解决了筹集资金的困难，而且没有限期偿债的压力。在多数融资租赁中，项目运行若干年后，租赁的设备将无偿或象征性地收费后移交给项目公司。融资租赁方式的限制条件不多，可以广泛应用于有稳定生产规模和收益的项目。

（3）BOT模式。BOT模式是近年来国际国内比较流行的一种融资方式，主要用于基础设施建设项目。BOT模式起源于政府项目，但并不仅仅适用于政府项目，近年来，在城市基础设施建设、教育、医疗卫生等行业被普遍采用。民间也采用BOT模式筹资并运作项目。

（4）PPP模式。PPP（Public-Private-Partnership）是公共政府部门与民营资本或企业的合作模式。其典型结构为：政府部门通过政府采购形式与中标单位组成的特殊目的公司签订特许合同，由特殊目的公司负责筹资、建设及经营项目。PPP和BOT的区别在于，前者往往有政府的投资注入，形成政府资金与民间资金融合的投资方式。

（5）ABS模式。ABS（Asset-Backed-Securitization）是以项目所属的资产为支撑的证券化融资方式。具体是指以目标项目所拥有的资产为基础，以该项目资产的未来收益为保证，通过在国际资本市场发行高档债券等金融产品来筹集资金的一种项目证券融资方式。ABS模式的目的在于通过其特有的提高信用等级的方式，使原本信用等级较低的项目照样可以进入高档证券市场，并利用该市场信用等级高、债券安全性和流动性高、债券利率低的特点，大幅度降低发行债券和筹集资金的成本。

5.3.2 BOT项目融资模式

1. 基本概念

BOT融资模式是常见的基础设施项目融资模式。BOT是Build（建设）、Operate（经营）、Transfer（移交）三个英文单词首字母的缩写，代表着该模式的运行过程。BOT模式实质上是一种债权与股权相混合的产权组合形式，整个项目公司对项目的全生命周期实施一揽子总承包，具体是指由一个财团或投资人作为项目发起人，从项目所在国政府或所属机构获得某些基础设施的特许权协议（Concession Agreement），然后其独立或联合其他方组建项目公司，整个特许期内项目公司通过项目运营收取适当费用以偿还项目融资的债务、回收经营和维护成本，并获取合理的利润，特许期届满，整个项目由项目公司无偿或以极少的名义价格转交给东道国政府。

BOT项目融资模式在各国一般没有专门的法律约束，只是根据各国规定，适用不同的法律。特许期也视项目情况，由签约双方共同约定，我国规定最长不得超过30年。

2. BOT项目融资模式的衍生形式

（1）BOOT模式。BOOT（Build-Own-Operate-Transfer），即"建设—拥有—经营—移交"模式。在内容和形式上与BOT没有不同，仅在项目财产权属关系上强调，项目设施建成后归项目公司所有。

（2）TOT模式。TOT（Transfer-Operate-Transfer）模式，即"移交—经营—移交"模式，是指委托方（政府）与代理方（外商或私人企业）签订协议，将已建成投产经营的基础设施项目移交给代理方在一定期限内进行经营，委托方凭借该项目在未来若干年内的收益，一次性地从被委托方那里融到一笔资金，再将这笔资金用于新的基础设施项目的建设，经营期满后，代理方再把项目移交给委托方。TOT融资模式的优势是：可以盘活已建成投产项目；提高已有项目的运营效率和管理水平；为其他拟建项目筹集资金。

（3）BOO模式。BOO（Build-Own-Operate），即"建设—拥有—经营"模式。具体是指项目招商人（通常是政府）提供一长期经营协议，并通过招标，出让在经营协议中规定的资产经营权，运营商（一般为建造商及投资人）则通过招标获得建设、拥有并经营该资产的权利。

（4）BTO模式。BTO（Build-Transfer-Operate），即"建设—移交—经营"模式。在项目设施建成后由政府先行偿还所投入的全部建设费用并取得项目设施所有权，然后按照事先约定由项目公司租赁经营一定年限。

（5）BLT模式。BLT（Build-Lease-Transfer），即"建设—租赁—移交"模式。政府出让项目建设权，在项目运营期间政府成为项目的租赁人，以租赁收入分期付款给开发商，开发商成为项目的承租人,租赁期满后,所有资产再移交给政府部门。

(6) BOOST 模式。BOOST (Build-Own-Operate-Subsidy-Transfer),即"建设—拥有—经营—补助—移交"模式。开发商在项目建成后,在授权期限内,既直接拥有项目资产又经营管理项目,但由于存在相当高的风险,或者非经营管理原因的经济效益不佳,须由政府提供一定的补贴,授权期满后将项目的资产移交给政府。

(7) BT 模式。BT (Build-Transfer),即"建设—移交"模式,是政府利用非政府资金来进行基础非经营性设施建设项目的一种融资模式。具体是指一个项目的运作通过项目公司总承包,融资、建设验收合格后移交给业主,业主向投资方支付项目总投资加上合理回报的过程。目前,采用 BT 模式筹集建设资金已成为项目融资的一种新模式。

(8) 其他模式。BOT 模式的衍生变换形式还包括:

① DBFO (Design-Build-Finance-Operate),即"设计—建设—融资—经营"模式。这种模式是从项目设计开始就特许给某一私人部门进行,直到项目经营期满收回投资,取得投资收益。项目公司只有经营权,没有所有权。

② FBOOT (Finance-Build-Own-Operate-Transfer) 模式,即"融资—建设—拥有—经营—移交",类似于 BOOT 模式,只是多了一个融资环节,只有先融通到资金,政府才予以考虑是否授予特许经营权。

③ DBOM (Design-Build-Operate-Maintain),即"设计—建设—经营—维护"模式,强调项目公司对项目进行规定的维护。

④ DBOT (Design-Build-Operate-Transfer),即"设计—建设—经营—移交"模式,特许期终了时,项目要完好地移交给政府。

⑤ ROT (Renovate-Operate-Transfer),即"重整—经营—移交"模式。在这一模式中,重整是指在获得政府特许授予权的基础上,对过时陈旧的项目设施、设备进行改造更新,在此基础上由投资者经营若干年后再转让给政府。

⑥ POT (Purchase-Operate-Transfer),即"购买—经营—移交"模式。具体是指政府出售已经建成的、基本完好的基础设施并授予特许经营权,由投资者购买基础设施项目的股权和特许经营权。

3. BOT 项目融资模式的操作程序

BOT 模式的操作主要经过准备、实施和移交三个阶段。

(1) 准备阶段,这一阶段的主要目标是选定 BOT 项目,通过资格预审与招标选定项目承办人。

(2) 实施阶段,包括建设和运营两个子阶段。在项目建设阶段,项目公司通过顾问咨询机构,对项目组织设计与施工,安排进度计划与资金运营,控制项目质量与成本,监督承包商,并保证财团按计划投入资金,确保项目按计划预算投入资金,按时完工。在项目运营阶段,项目公司的主要任务是要求运营公司尽可能边建设边经营,争取早投入早收益。

(3) 移交阶段,即在特许经营期满,项目公司把项目移交给东道国政府。项目移交包括资产评估、利润分红、债务清偿、纠纷仲裁等。

4．BOT 项目融资模式的利弊

BOT 融资模式的优点主要体现在以下几个方面：

（1）实现资产负债表外融资，能减少政府的直接财政负担，减轻政府的借款负债义务，所有的项目融资负债责任都被转移给项目发起人，政府无须保证或承诺支付项目的借款，从而也不会影响东道国和发起人为其他项目融资的信用，避免政府的债务风险。

（2）有利于分散、转移和降低风险。

（3）有利于提高项目的运作效率。

（4）可以提前满足社会和公众的需求。

（5）通常都由外国的公司来承包，这会给项目所在国带来先进的技术和管理经验，既给本国的承包商带来较多的发展机会，也促进了国际经济的融合。

BOT 融资模式的缺点主要表现在：

（1）隐含机会成本。在 BOT 项目融资中，项目通常必须占用土地，而随着科技的进步，土地资源的价值会逐步提高。

（2）可能导致大量的税收流失。在国际项目融资中，项目公司多有一个或者一个以上的外方发起人，许多国家对于外资有一定的税收优惠条件。

（3）可能造成设施的掠夺性使用。当特许期满，项目资产转让给政府部门时，已经没有多大的潜力可以挖掘，在一定程度上失去了采用 BOT 融资的意义，需要在特许权协议中规定移交资产的规格和性能要求指标。

（4）风险分摊的不均衡问题。

5.4 项目启动

本节所述的项目启动是确定并核准项目和项目开始阶段，从实施项目管理的角度来谈项目启动、目标确定，从而为项目管理工作的开始做好前期准备工作。

5.4.1 概述

启动项目首先应从组织整体环境和战略计划角度考虑。成功的项目经理根据组织的宏观前景和战略计划来判断哪种类型的项目会带来最大的价值。因此，项目的启动过程涉及识别潜在项目、使用现实方法去选择项目的问题，然后通过发布项目章程正式地启动这个项目。

1．锁定利益相关者

项目是为了给其利益相关者创造价值并使其满意，因此，项目启动的出发点应该从分析、识别和定义其利益相关者入手。

实践证明，识别清楚利益相关者并让他们承担起对项目的责任并不是一件容易的事。明确利益相关者为下一步项目发起准备了条件。

2. 项目发起

项目选定之后，还要有一个发起过程，才能使项目运行起来。所谓发起，就是让同项目有切身利益的相关方承认项目必要性，让他们根据自己的义务投入人力、物力、财力、信息或精力。发起过程本身也需要投入各种资源。充当这种角色的叫作项目发起者、项目发起人或项目发起单位。项目发起人可以是投资者、项目产品或服务的用户或者提供者、项目业主、建设项目的施工单位。项目发起人可以来自政府或民间。

在发起一个项目、寻求他人支持时，要有书面材料交给可能的支持者，使其明白项目的必要性和可能性。这种书面材料可以叫作项目发起文件。项目建议书就是一种项目发起文件。

3. 项目核准

项目选定之后，大项目，特别是需要由政府投资的公益性和基础性项目，还须经过核准，即由项目实施组织最高决策者正式承认项目的必要性，把完成项目所需的全部权力交给项目管理班子的过程。也有些项目，如一些小项目，由选定项目的个人或组织自己实施，无须由他人核准，也就不存在项目委托人。

4. 项目启动的过程

项目启动就是项目管理班子开始项目或项目阶段的具体工作，包括项目或项目阶段的规划、实施和控制等过程。只有在项目的可行性研究结果表明项目可行或项目阶段必备的条件成熟或已经具备的时候才可以启动。

项目启动过程完成的标志有两个：一是任命项目经理，建立项目管理班子；二是发布项目章程。

一般来说，应当尽可能早地选定项目经理，并将其委派到项目上。项目经理无论如何要在项目计划执行之前到岗。如果项目经理和项目班子是接受他人的委托，对已经由委托人选定的项目进行管理，则项目经理在接受委托时，一定要同委托人明确四件事：资金、权限、要求和时间。如果是项目经理和项目班子自己选定和发起的项目，项目经理也应明确和落实资金、权限、要求和时间。

项目章程，也称项目许可证，是正式承认某项目存在的一种文件。它可以是一个特别的文件形式，也可以用其他文件代替，如企业需求说明书、产品说明书。项目章程中有关于项目目标的记载。可从项目章程中了解总体项目需求及关于项目产品的总体描述，并据此制定详细的产品需求。

5. 项目立项

有些项目，特别是大中型建设项目，还要列入政府的社会和经济发展计划。项目经过项目实施组织决策者和政府有关部门的批准，并列入项目实施组织或者政府计划的过程，叫作项目立项。

6. 明确项目要求

项目要求是项目发起人或项目客户对项目的期望。项目要求有多个方面,如范围、费用、时间、质量、风险、人力资源、沟通、采购等。可以把这些不同的方面叫作项目变数或项目参数。项目经理在接受委托之后,准备启动项目之前,必须弄清项目委托人对各项目变数的要求。

要明确项目的要求,一定要进行下面的工作:

(1) 哪些人或单位是项目的利益相关者?
(2) 他们对项目的期望究竟是什么?
(3) 我们打算如何满足这些期望?
(4) 我们怎么知道他们的期望已得到满足?
(5) 满足这些期望后我们能得到什么?
(6) 策略提出并评价。评价项目策略的准则应当现实、可行,反映出项目的终极目标。通过评价选取最优或满意的行动路线,即项目策略。

7. 初步项目管理计划的制订

在此阶段,项目管理者要制订初步的项目管理计划。制订项目管理计划是对定义、编制、整合和协调所有子计划(如进度计划、费用计划、质量计划等)所必需的行动进行记录的过程。项目管理计划确定项目的执行、监控和收尾方式,其内容会因项目的复杂性和所在应用领域而异。编制项目管理计划需要整合一系列相关过程,而且要持续到项目收尾。

5.4.2 项目目标

确定项目目标是指在项目的假设条件和约束条件下,利益相关者描述他们对项目的期望的过程,如图 5-3 所示。

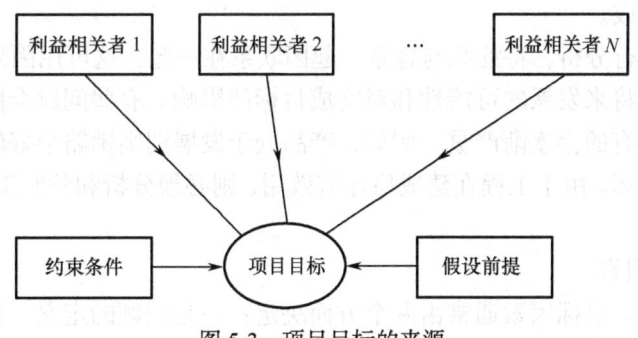

图 5-3 项目目标的来源

1. 确定项目目标的过程

项目目标一般由项目的发起人或项目的提议人来确定,记录在项目建议书中。在理想状况下,项目建议书的起草人是项目经理,因此,项目经理是确定项目目标的重要主体。项目经理对项目目标的理解和定义决定了项目的成败。项目目标的确定有一个由一般到具体的逐渐细化过程。

一般工程项目的目标确定是按系统工作方法有步骤地进行的，它通常包括情况分析、问题定义、提出目标因素、目标系统的建立、研究目标系统各因素之间的关系等工作。

1）情况分析。目标设计是以环境和上层系统状况为依据的。情况分析是在项目构思的基础上对环境和上层系统状况进行调查、分析、评价，以作为目标设计的基础和前导工作。经验证明，正确的项目目标设计和决策需要良好的计划条件，良好的环境和大量的信息。

情况分析首先要进行大量的环境调查，掌握大量的资料，包括：

（1）拟建工程所提供的服务或产品的市场现状和趋向的分析。

（2）上层系统的组织形式，企业的发展战略、状况及能力，上层系统运行存在的问题。

（3）企业所有者或业主的状况。

（4）能够为项目提供合作的各个项目，如合资者、合作者、供应商、承包商的状况，上层系统中的其他子系统及其他项目的情况。

（5）自然环境及其制约因素。

（6）社会的经济、技术、文化环境，特别是市场问题的分析。

（7）政治环境和法律环境，特别是与投资及项目相关的法律和法规。

情况分析可以采用调查表、专家咨询法、ABC分类法、决策表、价值分析法、敏感性分析法、企业比较法、趋向分析法、回归分析法、产品份额分析法和对过去同类项目的分析方法等。

2）问题定义。经过情况分析可以从中认识和引导出上层系统的问题，并对问题进行界定和说明（定义）。项目构思所提出的主要问题和需求表现为上层系统的症状，而问题定义是目标设计的诊断阶段，从中研究并得到问题的原因、背景和界限。

问题定义的基本步骤：

（1）对上层系统问题进行罗列、结构化，即上层系统有几个大问题，一个大问题又可能由几个小问题构成。

（2）对原因进行分析，将症状与背景、起因联系在一起，这可用因果关系分析法。

（3）分析问题将来发展的可能性和对完成目标的影响。有些问题会随着时间的推移逐渐减轻或消除，而有的会逐渐严重。例如，产品处于发展期则销路会好转，如果处于衰退期则销路会越来越坏。由于工程在建成后才有效用，则必须分析和预测工程运行时的状况，即当时的问题。

3）提出目标因素。

（1）目标因素。目标因素通常由两个方面决定：一是问题的定义，即按问题的结构，解决其中各个问题的程度，即目标因素；二是有些边界限制也形成项目的目标因素，由于边界条件的多方面约束，造成了目标因素的多样性和复杂性。一个工程项目的目标因素可能有如下几类：问题解决的程度、项目自身的（与建设相关）目标、其他目标因素。

（2）目标因素的确定。目标因素的提出应尽可能明确、具体，并尽可能定量化，可以分析、对比。它的基本要求是：

- 真实反映上层系统的要求，情况分析透彻，问题定义贴切。
- 反映客观，实事求是，切合实际，既不好大喜功，又不保守，一般经过努力能实现。
- 目标因素的提出，评价和结构化并不是在项目初期就可以办到的，按正常的思维过程，各种选择被分析、讨论、对比，并逐渐修改、联系、变异、优化。整个过程中一直与情况分析相联系。
- 目标因素要有一定的可变性和弹性。既考虑在进一步的研究论证（如可行性研究、设计）中按具体情况能进行调整，特别是在项目过程中边界条件的变化，又考虑一定的变动范围，如最高值、最低值区域的划定。
- 项目的目标设计必须重视时间因素及它的影响。
- 目标因素可以采用相似情况（项目）比较法、指标（参数）计算法、费用/效用分析、头脑风暴法、价值工程等方法确定。

4）目标系统的建立。在目标因素的基础上进行集合、排序、选择、分解和结构化，形成目标系统，并对目标因素进行定量化描述。

5）研究目标系统各因素之间的关系。目标因素按性质可以分为两类：一是强制性目标，即必须满足的目标因素，通常包括法律的限制、官方的规定、技术规范的要求等；二是期望的目标，即尽可能满足的，可以优化的目标因素。目标因素之间经常有矛盾，如环保要求和经济效益、自动化水平和就业人数等。通常在确定目标因素时尚不能排除目标之间的争执，在目标系统设计时，则必须解决这个问题。在这个过程中，各目标因素被分析、对比、逐步修改、联系、变异、增删、优化，并与情况分析联系在一起，形成一个反复的过程。

2. 项目总目标的描述

在项目实施的开始，项目经理最主要的任务是准确地界定项目的总目标，通过对总目标的分解便可得到项目实现的目标体系。也就是说，项目目标确定的结果应该是一个目标体系，它们分别涉及了项目的时间、费用、技术与产品三个方面，每个方面都可能有一些具体的要求及相对应的目标体系，这也体现了目标的层次性。

为此，在对项目目标描述的时候就应该确定项目的总目标，而总目标的描述应该具体、明确，并尽可能定量化。项目总目标的确定，通常包括：

（1）工作范围，即可交付成果的描述，主要针对项目实施的结果——产品。

（2）进度计划。说明实施项目的周期、开始及完成时间。

（3）成本。说明完成项目的总成本。

下面是对一个项目总目标描述的例子。

在10个月内，在200万美元的预算内，把一种新型电子家用烹调产品打入市场，并达到预先规定的性能指标。

当然，有时我们对目标的描述可能是"建成一所房屋"，这一总目标的描述是否合理？显然"一所房屋"的界定范围非常广阔，可能是几间平房，也可能是一栋豪华别墅。"建成一所房屋"的较好描述应该是：在15万美元的预算内，根据5月15日的楼面布置图纸和说明书，在10月31日前建成这所房子。成本、范围及工期都给予了准确的界定。

下面是对一个"某无人驾驶的小型气象探测飞机研制的项目"的目标描述。

某飞机制造公司承担无人驾驶的小型气象探测飞机研制生产项目。项目拟于2001年7月开始实施，市场需求为50~100架，首架交付日期为2004年12月。项目目标包括飞机研制和为保证飞机性能的特种设备/设施采购，为保障小型气象探测飞机研制与试飞任务的顺利进行，项目总投资为1.2亿元人民币。

问题是，对该项目的总体目标应该如何进行描述呢？

按照目标描述的思路可以从以下三个方面进行描述：

（1）可交付成果：无人驾驶的小型气象探测飞机样品。

（2）工期：首架交付日期2004年12月，研制时间从2001年7月到2004年12月，总工期为3.5年。

（3）费用：研制总经费为1.2亿元人民币。

3. 项目目标管理的成果

项目目标确定的结果形成项目目标文件，其内容包括：项目说明书、项目的各种限制条件和项目的假设前提条件。项目目标文件通过对项目的详细描述，设定了项目成功的标准。项目目标文件还可以作为项目结束后验收的依据。

5.5 项目范围管理

5.5.1 范围管理的概念

项目范围是指为了成功达到项目目标，项目所规定要完成的工作及过程。利益相关者必须在项目产品方面达成共识，也要在如何完成这一项目上达成一致的意见。项目范围管理是指对项目包括什么与不包括什么的定义和控制的过程。这个过程用于确保项目团队和利益相关者对作为项目结果的项目产品及生产这些产品所用到的过程有一个共同的理解。简单地说，项目范围管理就是为项目划定一个界限，划定哪些方面是属于项目应该做的，哪些是不应该包括在项目之内的，定义项目管理的工作边界，确定项目的目标和主要的项目可交付成果。

确定了项目范围也就定义了项目的工作边界，明确了项目的目标和主要的项目可交付成果。项目的可交付成果往往又被划分为较小的、更易管理的不同组成部分。因此，确定项目范围对项目管理来说可以产生如下作用：

（1）提高费用、时间和资源估算的准确性。项目的工作边界定义清楚了，项目的具体工作内容明确了，这就为项目所需的费用、时间、资源的估计打下了基础。

（2）确定进度测量和控制的基准。项目范围是项目计划的基础，项目范围确定了，就为项目进度计划和控制确定了基准。

（3）有助于清楚地分派责任。项目范围确定了，也就确定了项目的具体工作任务，为进一步分派任务打下了基础。

正确地确定项目范围对项目成功非常重要，如果项目的范围确定得不好，有可能造成最终项目费用的提高，因为项目范围确定得不好会导致意外的变更，从而打乱项目的实施节奏，造成返工，延长项目完成时间，降低劳动生产率，影响项目组成员的干劲。

5.5.2 范围定义

范围定义是把项目产出物进一步分解为较小的、更易管理的单元，以及分解定义出项目全部工作的一种项目管理活动。项目范围的定义要以其所有组成产品的范围定义为基础，这也是一个由一般到具体、层层深入的过程。即使一个项目可能是由一个单一产品组成的，但产品本身又包含一系列要素，有其各自的组成部分，每个组成部分又有其各自独立的范围。例如，一个新的电话系统可能包含四个组成部分——硬件、软件、培训及安装施工，其中，硬件和软件是具体产品，而培训和安装施工是服务，具体产品和服务形成了新的电话系统这一产品的整体。如果项目是为顾客开发一个新的电话系统，要定义这个项目的范围，首先要确定这个新的电话系统应具备哪些功能，定义产品规范，然后具体定义系统的各组成部分的功能和服务要求，明确项目怎样才能达到这些功能和特征。

产品范围的定义就是对产品要求的度量，而项目范围的定义在一定程度上是产生项目计划的基础。两种范围的定义要紧密结合，以保证项目的工作结果能够最终交付一个或一系列满足特别要求的产品。

1．范围定义的依据

范围定义的依据有以下几个方面。

1）项目章程。

2）需求建议书。

3）组织过程资产。组织过程资产是指能够影响项目范围管理方式的正式和非正式的方针、顺序和指导原则。可能影响范围定义过程的组织过程资产主要包括：

（1）用于制定项目范围说明书的政策、程序和模板。

（2）以往项目的项目档案。

（3）历史资料。其他项目的相关历史资料，特别是经验教训，也应在确定范围定义时考虑。

2．项目范围定义的方法

项目范围定义是一项非常严密的分析、推理和决策工作，因此需要采用一系列的逻辑推理的方法和分析识别的技术。这项工作中经常使用的关键技术方法主要包括：

（1）专家判断。每一个应用领域都有一个可提出详细项目范围说明书部分内容的专家。

（2）利益相关者分析。识别各种各样利益相关者的影响和利益，并将其需要、愿望与期望形成文件。

（3）方案识别。用来提出执行与实施项目工作的不同办法的一种技术，最常用的是头脑风暴法与横向思维。

（4）成果分析。通过对预期成果的分析可以加深对项目成果的理解，预测其结果，确定多余的、没有价值的结果，可以用价值工程的方法。

（5）成本效益分析。通过估算项目实施方案的内部成本与收益，以及外部成本与收益，计算项目投资的收益率、投资回收期等财务指标，估计项目方案。

3．范围定义的结果

1）项目范围说明书，详细地说明了项目的可交付成果和为提交这些可交付成果而必须开展的工作。它可以帮助项目利益相关者就项目范围达成共识，为项目实施提供了基础。其内容包括：

（1）项目合理性说明，即解释为何要进行这一项目，为以后权衡各种利弊关系提供依据。

（2）项目成果的简要描述。

（3）可交付成果清单。

（4）项目目标的实现程度。

2）项目范围管理计划，是项目管理计划的组成部分。它包括如何管理变更的请求、范围稳定性评价等。

5.5.3 范围分解

通过范围分解，可以把项目工作分成较小的、更便于管理的多项工作，每下降一个层次意味着对项目工作更详细的说明。

1．范围分解的依据

1）项目范围说明书。它可以帮助项目利益相关者就项目范围达成共识，为项目实施提供了基础。

2）需求文件。

3）组织过程资产。可能影响范围分解的组织过程资产主要包括：

（1）用于创建工作分解结构的政策、程序和模板。

（2）以往项目的项目档案。

（3）历史资料。

2．范围分解的工具和技术

1）工作分解结构样板。工作分解结构（Work Breakdown Structure，WBS）是项目管理中的一种基本方法。它主要应用于项目范围管理，是一种在项目全范围内分解和定义各层次工作包的方法。它按照项目发展的规律，依据一定的原则和规定，进行系统化的、相互关联和协调的层次分解。结构层次越往下则项目组成部分的定义越详细。WBS最后构成一个层次清晰的结构，可以作为组织项目实施的具体工作依据。WBS起源于美国军方的型号研制。

WBS通常是一种面向"成果"的"树"，其底层是细化后的"可交付成果"，该结构组织和确定了项目的整个范围。但WBS的形式并不仅限于"树"状，还有多种形式。

一个组织过去所实施项目的工作分解结构常常可以作为新项目的工作分解结构的样板。虽然每个项目都是独一无二的，但仍有许多项目彼此之间都存在着某种程度的相似之处。许多应用领域都有标准的或半标准的工作分解结构作为样板,如图 5-4 所示。

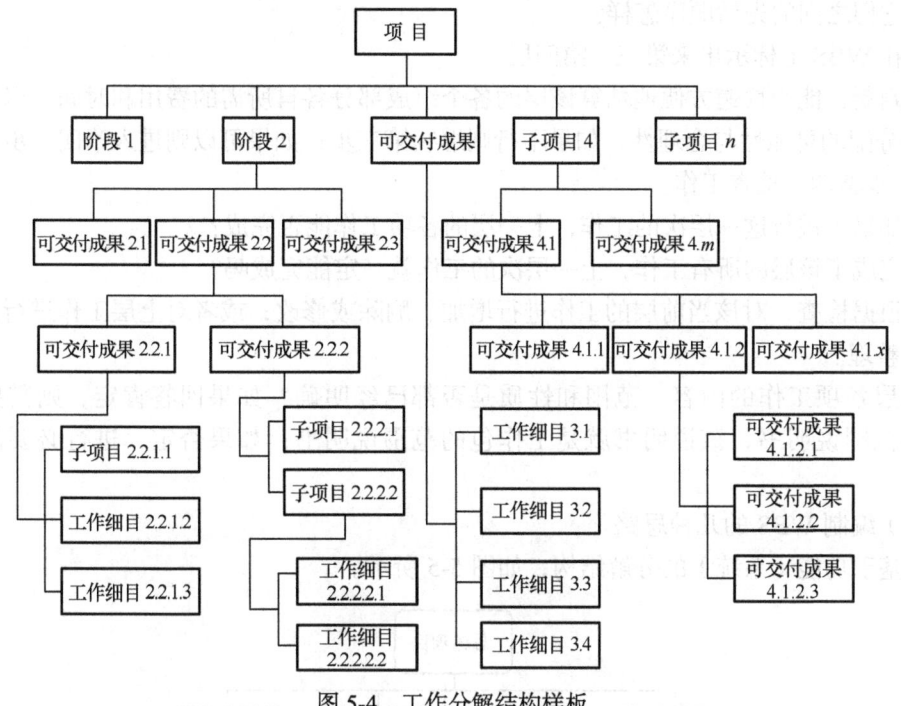

图 5-4 工作分解结构样板

2)工作分解技术。

(1)项目分解的思路。

- 识别主要的项目要素或项目提交成果。
- 项目要素的构成分解,以便项目绩效度量和责任分配。
- 检查分解结果的正确性:
  — 必要和充分性检查。
  — 完整和模糊性检查。
  — 可计划和控制性检查(分配工期、预算、资源和责任人)。

(2)项目分解的步骤。

① 步骤一:识别项目的主要组成部分。

- 问题:要实现项目目标需要完成哪些主要工作?
- 技巧:可以按照项目生存周期的阶段、项目的主要提交成果、产品、系统或专业。
- 层次:在 WBS 中处于第二层上,并在结构图形上标示出来。

② 步骤二:判断。

- 在已经分解的基础上,判断能否快速方便地估算各个组成部分各自所需的费用和时间,以及责任分配的可能性与合理性。
- 如果不可以,进入第三个步骤;如果可以,则进入第四个步骤。

③ 步骤三:识别更小的组成部分。

- 要完成当前层次上各个部分的工作,需要做哪些更细的工作?

- 这些工作是否可行？可核查？
- 它们之间的先后顺序怎样？
- 在 WBS 上标示出来第三、第四层。
- 判断：能否快速方便地估算该层的各个组成部分各自所需的费用和时间，以及责任分配的可能性与合理性。如果不行则继续第三步；如果可以则进入第四个步骤。

④ 步骤四：检查工作。
- 如果不进行这一层次的工作，上一层的各项工作能否完成？
- 完成了该层的所有工作，上一层次的工作就一定能完成吗？
- 根据检查，对该当前层的工作进行增加、删除或修改，或者对上层工作进行适当的整理。

本层各项工作的内容、范围和性质是否都已经明确？如果回答肯定，则需要写出相应的范围说明书，该说明书就是工作包的范围说明书；如果否定，进行必要的修改和补充。

（3）编制 WBS 的几种思路。
- 基于功能（系统）的分解结构，如图 5-5 所示。

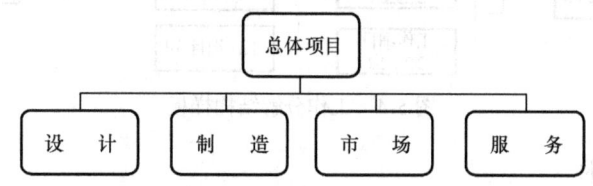

图 5-5　基于功能（系统）的分解结构

- 基于成果（系统）的分解结构，如图 5-6 所示。

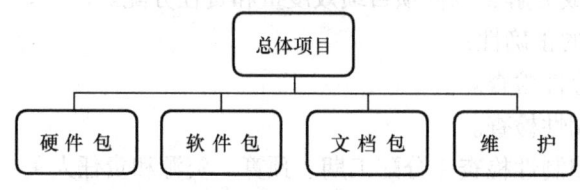

图 5-6　基于成果（系统）的分解结构

- 基于工作过程的分解结构，如图 5-7 所示。

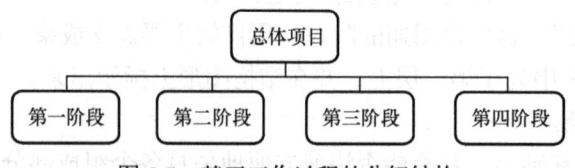

图 5-7　基于工作过程的分解结构

3. 范围分解的结果和表达形式

范围分解的结果形成工作结构分解图，工作分解结构确定了项目的整个范围，也就是说，WBS 以外的工作不在项目范围之内。在项目范围说明的基础上，WBS 有助于加深对

项目范围的理解。范围分解的主要结果是:

(1) 项目工作结构分解图。

(2) WBS 词典。包括编码、工作包描述(内容)、成本预算、时间安排、质量标准或要求、责任人或部门或外部单位(委托项目)、资源配置情况、其他属性等。

5.5.4 范围控制

项目范围控制是指对造成项目范围变更的因素施加影响,并控制这些变更造成的后果。范围控制确保所有请求的变更与推荐的纠正,并通过项目整体变更控制过程进行处理。项目范围变更及控制不是孤立的,因此在进行项目范围控制时,必须同时全面考虑对其他因素或方面的控制,特别是对时间、成本和质量的控制。

1. 范围控制的前提和依据

范围控制的主要前提是:

(1) 进行工作分解。

(2) 提供实施进展报告。提供项目实施进展报告可以提供与项目范围变化有关的信息,还能提醒项目团队哪些问题将要发生,以及它们将会怎样影响项目的范围变化。

(3) 提出变更请求。

范围控制的主要依据是:

(1) 项目范围说明书。

(2) 工作分解结构。

(3) 项目范围管理计划。

(4) 批准的变更请求。

2. 项目范围控制的方法

(1) 范围控制系统。该系统是用来定义项目范围变更处理程序的,包括计划范围文件、跟踪系统、偏差系统与控制决策机制。

(2) 偏差分析。所谓偏差分析,就是将项目实施结果测量数据与范围基准相比较,判断评价偏差的大小并判断造成偏离范围基准的原因,以及决定是否应当采取纠正措施,是项目范围控制的重要工作。

(3) 进度报告。

(4) 计划调整。很少有项目能严格按计划实施,在充分认识这一客观事实的基础上,为了有效进行项目范围的变更和控制,要不断进行项目工作再分解,并以此为基础,制订多个可选的、有效的计划更新方案。

3. 项目范围控制的结果

(1) 更新的项目范围说明书。

(2) 更新的工作分解结构。

(3) 更新的范围基准。

（4）变更请求。变更请求可包括预防措施、纠正措施或缺陷补救。变更请求需要由实施整体变更控制过程来审查和处理。

（5）更新的项目管理计划。

5.5.5 范围确认

项目范围确认是指项目利益相关者（项目提出方、项目承接方、项目使用方等）对于项目范围的正式认可和接受的工作过程。项目确认要明确所有与项目有关的工作均已包括在项目范围中，并且与项目无关的工作均未包括在项目范围中。不仅要确认项目的整体范围，还要对分解后的子工作范围进行确认。

1．范围确认的依据

（1）项目范围说明书。

（2）项目工作分解结构图。

（3）工作分解结构词典。

（4）需求文件。

（5）确认的可交付成果。确认的可交付成果是指已经完成并经实施质量控制过程检验合格的可交付成果。

2．项目范围确认的主要方法和工具

项目范围确认的主要方法和工具是项目范围核检表和项目工作分解结构的核检表，前者从整体上对项目范围进行核检，如目标是否明确，目标因素是否合理，约束和假定条件是否符合实际等；后者主要以工作结构分解图为依据，检查项目交付物描述是否清楚，工作包分解是否到位，层次分解结构是否合理等。

3．项目范围确认工作的成果

最后应有正式的项目确认文件，表明项目范围已被项目所有的利益相关者确认，同时，这是项目沟通管理中的正式文件之一。

5.6 项目时间管理

项目时间管理是指在规定的时间内，拟订出合理且经济的进度计划（包括多级管理的子计划）。在执行该计划的过程中，经常要检查实际进度是否按计划要求进行，若出现偏差，便要及时找出原因，采取必要的补救措施或调整、修改原计划，直至项目完成。

5.6.1 项目进度计划的制订

项目进度计划的制订是根据对项目工作的界定、项目工作顺序的安排、工作时间和所需资源的估算，编制项目进度计划的工作，其目的是控制项目时间，以保证项目能够在满

足其时间约束条件的前提下实现其总体目标。项目进度计划是项目进度控制的基准,是确保项目在规定的合同工期内完成的重要保证。

1. 进度计划制订的基本要求

(1) 运用现代科学管理方法编制进度计划,以提高计划的科学性和质量。

(2) 充分落实编制进度计划的条件,避免过多的假定而使计划失去指导作用。

(3) 大型、复杂、工期长的项目要实行分期、分段编制进度计划的方法,对不同阶段、不同时期,提出相应的进度计划,以保持指导项目实施的前锋作用。

(4) 进度计划应保证项目实现工期目标。

(5) 保证项目进展的均衡性和连续性。

(6) 进度计划应与成本、质量等目标相协调,既有利于工期目标的实现,又有利于成本、质量、安全等目标的实现。

项目进度计划的编制通常是在项目经理的主持下,由各职能部门、技术人员、项目管理专家及参与项目工作的其他相关人员等共同参与完成。

2. 进度计划制订的步骤

不同类型的进度计划,其编制步骤有所不同,但无论哪种类型的进度计划的编制,以下几项工作是必不可少的。

1) 项目描述。项目描述可以表格的形式表达,主要内容包括项目名称、项目目标、交付物、交付物完成准则、工作描述、工作规范、所需资源估计、重大里程碑等,如表 5-2 所示。

表 5-2 项目描述

项目名称	
项目目标	
交 付 物	
交付物完成准则	
工作描述	
工作规范	
所需资源估计	
重大里程碑	
项目经理审核意见:	

2) 活动定义。活动定义就是明确为了实现项目目标需要进行的各项活动。活动定义过程就是识别处于项目工作分解结构中底层的工作任务或工作元素。活动定义通常导致项目团队制定一个更为详细的 WBS 和辅助解释。该过程的目标是确保项目团队对他们作为项目范围一部分必须完成的所有工作有一个完整的了解。随着项目团队成员进一步定义完成工作所需的各种活动,工作分解结构常常会得到进一步的细化。活动定义还会产生一些辅助性解释,从而将重要产品信息及与特定活动相关的假设和约束形成文档。

（1）活动定义的依据。

① 工作分解结构。它是一个关于项目所需要开展工作的层次性结构的描述，是最重要和最基本的主要依据。

② 项目范围说明书。

③ 事业环境因素。是否有可利用的项目管理信息系统与进度安排工具软件。

④ 组织过程资产。如与活动规划有关的正式与非正式方针、程序和原则，历史资料等，需要在活动定义中给予考虑。

（2）活动定义的工具和技术。

① 分解。把项目工作包进一步分解为更小、更易于管理的计划活动。

② 样板。标准的或以前项目活动清单的一部分，往往可当作新项目的样板使用。样板中的有关活动属性信息还可能包含资源、技能，以及所需时间的清单、风险识别、预期的可交付成果和其他文字说明资料。样板还可以用来识别典型的进度里程碑。

③ 滚动式规划。工作分解结构与工作分解结构词典反映了随着项目范围一直具体到工作组合程度而变得越来越详细的演变过程。滚动式规划是规划逐步完善的一种表现形式，近期要完成的工作在工作分解结构最下层详细规划，而计划在远期完成的工作分解结构组成部分的工作，是工作分解结构较高层规划。

④ 专家判断。擅长制定详细项目范围说明书、工作分解结构和项目进度表并富有经验的项目团队成员或专家，可以提供活动定义方面的专业知识。

（3）活动定义阶段的输出结果。

① 项目活动清单。项目活动清单列出了一个项目所需开展和完成的全部活动。

② 活动属性。它是对项目活动清单中活动属性的扩展，指出每个计划活动具有的多属性。

③ 更新后的项目工作分解结构。它是对原有的项目工作分解结构的完善。

④ 里程碑清单。里程碑是项目中的重要时点或事件。里程碑清单列出了所有里程碑，并指明每个里程碑是强制性的（如合同要求的）还是选择性的（如根据历史信息确定的）。

⑤ 工作责任分配表。工作责任分配表明确了各部门或个人在项目中的责任。

3）活动排序。在定义了项目活动以后，项目进度管理的下一个步骤是活动排序。活动排序是指识别与记载计划活动之间的逻辑关系。一个项目有若干项工作和活动，这些工作和活动在时间上的先后顺序称为逻辑关系。逻辑关系可分为两类，其一为客观存在的、不变的逻辑关系，也称为强制性逻辑关系。例如，建一座厂房，首先应进行基础施工，然后才能进行主体施工。其二为可变的逻辑关系，也称为组织关系。这类逻辑关系随着人为约束条件的变化而变化，随着实施方案、人员调配、资源供应条件的变化而变化。在按照逻辑关系安排计划活动顺序时，可考虑适当的紧前关系，亦可加入适当的时间提前与滞后量，只有这样，在以后才能制定出符合实际和可以实现的项目进度表。

（1）项目活动排序依据。

- 项目说明书。
- 项目活动清单。
- 活动属性。

- 项目活动之间的必然依存关系。
- 项目活动之间的人为依存关系。
- 项目活动的外部依存关系。
- 项目活动的约束条件。项目活动所面临的各种资源和环境条件的限制因素。
- 项目活动的假设前提条件。对项目活动所涉及的一些不确定性条件的人为假设认定，这是为了开展计划安排工作必须做出的假设认定。

（2）工具与技术。项目网络图是一种受欢迎的能够显示活动顺序的技术，项目网络图是项目活动之间的逻辑关系或顺序的图形显示。活动排序的方法包括网络模板法、单代号网络图（AON）和双代号网络图（AOA）。

① 网络模板法。在某些情况下，一个项目实施组织可能给不同的客户做相似的项目，此时，新项目的许多活动及其顺序关系可能都包含在某个以前曾经完成的项目的活动网络图中，所以人们可以使用过去已完成项目的网络图作为编制新项目网络图的模板，根据新项目的要求增删一些项目活动去修订这种网络模板，从而获得新项目的活动网络图。网络模板法有助于尽快生成一个新项目的活动网络图，它可以用于对整个项目或项目某个阶段的活动进行排序。在有些情况下，网络模板法是非常有效的。

② 单代号网络图（先后关系图法）。这是一种用节点表示工作、用箭线表示工作关系的项目网络图，是大多数项目管理软件包所使用的方法。它包括四种类型的紧前紧后关系，即结束到开始的关系、结束到结束的关系、开始到开始的关系、开始到结束的关系。而结束到开始的关系最为常用，它是一种最为典型的逻辑关系。图 5-8 就是一个典型的单代号网络图。

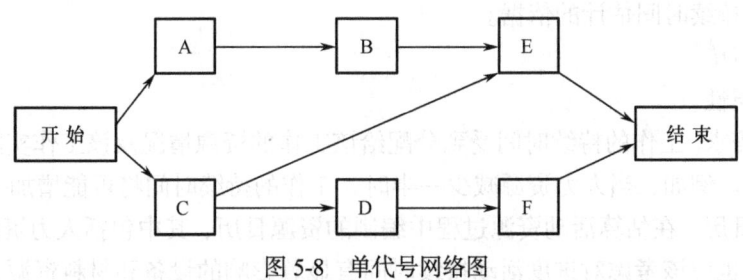

图 5-8　单代号网络图

③ 双代号网络图（箭线图法）。这是一种用箭线表示工作、用节点表示工作排序的网络图方法。双代号网络图一般仅表示结束到开始的关系。为了正确表达工作间的逻辑关系，往往需要引入虚工作。图 5-9 就是一个典型的双代号网络图。

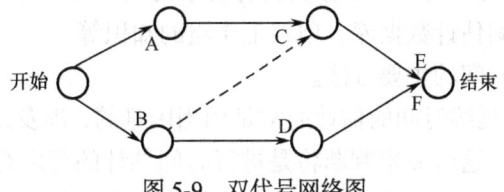

图 5-9　双代号网络图

(3）活动排序的输出结果。
- 项目进度网络图。它是有关项目各项活动和它们之间逻辑关系安排的示意图，是项目活动排序工作最主要的结果。
- 更新后的项目文件。可能需要更新的文件包括活动清单、活动属性和风险登记册等。

4）活动资源估算。活动资源的估算就是确定在实施项目活动时要使用何种资源（人员、设备或物资），每一种资源使用的数量，以及何时用于项目计划活动。活动资源估算过程与费用估算过程紧密相连。通过活动资源估算主要获得：

（1）活动资源需求。识别与说明工作细目中每一计划活动需要使用的资源类型与数量，可以在汇总这些需求之后，确定每一个工作细目的资源估算量。

（2）活动属性的更新。每个计划活动必须使用的资源类型与数量都反映到活动属性之中。

（3）资源分解结构。按照资源种类和形式而划分的资源层级结构。

（4）资源日历。记录确定使用某种具体资源日期的工作日或不使用某种具体资源日期的非工作日。

5）估计工作持续时间。工作持续时间是指在一定的条件下，直接完成该工作所需时间与必要停歇时间之和，单位可为日、周、旬、月等。工作持续时间是计算其他网络参数和确定项目工期的基础。工作持续时间的估计是编制项目进度计划的一项重要的基础工作，要求客观正确。如果工作时间估计太短，则会造成被动紧张的局面；相反，则会延长工期。在估计工作时间时，不应受到工作的重要性及项目完成期限的限制，要在考虑各种资源供应、技术、工艺、现场条件、工作量、工作效率、劳动定额等因素的情况下，将工作置于独立的正常状态下进行估计。

（1）工作持续时间估计的依据。

① 活动清单。

② 活动属性。

③ 资源需求。工作的持续时间受到分配给该工作的资源情况及该工作实际所需要的资源情况的制约。例如，当人力资源减少一半时，工作的持续时间将可能增加一倍。

④ 资源日历。在估算活动资源过程中编制的资源日历，其中包括人力资源的种类、可用性与能力。也应该考虑对进度活动持续时间有显著影响的设备和材料资源，如它们的类型、数量、可用性和能力。

⑤ 项目的约束和限制条件。项目活动在工期估算方面所应依据的各种约束条件和假设前提条件。

⑥ 历史信息。类似的历史项目工作资料有助于对项目工作时间的确定，这些历史信息包括项目文件、工作时间估计数据库、项目工作组的知识等。

（2）估计工作持续时间的主要方法。

① 专家判断。工作延续时间的估计通常是相当困难的，涉及众多的因素，一般很难找到一种通用的计算方法，这时专家判断将是进行时间估计的行之有效的方法。专家判断主要依赖历史的经验和信息，当然其时间估计的结果也具有一定的不确定性和风险。

② 类比估计。类比估计意味着以先前的类似的实际项目的工作时间来推测当前项目各工作的实际时间。当项目的一些详细信息获得有限的情况下，这是一种最为常用的方法，

类比估计可以说是专家判断的一种形式。在当前项目与类比项目比较类似时，类比估计是一种最为有效的方法。

③ 参数估算。参数估算是指利用历史数据与其他变量之间的统计关系，来估算诸如持续时间、费用、资源等活动参数。参数估算的准确性取决于参数模型的成熟度和基础数据的可靠性。

④ 三个时间估计法。估计工作执行的三个可能时间，即工作执行比较顺利情况下的乐观时间 a、具有一定困难情况下的悲观时间 b、正常执行情况下的最可能时间 m，这种估计方法对应于计划评审技术（PERT）网络计划。

⑤ 储备分析。在进行持续时间估算时，需考虑应急储备（有时称为时间储备或缓冲时间），并将其纳入项目进度计划中，用来应对进度方面的不确定性。应急储备可取活动持续时间估算值的某一百分比、某一固定的时间段或通过定量分析来确定。

（3）项目活动工期估算的工作结果。

① 估算出的项目活动周期，包括对于完成一项具体项目活动所需时间及其可能性的定量计算和对于项目总工期的估算。

② 项目工期估算的支持细节。一些说明文件，包括项目工期估算中所使用的各种约束条件、假设前提条件和参照的各种项目历史信息，以及项目活动清单与项目资源需求数量和质量等的资料和文件。

③ 更新后的项目活动清单和项目工作分解结构。在这个阶段，人们仍会发现项目活动清单和项目工作分解结构存在问题和遗漏，此时需要对项目活动清单和项目工作分解结构进行必要的修改和更新。

6）绘制网络图。网络图的绘制主要是依据项目工作关系表，通过网络图的形式将项目的工作关系表达出来。

7）进度安排。在完成了项目分解、确定各项工作和活动先后顺序、计算工程量或工作量并估计出各项工作持续时间的基础上，即可安排项目的时间进度。

（1）项目进度安排的主要依据。

① 项目网络图。

② 工作持续时间估计。

③ 项目的资源供应状况。

④ 日历。明确项目和资源的日历，项目日历将直接影响所有资源，资源日历影响一个特别的资源或者资源的种类。

⑤ 项目的限制和约束。竞争的存在、客户的要求或者其他的条件限制，导致某些工作必须在某个期限内完成，这就存在所谓的强制日期或时限；项目执行过程中的一些关键事件和里程碑事件也是项目执行过程中必须考虑的限制因素。

⑥ 假设。

（2）项目进度安排的主要方法。

① 数学分析。数学分析涉及在不考虑项目资源安排的情况下计算项目所有工作的最早与最迟开始和完成时间的计算理论。这种计算的日期安排结果不能称为进度，因为实际的项目执行周期要受到资源供应量及其他约束的限制。最广泛应用的数学分析技术包括关键

路径法和计划评审技术等。

② 进度压缩。进度压缩是指在不改变项目范围的前提下，缩短项目的工期时间，以满足一些特别的限制或者其他进度目标的要求。进度压缩技术主要包括赶工和快速跟进。赶工是通过权衡成本与进度，寻求压缩进度所需追加的最小费用，或者在最佳费用限额下如何保证压缩的工期最大，寻求工期和费用的最佳结合点。赶工只适用于那些通过增加资源就能缩短持续时间的活动，并可能导致风险和/或成本的增加。快速跟进则是把正常情况下按顺序执行的活动或阶段并行执行。

③ 模拟方法。最常用的模拟方法是蒙特卡洛分析。

④ 资源平衡和资源分配技术。项目执行过程中有各种各样的资源需求，如出现资源过度分配（同一资源在同一时间被分配至两个甚至多个活动，或者资源的分配超出了最大可用数量），如何合理地安排好各种资源，就必须运用资源平衡和资源分配技术。

⑤ 关键链法。关键链法是一种根据有限的资源来调整项目进度计划的进度网络分析技术。关键链法在网络图中增加缓冲时间，用来应对不确定性。

⑥ 项目管理软件。

3. 项目进度制定的主要结果

项目进度计划的主要结果是项目进度、细节说明、进度管理计划、资源需求更新等内容。

1）项目进度。项目进度至少应该包括每项工作的计划开始日期和期望完成的日期，当然这里的项目进度仍然是初步的，除非每项工作所需的资源已被分配。项目进度可以以提要的形式（称为主进度）或者以详细描述的形式表示，尽管项目进度可以表示为表格的形式，但是更常用的是以多种形式的图形方式加以描述，图形描述常常直观易懂。主要的项目进度表示形式有：

（1）带有日历的项目网络图。这种图形较为常用，除表示各工作开始和结束时间之外，在网络图中还可充分反映项目工作的逻辑关系及整个项目的关键工作。

（2）条形图或称甘特图。这是最原始的表示工作进度的一种方法，可以表示工作的开始和结束时间，但是不能反映工作之间的相互限制关系，其具有直观易读的特点。

（3）里程碑事件图。同条形图有所类似，但是识别进度开始和完成的主要是项目主要事件和关键点的情况。

（4）时间坐标网络图。这是将项目网络图的形式与条形图表达项目计划的形式结合起来，它反映了项目的工作逻辑关系、工作进行的持续时间及其他进度信息，如图5-10所示。

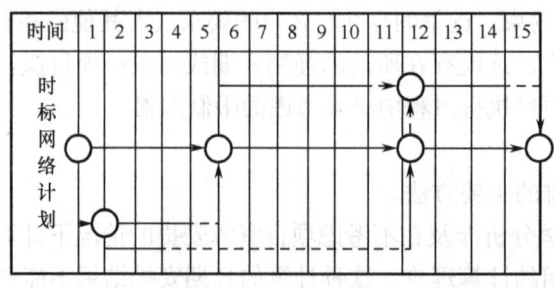

图 5-10 时间坐标网络图

（5）表格形式。用表格形式表达项目进度计划的基本格式如表 5-3 所示。

表 5-3 项目进度计划表

序 号	工作名称	持续时间	最早时间		最迟时间		时 差		完成情况
			开始	完成	开始	完成	总时差	自由时差	

2）细节说明。对于项目的支持细节至少应该说明有关的假设和约束。另外，应包括各种应用方面的详细说明。例如，对于工程项目，应包括各种资源需求图、费用预测、设备、材料、构配件的购置计划、设计图纸的提供计划等；对于电子项目，应包括资源直方图。

3）进度管理计划。进度管理计划主要说明进度计划的执行、检查、调整、控制等有关问题。根据项目的特点，进度管理计划可以是正式的，也可以是非正式的；可以是详细的说明，也可以是基本的框架。进度管理计划是项目进度计划的辅助说明。

4）资源需求更新。这是根据进度计划对资源的需求计划及活动列表所进行的更新。

5.6.2 网络计划技术

1. 网络计划

网络计划是以网络图为基础的计划模型，是项目进度计划的主要核心工具和方法。它最基本的优点是能直观地反映工作项目之间的相互关系，使一项计划构成一个系统的整体，从而为实现计划的定量分析奠定了基础。对一项计划来说，要做出科学的计划，网络模型是必不可少的。网络计划的基本形式是计划评审技术（Program Evaluation and Review Technique，PERT）与关键路径法（Critical Path Method，CPM），两者有时统一记为 PERT/CPM。

（1）关键路径法。关键路径法是可以确定出项目各工作最早、最迟开始和结束时间，通过最早最迟时间的差额可以分析每一工作相对时间紧迫程度及工作的重要程度，这种最早和最迟时间的差额称为机动时间，机动时间为零的工作通常称为关键工作。关键路径法的主要目的是确定项目中的关键工作，以保证实施过程中能重点关照，保证项目按期完成。

（2）计划评审技术。这是一种应用工作前后序列逻辑关系及活动不确定时间表示的网络计划图，其基本的形式与 CPM 网络计划基本相同，只是在工作延续时间方面 PERT 与 CPM 有一定的区别，CPM 需要一个确定的工作时间，而 PERT 需要工作的三个时间估计，包括乐观时间 a、最可能时间 m 及悲观时间 b，然后按照 β 分布计算工作的期望时间 t。

2. 网络图的基本概念

在网络计划中,用箭头和圆圈来表示一项计划工作之间关系的网络图,称为网络计划图,简称网络图或网络。网络图是由工作、事项、线路三个要素组成的。

(1)工作(活动、工序、作业)。在一个项目中,任何一个可以定义名称、独立存在、需要一定时间或资源完成的活动或任务都可看作一个工作。在网络图中,一般用箭线表示工作(也可以用圆圈表示),箭线所指方向表示工作的前进方向,箭线的尾端表示工作的开始,箭头表示工作的结束,从箭尾到箭头表示一项工作的作业过程。

(2)事项(事件、节点)。每一项工作都存在开始时刻和结束时刻。一件工作若只有一件紧前工作,那么这件紧前工作的结束时刻,也就是该工作的可能开始时刻;一件工作若有数件紧前工作,则要待紧前工作全部结束后,才有可能开始做这件工作。这种紧前工作和紧后工作的结束和开始标志,称为事项。在网络图中,事项一般用圆圈表示,并且通常用数码标出。

(3)线路。对于一个网络图,如果只认识事项和工作,还只是一种局部认识,满足不了实际的需要。为此需从整体上对网络图加以认识,以便掌握全局。"线路"就是从整体认识的一个基本方面,它是从网络图的起始事项开始,顺着箭线所指方向,连续不断地到达终止事项为止,中间由一系列首尾相连的事项和箭线所组成的通道。

一般来说,网络图绘制的结果为单代号网络图或双代号网络图。

3. 网络图的编制步骤

一个项目经过分解,确定了项目工作及其相互关系后,就可按网络图绘制方法及绘制规则来绘制网络图。

绘制网络图的方法,一般有以下三种:

(1)顺推法(或前进法)绘制网络图是从始点事项开始,首先确定由起始事项开始的工作,然后根据已经得到的工作之间的衔接关系,确定每项工作直接的后续工作,这样把工作依次由前排到后,一直排到终止事项为止。

(2)逆推法(或后退法)绘制网络图与顺推法相反,它是从终止事项开始,首先确定直接进入终止事项的工作,然后根据已经调查到的工作之间的关系,确定每项工作直接的先行工作,把各项工作依次由后排到前,一直排到起始事项为止。

(3)重点作业法是从最重要的工作排起,考虑哪些工作要放在它的前面,哪些工作要放在它的后面,按各工作的相互关系来安排。

4. 网络计划参数的计算

网络计划参数的计算主要是通过网络图计算各工作的各种时间参数,包括工作最早开始时间、工作最迟开始时间、工作最早结束时间、工作最迟结束时间及工作总时差等。

1)网络计划时间参数的计算。网络图的绘制仅完成了网络计划编制的第一项任务,更重要的任务是网络计划时间参数的计算,这是网络计划实施、优化、调整的基础。

网络计划时间参数可归纳为三类。

(1)节点参数。根据节点的时间内涵,节点参数主要有两个:

① 节点最早时间。它是指该节点的内向工作已完成，外向工作可以开始的最早时刻，即以该节点为开始节点的各项工作的最早开始时间，用 ET_i 表示。

② 节点最迟时间。它是指在不影响总工期的前提下，以该节点为完成节点的各项工作的最迟完成时间，用 LT_i 表示。

（2）工作参数。工作参数是网络计划最为重要的时间参数，可归纳为四种类型：基本参数、最早时间、最迟时间和时差。

① 基本参数。工作的基本参数是工作持续时间，用 D_{i-j} 表示。

② 最早时间。工作的最早时间有两个：工作最早开始时间和最早完成时间。工作最早开始时间是指该工作的各紧前工作已全部完成，本工作有可能开始的最早时刻，用 ES_{i-j} 表示。由此可见，工作的最早开始时间与表示该工作的箭尾节点的最早时间是相等的，即 $ES_{i-j}=ET_i$。工作最早完成时间是指各紧前工作完成后，本工作有可能完成的最早时刻，用 EF_{i-j} 表示。显然，$EF_{i-j}= ES_{i-j}+D_{i-j}$。

③ 最迟时间。工作的最迟时间也有两个：工作最迟开始时间和最迟完成时间。工作最迟开始时间是指在不影响整个项目按期完成的前提下，本工作必须开始的最迟时刻，用 LS_{i-j} 表示。工作最迟完成时间是指在不影响整个项目按期完成的前提下，本工作必须完成的最迟时刻，用 LF_{i-j} 表示。$LF_{i-j}=LS_{i-j}+D_{i-j}$。

④ 时差。工作的时差是指在一定的前提条件下，工作可以机动使用的时间。根据前提条件的不同，时差可分为总时差和自由时差两种。工作总时差是指在不影响总工期的前提下，本工作可以利用的机动时间，用 TF_{i-j} 表示，$TF_{i-j}=LS_{i-j} - ES_{i-j}$。工作自由时差是指在不影响其紧后工作最早开始的前提下，本工作可以利用的机动时间，用 FF_{i-j} 表示。若本工作的最早时间为 ES_{i-j}，其紧后工作的最早时间为 ES_{j-k}，则 $FF_{i-j}=ES_{j-k} - D_{i-j} - ES_{i-j} = ES_{j-k} - EF_{i-j}$。

（3）线路参数。线路参数主要包括计算工期和计划工期。

① 计算工期（T_c）是指根据时间参数计算得到的工期。计算工期也等于最大线路路长。

② 计划工期（T_p）是指按要求工期（T_r）和计算工期确定的作为实施目标的工期。

2）关键工作及关键路径的确定。

（1）关键工作的确定。关键工作是网络计划中总时差最小的工作。若按计算工期计算网络参数，则关键工作的总时差为 0；若按计划工期计算网络参数，则：

$T_p=T_c$ 时，关键工作的总时差为 0。

$T_p > T_c$ 时，关键工作的总时差最小，但大于 0。

$T_p < T_c$ 时，关键工作的总时差最小，但小于 0。

（2）关键路径的确定。

① 根据关键工作确定关键路径。首先确定关键工作，由关键工作所组成的路线就是关键路径。

② 根据关键节点确定关键路径。凡节点的最早时间与最迟时间相等，或者最迟时间与最早时间的差值等于计划工期与计算工期的差值，该节点就称为关键节点。关键路径上的节点一定是关键节点，但关键节点不一定在关键路径上。因此，单凭关键节点还不能确定

关键路径。当一个关键节点与多个关键节点相连时，对其连接箭线须根据最大路径的原则——加以判别。

③ 根据自由时差确定关键路径。关键工作的自由时差一定最小，但自由时差最小的工作不一定是关键工作。若从起始节点开始，沿着箭头的方向到终止节点为止，所有工作的自由时差最小，则该线路是关键路径，否则就是非关键路径。

3）网络计划时间参数的计算方法。按计算过程来分，网络计划时间参数的计算可分为按节点计算法计算和按工作计算法计算两种。就具体计算方法来说，有分析法、表算法、图解法、计算机算法等。分析法是根据参数的含义，用公式进行计算，所以该方法也称为公式法。其他方法都是以分析法为基础，采用不同的计算手段进行的。

按节点计算法计算时间参数，其过程是：首先计算节点参数，在此基础上，计算其他参数。

按工作计算法计算时间参数，是从工作的最早开始时间算起，然后计算工作的其他参数和线路参数，而不计算节点参数。

4）网络计划进度安排结果及示例。图5-11是单代号网络计划进度安排时间参数计算的一个结果及计算示例。

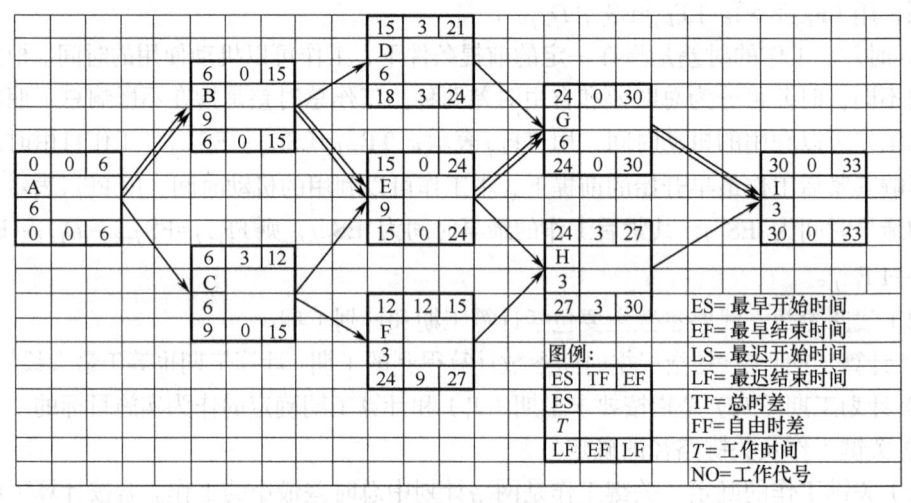

图 5-11 网络计划时间参数计算图解法

5. 网络计划的优化

网络计划参数计算只是制定了项目的初始计划参数，还没有考虑到各种人力、资源及费用的限制，网络计划的优化就是追求在进度、时间及资源安排上的综合配套和优化，包括时间优化、资源优化和费用优化。

1）网络计划的时间优化。网络计划的时间优化就是在人力、物力、财力等资源不受限制的情况下，寻求完成一项工程或一项任务所需最短的周期。主要措施有：

（1）强制缩短法。主要采取强硬措施使网络中关键路径上的工作尽可能地压缩，以期缩短关键工期。

（2）将串联工作调整为平行工作。

（3）将串联工作调整为交替工作。

（4）把富裕线路上的资源调整到关键路径上。包括推迟非关键工作的开始时间、延长非关键工作的延续时间及其两者的结合。

（5）从计划外增加资源来缩短工期。

（6）通过优化工作之间组织关系来缩短关键路径长度。

2）网络计划的资源优化。对于一项工程计划，如果安排得不合理，就会在计划工期内的某些时段出现资源需求的"高峰"，而在另一些时段会出现资源要求的"低谷"。这样，在资源限制的情况下，当计划的某些时段内资源需求量超过最大可供应量时，势必造成资源的突击供应或推迟工作开工时间；而在出现资源需求低谷时，又造成资源的大量积压。

资源优化就是解决网络计划中这种资源的供需矛盾或实现资源均衡利用的有效方法。

资源优化通常有两种不同目标：一是在工期一定的条件下，合理调整网络计划中的某些工作，实现资源的均衡利用，这称为"工期固定的资源均衡"；二是在资源有限制的情况下，合理安排各工作的进度，力求使网络计划总工期最短，这称为"有限资源的合理分配"。

（1）工期固定的资源均衡问题。资源均衡问题是在可用资源数量不受限制和保持工期不变的条件下，用调整各项非关键工作进度的办法，使资源的需要量随时间的变化趋于平整的过程，也就是逐步地将资源的"峰值"填入资源的"谷值"的过程，这是一种启发式的优化方法。

（2）有限资源的合理分配问题。在资源限定下，进度的合理安排是一项复杂的问题。现在求解的方法多种多样，但最常用的是"备用库法"。其基本思想是：

假如可供分配的资源储藏在备用库中，任务一开始，从库中取出资源，按工作的优先安排规则，给即将开工的工作分配资源，并尽可能地考虑最优组合，分配不到的工作推迟开始。随着时间的推移和工作的陆续完成，资源又逐渐返回到备用库中。当从备用库中取出资源，进行资源分配时，分配不到资源的工作，推迟开工时间。这样反复循环，直到所有的工作都分配到资源为止。

资源分配的优先规则各种各样，如可以是 MIN｛LS｝、MIN｛LF｝、MIN｛EF｝及 MIN｛TF｝等，即"最小的最晚开始时间"准则、"最小的最晚结束时间"准则、"最小的最早结束时间"准则和"最小总机动时间"准则等。

3）网络计划的费用优化。一项工程的总费用除直接费用（包括实现一项工程所需的直接劳动力、原材料和设备使用费用等）外，还包括间接费用（与工作的完成没有直接关系的费用，包括与工程有关的管理费、资金的利息和一切不便计入直接费用的其他费用）。它们与工期的关系如图 5-12 所示。

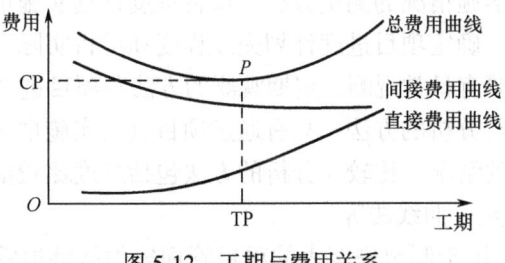

图 5-12 工期与费用关系

可以看出，间接费用与工期有关，它随着工程项目完成工期的缩短而降低，直接费用随着工程项目完成工期的缩短而增加。因此，对于一项工程来说，不能一概认为缩短工期必然增加成本，或延长工期必然降低成本。实际上它们之间存在着一个总费用最少的最优工期（最优进度），即最佳工期—费用组合。从图5-12所示的费用曲线就可看到这个最优工期，对应于图中的P点，工期为TP，费用为CP。网络计划的费用优化就是根据这种工程的工期与费用的关系，寻求以最少的直接费用去缩短工期，或者求出总费用最少的最优工期的方法。

5.6.3 项目进度计划的控制

编制进度计划的目的是指导项目的实施，以保证实现项目的工期目标。但在进度计划实施过程中，由于主客观条件的不断变化，计划亦须随之改变。这就需要进度计划控制。进度计划控制是指对项目进度计划的实施与项目进度计划的变更所进行的管理工作。它的主要内容是：在项目进行过程中，必须不断监控项目的进程以确保每项工作都能按进度计划进行；同时必须不断掌握计划的实施状况，并将实际情况与计划进行对比分析，必要时应采取有效的对策，使项目按预定的进度目标进行，避免工期的拖延。

1．项目进度计划控制的主要依据

（1）项目进度计划。

（2）项目进度基准。项目进度基准提供了度量项目实施绩效和保管项目进度计划执行情况的基准和依据。

（3）项目进度计划实施情况报告。项目进度计划实施情况报告提供了项目进度计划实施的实际情况及相关信息。

（4）批准的项目进度变更请求。项目进度变更请求是对项目进度计划提出的改动要求，可以由任何一个项目相关利益主体提出。批准的项目进度变更请求是指，只有以前经过整体变更控制过程计划处理过的变更请求，才能用来更新项目进度基准或项目管理计划的其他组成部分。

（5）项目进度管理的计划安排。项目进度管理的计划安排给出了如何应对项目进度计划变更的措施和管理方法，包括项目资源（人员、设备、资金等）方面的安排和各种应急措施方面的安排等。

2．项目进度计划控制的方法

（1）项目进度计划实施情况的测量方法。项目进度计划实施情况的测量方法是指测量项目进度计划实施情况，确定项目进度计划完成程度和项目实际完成情况与计划要求的差距大小的过程。方法主要有日常观测、定期观测的方法和项目进展报告等。

（2）项目进度比较与分析的方法。只有通过项目进度实施情况与计划的比较和分析，才能真正了解项目实施的情况。比较与分析的方法包括进度比较横道图、实际进度前锋线比较法、S曲线法、"香蕉"曲线法等。

（3）项目管理软件。用于制定进度表的项目管理软件能够追踪与比较计划日期与实际

日期，预测实际或潜在的项目进度变更带来的后果。

（4）绩效衡量。绩效衡量技术的结果是进度偏差（SV）与进度绩效指数（SPI）。进度偏差与进度绩效指数用于估计实际发生任何项目进度偏差的大小。进度控制的一个重要作用是判断已经发生的进度偏差是否需要采取纠正措施。例如，非关键路径计划活动的重点延误对项目总体进度影响甚微，而关键路径或接近关键路径上的一个短得多的延误，有可能要求立即采取行动。

（5）进度变更控制系统。进度变更控制系统规定项目进度变更所应遵循的手续，包括书面申请、追踪系统及核准变更的审批级别。进度变更控制系统的工作既是进度控制的起点也是进度控制的终点。

（6）资源平衡和资源分配技术。

（7）进度压缩。

3．进度控制阶段的工作结果

（1）更新后的进度计划。项目进度表更新是指对用于管理项目的项目进度计划资料所做出的任何修改。必要时，要通知有关的利益相关者。重新绘制的项目进度网络图展示出得到批准的剩余持续时间和对工作计划所做的修改。

（2）更新进度基准。一般是指修改进度表，在批准了项目范围或费用估算方面的变更请求之后，修改经过批准的进度基准的计划开始和完成日期。

（3）请求的变更。通过比较和分析项目进度计划实施的实际情况与计划之间的偏差，从而对项目进度基准提出变更要求。

（4）推荐的纠正措施。项目进度计划的实施情况与原有计划要求之间有偏差，这时需要采取纠偏措施，从而保证项目按时完成。

（5）资源调整。若资源供应发生异常时，应进行资源调整。资源供应发生异常是指因供应满足不了需要，如资源强度降低或中断，影响计划工期的实现。资源调整的前提是保证工期不变或使工期更加合理。

（6）经验总结和知识管理。对在进度计划控制过程中所获得的经验和教训进行总结和积累，保存到数据库中为将来的项目储备知识和经验。

5.7 项目成本管理

项目成本管理主要是在批准的预算条件下，确保项目保质按期完成，其主要包括项目资源计划、项目费用估计、项目费用预算和项目费用控制。

5.7.1 项目资源计划

项目资源包括项目实施中需要的人力、设备、材料、能源及各种设施等，项目资源计划涉及分析和识别项目的资源需求，从而确定出项目所需投入的资源（人力、设备、材料）的种类、资源数量和投入时间，并制定出项目资源计划安排的项目费用管理的活动。因此它必然是与费用估计、时间估计相对应起来的,是项目费用估计、项目时间估计的基础。

1. 项目资源计划的主要依据

项目资源计划编制的依据涉及项目范围、项目时间、项目质量等各个方面的计划与要求文件,以及相关各种支持细节文件与资料等。这主要包括:

(1)工作分解结构(WBS)。利用 WBS 系统进行项目资源计划时,工作划分得越细、越具体,所需资源种类和数量越容易估计,工作分解自上而下逐级展开,各类资源需要量可以自下而上逐级累加,便得到了整个项目各类资源需要。

(2)项目工作进度计划。项目工作进度计划是项目计划中最主要的,是其他各项目计划(如质量计划、图纸供应计划、资金使用计划、资源供应计划)的基础,资源计划必须服务于工作进度计划,什么时候需要何种资源是围绕工作进度计划的需要确定的。

(3)项目范围说明书。项目范围说明书包括划定哪些方面项目应该做,而哪些工作不包括在项目之内及对项目目标的描述,这些在项目资源计划的编制过程中应特别加以考虑。

(4)资源安排和供给情况的描述。什么资源(人、设备、材料)是可能获得的,是项目资源计划所必须掌握的;特别的数量描述和资源水平对于资源安排描述是特别重要的;资源供给情况的信息是针对一个项目的资源需求而给出的各种资源供给情况的信息。

(5)组织过程资产。在资源计划的过程中必须考虑的组织过程资产主要包括:

① 人事组织,所提供设备的租赁和购买策略。比如,工程项目中劳务人员是用外包工还是本企业职工,设备是租赁还是购买等都对资源计划产生影响。

② 历史资料。历史资料记录了先前类似工作使用资源的需求情况,这些资料如能获得的话,无疑对现在工作资源需求确定有很大的辅助作用。

2. 项目资源计划编制的方法和工具

(1)专家判断法,是指由项目费用管理专家根据经验和判断去确定和编制项目资源计划的方法。它包括专家小组法和德尔斐法等方法。

(2)项目管理软件,使用现成的项目管理软件编制项目资源计划的方法。

(3)资料统计法,使用历史项目的统计数据资料,计算和确定项目资源计划的方法。

(4)标准计算法,使用国家或民间统一的标准定额和工程量计算规则去制订项目资源计划的方法。

(5)自下而上估算。

(6)项目资源计划的工具,包括资源矩阵、资源数据表、资源甘特图、资源负荷图或资源需求曲线和资源累计需求曲线。

3. 项目资源计划的输出结果

资源计划的结果主要是制订资源的需求计划,对各种资源的需求及需求计划加以描述,资源的需求安排一般应分解到具体的工作。其主要表现形式为:

(1)资源计划需求数据表,通过各种表格描述各种资源的需求量。

(2)资源负荷图,直观描述在项目执行期间各种资源需求量的直方图。

5.7.2 项目费用估计

项目费用估计是指根据项目的资源需求和计划及各种资源的价格信息，估计项目各种活动的成本和整个项目总成本的管理过程。它包括识别各种项目成本的构成科目，也包括估计和确定各种成本的数额大小，还包括分析和考虑各种不同项目实施方案的成本估算。

1. 项目费用估计的依据

（1）工作分解结构。

（2）资源需求计划，即资源计划安排结果。

（3）资源价格信息。为了计算项目各工作费用必须知道各种资源的单位价格，包括工时费、单位体积材料的费用等。

（4）工作的持续时间。工作的持续时间将直接影响项目工作经费的估算，因为它将直接影响分配给它的资源数量。

（5）组织过程资产。需要考虑的组织过程资产主要包括：

① 历史信息。同类项目的历史资料始终是项目执行过程中可以参考的最有价值的资料，包括项目文件、共用的项目费用估计数据库及项目工作组的知识等。

② 会计信息。会计信息说明了各种费用信息项的代码结构，这对项目费用的估计与正确的会计目录相对应很有帮助。

2. 项目费用估计的方法和工具

（1）类比估计法。类比估计法通常是与原有的已执行过的类似项目进行类比来估计当期项目的费用。通常，当项目的详细资料难以得到时，这是一种行之有效的方法。

（2）参数模型法。参数模型法通常是一种运用历史数据和特征变量之间的统计关系建立参数模型，来估算项目资源费用的技术，模型可能是简单的，也可能是复杂的。

（3）自上向下的估计法。自上向下估计法多在有类似项目已完成的情况下应用。自上向下估计的基础是收集上层和中层管理人员的经验和判断，以及可以获得的关于以往类似活动的历史数据。上层和中层管理人员估计对项目整体的费用和构成项目的子项目的费用，将这些估计结果给予低层的管理人员，在此基础上他们对组成项目和子项目的任务和子任务的费用进行估计。然后继续向下一层传递他们的估计，直到最底的基层。

（4）自下而上的估计法。自下而上的估计法通常首先估计各个独立工作的费用，然后再从下往上估计出整个项目的费用。具体可根据 WBS 体系、基本的任务及它们的日程和个体费用被构造出来。

（5）项目管理软件。项目管理软件，如费用估算软件、计算机工作表、模拟和统计工具，被广泛用来进行费用估算。这些工具可以简化一些费用估算技术，便于进行各种费用估算方案的快速计算。

（6）储备分析。为应对费用的不确定性，费用估计可以包括应急储备。应急储备可以是成本估算值的某个百分比、某个固定值，或者通过定量分析来确定。

3. 项目费用估计的结果

（1）活动费用估算。活动费用估算是指完成计划活动所需资源的可能费用的定量估计，其表述可详可略。所有应用到活动费用估算的资源均应列入估算范围，其中包括但不限于人工、材料、物资，以及诸如通货膨胀或费用应急储备等特殊范畴。

（2）活动费用估算支持细节。计划活动费用估算的支持性细节的数量和类型，随应用领域的不同而不同。无论支持细节详细程度如何，支持文件应提供清晰的、专业的、完整的资料，通过这些资料可以得出费用估算。

活动费用估算的支持性细节应包括：
① 计划活动工作范围的描述。
② 依据的文字记载，即如何编制的估算。
③ 所做假设的文字记载。
④ 制约条件的文字记载。
⑤ 关于估算范围的记载。例如，10 000美元（−10%～+15%）表明此项工作的费用预期在9 000～11 500美元。

（3）请求的变更。费用估算过程可以产生影响费用管理计划、活动资源要求和项目管理计划的其他组成部分的变更请求。请求的变更通过整体变更控制过程进行处理和审查。

（4）费用管理计划（更新）。如果批准的变更请求是在费用估算过程中产生的并且将影响费用的管理，则应更新项目管理计划中的费用管理计划。

5.7.3 项目费用预算

项目费用预算是把估算的总成本分配到各个工作细目，建立基准成本以衡量项目执行情况。费用预算可以分为三部分：直接人工费用预算、辅助服务费用预算和采购物品费用预算。

1. 费用预算的依据

（1）费用估计。
（2）工作分解结构。
（3）项目进度。项目进度主要包括各工作项目计划的开始和结束日期，费用的分配和安排应该是与进度计划相适应的。
（4）资源日历。
（5）组织过程资产。需要考虑的组织过程资产主要包括：
① 现有的、正式和非正式的、与费用预算有关的政策和程序等。
② 会计信息。

2. 费用预算的方法和工具

费用预算的方法和工具类似于费用的估计。

3．费用预算的结果

费用预算的主要结果是获得费用基准，费用基准将作为度量和监控项目实施过程中费用支出的依据，通常的费用与时间的关系是一条 S 形曲线。对于一个大的项目来讲，可能需要多个费用曲线以反映项目执行过程中的不同方面，如花费计划和费用流预测就是度量项目支出的一条费用线。主要的表示形式有：

（1）费用负荷图是用柱状图的形式描述表达项目生存周期内费用的需求情况，通过该图能够清晰直观地反映项目执行期间每一时间对费用的需求，如图 5-13 所示。

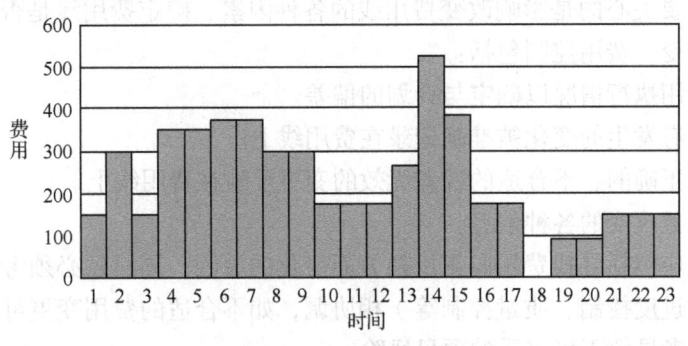

图 5-13　费用负荷图

（2）费用累积曲线（S 曲线）反映了项目生存周期内截至任一时刻项目总费用支出的计划情况，是项目费用控制和整体进度控制的基础，如图 5-14 所示。

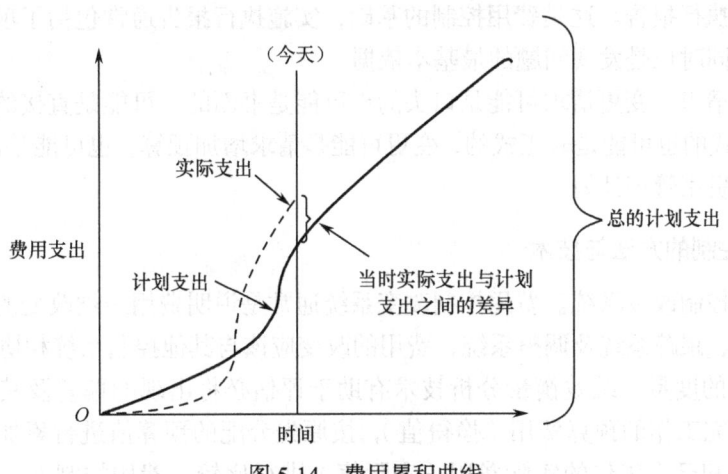

图 5-14　费用累积曲线

（3）费用管理计划（更新）。如果批准的变更请求是因为费用预算过程所致的，并且将影响费用的管理，则应更新项目管理计划中的费用管理计划。

（4）请求的变更。费用预算过程可以产生影响费用管理计划，或者项目管理计划的其他组成部分的变更请求。请求的变更通过整体变更控制过程进行处理和审查。

5.7.4 项目费用控制

费用控制就是要保证各项工作在它们各自的预算范围内进行。费用控制的基础是事先就对项目进行的费用预算，即费用预算是费用控制的基础。

费用控制的基本方法是规定各部门定期上报其费用报告，再由控制部门对其进行费用审核，以保证各种支出的合法性，然后再将已经发生的费用与预算相比较，分析其是否超支，并采取相应的措施加以弥补。

费用控制主要关心的是影响改变费用线的各种因素、确定费用线是否改变，以及管理和调整实际的改变。费用控制包括：

（1）监控费用执行情况以确定与计划的偏差。
（2）确保所有发生的变化被准确记录在费用线上。
（3）避免不正确的、不合适的或者无效的变更反映在费用线上。
（4）股东权益改变的各种信息。

费用控制还应包括寻找费用向正反两方面变化的原因，同时还必须考虑与其他控制过程（范围控制、进度控制、质量控制等）相协调，如不合适的费用变更可能导致质量、进度方面的问题或者导致不可接受的项目风险。

1．费用控制的依据

（1）费用预算曲线。
（2）实施执行报告。这是费用控制的基础，实施执行报告通常包括了项目各工作的所有费用支出，同时也是发现问题的最基本依据。
（3）变更请求。变更请求可能是口头的也可能是书面的、可能是直接的也可能是间接的、可能是正式的也可能是非正式的，变更可能是请求增加预算，也可能是请求减少预算。
（4）项目费用管理计划。

2．费用控制的方法与技术

（1）费用控制改变系统。费用控制改变系统通常是说明费用线被改变的基本步骤，这包括文书工作、跟踪系统及调整系统，费用的改变应该与其他控制系统相协调。
（2）实施的度量。绩效衡量分析技术有助于评估必将出现的偏差及其大小。挣得值分析法是将已完工作的预算费用（挣得值），按原先分配的预算值进行累加获得的预算费用（计划值）和已完工作的实际费用（实际值）进行比较。费用控制的一个重要部分，是确定偏差产生的原因、偏差的量级和决定是否需要采取行动纠正偏差。图 5-15 是挣得值分析法应用示例。
（3）预测技术。预测技术包括在预测当时的时间点根据已知的信息和知识，对项目将来的状况做出估算和预测。根据项目执行和绩效过程中获得的工作绩效信息产生、更新、重新发布预测。工作绩效信息是关于项目的过去绩效和在将来能影响项目的信息，如完成时估算和完成时尚需估算。

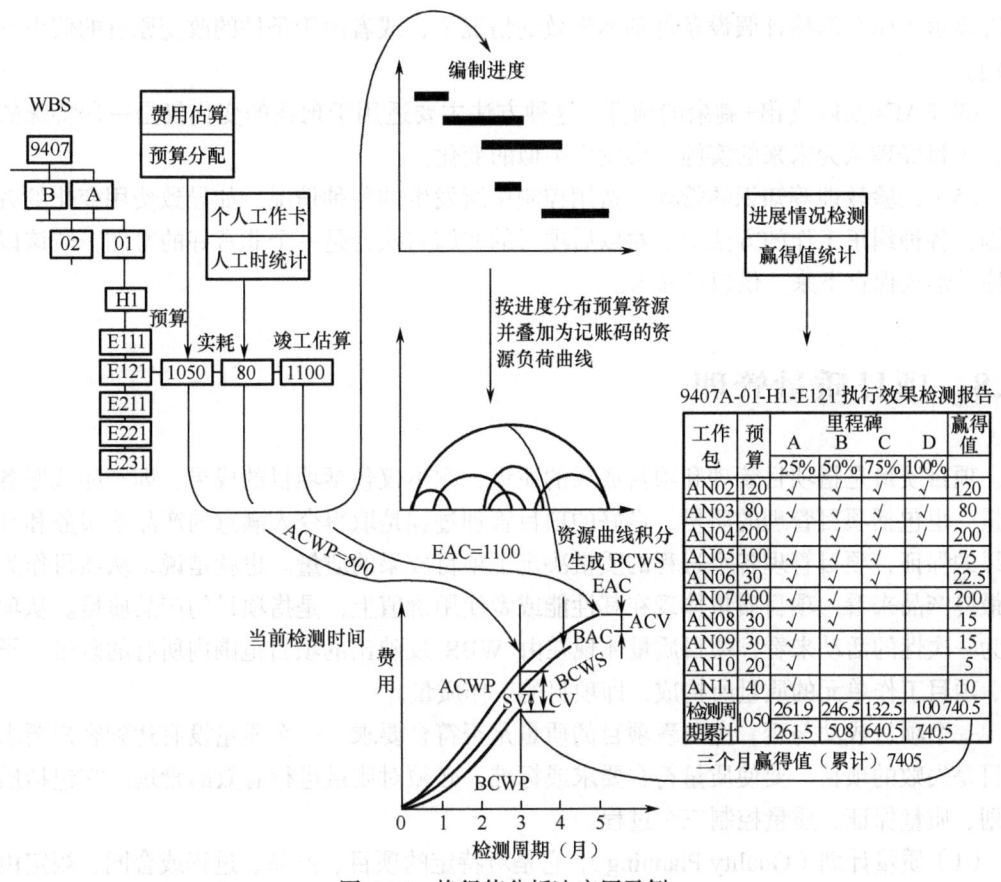

图 5-15 挣得值分析法应用示例

（4）附加的计划。很少有项目能够准确地按照期望的计划执行，不可预见的各种情况要求在项目实施过程中重新对项目的费用做出新的估计和修改。

（5）计算工具。通常是借助相关的项目管理软件和电子制表软件来跟踪计划费用、实际费用和预测费用改变的影响。

3．费用控制的结果

（1）修订费用估计。修订费用估计是为了管理项目的需要而修改费用信息，费用计划的修订可以不必调整整个项目计划的其他方面。

（2）预算更新。预算更新是一个特殊的修订费用估计的科目，预算更新是改变已有的费用线，预算的更新仅当所负责的范围改变时才给予修订。

（3）纠正措施。纠正措施是指任何使得项目恢复原有计划目标的努力。

（4）按照完成情况的估计。按照完成情况的估计主要预测在目前实施情况下完成项目所需的总费用，最通常的预测技术是预测分析一些变动情况：

① EAC=实际支出+按照实施情况对剩余预算所做的修改。这种方法通常用于当前的变化可以反映未来的变化时。

② EAC=实际支出+对未来所有剩余工作的新估计。这种方法通常用于当过去的执行

情况显示了原有的估计假设条件基本失效的情况下，或者由于条件的改变原有的假设不再适用。

③ EAC=实际支出+剩余的预算。这种方法主要适用于现在的变化仅是一种特殊的情况，项目经理认为未来的实施不会发生类似的变化。

（5）经验教训等知识的管理。费用控制中所发生的各种情况，如导致费用变化的各种原因，各种纠正工作的方法等。对以后项目的实施与执行是一个非常好的案例，应该以数据库的形式保存下来，供以后参考。

5.8 项目质量管理

项目质量是指项目管理和项目成果的质量，它不仅包括项目的成果，即产品或服务的质量，也包括项目管理的质量，良好的项目管理过程是取得令人满意的产品或服务和其他成果的保证，项目管理各个过程的质量决定了项目成果的质量。也就是说，从项目作为一项最终产品来看，项目质量体现在其性能或者使用价值上，是指项目的产品质量。从项目作为一次性的活动来看，项目质量体现在由 WBS 反映出的项目范围内所有的阶段、子项目、项目工作单元的质量所构成，即项目的工作质量。

一个项目成功与否，主要看项目的质量是否符合要求，一个质量没有达到客户要求的项目是失败的项目。要使质量符合要求或标准，必须对质量进行有效的管理。它包括质量计划、质量保证、质量控制三个过程。

（1）质量计划（Quality Planning）。它是对特定的项目、产品、过程或合同，规定由谁及何时应使用哪些程序和相关资源的文件。

（2）质量保证（Quality Assurance）。它是组织为了提供足够的信任表明实体能够满足质量要求，而在其质量体系中实施并根据需要进行证实的全部有计划和有系统的活动，分为内部保证和外部保证。

（3）质量控制（Quality Control）。它是组织为达到质量要求所采取的作业技术和活动。

5.8.1 质量计划

质量计划的目的主要是确保项目的质量标准能够得以满意地实现，其关键是在项目的计划期内确保项目按期完成，同时要处理与其他项目计划之间的关系。在项目计划中，它是程序推进的主要推动力之一，应当有规律地执行并与其他项目计划程序并行。例如，对管理质量的要求可能是成本或进度计划的调节，对生产质量的要求则可能是对确定问题的详细的风险分析。

1. 项目质量计划编制的步骤

（1）了解项目基本概况，收集资料。这里要重点了解的信息有项目的组成、项目质量目标、项目拟订的实施方案等具体内容。所需收集的资料主要有实施规范、实施规程、质量评定标准等。

（2）确定质量目标树，绘制质量管理组织机构图。按照质量总目标和项目组成，逐级分解，建立目标树，并根据项目的规模、项目特点、施工组织、工程总进度计划和已建立的项目质量目标树，配备质量管理人员、设备和器具，确定各级人员的角色和责任，建立项目的质量管理机构，绘制项目质量管理组织机构图。

（3）制定项目质量控制程序及其他。项目的质量控制程序主要有：初始的检查实验和标识程序；项目实施过程中的质量检查程序；不合格项目产品的控制程序；各类项目实施质量记录的控制程序和交工验收程序等。

（4）在制定好项目的质量控制程序之后，还应该编制单独成册的项目质量计划，应根据项目总的进度计划，编制相应的项目质量工作计划表、质量管理人员计划表和质量管理设备计划表等。项目质量计划编制后，经相关部门审阅、项目总工程师审定和项目经理的批准后颁布实施。大项目、关键项目，按单项工程、单位工程和分部工程，根据工程进度分阶段编制项目的质量计划。项目质量计划的内容包括质量目标，质量管理工作流程，职责、权限和资源分配，实施书面程序和指导书、试验、检查、检验和评审大纲，达到质量目标的测量方法，修改和完善质量计划的程序及其他措施等。

2. 项目质量计划的方法和工具

项目质量计划是保证项目质量管理成功的过程之一，项目质量管理班子必须有这样一种意识，即质量是策划出来的，而不是检查出来的。因此，要保证项目质量计划的准确性，在项目质量计划过程中，应采用科学的方法和技术。常用的有质量功能展开、成本效益分析、基准对照、流程图、试验设计、其他质量计划工具等。

（1）质量功能展开（Quality Function Deployment，QFD），于20世纪70年代首创于日本。QFD方法的核心思想是：注重产品从开始的可行性分析研究到产品的生产都是以市场、顾客的需求为驱动的，强调将市场顾客的需求明确地转变为参与产品开发的管理者、设计者、制造工艺部门及生产计划部门等有关人员均能理解执行的各种具体信息，从而保证企业最终能生产出符合市场顾客需求的产品。QFD的核心内容是需求转换，采用的是质量屋（House of Quality）形式，它是一种直观的矩阵框架表达形式，是QFD方法的工具。建立质量屋的基本框架，给予输入信息，通过分析评价得到输出信息，从而实现一种需求转换。

（2）成本效益分析。质量计划必须综合考虑利益/成本的交换，满足质量需求的主要利益是减少重复性工作，这就意味着高的产出、低的支出及增加投资者的满意度。满足质量要求的基本费用是辅助项目质量管理活动的付出。质量管理的基本原则是利益与成本之比尽可能大。

（3）基准比较。基准比较主要是通过比较实际或计划项目的实施与其他同类项目的实施过程，为改进项目实施过程提供思路和提供一个实施的标准。其他项目可能在执行组织的工作范围之内，也可能在执行组织的工作范围之外；可能属于同一应用领域，也可能属于别的领域。

（4）流程图。流程图是一个由箭线联系的若干因素关系图。流程图在质量管理中的应用主要包括以下几个方面：

① 原因结果图主要用来分析和说明各种因素和原因如何导致或产生各种潜在的问题和后果。

② 系统流程图或处理流程图主要用来说明系统各种要素之间存在的相互关系,通过流程图可以帮助项目组提出解决所遇质量问题的相关方法。

流程图能帮助项目小组预测可能发生哪些质量问题,在哪个环节发生,因而有助于使解决问题的手段更为高明。

(5)试验设计。试验设计用于分析和确定对整个项目输出结果最有影响的因素,主要用于项目产品或服务问题。该方法的应用存在着费用与进度交换的问题。

(6)其他质量计划工具,如头脑风暴法、KJ法等。

3. 项目质量计划的输出

(1)质量管理计划。质量管理计划主要描述项目管理组应该如何实施它的质量方针。项目质量管理计划主要内容有项目组成简述,项目质量总目标及其分解,项目质量管理组织机构的设置,项目各级人员的质量职责,项目质量控制依据的规范、规程、标准和文件,项目质量控制程序等。质量计划提供了对整个项目进行质量控制、质量保证及质量改进的基础。

(2)具体操作说明。对于一些特殊条款需要附加的操作说明,包括对它们的解释及在质量控制过程中如何度量的问题。比如,满足项目进度日期不足以说是对项目管理质量的度量,项目管理组还必须指出每一项工作是否按时开始或者按时结束,各个独立的工作是否被度量或者仅是做了一定的说明等类似情况。

(3)检查表格。检查表格是一种用于对项目执行情况进行分析的工具,其可能是简单的也可能是复杂的,通常的描述包括命令和询问两种形式。许多组织已经形成了标准的确保频繁执行的工作顺利执行的体系。

4. 质量计划的实施、检查与调整

影响因素多,设计的变更、意外情况的发生、周围环境的变化等,均对项目质量计划起到阻碍限制作用,必须不断加强对质量计划执行情况的检查、调整。

(1)在项目总体目标不变的前提下,应根据原质量计划和实际情况进行比较分析,及时发现,及时调整,并制定出相应的技术保证措施,对原计划做出适当的调整,以确保项目质量总目标的圆满实现,满足顾客对项目产品或服务的质量要求。

(2)当完成项目某一阶段的工作或项目全部完成之后,应及时总结本项目质量计划工作的成功经验和教训,加强项目间工作的交流,以利于下一阶段或其他类似项目的质量管理工作。

项目质量计划工作在项目质量管理中具有非常重要的地位和指导作用。加强项目的质量计划,可以充分体现项目质量管理的目的性,有利于克服质量管理工作中的盲目性和随意性,增加工作的主动性、针对性和积极性。对确保项目工期,降低项目成本,圆满实现项目质量总目标产生积极的促进作用。

5.8.2 质量保证

质量保证是所有计划和系统工作实施达到质量计划要求的基础,为项目质量系统的正常运转提供可靠的保证,它应该贯穿项目实施的全过程之中。在 ISO 9000 系列实施之前,质量保证通常被描述在质量计划之中。质量保证通常是由质量保证部门或者类似的组织单元提供的,但是不必总是如此。质量保证通常提供给项目管理组及实施组织(内部质量保证)或者提供给客户或项目工作涉及的其他活动(外部质量保证)。

1. 项目质量保证的主要依据和工作内容

(1)项目质量保证的主要依据有质量管理计划、质量测量指标、过程改进计划、工作绩效信息、批准的变更要求、质量控制度量的结果、实施的变更请求、实施的纠正措施、操作说明等。

(2)项目质量保证的工作内容。

① 制定科学可行的质量标准。制定质量标准是为了在项目实施过程中达到或超过质量标准,也可以采用现行的国家标准、行业标准。

② 建立和完善项目质量管理体系,包括质量管理体系的结构和质量管理体系的职责分配,并且要配备合格和必要的资源,持续开展有计划的质量改进活动。

2. 质量保证的方法和工具

(1)质量计划和质量控制的工具和技术。质量计划和质量控制的工具和技术在质量保证中同样适用。

(2)质量审核。质量审核是确定质量活动及其有关结果是否符合计划安排,以及这些安排是否有效贯彻并适合达到对目标的有系统的、独立的审查。通过质量审核,评价审核对象的现状对规定要求的符合性,并确定是否需采取改进纠正措施,从而保证项目质量符合规定要求,保证设计、实施与组织过程符合规定要求,保证质量体系有效运行并不断完善,提高质量管理水平。

质量审核包括质量体系审核、项目质量审核、过程(工序)质量审核、监督审核、内部质量审核、外部质量审核。质量审核可以是有计划的,也可以是随机的,它可以由专门的审计员或者第三方质量系统注册组织审核。

(3)过程分析。过程分析系指按照过程改进计划中列明的步骤,从组织和技术角度识别所需的改进。其中,也包括对遇到的问题、约束条件和无价值活动进行检查。过程分析包括根源分析,即分析问题或情况,确定促成该问题或情况产生的根本原因,并为类似问题制定纠正措施。

3. 质量保证的输出

(1)质量保证大纲。项目的质量保证可以分为项目管理过程的质量保证和项目产品与服务的质量保证。项目管理过程的质量保证要有一套完善的管理项目的程序,清晰地指明项目怎样管理好合格的资源,以及是怎样从基于历史经验的标准中得出的。这些经验可能是公司自己的经验，也可能是外部成功的实践得出的标准。这些政策、方法和程序由独立的第三方来检查，同时建立完善的程序首先要有正确的思想态度，即对质量管理承担的义务必须从组织的最高层开始。程序常常要定期向高层管理部门报告，高层管理部门采用这些报告进行决策，从而对项目和企业的运行产生影响。而为了保证项目产品或服务的质量，要做好下列工作：清晰的规格说明，使用良好定义的标准，结合历史经验，配备合格的资源，进行公正的设计复审，实施变更控制。

（2）质量改进。质量保证的输出包括采取措施提高项目的效率和效益，为项目相关人员提供更多的利益。项目保证的结果是质量提高。在大多数情况下，完成提高质量的工作要求做好改变需求或采取纠正措施的准备，并按照整体变化控制的程序执行质量改进。质量改进包括达到以下目的的各种行动：增加项目有效性和效率以提高项目投资者的利益，改变不正确的行动及克服这种不正确行动的过程。

5.8.3 质量控制

1. 项目质量控制

质量控制主要是监督项目的实施结果，将项目的结果与事先制定的质量标准进行比较，找出其存在的偏差，并分析形成这一偏差的原因，质量控制贯穿项目实施的全过程。项目的结果包括产品结果（如交付）及管理结果（如实施的费用和进度）。质量控制通常是由项目参与各方组织实施的。

项目管理组应该具有统计质量控制的工作知识，特别是抽样检查和概率方面的知识，以便帮助他们评价质量控制的输出；应该清楚以下几个方面的不同：

（1）预防和检查。
（2）特征样本和随机样本。
（3）特殊原因和随机原因。
（4）偏差和控制线。

2. 质量控制的依据

（1）工作结果，包括实施结果和产品结果。
（2）质量管理计划。
（3）操作描述。
（4）检查表格。

3. 质量控制的步骤

质量控制需要从客户的要求和目标出发，针对未达到目标的问题进行分析和改进，主要程序和步骤如图5-16所示。

4. 质量控制的方法和技术

（1）检查，包括度量、考察和测试。

第 5 章 项目管理核心技术

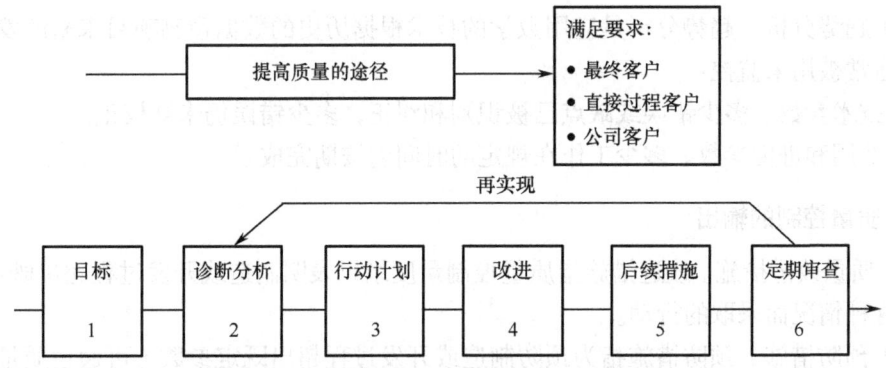

图 5-16 质量控制与改进的主要程序和步骤

（2）控制图。控制图可以用来监控任何形式的输出变量，可用于监控进度和费用的变化，范围变化的量度和频率，项目说明中的错误，以及其他管理结果。图 5-17 是一个项目进度执行控制图示例。

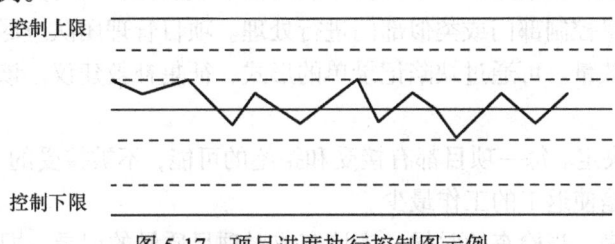

图 5-17 项目进度执行控制图示例

（3）统计样本。对项目实际执行情况的统计值是项目质量控制的基础，统计样本涉及了样本选择的代表性，合适的样本通常可以减少项目控制的费用，当然这需要一些样本统计方面的知识，项目管理组有必要熟悉样本变化的技术。

（4）流图。流图通常被用于项目质量控制过程中，其主要目的是确定及分析问题产生的原因。

（5）鱼刺图。通过产生问题原因和结果的分析进一步剖析产生质量问题的根源，从而从深层次进行改进和完善。图 5-18 是一个鱼刺图的示例。

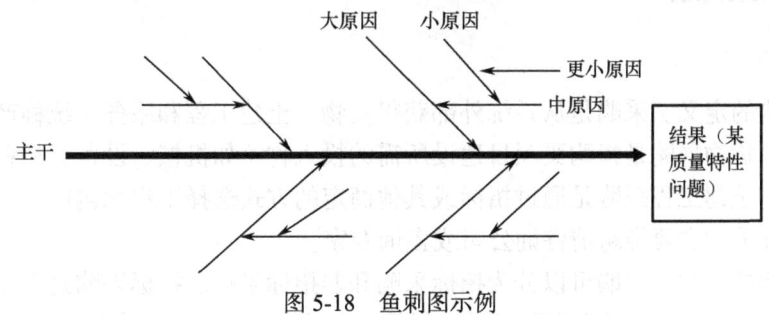

图 5-18 鱼刺图示例

（6）帕累托图。
（7）散点图。
（8）PDCA 循环。PDCA 循环是质量管理与质量控制的基本思路和方法，通过计划（Plan）、执行（Do）、检查（Check）和分析（Analysis）不断地对质量问题进行持续改进。

（9）趋势分析。趋势分析是应用数学的技术根据历史的数据预测项目未来的发展，趋势分析通常被用来监控：

① 技术参数。多少错误或缺点已被识别和纠正，多少错误仍未被校正。
② 费用和进度参数。多少工作在规定的时间内按期完成。

5．质量控制的输出

（1）质量改进措施。改进措施指质量控制量度结果表明制造或开发过程超出既定参数，为纠正这种情况而采取的行动。

（2）预防措施。预防措施指为预防制造或开发过程超出既定参数（可通过质量控制量度结果反映）而采取的行动。

（3）请求的变更。如果根据推荐的纠正措施或预防措施，需要对项目进行变更，则应按照既定的整体变更控制过程启动变更请求。

（4）缺陷的补救。缺陷是指一个部件不满足要求或规范，须对其进行补救或替换。识别缺陷并推荐由质量控制部门或类似部门进行处理。项目管理团队应尽可能地最大程度降低需要补救的缺陷数量。可通过缺陷记录单的形式，征集补救建议。该项通常在问题自动跟踪系统中实施。

（5）可接受的决定。每一项目都有接受和拒绝的可能，不被接受的工作需要重新进行，项目工作组的目标是使返工的工作最少。

（6）完成检查表。当检查的时候，应该完成对项目质量的记录，即完成检查表格。

5.9　项目采购管理

项目采购管理是从项目组织外部获得完成项目所需的产品、服务或其他成果的过程。它包括采购规划、招标投标、合同管理和合同收尾。

5.9.1　采购规划

1．概述

（1）采购的定义。采购是从系统外部获得货物、土建工程和服务（统称产品）的完整的采办过程。货物采购是指购买项目建设所需的投入物（如机械、设备、材料等）及与之相关的服务。土建工程采购是通过招标或其他商定的方式选择工程承包单位及其相关的服务。咨询服务采购主要指聘请咨询公司或咨询专家。

（2）采购的方式。采购可以分为招标采购和非招标采购。招标采购是由需方提出招标条件和合同条件，由许多供应商同时投标报价。通过招标，需方能够获得更为合理的价格、条件更为优惠的供应。招标采购又可分为无限竞争性的公开招标和有限竞争性的邀请招标。对受客观条件限制不易形成竞争的项目还可以采取协商议标。非招标采购又可以分为询价采购、直接采购、定向采购等。

（3）采购在项目执行中的重要性。采购工作是项目执行中的关键环节，并构成项目执行的物质基础和主要内容。规范的项目采购要兼顾经济性和有效性，要求有效降低项目成本，促进项目的顺利实施和按期完成。项目采购必须体现设计和计划的要求，如果采购的产品不符合设计的预定要求，将直接影响项目质量，甚至导致项目失败。竞争性招标采购有规范的程序，体现公平、公正原则，即给符合条件的承包商提供均等的机会，这不仅符合市场经济运行原则，而且也会进一步提高项目的实施质量；公平竞争又会促使报价降低，因而对项目的费用控制更为有利。此外，采用比较规范的公开招标，公平竞争的招标程序和严谨的支付办法，能从制度上最大限度地防止贪污、浪费和欺诈行为。

2. 采购规划的内容和依据

1）采购规划的准备。项目采购是一项很复杂的工作。它不但应遵循一定的采购程序，更重要的是，项目组织及其采购代理人，在实施采购前必须清楚地知道所需采购的货物或服务的各种类目、性能规格、质量要求、数量等，必须了解并熟悉国内、国际市场的价格和供求情况、所需货物或服务的供求来源、外汇市场情况、国际贸易支付办法、保险、损失赔偿惯例等有关国内、国际贸易知识及商务方面的情报和知识。上述几个方面，都必须在采购准备及实施采购过程中细致而妥善地做好，以免采购工作的拖延、采购预算超支、不能采购到满意的或适用的货物或服务，而造成项目的损失，影响项目的顺利完成。

当然，项目组织不大可能全面掌握所需货物及服务在国际及国内市场上的供求情况和各承包商/供应商的产品性能规格及其价格等信息。这一任务要求项目组织、业主、采购代理机构通力合作来承担。采购代理机构尤其应该重视市场调查和信息，必要时还需要聘用咨询专家来帮助制定采购规划，提供有关信息，直至参与采购的全过程。

2）采购规划的内容。项目采购计划是在考虑了买卖双方之间关系之后，从采购者（买者）的角度来进行的。项目采购规划过程就是识别项目的哪些需要，可以通过从项目实施组织外部采购产品和设备来得到满足。采购规划应当考虑合同和分包合同（例如，买主经常希望对所有分包决策施加某种程度的影响或控制）。采购规划一般要对下列事项之一做出决策：

（1）通过一家总承包商采购所有或大部分所需要的货物和服务（例如，选择一家设计施工公司来完成一项基本建设设施；选择一家系统集成公司来研制某一电脑软件系统；成立一家合资企业承担一项工程项目）。在这种情况下，从询价到合同终止的各个过程都只要实施一次。

（2）向多家承包商采购很大部分需用的货物和服务。在这种情况下，从询价直至合同终止的各个采购过程都要在采购进行过程中的某个时候，为每一个采购活动实施一次。这种方法一般都要有订货和采购专家的支持才能进行。

（3）采购小部分需用的货物和服务。在这种情况下，从询价直到合同终止的各个采购过程要在采购进行过程中的某个时候，为每一个采购活动实施一次。这种方法在使用时，有没有订货和采购咨询专家的帮助都能进行。

（4）不采购货物和设备。这种方法常用于研究和科技开发项目（当实施组织不愿别人得到项目技术信息时）和许多小型的、机构内部的项目（当寻找和管理某种外部来源的费用可能超出潜在的节省时）。在这种情况下，从询价到合同终止的各个过程都不必实施。

3）采购规划的依据。

（1）范围说明。范围说明书说明了项目目前的界限，提供了在采购规划过程中必须考虑的项目要求和策略的重要资料。随着项目的进展，范围说明书可能需要修改或细化，以反映这些界限的所有变化。范围说明应当包括对项目的描述、定义，以及详细说明需要采购的产品类目的参考图或图表及其他信息。

（2）产品说明。项目产品（项目最终成果）的说明，提供了有关在采购计划过程中需要考虑的所有技术问题或注意事项的重要材料。

（3）采购活动所需的资源。项目实施组织若没有正式的订货单位，则项目管理班子将不得不自己提供资源和专业知识支持项目的各种采购活动。

（4）市场状况。采购计划过程必须考虑市场上有何种产品可以买到、从何处购买，以及采购的条款和条件是怎样的。

（5）其他计划结果。只要有其他计划结果可供使用（如项目成本初步估算、质量管理计划等），在采购计划过程中必须加以考虑。

3．采购规划常用的方法和工具

（1）自制或外购分析。利用平衡点分析法进行自制或外购选择决策分析，这是一种普遍采用的管理技术，可以用来确定某种具体的产品是否可由实施组织自己生产出来，而且成本又很节省。

（2）短期租赁或长期租赁分析。短期还是长期租赁，通常取决于财务上的考虑。根据项目对某租赁品的预计使用时间、租金高低来分析短期与长期租赁的成本平衡点。

（3）采购专家的介入。采购专家就是具有专门知识或经过训练的单位和个人。咨询公司、行业团体、有发展前景的承包商及项目实施组织内部的其他单位（如果有专门从事采购的职能部门，如合同部）可能都具备用于采购的专业知识。项目组织可以聘请采购专家作为顾问，甚至邀请他们直接参加采购过程。

（4）经济采购批量分析。按照采购管理的目的，需要通过合理的进货批量和进货时间，使存货的总成本最低，这个批量叫作经济采购量或经济批量。有了经济采购量，可以容易地找出最适宜的进货时间。

4．采购规划的结果

（1）采购管理计划。采购管理计划应当说明具体的采购过程将如何进行管理。它包括：
① 应当使用何种类型的合同。
② 是否需要有独立的估算作为评估标准，由谁负责，以及何时编制这些估算。
③ 项目实施组织是否有采购部门，项目管理组织在采购过程中自己能采取何种行动。
④ 是否需要使用标准的采购文件，从哪里找到这些标准文件。

根据项目的具体要求，采购管理计划可以是正式的，也可以是非正式的；可以非常详细，也可以很粗略。此计划是整体项目计划的补充部分。

（2）工程说明。工程说明也叫要求说明，它相当详细地说明了采购项目，以便潜在的承包商确定他们是否能够提供该采购项目的货物或服务。工程说明的详细程度可以视采购项目的性质、买主的要求或者预计的合同形式而异。

工程说明在采购过程中可能被修改和细化。每个单独的采购项目都要求有单独的工程说明。但是多种产品或服务可以组成一个采购项目，使用一个工程说明。工程说明应尽可能清晰、完整、简洁。

（3）自制或外购决策。对货物、土建工程和咨询服务，由项目团队做出书面的自制或外购决策，包括为应对识别的风险而决定购买保险或履约保函。

（4）变更请求的处理。

5.9.2 招标投标

1. 招标投标的概念与特征

招标投标是由招标人和投标人经过要约、承诺、择优选定、最终形成协议和合同关系的、平等主体之间的一种交易方式，是"法人"之间达成有偿、具有约束力的法律行为。

招标投标是商品经济发展到一定阶段的产物，是一种最高竞争性的采购方式。能为采购者带来经济、有质量的工程、货物或服务。因此，在政府及公共领域推行招标投标制，有利于节约国有资金，提高采购质量。

招标投标具有下述基本特征：

（1）平等性。招标投标的平等性，应从商品经济的本质属性来分析，商品经济的基本法则是等价交换。招标投标是独立法人之间的经济活动，按照平等、自愿、互利的原则和规范的程序进行，双方享有同等的权利和义务，受到法律的保护和监督。招标方应为所有投标者提供同等条件，让他们展开公平竞争。

（2）竞争性。招标投标的核心是竞争，按规定每次招标必须有三家以上投标者投标，这就形成了投标者之间的竞争，他们以各自的实力、信誉、服务、报价等优势，战胜其他的投标者。此外，在招标人与投标者之间也展开了竞争，招标人可以在招标者中间"择优选择"，有选择就有竞争。

（3）开放性。正规的招标投标活动，必须在公开发行的报刊上刊登招标公告，打破行业、部门、地区甚至国别的界限，打破所有制的封锁、干扰和垄断，在最大限度的范围内让所有符合条件的投标者前来投标，进行自由竞争。

2. 招标投标活动应遵循的基本原则

招标投标活动应当遵循公开、公平、公正和诚实信用的原则。

招标投标行为是市场经济的产物，并随着市场的发展而发展，必须遵循市场经济活动的基本原则。各国立法及国际惯例普遍确定，招标投标活动必须遵循"公开、公平、公正"的"三公"原则。例如，《世界银行贷款项目国内竞争性招标采购指南》规定："本指南的原则是充分竞争、程序公开、机会均等，一律公平地对待所有投标人，并根据事先公布的标准将合同授予最低评标价的投标人。"《联合国贸易法委员会货物、工程和服务采购示范法》在立法宗旨中写道："促进供应商和承包商为供应拟采购的货物、工程或服务进行竞争，规定给予所有供应商和承包商以公平和平等的待遇，促使采购过程诚实、公平，提高公众对采购过程的信任。"

招标投标在国际上应用较早，在西方经济市场国家，由于政府及公共部门的采购资金主要来源于企业、公民的税款和捐赠，提高采购效率，节省开支是纳税人和捐赠人对政府和公共部门提出的必然要求。因此，这些国家普遍在政府及公共采购领域推行招标投标，招标逐渐成为市场经济国家通行的一种采购制度。

我国从 20 世纪 80 年代初开始引入招标投标制度，先后在利用国外贷款、机电设备进口、建设工程发包、科研课题分配、出口商品配额分配等领域推行，取得了良好的经济效益和社会效益。从我国的实践看，这种采购方式对于约束交易者行为，创造平等竞争的市场环境，保障国有资金有效使用，起了积极的作用。但是招标投标活动中也存在一些突出的问题，例如，推行招标投标的力度不够，不少单位不愿意招标或想方设法规避招标；招标投标程序不规范；做法不统一，漏洞较多，不少项目有招标之名而无招标之实；招标投标中的不正当交易和腐败现象比较严重，吃回扣、钱权交易等违法犯罪行为时有发生；政企不分、对招标投标活动的行政干预过多；行政监督体制不顺，职责不清，在一定程度上助长了地方保护主义和部门保护主义。

为了规范招标投标活动，保护国家利益、社会公共利益和招标投标活动当事人的合法利益，提高经济效益，保证项目质量，1999 年 8 月 30 日经九届全国人大第十一次会议审议通过《中华人民共和国招标投标法》，已于 2000 年 1 月 1 日起实施。

3．招标投标的一般程序

（1）招标准备阶段。基本分为八个步骤：具有招标条件的单位填写招标申请书，报有关部门审批；获准后，组织招标班子和评标委员会；编制招标文件和标底；发布招标公告；审定投标单位；发放招标文件；组织招标会议；接受招标文件。

（2）投标准备阶段。根据招标公告或招标单位的邀请，投标单位选择符合本单位能力的项目，向招标单位提交投标意向，并提供资格证明文件和资料；资格预审通过后，组织投标班子，跟踪投标项目，购买招标文件；参加招标会议；编制投标文件，并在规定时间内报送给招标单位。

（3）开标评标阶段。按照招标公告规定的时间、地点，由招投标方派代表并有公证人在场的情况下，当众开标；招标方对投标者进行资料后审、询标、评标；投标方做好询标解答准备，接受询标质疑，等待评标决标。

（4）决标签约阶段。评标委员会提出评标意见，报送决定单位确定；依据决标内容向中标单位发出《中标通知书》；中标单位在接到通知书后，在规定的期限内与招标单位签订合同。

5.9.3 合同管理

1．项目合同管理概述

合同管理是项目采购管理的一个重要环节，无论什么类型的项目，无论项目各方签订了一个多么合理的合同，如果没有良好的合同管理，项目仍将不能达到预期的目标。合同管理直接关系到项目实施是否顺利，各方的利益是否能够得到保护。

项目合同是指项目业主或其代理人与项目承包人或供应人为完成一确定的项目所指向的目标或规定的内容，明确相互的权利义务关系而达成的协议。

合同管理指参与项目各方均应在合同实施过程中自觉、认真、严格地遵守所签订合同的各项规定和要求，按照各自的职责行使各自的权利、履行各自的义务、维护各方的权利，发扬协作精神，处理好各方的关系，做好各项管理工作，使项目目标得到完整的体现。所以，合同管理实质上就是采购或承发包合同的履约管理，对项目组织而言，它包括将适当的项目管理方法应用于合同的管理之中，以及将这些管理的成果集成到全面项目管理之中。

项目合同的类型可以按照不同的方法进行分类。按签约各方的关系，可以分为工程总承包合同、工程分包合同、货物购销合同、转包合同、劳务分包合同、劳务合同、联合承包合同等。按承包范围，可以分为交钥匙合同、设计—采购—施工合同、设计—采购合同、单项合同等。

项目合同除具有一般合同所具有的特点外，还具有其自身的特点，概括如下：

（1）合同涉及面广。项目一般涉及各方面的项目当事人和项目关系人，同样项目合同的签订必然也要涉及方方面面的当事人和关系人。

（2）合同条款多。由于项目的规模和复杂程度等原因，往往涉及的当事人、关系人较广，项目合同条款一般较多，还经常会涉及许多特殊的条款如保险、索赔等。

（3）合同标的（物）的多样性。凡属于项目规定的任何内容都可以成为项目合同的标的。

（4）签订形式正规。由于项目标的（物）的金额一般都较为巨大，项目当事人和项目关系人之间的关系较为复杂，因此合同的签订必须采用书面形式，且要严格符合要求，一般不同的项目合同都形成了自己较为规范的合同文本。

2. 项目合同管理的内容

（1）采购合同的实施。合同管理的主要内容是为实现项目采购计划而开展的合同的实施管理。项目组织应根据合同规定，监督和控制供应商或承包商的商品与劳务供应工作。

（2）报告供应的实施情况。项目组织要进行跟踪评价供应商或承包商的工作，这也被称为资源供应绩效报告管理。这项工作产生的供应绩效报告书能够为项目管理者提供有关供应商或承包商如何有效地达成合同目标的信息。这些信息是项目组织监控供应商或承包商提供资源的成本、进度及质量和技术成果的依据。

（3）采购质量控制。采购质量控制是保证项目所使用的资源符合质量要求的重要手段。在采购或承发包合同中一般都对交付物的检查和验收进行了规定。

（4）合同变更的控制。在采购合同的实施过程中，很可能由于合同双方的各种因素需要对合同条款进行变更。合同的变更会对双方的利益产生影响，因此需合同双方对于变更达成一致的意见。一般合同中，都有合同变更控制办法的规定，此外，国家有关法律对这种合同的变更也规定了一些法定程序。

（5）纠纷的解决。合同双方的争议和经济纠纷常常是因为合同变更引起的，一般情况下，合同纠纷的处理原则是，如果合同中有处理争议的条款，那么就按照合同条款中的办法处理；如果没有此类条款，那么可以请双方约定的第三方进行调解；如果双方对于第三方的调解不能达成一致，那么就应交付仲裁或诉讼来解决。

（6）项目组织内部对变更的认可。项目采购或承发包合同一旦发生变更，项目组织就必须让所有需要知道的组织内部人员了解和清楚这种变更，以及这种变更对整个项目所带来的影响，以确保合同的变更得到组织内部人员的认可，从而不会影响项目组织的士气和整个项目工作。采购合同变更的控制系统应该与全项目变更控制系统相结合。

（7）支付系统管理。对供应商或承包商的支付通常是由项目组织的可支付账户控制系统管理的。在有众多采购需求的较大项目中，项目组织可以开发自己的支付控制系统。项目组织通常应根据合同的规定，按照供应商或承包商提交的发货单或完工单对供应商或承包商进行付款活动，并严格管理这些支付活动。

5.9.4 合同收尾

合同收尾是合同的完成和结算，包括针对所有遗留问题的解决方案。合同收尾既是产品验收（所有工程是否合格、令人满意地竣工），也是行政收尾（更新记录及反映最后结果，并将其归档以备后用）。合同条款和条件可以规定合同收尾的具体手续。合同提前终止是合同收尾的特殊情况。

1. 合同收尾的依据

（1）合同文件。包括合同本身及其所有的支持表格、合同变更文件，所有承包商提出的技术文件，承包商进度报告，财务文件（如单据、付款记录及所有有关的检查结果）。

（2）项目管理计划。

2. 合同收尾的方法和工具

（1）采购审计。采购审计是指对从采购规划到合同管理的整个采购过程系统的审查。其目的是找出在本项目的采购上或实施组织内其他项目采购上可以借鉴的成功经验或失败之处。

（2）协商解决。在每个采购关系中，可通过谈判公正地解决全部未决事项、索赔和争议。如果通过直接谈判无法解决，则可以尝试替代争议解决方法，如调解或仲裁。当所有方法都失败时，只能选择向法院起诉的方法。

（3）合同档案管理系统。用于管理合同、采购文件和相关记录。

3. 合同收尾的结果

（1）可交付成果验收通知。买方通过其授权的合同管理员向卖方发出可交付成果被验收或被拒收的正式书面通知。

（2）合同文档。一套完整的编有索引的合同文件（包括已收尾的合同），并应将其纳入项目最终档案之中。

（3）经验教训记录。

5.10 项目变更管理

在项目的生存周期中，存在着各种因素不断干扰着项目的进行，使项目总是处于一个变化的环境之中。项目管理得再好，采用的管理方法再科学，也避免不了会发生变化。对于项目管理者来说，关键的问题是能够有效地预测可能发生的变化，以便采取预防措施，以实现项目的目标。

5.10.1 项目变更的类型

1. 项目变更的因素

项目变更是指对原来确定的项目计划基准的偏差，这些基准包括项目的目标、项目的范围、项目要求、内外部环境及项目的技术质量指标等。项目变化的规律可能因项目而异，但通常情况下，项目变化一般受以下因素的影响：

（1）项目的生存周期。项目的生存周期越长，项目的变化就越多，特别是项目的范围就越容易发生变更。

（2）项目的组织。项目的组织越科学、越有力，则越能有效制约项目的变化。反之，缺乏强有力的组织保障的项目较易发生变化。人员的流动、协调的困难、管理的随机性等都容易使项目产生较大的变化。

（3）项目经理的素质。高素质的项目经理善于在复杂多变的项目环境中应付自如，正确决策，从而使项目的变化不会造成对项目目标的影响。反之，在这样的环境中，则往往难以驾驭和控制项目。

（4）外部因素。引起项目变化的因素不仅来源于项目自身，更多的则是来源于项目的外部。例如，不良的天气，原材料、设备的供应，法律纠纷，团队成员的消极工作及有关方面的干预等因素都会使项目发生变化。

当然，除上述因素以外，还有其他若干因素。例如，项目要采用新技术、新方法，项目就可能发生变化；计划出现错误，项目需要变化；项目中原定的某项活动不能实现，项目也需要变化；项目的设计不合理，项目更需要变化，等等。

项目的变更更多的是来源于顾客的要求和项目团队对项目或服务的改进。随着项目的进展，顾客会越来越清楚地认识到一些在项目初期未能认识到的问题，因此会不断提出更改的要求；项目团队在项目实施过程中，也有可能不断改进技术或发现一些新的方法、工艺或材料。

2. 项目变更的类型

为了保证项目的顺利实现，处理项目变化的最根本的措施是变更。项目变更就是针对项目的变化状况，以实现项目的既定目标为前提，所采取的应变措施。

项目变更是一项复杂工作。对于可预见的项目变化，可以采取预防措施，以消除变化对项目的影响；而更多的是项目的变化无法预测，因此也就无法事先采取对策，以使项目发生合理的变更。

项目的变化要求项目变更,这种变更会发生在项目实施过程中的任一阶段。但根据项目的生存周期理论,项目的变更越早,损失就会越小;变更越迟,变更的难度就越大,损失也就越大。项目在失控的状态下,任何微小变化的积累,最终都可能导致项目质量、费用和进度的变更,这是一个从量变到质变的过程。

在项目进行过程中,项目的变更可能是由顾客引起的,也可能是由项目团队引起的或是由不可预见事件的发生引起的。下面分别举例说明。

(1)顾客引起的变更。例如,购房者向建筑商建议,房间应该更大些,窗户的位置应重新设置;顾客要求信息系统开发项目团队提高信息系统的能力,以生成以前未提到过的报告和图表。这些都是由顾客引起的变更,这些变更类型代表着对最初项目范围的变更,将会对项目的进度、费用产生影响。不过,影响程度取决于做出变更的时间。

(2)项目团队引起的变更。例如,在项目实施过程中,项目团队发现项目设计方案不合理,则提出设计变更建议。

(3)项目经理引起的变更。例如,某位负责为顾客开发自动发票系统的承约商提出,为了降低项目成本并加快进度,自动发票系统应该采用现成的标准化软件,而不是为顾客专门设计软件。

(4)计划的不完善引起的变更。在项目计划过程中,忽略了某些环节而引起的变更。例如,在建造房屋时,客户或承约商未将安装下水道列入工作范围,则应进行范围变更。

(5)不可预见事件引起的变更。例如,地质条件的变化使得原先的设计方案不能满足要求,则需要进行设计变更;暴风雨延缓了项目实施过程,则需进行进度变更。

5.10.2 项目变更的控制

项目变更会对项目产生影响,所以必须严格控制。

1. 项目变更控制的基本要求

(1)关于变更的协议。在项目早期,项目承约人和客户之间,项目经理和项目团队之间应就有关变更方式、过程等问题进行协商,并形成文件或协议。

(2)谨慎对待变更请求。对任何一方提出的变更请求,其他各方都应谨慎对待。

(3)制订变更计划。无论是由客户、承约商、项目经理、项目团队成员还是由不可预见事件的发生所引起的变更,都必须对项目计划涉及的范围、预算和进度等进行修改。一旦这些变更被各方同意,就应形成一个新的基准计划。

(4)变更的实施。变更计划确定后,应采取有效措施加以实施,以确保项目变更达到既定的效果。其步骤是:

① 明确界定项目变更的目标。
② 优选变更方案。
③ 做好变更记录。
④ 及时发布变更信息。

2．项目变更控制系统

建立用于协调和综合项目变更的正规变更控制程序的目的，一般如下：
（1）对所有提出的变更要求进行审查。
（2）明确所有任务间的冲突。
（3）将这些冲突转换成项目的质量、成本和进度。
（4）评估各变更要求的得与失。
（5）明确产出相同的各替代方案的变化。
（6）接受或否定变更要求。
（7）与所有相关团体就变更进行交流。
（8）确保变更合理实施。
（9）准备月报告，按时间总结所有的变更和项目冲突。

在建立正规项目变更控制系统的过程中，我们要遵照一些基本的工作方针，主要方针如下：
（1）所有项目合同都应包括有关计划、预算和交付物的变更要求的描述。
（2）提出变更必须递交项目变更申请。
（3）变更要经业主方及上级部门批准，在变更申请上签名。
（4）所有的变更在准备变更申请和评估之前，需与项目经理商讨。
（5）在变更申请完成并得到批准之后，必须对项目总计划进行修改，以反映出项目的变更，这样，项目变更申请就成了项目总计划的一部分。

5.11 项目验收与后评价

5.11.1 项目验收概述

1．项目验收的概念

项目验收又称范围确认或移交，是指项目结束或项目阶段结束时，项目团队将其成果交付给使用者之前，项目接受方会与项目团队、项目监理等有关方面对项目的工作成果进行审查，查核项目计划规定范围内的各项工作或活动是否已经完成，应交付的成果是否令人满意。若检查合格，将项目成果由项目接收方及时接收，实现投资转入生产或使用。同时，总结经验教训，为后续项目做准备。

对提前结束的项目或非正常结束的项目，通过验收查明哪些工作已经完成、完成到什么程度、哪些原因造成项目不能正常结束，并将核查结果记录在案，形成文件。

2．项目验收的分类

项目的目的、验收人的需要、项目的特点不同，验收的类别也不同，一般有如下几类验收：

(1) 按项目的生存周期分类，可分为合同期验收、中间验收和竣工验收。

(2) 按项目验收的范围分类，可分为部分验收和全部验收，或者称为单项工程验收和整体工程验收。

(3) 按项目的特点分类，可分为投资建设项目验收、生产性项目验收、研发项目验收、系统开发项目验收和服务项目验收等。

(4) 按项目验收的内容分类，可分为质量验收和文件验收。质量验收和文件验收是一般项目验收的两大部分，也是比较全面、准确地把握项目验收的基础。

3．项目验收的范围及方法

(1) 项目验收范围的确认及确认依据。项目验收范围是指项目验收的对象中，所包含的内容和方面，即在项目验收时，对哪些子项进行验收和对项目的哪些方面、哪些内容进行验收。

项目验收范围的确认是指对需要验收的内容进行科学、合理的界定，以保障项目各方的权益和明确各方的责任。要确认项目验收范围，不仅要明确项目的起点和终点，还要明确项目的最终成果及标志这些成果的各个子项。

项目验收的范围，从项目层次来看，原则上一切完整的子项或单元都应列入项目验收的范围，只是依项目的业主方不同，项目性质不同，其验收的形式不同。但所有列入固定资产投资计划的建设项目或单项工程，只要已按国家批准的设计文件所规定的内容建成；或工业投资项目经负荷试车考核，试生产期间能够正常生产出合格产品；或非工业投资项目符合设计要求，能够正常使用的，不论属于哪种建设性质，都应及时组织验收，办理固定资产移交。

项目验收范围确认主要依据项目合同、项目成果文档和工作成果等。

(2) 项目验收的方法。项目验收的方法是根据项目的不同特点，而灵活地采用不同的方法，在实际验收中采用观测的方法非常普遍。对于生产性项目，可采用试生产的方法，检验生产设备是否能达到设计要求；对于系统开发项目，可采用试运行方式检验项目成果的性能；对研发项目，可通过测试成果的各项物理、化学、生化等性能指标来检验；对服务性项目，一般用考核其经济效益或社会效益来验收。为了核实项目或项目阶段是否已按规定完成，验收时往往需要进行必要的测量、考察和试验等活动。

(3) 项目验收的结果。项目验收完成后，如果验收的成果符合项目目标规定的标准和相关的合同条款及法律法规，参加验收的项目团队和项目接收方人员应在事先准备好的文件上签字，表示接收方已正式认可并验收全部或部分阶段性成果。一般情况下，这种认可和验收可以附有条件，如软件开发项目在移交和验收时，可规定若在使用中发现软件有问题，软件使用者仍可以要求该软件项目开发人员协助解决。

4．项目验收的标准及依据

(1) 项目验收的一般标准。项目验收标准是判断项目成果是否达到目标要求的依据，因而应具有科学性和权威性。只有制定科学的标准，才能有效地验收项目结果。作为项目验收的标准，一般选用项目合同书、国标、行业标准和相关的政策法规、国际惯例等。

项目合同书规定了在项目实施过程中各项工作应遵守的标准、项目要达到的目标、项目成果的形式及对项目成果的要求等，它是项目实施管理、跟踪与控制的首要依据，具有法律效力。因而，在对项目进行验收时，最基本的标准就是项目合同书。

国标、行业标准和相关的政策法规，是比较科学的、被普遍接受的标准。项目验收时，如无特殊的规定，可参照国标、行业标准及相关的政策法规进行验收。

国际惯例是针对一些常识性的内容而言的，如无特殊说明，可参照国际惯例进行验收。

（2）项目验收的依据。在对项目进行验收时，主要依据项目的工作成果和成果文档。工作成果是项目实施后的结果，项目结束后，应当提供出一个令人满意的工作成果。因此，项目验收重点是针对工作成果进行检验和接收。工作成果验收合格，项目实施才可能最终完结。同时在进行项目验收时，项目团队必须向接收方出示说明项目（或项目阶段）成果的文档，如项目计划、技术要求说明书、技术文件、图纸等，以供审查。对不同类型的项目，成果文档包含的文件不同。

5. 项目验收的组织和程序

1）项目验收的组织。项目验收的组织是指对项目成果进行验收的组成人员及其组成。一般由项目接收方、项目团队和项目监理人员构成。但由于项目性质的不同，项目验收的组织构成差异较大，如对一般小型服务性项目，只由项目接收人员验收即可；甚至对内部项目，仅由项目经理验收即可。

2）项目验收的程序。项目验收依项目的大小、性质、特点的不同程序也不尽相同，对大型建设项目而言，由于验收环节较多、内容繁杂，因而验收的程序也相对复杂。对一般程序设计、软件开发或咨询等小项目，验收也相对简单一些。但项目验收一般应由下面这些过程组成：

（1）前期准备工作。
- 做好项目的收尾工作。
- 准备项目验收材料。
- 自检。
- 提出验收申请，报送验收材料。

（2）验收方应做好验收工作。
- 组成验收工作组或验收委员会。
- 项目材料验收。
- 现场（实物）初步验收。
- 正式验收。
- 签发项目验收合格文件。
- 办理固定资产形成和增列手续。

项目验收程序如图 5-19 所示。

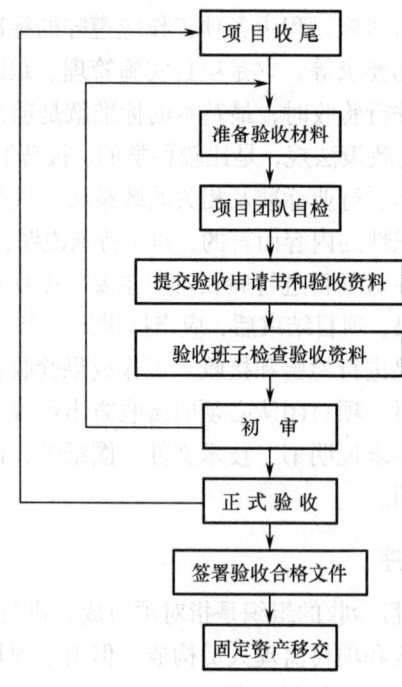

图 5-19 项目验收程序

5.11.2 项目文件验收

1. 项目文件验收的范围与内容

项目的不同阶段，形成文件的范围与内容也不同。

（1）项目概念阶段应验收、移交、归档的资料主要为：

① 项目机会研究报告及相关附件。

② 项目初步可行性研究报告及相关附件。

③ 项目详细可行性研究报告及相关附件。

④ 项目方案及论证报告。

⑤ 项目评估与决策报告。

（2）项目规划阶段应验收、移交、归档的文件主要为：

① 项目背景概况。

② 项目目标文件。

③ 项目范围规划说明书（包括项目成果简要描述、可交付成果清单）。

④ 项目范围管理计划。

⑤ 项目工作结构分解图。

⑥ 项目计划资料（包括完整的项目进度计划、质量计划、费用计划和资源计划）。

（3）项目实施阶段应验收、移交、归档的文件主要为：

① 全部项目的采购计划及工程说明。

② 全部项目采购合同的招标书和投标书（含未中标的标书）。

③ 全部合格供应商资料。
④ 完整的合同文件。
⑤ 全部合同变更文件、现场签证和设计变更等。
⑥ 项目实施计划、项目安全计划等。
⑦ 完整的项目进度报告。
⑧ 项目质量记录、会议记录、备忘录、各类通知等。
⑨ 进度、质量、费用、安全、范围等变更控制申请及签证。
⑩ 现场环境报告。
⑪ 质量事故、安全事故调查资料和处理报告等。
⑫ 第三方所做的各类试验、检验证明、报告等。
（4）项目收尾阶段应验收、移交、归档的文件主要包括：
① 项目竣工图。
② 项目竣工报告。
③ 项目质量验收报告。
④ 项目后评价资料。
⑤ 项目审计报告。
⑥ 项目交接报告。

2. 项目文件验收的依据与程序

项目文件验收的依据主要为：
（1）合同中有关资料的条款要求。
（2）国家关于项目资料档案的法规、政策性规定和要求。
（3）国际惯例等。
项目文件验收的程序如下：
（1）项目团队依据项目进行的不同时期，按合同条款有关资料验收的范围及清单，准备完整的项目文件。文件准备完毕后，由项目经理组织项目团队自检和预验收，合格后将文件装订成册，按文档管理方式妥善保管，并送交项目验收方进行验收。
（2）项目验收班子在收到项目团队送交的验收申请和所有相关的项目文件后，应组织人员按合同资料清单或档案法规的要求，对项目文件进行验收、清点。对验收合格的项目文件立卷、归档；对验收不合格或有缺损的文件，通知项目团队，采取措施进行修改或补充。只有项目文件验收完全合格，才能进行项目的整体验收。
（3）当所有的项目文件全部验收合格时，项目团队与项目接收方才能对项目文件验收报告进行确认和签章，形成项目文件验收结果。

3. 项目文件验收的结果

项目文件验收结果一般包括项目文件档案和项目文件验收报告。
项目文件档案既是项目文件的卷宗，也是项目文件的结果。一套完整的项目文件档案，就是一个项目的历史。

项目文件验收报告表明了对项目文件质量的客观评价，也构成了项目验收的主要内容。对于某些咨询类、策划类的项目，项目文件验收就是项目的成果验收，因而合格的项目文件验收结果非常重要。

5.11.3 项目交接与清算

1. 项目交接与清算的概念

1）项目交接。项目交接是指全部合同收尾后，在政府项目监管部门或社会第三方中介组织协助下，项目业主与全部项目参与方之间进行项目所有权移交的过程。

项目能否顺利移交取决于项目是否顺利通过了竣工验收。在项目收尾阶段，主要工作由项目竣工、竣工验收和项目交接等三项组成。三者之间紧密联系，但三者又是不同的概念和过程。项目竣工验收是项目交接的前提，交接是项目收尾的最后工作内容，是项目管理的完结。项目竣工、验收与交接三者的关系如图 5-20 所示。

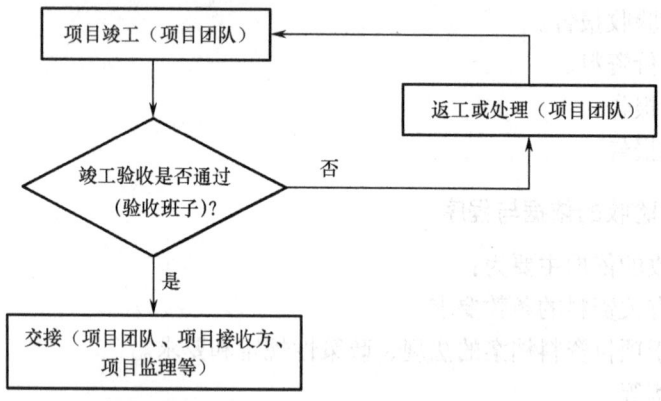

图 5-20　项目竣工、验收与交接三者的关系

2）项目清算。在项目结尾阶段，如果项目达到预期的效果，就是正常的项目竣工、验收、移交过程；如果项目没有达到预期的效果，并且由于种种原因已不能达到预期的效果，这时项目已没有可能或没有必要进行下去了，就此终止项目，这时项目的收尾就是清算，项目清算是非正常的项目终止过程。

项目是否进行清算是依据一定条件来判定的，如果项目存在下列情况之一（但不限于下列情况），便应果断进行清算：

（1）项目决策失误，由于在项目概念阶段工作有误，造成项目决策失误。其结果必然导致项目失败，因而，必须及时清算。

（2）项目规划、设计中出现重大技术方向错误，造成项目的计划不可能实现，这种情况也要进行清算。

（3）项目实施过程中出现重大质量事故，并且不可挽回，项目如果继续进行，从经济上不划算，从社会效益上衡量也无价值了。这时，只有立即进行清算才是明智的选择。

（4）项目虽然顺利进行了交接，但在项目试运行过程中发现项目的技术性能指标或经济效益无法达到项目概念设计的目标，项目的经济或社会价值无法实现，即项目的后评价中认为该项目从技术、经济和社会效益几个方面评价都不合适,因而,必须进行项目清算。

(5)因为资金无法近期到位并且无法确定可能到位的具体期限,出现"烂尾项目"。这种因受资金制约的项目有时也只好进行清算。

(6)由于制约项目运行的相关新政策的出台(如环保政策等),使项目的继续进行成为不可能,也必须进行清算。

(7)其他不可预见因素,造成项目清算。

项目清算是项目业主和项目团队都不希望出现的事件,但是依据具体情况及时、果断地进行项目清算,无论是对业主还是项目团队都是必要的。对于项目业主,如果出现项目不能顺利进行的情况,以"壮士断腕"的勇气,果断地进行项目清算,是最大限度减少损失的唯一方法和途径。对于项目团队,在无回天之力的情况下,促使项目业主尽快清算,可减轻对项目承担的责任,是尽快开展新项目的有利举措。对于国家,当项目无意义时,尽快清算,结束项目,可减少对资源的占用和浪费。因而,对不能成功结束的项目,要根据情况,尽快进行清算。

2. 项目交接的依据与程序

对于不同的行业,不同类型的项目,国家或相应的行业主管部门出台了各类项目交接的规程或规范。

工程项目经竣工验收合格后,便可办理工程交接手续,即将项目的所有权移交给建设单位。项目的移交包括项目实体移交和项目文件移交两部分。以工程项目移交为例,移交的内容如下:

(1)工程实体移交,即建(构)筑物实体和工程项目内所包括的各种设备实件的交接。

(2)工程技术档案文件移交。移交时,要编制"工程档案资料移交清单"。项目团队和业主按清单查阅清楚并认可后,双方在移交清单上签字盖章。移交清单一式两份,双方各自保存一份,以备查对。

(3)在办理工程项目交接前,项目团队要编制竣工结算书,以此作为向项目业主结算最终拨付的工程价款。而竣工结算书通过监理工程师审核,确认并签证后,才能通知银行与项目团队办理工程价款的拨付手续。

当项目的实体移交、文件资料移交和项目款项结清后,项目移交方和项目接收方将在项目移交报告上签字,形成项目交接报告。项目交接报告即构成项目交接的结果。

3. 项目清算的依据与程序

项目清算主要以合同为依据。在清算时,按照合同的有关条款,确定相应的责任和损失。

项目清算的程序:

(1)由业主召集项目团队、工程监理等相关人员组成项目清算小组。

(2)项目清算小组对项目进行的现状及已完成的部分,依据合同逐条进行检查。对项目已经进行的,并且符合合同要求的,免除相关部门和人员责任;对项目中不符合合同目标的,并有可能造成项目失败的工作,依合同条款进行责任确认、损失估算、索赔方案拟订等事宜的协商。

（3）找出造成项目流产的所有原因，总结经验。

（4）明确责任，确定损失，协商索赔方案，形成项目清算报告，合同各方在清算报告上签证，使之生效。

（5）协商不成则按合同的约定提起仲裁，或者直接向项目所在地的人民法院提起诉讼。

项目清算对于有效地结束不可能成功的项目，保证国家资源得到合理使用，增强社会的法律意识都有重要作用，因此，项目各方要树立依据项目实际情况，实事求是地对待项目成果的观念，如果清算，就应及时、客观地进行。

5.11.4 项目后评价

1. 项目后评价的概念

项目后评价是指对已经完成的项目（或规划）的目的、执行过程、效益、作用和影响所进行的系统的、客观的分析；通过项目活动实践的检查总结，确定项目预期的目标是否达到，项目或规划是否合理有效，项目的主要效益指标是否实现；通过分析评价找出成败的原因，总结经验教训；并通过及时有效的信息反馈，为提高未来新项目的决策水平和管理水平提供基础；同时也为后评价项目实施运营中出现的问题提出改进建议，从而达到提高投资效益的目的。

项目后评价通常在项目竣工以后项目运作阶段或项目结束之前进行，它的内容包括项目效益后评价和项目管理后评价。

项目后评价与项目前期的准备阶段的评估，在评估原则和方法上没有太大的区别，采用的都是定量与定性相结合的方法。但是由于两者的评价时点不同，目的也不完全相同，因此也存在一些区别。前期评估的重要判别标准是投资者要求获得收益率或基准收益率（社会折现率），而后评价的判别标准重点是对比前期评估的结论，主要采用对比的方法，这是后评价与前评估的主要区别。

2. 项目后评价的主要内容

基于现代项目后评价理论的发展，项目后评价应包括项目效益后评价和项目管理后评价两个方面内容。

（1）项目效益后评价。项目效益后评价是项目后评价理论的重要组成部分。它以项目投产后实际取得的效益（经济、社会、环境等）及其隐含在其中的技术影响为基础，重新测算项目的各项经济数据，得到相关的投资效果指标，然后将它们与项目前期评估时预测的有关经济效果值（如净现值、内部收益率、投资回收期等）、社会环境影响值（如环境质量值等）进行对比，评价和分析其偏差情况及其原因，吸取经验教训，从而为提高项目的投资管理水平和投资决策服务。项目效益后评价具体包括经济效益后评价、环境效益和社会效益后评价、项目可持续性后评价及项目综合效益后评价。

（2）项目管理后评价。项目管理后评价以项目竣工验收和项目效益后评价为基础，结合其他相关资料，对项目整个生存周期中各阶段管理工作进行评价。其目的是通过对项目各阶段管理工作的实际情况进行分析研究，形成项目管理情况的总体概念。通过分析、比较和评价，了解目前项目管理的水平。通过吸取经验和教训，以保证更好地完成以后的项目管理工作，促使项目预期目标更好地完成。项目管理后评价包括项目的过程后评价、项目综合管理后评价及项目管理者评价。

3. 项目后评价的程序与方法

1）项目后评价的程序。
（1）后评价项目的选定。
（2）项目后评价计划。
（3）项目后评价范围的确定。
（4）项目后评价咨询专家的选择。
（5）项目后评价的执行。
（6）项目后评价的报告。

2）国内项目后评价的四个阶段。
（1）项目自评阶段。
（2）行业或地方初审阶段。
（3）正式后评价阶段。
（4）成果反馈阶段。

3）项目后评价的常用方法。国内项目后评价的方法主要参考项目前期评估的评价方法和国际上通用的后评价方法，原国家计委和国家开发银行已经颁布了有关规定，并在不断地完善。

（1）统计预测的原理和方法。项目后评价包括项目已经发生事实的总结，以及对项目未来发展的预测。因此，在后评价中，只有具有统计意义的数据才是可比的，后评价时点前的统计数据是评价对比的基础，后评价时点的数据是对比的对象，后评价时点以后的数据是预测分析的依据。因此，项目后评价的总结和预测是以统计学原理和预测学原理为基础的。

（2）对比原则——有无对比法。后评价方法论的一条基本原则是对比法则，包括前后对比，预测和实际发生值的对比，有无项目的对比等比较法。对比的目的是要找出变化和差距，为提出问题和分析原因找到重点。

"有无对比"（With and Without Comparison）是指将项目实际发生的情况与若无项目可能发生的情况进行对比，以度量项目的真实效益、影响和作用。对比的重点是要分清项目作用的影响与项目以外作用的影响。这种对比用于项目的效益评价和影响评价，是项目后评价的一个重要方法论原则。这里说的"有"与"无"指的是评价的对象，即计划、规划或项目。

（3）逻辑框架法。逻辑框架法（Logical Framework Approach，LFA）是一种概念化论述项目的方法，即用一张简单的框图来清晰地分析一个复杂项目的内涵和关系，将几个内容相关、必须同步考虑的动态因素组合起来，通过分析其间的关系，从设计策划到目的目标等方面来评价一项活动或工作。

LFA 的核心概念是事物的因果逻辑关系,即"如果"提供了某种条件,"那么"就会产生某种结果;这些条件包括事物内在的因素和事物所需要的外部因素。LFA 为项目计划者和评价者提供一种分析框架,用以确定工作的范围和任务,并通过对项目目标和达到目标所需的手段进行逻辑关系的分析。

4. 项目后评价的结果

项目后评价的结果是后评价报告。

1)项目后评价报告的编写要求。项目后评价报告是评价结果的汇总,应真实反映情况,客观分析问题,认真总结经验。另外,后评价报告是反馈经验教训的主要文件形式,必须满足信息反馈的需要,而且后者显得更为重要。因此,后评价报告要有相对固定的内容格式,便于分解,便于计算机输录。

2)项目后评价报告的内容。一般项目后评价报告的内容包括项目背景、实施评价、效果评价和结论建议等几个部分。

(1)项目背景。项目背景主要应说明以下几点:
- 项目的目标和目的。
- 项目建设内容。
- 项目工期。
- 资金来源与安排。
- 项目后评价。

(2)项目实施评价。项目实施评价应简单说明项目实施的基本特点,对照项目评估找出主要变化,分析变化对项目效益影响的原因,讨论和评价这些因素及影响。

(3)效果评价。效果评价应分析项目所达到和实现的实际结果,根据项目运营和未来发展及可能实现的效益、作用和影响,评价项目的成果和作用。

(4)结论和经验教训。项目独立后评价报告的最后一部分内容包括项目的综合评价、结论、经验教训、建议对策等。

复习思考题

一、判断题

1. 项目需求建议书是承约商向客户发出的建议书。( )
2. 项目识别与需求识别的不同之处在于需求识别是承约商的一种行为,而项目识别是客户的行为。( )
3. 项目论证和项目评估没有本质的区别。( )
4. 国民经济评价和财务评价的评价目的相同,理论依据和评价方法也相同。( )
5. 现金流量表不能反映项目实际获取或支付现金的能力。( )
6. 项目融资对项目发起人实行全额追索。( )
7. 项目的发起人就是投资者。( )

8. 项目许可证的发放可以认为项目正式启动了。(　　)
9. 项目质量就是指项目成果的质量，它体现在项目最终产品的性能或使用价值上。(　　)
10. 项目质量管理包括质量计划、质量控制、质量改进三个过程。(　　)
11. 询价采购是招标采购的一种方式。(　　)
12. 项目全部的质量标准和验收依据都要在项目概念阶段完成。(　　)

二、单选题

1. 净现值与动态投资回收期两个指标之间的关系是(　　)。
A. 动态投资回收期越短，净现值越小　　B. 动态投资回收期越短，净现值越大
C. 两者成反比　　D. 不能确定两者之间的关系

2. 项目论证与项目评估的主要区别是(　　)。
A. 项目论证是投资方进行的工作，项目评估是第三方进行的工作
B. 项目评估是投资方进行的工作，项目论证是第三方进行的工作
C. 项目论证和项目评估所使用的评价方法不同
D. 项目论证和项目评估所使用的数据不同

3. 项目论证中国民经济评价与财务评价的不同点之一是(　　)。
A. 评价目的　　B. 理论依据和评价方法
C. 折现率　　D. 基本数据

4. 下列评价方法中属于静态评价方法的是(　　)。
A. 净现值法　　B. 内部收益率法
C. 现值指数法　　D. 追加投资回收期法

5. 工作分解结构的目的是(　　)。
A. 对完成项目所需工作的描述　　B. 制订风险计划
C. 项目团队成员进行沟通　　D. 估算项目工作量的多少

6. 工作包是(　　)。
A. 最低层次工作分解结构的可交付成果
B. 具有唯一标识的任务
C. 报告的要求水平
D. 可以被分配到一个以上组织单位的任务

7. 范围审核的一项重要特点是(　　)。
A. 改进成本估算　　B. 客户对项目结果的验收
C. 改进的进度估算　　D. 完善的项目管理信息系统

8. 你正在改造你的厨房并决定为此项目准备一个网络图，你必须购买好用具并于橱柜建成时准备安装，这种情况下，购买用具与建橱柜的关系是(　　)。
A. 开始—结束　　B. 开始—开始　　C. 结束—开始　　D. 结束—结束

9. 进度安排的灵活性是由(　　)决定的。
A. 自由时差　　B. 总时差　　C. 网络图　　D. 赶工

10. 编制进度计划的根本目的包括下列各项，除了(　　)。

A. 消减成本、缩减时间　　　　　　B. 减少决策所需的时间
C. 消除闲置时间　　　　　　　　　D. 制定较好的排除故障程序

11. PERT 和 CPM 网络的主要区别是（　　）。
A. PERT 需要三个时间估计而 CPM 只需要一个时间
B. PERT 用于建筑工程而 CPM 用于研发工程
C. PERT 只表达时间而 CPM 还包括了成本和资源可用性
D. PERT 需要计算机解决方案而 CPM 只需要人工技巧

12. （　　）通过估算最小任务的成本，再把所有任务的成本向上逐渐加总，从而计算出整个项目的总成本。
A. 总分预算估算法　　　　　　　　B. 自下而上估算法
C. 参数模型估算法　　　　　　　　D. 自上而下估算法

13. EAC 是对（　　）的定期评估。
A. 工作完成的成本　　　　　　　　B. 完成工作的价值
C. 项目完成时的预期总成本　　　　D. 到工作完成时将花费多少

14. 项目的质量管理过程不包括下面的（　　）。
A. 质量计划　　B. 质量保证　　C. 质量控制　　D. 质量验收

15. 质量计划和质量体系的区别在于（　　）。
A. 质量计划是为单独的产品、项目、服务或合同而准备的
B. 质量体系是为单独的产品、项目、服务或合同而准备的
C. 质量体系是以项目为单位描述质量保证
D. 质量体系被用于单独的组织实体，通常是质量保证部

16. （　　）不是采购管理计划需要说明的内容。
A. 合同类型　　B. 估算　　　C. 采购文件　　D. 工程说明

17. 招标采购可以分为（　　）。
A. 公开招标和协商招标　　　　　　B. 公开招标和邀请招标
C. 公开招标和询价招标　　　　　　D. 邀请招标和协商招标

18. 项目文件验收结果一般包括（　　）。
A. 项目文件档案、项目文件验收报告　　B. 项目成果文档、项目文件验收报告
C. 项目成果文档、项目文件档案　　　　D. 项目技术资料、项目文件验收报告

三、多选题

1. 需求建议书的内容包括（　　）。
A. 满足其需求的项目工作陈述　　　　B. 对项目的具体要求
C. 客户供应条款　　　　　　　　　　D. 客户付款方式

2. 不确定性分析的主要方法是（　　）。
A. 盈亏平衡分析　　B. 敏感性分析　　C. 概率分析　　D. 统计分析

3. BOT 模式的衍生形式包括（　　）。
A. BOOST 模式　　B. ROT 模式　　C. BT 模式　　D. PPP 模式

4. 项目总目标的描述，通常是针对（　　）的。

A. 团队组织　　　　B. 工作范围　　　C. 工期　　　　　　D. 成本
5. 范围定义对于下列活动（　　）是有必要的。
A. 项目完工时的评价　　　　　　　B. 改善成本、时间及资源估计的准确性
C. 确定项目计量及控制的基准　　　D. 明确责任分派
6. 项目结构分析的主要工作包括（　　）。
A. 项目的结构分解　　　　　　　　B. 项目单元的定义
C. 进度计划　　　　　　　　　　　D. 项目单元之间逻辑关系的分析
7. 工作延续时间估计的主要工具和方法有（　　）。
A. 专家判断　　　　B. 类比估计　　　C. 时间序列法预测　D. 回归分析法
8. 甘特图是一种简单直观的工具，可以用在（　　）。
A. 进度控制　　　　　　　　　　　B. 资源、费用计划编制
C. 网络图参数计算　　　　　　　　D. 资源优化
9. 资源计划的方法有（　　）。
A. 专家判断　　　　B. 选择确认　　　C. 数学模型　　　　D. 甘特图
10. 项目费用估计的方法有（　　）。
A. 类比估计法　　　B. 参数模型法　　C. 自上而下的方法　D. 自下而上的方法
11. 质量计划的输出结果有（　　）。
A. 质量管理计划　　B. 过程改进计划　C. 质量基准　　　　D. 质量衡量指标
12. 下列是项目后评价目的的是（　　）。
A. 总结经验，以改进决策和服务
B. 检查总结项目的实施过程
C. 以后评价为基点，预测项目未来的发展
D. 分析评价项目未来的收益

四、思考题

1. 举例说明项目构思的过程。
2. 为什么要进行项目论证？一般项目论证的主要内容有哪些？
3. BOT 融资模式有哪些优点和不足？
4. 通过实例说明项目目标的确定过程和如何描述项目总目标。
5. 请描述范围定义的依据和方法。
6. 简单描述项目质量管理的过程。
7. 采购规划的主要内容有哪些？
8. 招标投标可以分为几个阶段？具体包括哪些内容？
9. 项目合同管理的内容有哪些？
10. 按照验收的内容，项目验收可以分为什么？
11. 举例说明项目清算的原因。
12. 项目后评价的主要内容有哪些？
13. 项目前期评价与后评价的区别是什么？
14. 试编制在某一居民区建造一个公共澡堂的工作分解结构图。

五、案例

例1

某公司准备建设一个工业生产性项目，拟生产一种工业产品。该建设项目的基础数据如下：

（1）建设周期为1年，建设期的项目投资为800万元。

（2）项目第二年投产，运营期间，正常年份每年的销售收入为600万元，销售生产成本为300万元。

（3）投产的第1年生产能力仅为设计生产能力的60%，所以这一年的销售收入与销售生产成本均按正常年份的60%计算，投产的第2年及以后各年均达到设计生产能力。

问题

1. 假设项目过程中，投资、成本和收益均按年末计算，折现率为10%。根据上述数据，分析该公司从项目建设开始到第9年的现金流量情况，并编制项目现金流量表。

2. 根据现金流量表中的数据，计算项目的动态投资回收期（要求列算式）。如果该行业的标准投资收益率为20%，请问该项目的投资是否可行。

3. 假设该产品投产后，正常年份生产的年固定成本总额为400万元，产品的销售单价为5 000元/台，单位产品变动成本为2 000元/台，设计生产能力为3 000台/年，请计算该产品以设计生产能力利用率表示的盈亏平衡点。

例2

明星医院产品有限公司已经在研究和开发的级别上做了充分的新产品开发，从而对一种必会带来商业成功的产品——一种长效杀菌剂技术成功的可能性做出了较高的估计。公司已经指示其杀菌剂部在尽可能早的时候将产品投放市场，并要求制订一个从开发一直到生产开始的完整计划。生产开始之后的营销和其他计划将在此计划完成之后另外进行。

项目责任分配给了部门的研究与开发组，开发这一产品的专家马力被指派负责项目管理。同时需要公司其他部门，包括包装组、研究与开发组、公司工程设计、公司采购、医院产品制造组、包装产品制造组的协助。

马力很关心项目的范围。以他个人的经验，他知道产品的最终配方还未完成，虽然完成它只不过是例行公事，剩下要做的是有关颜色、香味和浓度的添加物而不是与性能有关的调整。所幸的是，主要的管理问题已被研究解决，并且他相信，由于他们已经在最终文件的基础上得到了批准，因而管理文件会在提交后很快得到批准。但是还有包装问题需要研究决定，包装的设计开发是他关心的主要问题之一。

为了更加深入地了解项目，马力会见了研究与开发组的副组长门德。

当马力问门德他的责任应当何时结束时，他的上级反问了他这个问题。马力对此早有准备。他说，他认为当试生产可以转到制造时，他在项目中的那份任务就做完了。他们依照公司的惯例达成一致：责任到制造过程达到95%产出率（成品），并达到每年全部生产目标1 000万升的80%为止。

门德说："但我想让你记住，你必须遵守所有现行的FDA、EPA、OSHA规则，而且你必须遵守公司的内部规范——9月制定的RD78-965。你应该知道现在的制造要严格按照全部书面制定的制造程序进行。"

在此次讨论之后,马力感到他对开始阻止他实现这些结果的局面有了足够的了解。工作的第一步是会见研究部主任杜森。

杜森说道:"如果你认为你可以只从完成配方下手,你就太天真了。你第一步要研究产品的原理(a),这是根据公司政策正式规定的程序。销售部门的期望在此阶段输入,制造部门希望他们的声音被听到,而你要在公司内各个有关部门那里得到批准。所有这些都要经董事会审查。只要你做了你的这些课外作业你应该就没有什么问题了,只是做完这些可能要花 8 周的时间。"

马力:"事情大概已有个眉目了,我准备花 12 周开发配方(b),你知道,只有配方完成,我才能制定产品技术要求(c),这又需要 3 周。"

"是的,但在你制定产品技术要求的同时,你可以制定管理文件(d),完整的内部技术要求不需要管理文件,但配方没完成不能开始制定管理文件。"

"是的,但我觉得在 3 周内既要准备文件又要得到各种批准,实在强人所难。"

"哦,只要准备工作做得充分是可以完成的。当然,我不能说 3 周的估计与我们的其他时间估计一样肯定。我们只是需要更换代理处的人员,但这使我们陷入困境。而如果你完成了技术要求并得到批准,你就可以马上开始设计生产加工系统(g)。"

"是的,我多么希望能在这上面得到一点指导,但是设计师说不确定性太多,只有在技术要求和管理文件都得到批准他们才开始工作。他们行动得很快,设计生产加工系统从开始到完成需 6 周。"

"他们是一个好班子。马力,你当然知道你不必推迟开始项目的包装部分,你可以在产品原理研究一完就开始建立包装概念(e)。以我的经验,这要花整 8 周时间;你要使过程不停地进行下去。"

"这项一结束,我们就可以设计包装和它的用料(f),这要花大约 6 周时间。然后我们可以开始包装系统(h),这应该不超过 8 周。"马力总结着。此时他想到虽然杜森有非专业的知识,他还需要直接与制造部门的负责人谈谈。

"在生产加工与包装系统完成后的第一步,是对设备需求(i)做彻底的研究。"制造部负责人说,"这至少需要 4 周,而且要在准备主要设备清单(j)之前进行。当然,只要生产加工与包装系统一完成,就可以准备书面制造程序(q)。"

"确实可以在安装设备(p)之前结束书面程序吗?"马力问。

"问得好,不可以。你要做的是把第一步做了,10 周中的后 3 周等待设备安装的进行。"

"那么这意味着我真要分两阶段了,一段在安装设备前完成(q),另一段要等设备安装之后做(q')。"

"确实如此。现在你明白了你要做的最后一件事就是对设备进行试运转(r),这将表明你已经取得了满意的结果。"

"是的,因为这一工作包括寻找并排除故障,我估计要 6 周。"制造部经理表示同意。

马力继续说:"我还不能肯定的是所有的安装任务可不可以同时进行。"

"主要设备清单一完成,你就可以发出订单采购生产加工设备(k)、包装设备(l)和其他设施(m)。只要货物一到,各个设备、设施的安装就可以开始(n, o, p)。"

"你估计做这些工作需要多少时间?"马力问。制造部负责人估计按上述顺序购买各分系统设备的时间为 18 周、8 周、4 周,每项的安装时间都是 4 周。马力又说:"那么当我交出程序并表明我达到了 95%的产出率时,我就可以认为我的任务完成了。"制造部负责人同意马力的说法,但他提醒马力在他认为需要 3 周的主要设备清单准备和批准(j)之前,不能开始任何采购活动。

明星医院产品有限公司董事会将 12 月 10 日定为项目开始日期,并要求马力在提交他的计划时给出一个完成日期。委员会的要求表明,无论马力提出什么日期都是可以接受的,但马力知道他应该尽量缩短完成时间。不管怎样,他在制订进度计划方面的工作是明确的,他必须建立资源需求,并尽可能处理好日历时间的约束。

最后,马力必须得到一个资源估计,他决定通过做出一个活动清单和向每个参与部门询问其人员输入水平做出这个估计。调查结果如表 5-4 所示。

表 5-4 劳动力需求(人·周)

活动	包装分队	研究与开发组	设计	医院产品制造	包装产品制造	维修	采购	材料和其他费用(元)
a: 产品原理	1	12	1	1	2	0	0	0
b: 开发配方	0	16	4	2	0	0	0	500
c: 产品技术要求	1	6	3	1	1	0	1	0
d: 管理文件	0	12	4	2	0	0	0	0
e: 建立包装概念	12	8	4	2	8	0	2	4 000
f: 设计包装	12	2	3	0	3	0	3	2 000
g: 开发加工系统	0	18	12	12	0	0	0	0
h: 开发包装系统	24	8	8	0	8	0	2	0
i: 研究设备需求	0	4	16	2	2	0	0	0
j: 主要设备清单	0	1	3	0	0	0	1	0
k: 采购加工设备	0	1	1	1	0	0	7	40 000
l: 采购包装设备	1	0	1	0	1	0	9	160 000
m: 采购设施	0	0	1	0	1	1	6	30 000
n: 安装加工设备	0	2	4	8	0	4	1	4 000
o: 安装包装设备	2	0	4	0	8	4	1	8 000
p: 安装设施	0	0	5	5	5	10	1	6 000
q, q': 书面程序	5	5	5	10	15	10	0	5 000
r: 运行测试	3	6	6	6	6	6	0	0

出于整体计划的考虑,会计部告诉马力,他可以按 600 元/人·周的标准估算成本。这使他能与他的计划一起提供一个成本预测,总会计师说这是本来就要求的,而马力并不知道。

马力知道按公司的惯例要将下列内容作为计划的一部分提交给董事会:

(1)项目目标。

(2)工作分解结构。

（3）进度计划，可以是用单代号网络图与甘特图表示的，也可以是用双代号网络图表示的。
（4）关键路径与其总工期。
（5）分期劳动力需要（人力资源负荷图）。
① 每个部门的。
② 整个项目的。
（6）假设项目各项费用为均匀支付，项目成本需要（负荷图与累积曲线）。
（7）已进行了劳动力需要最佳均衡的进度计划。

问题

1. 设计上面提出计划的 8 个要素是什么？
2. 分析计划的潜在问题。
3. 分析计划的机会。
4. 董事会是否应通过此计划？为什么？

例 3

尽管李在 ABC 项目构思之时，就以助理项目经理的身份参加了项目，并在公司接收该项目时被任命为项目经理，但李的日子一直不好过，因为 ABC 项目一直处于失控状态。从实施第 1 天开始就超出计划日程，费用也超支。李发现职能部门经理把应分给他项目的资源用在他们自己"喜爱"的其他项目上。李因此而抱怨职能部门，但得到的是不要干预职能部门经理分配资源和预算的警告。大约 6 个月后，李被要求向公司经理和职能部门经理做进度报告。

李利用这次机会大发牢骚。李在报告中用大量的事实数据，分析和预测 ABC 项目将比计划进度滞后整整一年时间方能完成。李不满职能经理派来的工作下属，认为他们工作节奏太慢，不适合该项目的快节奏要求。李报告项目目前实际开支已超出预算 20%。

由于李对项目的充分认识和坦率评价，使对 ABC 项目不信任者看到了一线希望，职能部门经理也意识到他们在完成 ABC 项目上要起作用。由于大多数问题已经清楚，可以通过提供足够的人员和资源来解决问题。公司决定立即采取补救行动来支持李拯救 ABC 项目。

而事情的进行远不像李所想象的那样。之后，李不再向项目办公室报告，而是直接向经营经理报告。公司对该项目的兴趣变得非常强烈，要求他每星期一早上 7 点召开会议以检查项目的情况和追赶进度。李发现自己花了更多时间在文字处理、报告和为每星期一早上的会议准备工作而不是在 ABC 项目的决策与控制上。对于 ABC 项目，公司关心的是使计划回到原日程安排表上。李花了许多时间在复苏计划和建立人力资源上。

为了能紧密地跟踪 ABC 项目的进展状态，项目安排了 1 名程序经理助理。该助理认定 ABC 项目要想恢复原计划，必须把不同的问题计算机化并通过复杂的计算机程序跟踪实施进展。于是，公司又为李配备了 12 名员工来编制计算机程序。尽管这样，ABC 项目的进展状态却没有好转。而职能经理仍不为 ABC 项目提供充足的人员，因为他们认为李已从公司得到了足够的人员补充。

在花了约 5 万美元编写用于跟踪 ABC 项目进展问题的计算机程序之后，程序员才发现计算机无法处理程序目标。李与一计算机供应商讨论后，了解到要解决这个问题，还要花

1.5万美元用于编写程序和追加计算机储存容量。不仅如此,这一过程还要花上2个月时间方能实现。在这时,李决定放弃计算机程序。

  ABC项目已持续了1年半,但一个原型都未完成。项目落后进度计划9个月,超预算40%。李定期提供给客户项目进展报告,客户也十分清楚这些情况。李花了大量时间跟客户分析问题的原因并告诉他自己的纠偏措施。李还要对付的另一个问题是ABC项目的零件供应商的供应时间也落后于合同计划。

  在一个星期天的早上,李正在为他的客户收集报告时,公司的一个副总裁来找他。副总裁对李说:"李,对任何项目,名字列表中第一的就是项目负责人。这个项目,你的名字放在第一位。如果你不能将问题解决好,你在公司的位置就很危险了。"李不知道该说什么。他无权控制造成问题的职能经理,却要承担问题的责任。

  又3个月时间过去了。客户开始不耐烦了,他意识到ABC项目正陷入严重的困境之中,他要求项目经理所在公司经理和他的所有部下去看一看自己的工厂,并在一周内提出一个"很好"的报告。经理把李叫到他的办公室,说:"李,去看看我们的客户,带上3~4个职能经理,用尽你认为有用的办法,去安慰客户。"李和4个职能经理访问了客户,向客户做了长达4个多小时的报告,详细地陈述了项目中的问题及目前的进展情况。客户非常有礼貌,甚至说李的报告是一个极好的报告,但他完全不能接受报告的内容。项目仍落后6~8个月。客户要求每周汇报一次项目进展情况。客户还在李处安排了1名代表,以便提供客户服务。这么一来,项目就变得更热闹了。

  客户代表不断要求得到新的信息和发现新的问题。这导致了项目的许多变更。李对客户代表很不耐烦,不同意项目的改变,并在许多公开场合反对客户代表的变更请求。客户认为变更是不需要成本和追加投入的。这样客户与制造商之间的关系大大恶化。

  之后李被公司调离ABC项目,项目由罗接管,但出于同样的原因,在罗接任6个月后被公司调离。吴继续领导项目,终于在落后了进度计划1年后完成了ABC项目,总成本超预算40%。

  问题

1. 项目失控,谁应负最大责任?
2. 试评价李的控制手段。
3. 如果你是项目经理,将如何进行项目的控制管理?

第6章

项目管理支撑技术

本章要点

本章主要介绍项目管理支撑技术,包括项目利益相关者管理、项目信息与沟通管理、项目冲突管理、项目风险管理、项目 HSE 管理,并对每个部分的相关概念、内容、方法、技术与流程进行了详细阐述。项目管理支撑技术是成功项目管理不可缺少的组成部分,对更好地促进项目的实施具有保障作用。

引导案例　PowerStart 工程项目综合管理系统

工程项目是施工企业形象的窗口、管理体系的基石、企业效益的源泉。如何通过信息化工具有效快速地打造灵活规范的管理体系,实现可持续增长已成为众多施工企业的当务之急。然而,施工项目部业务管理流程不畅、内部沟通不及时、信息不对称、工程资料管理混乱、材料管理账目不清、项目进度不受控、现场管理随意性大等现象时有发生,工程项目部的管理有待进一步提高。

PowerStart 是普华科技为工程项目部打造的专业综合管理系统。该系统以现代项目管理思想为基础、以项目管理全生命周期为管理内容,为工程项目提供了一个项目管理的整体解决方案,创建了一个集成的信息化管理环境。

1. PowerStart 主要功能

PowerStart 以项目管理为核心,包含两条主线和四条副线。

(1) 项目管理的两条控制主线。进度控制性:项目主体计划、各种辅助(专项)计划的编制、审批和进度执行跟踪与控制。费用控制线:基于费用工作表的费用跟踪与控制,精细的人材机成本核算,挣得值管理。

(2) 项目管理的四条控制副线。工程合同控制线:合同的招投标、合同执行、支付、变更、索赔、结算等。人力、材料、机具、设备控制线:请购、招标、采购、催交、监造、到货、领用、租赁、结算、库管等。QHSE 控制线：规划、计划、检查、过程控制、统计分析等。OA 控制线：沟通、图纸、资料、档案、知识管理等。

2. PowerStart 系统特性

（1）PowerStart 融合了现代项目管理思想，兼顾国内施工项目的管理特点和习惯，使得项目经理能在先进项目管理体系的指导下运用 IT 技术对其项目进行科学化管理。

（2）PowerStart 提供清晰友好的人机对话界面，易操作、易维护，将项目管理体系和复杂的业务逻辑关系全部设计到软件后台，而将简单易懂的界面呈现给用户。

（3）PowerStart 通过 IT 技术实现项目管理全过程控制，将材料管理、设备管理、劳务分包、进度计划、质量安全、图纸文档都集成到统一的业务平台上进行处理，保证各业务模块之间数据的关联性和一致性。

（4）PowerStart 以主施工进度计划为龙头，其他各项计划为辅助，把所有与项目相关的管理事务都纳入计划控制体系。系统还以施工进度计划为核心将网络计划与流程有机结合起来。

（5）PowerStart 以合同、物资、劳务为成本控制核心。PowerStart 对项目成本控制主要通过合同管理、物资管理、劳务管理进行严格的事前预算、事中控制、事后决算，通过统一的业务信息平台将成本控制的核心紧密地联系在一起，随时进行动态查询，为项目经理决策提供准确的数据来源。

（6）PowerStart 通过对图纸文档和质量安全的辅助控制，保证施工过程中与其他参建方的顺畅沟通，同时对现场的质量、安全进行严格监控，规避质量、安全风险。

（7）PowerStart 系统内置的工作流引擎，支持日常办公事务处理，以及所有与项目管理相关业务的审批流转，这种以流程管理为纽带的方式实现了办公自动化，提高了工作的协作效率。

（8）PowerStart 具有强大的自定义报表和数据分析功能。采用类 Excel 的数据报表定义功能，支持用户快速、简单地定义需要的各种统计报表。基于商业智能（BI）的 OLAP 统计分析，为用户提供多维多角度的统计分析图表，通过直观的图形让用户及时了解项目上各种关键指标的值。

（9）灵活的数据交换功能。PowerStart 采用软件行业通用的数据交换格式，用户可以通过 Excel、XML 自由地进行数据的交换。

【案例点评】作为工程项目管理的信息化工具与技术，PowerStart 能帮助工程项目固化项目的各种既定业务流程，将纸质的工作流程和规章制度工具化、可视化、标准化，快速提升工程项目业务管理水平。无论是项目经理还是项目团队成员，都能够形成一个紧密协作的价值共同体，实现信息的共享，建立灵活高效的项目管控模式。

6.1 项目利益相关者管理

项目利益相关者管理包括用于开展下列工作的各个过程：识别能影响项目或受项目影响的全部人员、群体或组织，分析利益相关者对项目的期望和影响，制定合适的管理策略来有效调动利益相关者参与项目决策和执行。利益相关者管理还关注与利益相关者的持续沟通，以便了解利益相关者的需要和期望，解决实际发生的问题，管理利益冲突，促进利益相关者合理参与项目决策和活动。应该把利益相关者满意度作为一个关键的项目目标来进行管理。

6.1.1 利益相关者的概念

1. 定义

项目利益相关者（Project Stakeholder）是指与项目有一定利益关系的个人或组织，也就是项目的参与方及受项目运作影响或能够对项目运作产生影响的个人或组织。

传统项目管理主要侧重成本、进度、质量三方面的控制。但是随着经济的发展、社会的进步，项目利益相关者对项目管理的要求不断加强，相关利益主体的地位不断上升，对项目与其利益相关者关系的有效管理成为项目成功的关键。利益相关者是否满意，特别是终端客户是否满意成为衡量项目价值的重要标准之一。项目管理目标也从管理实现三大控制转变为让利益相关者满意。例如，建造澳大利亚悉尼歌剧院项目出现了严重的进度拖期和费用超支，用传统的三大约束作为尺度来衡量这个项目是失败的。可是，悉尼歌剧院落成后即成为澳大利亚公民引以自豪的建筑。几乎每一张澳大利亚的旅游明信片上都有该歌剧院的影子，澳大利亚公民认为这个项目取得了巨大成功。

按照米切尔的界定，利益相关者（Stakeholder）包含三个层次：

第一层次是指与组织存在利益关系的任何人、组织或机构是利益相关者。他们可以是内部的，如股东，也可能是外部的，如供应商。这一定义包括了既定的受益人和中间人、组织的支持者和反对者及决策层和非决策层。一般都包括股东、债权人、管理层、雇员、供应商、消费者、政府部门、社会传媒、相关的社会组织和社会团体、周边的社会成员等。

第二层次是指与组织有直接关系的人或团体。

第三层次是指在组织中投入了资源的人或团体，即凡是在组织投入了专用性资源共享的人或团体才是利益相关者。

2. 分类

（1）按照利益相关者与项目的不同影响关系，利益相关者可以分为：
- 主要利益相关者：与项目有合同关系的团体或个人，如业主方、承包方、设计方、供货方、监理方、信用机构。
- 次要利益相关者：那些与项目有隐性契约，但并未正式参与到项目的交易中，受项目影响或能够影响项目的团体或个人，如政府、公众、环保部门。

（2）根据利益相关者对项目控制权和掌握权的不同，项目利益相关者分为：
- 强利益相关者：对项目控制权及掌控权较强的利益相关者。
- 弱利益相关者：对项目控制权及掌控权较弱的利益相关者。

（3）以项目为界限，分为项目内部利益相关者和项目外部利益相关者。前者包括项目经理和项目成员。后者包括项目发起人、总经理、职能经理、项目客户（内部客户、外部客户）、分包商、供应商、政府。

（4）以企业为界限，分为项目内部利益相关者和项目外部利益相关者。前者包括项目发起人、项目经理、职能经理、总经理、内部客户及项目内部成员等。后者包括政府、分包商、外部客户、项目外部成员等。

6.1.2 识别利益相关者及其需求

每个项目都有利益相关者，他们受项目的积极或消极影响，或者能对项目施加积极或消极影响。有些利益相关者影响项目的能力有限，而有些利益相关者可能对项目及其期望结果有重大影响。项目经理正确识别并合理管理利益相关者的能力，能决定项目的成败。

识别利益相关者是识别能影响项目决策、活动或结果的个人、群体或组织，以及被项目决策、活动或结果所影响的个人、群体或组织，并分析和记录他们的相关信息的过程。这些信息包括他们的利益、参与度、相互依赖、影响力及对项目成功的潜在影响等。目的是帮助项目经理建立对各个利益相关者或利益相关者群体的适度关注。

1. 一般项目的利益相关者

项目成功的第一保证是利益相关者在项目整个生命周期中的有效协作。项目管理包含五个过程：启动、计划、实施、控制和收尾。如果缺乏利益相关者对其责任的承诺，这五个过程将会演变为：狂热、惶恐、寻找替罪羊、惩罚无辜者、表扬不该得到表扬的人。项目管理团队必须清楚谁是利益相关者，确定他们的要求和期望，然后根据他们的要求对其影响加以管理，确保项目取得成功。

一般项目的利益相关者及其主要关系描述如图 6-1 所示。

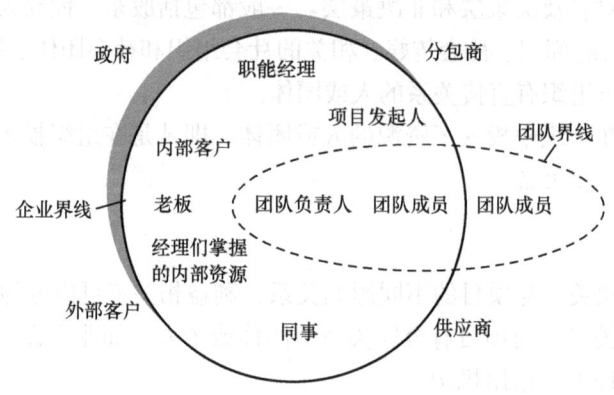

图 6-1 项目的利益相关者及其关系

（1）项目经理。负责管理项目的个人。项目经理是对保证按时、按照预算、按照工作范围及要求的性能水平完成项目全面负责的人。项目经理的作用对于项目的成功非常重要，但在很多情况下，项目经理的职权反而很弱，同时受制于其他利益相关者，而不能完全控制这些结果。

（2）项目发起人。项目发起人是首先实际命令执行项目的人或团体。他可能是客户，但在许多情况下，是第三方，如一位命令开发新产品的市场主任。项目发起人负责保证项目得到合适的预算款项、决定项目的总体计划、保证达到项目结果所需要的资源。

（3）客户或委托人。每个项目都有特定的客户，也叫委托人。它可能是个人、一个组织，也可能是由两个或更多的人组成的一个团体，或者对同一项目结果具有相同需求的许多组织。一般客户提出需求向被委托人提交需求建议书之时，也就是项目诞生之始。客户既是项目结果的需求者，也是项目实施的资金提供者。客户是项目交付成果的最终使用者，在一些情况下，客户是订购并支付的人，如建设建筑物、住宅或公路时；在其他情况下，客户是购买由项目开发出来及后来由公司生产出来的产品的人。

（4）项目管理团队。完成项目工作的团队及直接参与项目管理活动的团队成员。

（5）供应商。为项目的承约商提供原材料、设备、工具等物资设备的商人。为了确保项目实施的进度和质量，每一个承约商一般都有自己相对固定的供应商。长期的协作关系使得承约商和供应商之间有良好的信誉，这使承约商能有效地配置资源，供应商也能获得自己所期望的利润。

（6）分包商。由于现代项目技术复杂、工程量较大、客户要求较高，一般承约商在承接项目之后，都要将总项目中的一些子项目再转包给不同的分包商。分包商的参与，能有效地发挥各自的特长，使得项目能高质量地完成；但这同时也增加了项目管理的复杂性，使得分包商与承约商之间、各分包商之间，有时很难得到有效的沟通和协调。

（7）投资人。为项目提供现金或实物财力资源的个人或团体。

（8）被委托人或承约商。承接项目满足客户需求的项目承建方，又叫承约商。被委托人承接项目以后，根据客户的需求和要求，开始启动项目。从项目启动、规划到项目实施和结尾的整个管理过程中，被委托人始终处于主导地位。因此，被委托人素质和能力的高低直接关系着项目质量的高低，选择一个好的项目承约商，是创造高质量项目的关键。目前，客户大多用招标、投标的方式来挑选最佳的承约商。

（9）施加影响者。同项目产品的取得和使用没有直接关系，但是因其在顾客组织或实施组织中的地位而能够对项目的进程施加积极或消极影响的个人或集体。

（10）项目管理办公室。如果项目实施组织设立了项目管理办公室，并且对项目的结果负有直接或间接的责任，它就可能成为一个利益相关者。

例如，某路桥集团计划开发一个旅游项目，让游客乘坐旅游专车游览某大桥，然后从桥墩的电梯里下到第一个桥墩所在的某个岛屿，游客可以接着游览海岛。立项时邀请了市政府、公安局、交警等政府各方面领导的参加，会议最后通过了项目方案，批准立项。直到要进行通车典礼前几天，负责大桥的武警边防发了一纸公文到市里，说这个项目可能导致不法分子袭击，利用炸药炸毁大桥桥墩。这个旅游项目被迫终止，路桥集团投入的几百万元买的旅游车、花的广告费就此打了水漂。

2. 利益相关者的需求表达

利益相关者常常不是实施项目的专业人员，他们不能明确地表达自己的期望和需求。这需要项目组运用一些手段明确利益相关者的需要。

常用的方法是与每个利益相者进行一对一的访谈。通过提出以下问题作为访谈提纲：利益相关者是否对项目成功有经济的、情感的、政治的或者职业上的利益？什么原因导致利益相关者愿意成为项目的利益相关者？你想从利益相关者那里得到什么信息？你想从利益相关者那里得到什么援助？你对利益相关者抱有什么期望？你对利益者相关者的看法是什么？利益相关者希望从项目中得到什么信息？利益相关者希望从项目中得到什么援助？利益相关者对项目及其后果的期望是什么？利益相关者对项目和项目成员的看法是什么？谁会影响这个利益相关者，影响程度如何？这个利益相关者会影响谁，影响程度如何？这个利益相关者可能对项目产生积极的还是消极的影响？如果这个利益相关者是积极的，可以采取什么措施确保他一直保持积极？如果这个利益相关者是消极的，可以采取什么措施改变他的想法？如果这个利益相关者是消极的并且他的想法不会改变，应该如何管理来确保他对项目造成的消极影响最低？

6.1.3 利益相关者的管理过程

项目经理必须管理利益相关者的期望，这可能是件难事，但很重要，因为利益相关者的目标往往彼此相去甚远，甚至互相冲突。只有对利益相关者的需求和期望进行管理并施加影响，调动其积极因素，化解其消极的影响，才能确保项目获得成功。

利益相关者的管理是在整个项目生命周期中，与利益相关者进行沟通和协作，以满足其需要与期望，解决实际出现的问题，并促进利益相关者合理参与项目活动。其主要作用是帮助项目经理提升来自利益相关者的支持，并把利益相关者的抵制降到最低，从而显著提高项目成功的机会。

项目利益相关者的管理过程：

（1）项目利益相关者的识别：识别其需求和期望；识别其在项目中的贡献和作用；分析利益相关者之间的关系和历史渊源。

（2）项目利益相关者重要性分析。

（3）项目利益相关者支持度分析：按支持度依次递减的顺序，利益相关者主要有首倡者、内部支持者、较积极者、参与者、无所谓者、不积极者、反对者。

（4）项目利益相关者综合分析：项目利益相关者综合分析的常用方法是坐标格法，如图 6-2 所示。

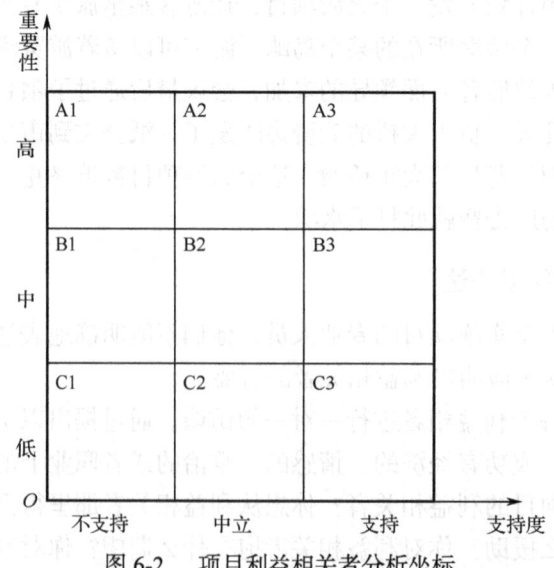

图 6-2　项目利益相关者分析坐标

（5）开发有效的应对利益相关者的策略：明确利益相关者的责权利，建立完美的信息沟通网络，维护和推动良好的合作伙伴关系，实施相互协调的差异化管理策略。

（6）执行、沟通和管理利益相关者计划的变更。

（7）记录得到的经验教训并将其应用到将来的项目中去。

表6-1是某市市政道路养护和维修项目的利益相关者及需求和利益期望分析。

表6-1 某市市政道路养护和维修项目的利益相关者分析

序号	利益相关者	项目中的角色	基本需求和期望	利益程度(高、中、低)	影响程度(高、中、低)
1	某市市政道路养护和维修工作组	管理者	期望：在保证工程质量的基础上养护和维修因气候等原因造成的损毁道路	高	高
2	承建方	建设者	需求：政府部门大力支持，市民的理解和支持 期望：按时完工，保证质量，获得报酬	高	高
3	工程监理部门	监督者	需求：承建方的支持和配合、相关的专家和技术人员 期望：保证工程质量、项目按时完成、资金的合理分配和使用	中	中
4	市民	受益者	配合、理解、支持	高	中
5	交管部门	辅助者	需求：市民的大力配合和理解 期望：项目按时完工，顺利进行，在最大程度上减少对交通的影响。保证红绿灯建设，保证出行安全	低	中
6	气象部门	辅助者	期望：顺利进行，项目按时完成	低	中
7	城市建设部门	辅助者	期望：保证道路绿化	低	中
8	自来水公司	辅助者	期望：在建设过程中，合理规划管道线路，保证居民用水	中	中
9	电力公司	辅助者	期望：保证施工用电，合理规划供电线路，保证居民用电	中	高
10	天然气公司	辅助者	期望：保证供气安全	中	低
11	公交公司	辅助者	期望：按时完工，合理规划公交线路	高	中
12	热力公司	辅助者	期望：合理规划管线，保证热力供应	中	中

6.2 项目信息与沟通管理

6.2.1 项目信息管理

1. 项目信息的含义与特点

项目信息是指报告、数据、计划、技术文件、会议等与项目实施直接或间接联系的各种信息。项目信息在整个项目实施过程中起着非常重要的作用,收集到的项目信息是否正确、能否及时地传递给项目利益相关者,将决定项目的成败。因此,一个项目要想顺利进行下去,就需要对项目信息进行系统科学的管理。

项目信息的特点:

(1)信息量大。这主要是因为项目本身涉及多部门、多环节、多专业、多用途、多渠道和多形式。

(2)系统性强。项目信息虽然数量庞大,却都集中于较为明确的项目对象中,因而容易系统化,从而为项目信息系统的建立和应用创造了非常有利的条件。

(3)传递障碍多。一条项目信息往往需要经历提取、收集、传播、存储及最终处理这样一个过程。在这一过程中通常会由于以下几个方面的原因造成项目信息传递障碍:信息传递人主观方面的因素,如对信息的理解能力、经验、知识的限制等;地区的间隔,部门的分散、专业的区别等;传递手段落后或使用不当。

(4)信息反馈滞后。信息反馈一般要经过加工、整理、传递,然后才能到决策者手中,因此往往滞后于物流,造成反馈不及时,从而影响信息及时发挥作用。

2. 项目信息的来源与形式

1)信息的来源。信息来源分为如下几种:

(1)记录。记录分为内部和外部两种。内部记录多为书面形式,如输出或输入的事例、存储记录、施工日志、技术方案、回忆录及信件等。外部记录是指从外部的各种渠道取得的资料,包括有关杂志、统计年鉴、公开发表的统计报告、报纸、言行等。

(2)抽样调查。常用的有机械抽样、随机抽样、分层分级抽样和整群抽样等。

(3)文件报告。这是指从组织内外的有关文件、报告中取得信息,如技术操作规程、竣工验收报告、工程情况进展报告、可行性研究报告、设计任务书等。

(4)业务会议。这是指通过召开各种会议,用座谈讨论的形式获取信息。

(5)直接观测。这是指管理者直接到现场观察或通过测量实际情况来收集所需要的信息。

(6)个人交谈,即通过个人之间交换意见的形式来获得信息。

2)信息的表现形式。信息的表现形式多种多样,归纳起来有如下四种:

(1)书面材料。包括图纸及说明书、工作条例和规定、施工组织设计、情况报告、谈话记录、报表、信件等提供的信息。

(2)个别谈话。包括口头分配任务、做指示、汇报、工作检查、建议、介绍情况等。
(3)集体口头形式。包括会议、工作人员集体讨论、培训班等。
(4)技术形式。包括听写器、广播器、电话、传真、录像、录音等。

3．项目信息的种类

项目信息在组织内部和该组织与外部环境之间不断地流动，从而构成了"信息流"。按不同流向，项目信息可分为如下几种：

(1)自上而下的项目信息。从项目经理流向中低层项目管理人员乃至具体工作队的信息，或者在分级管理时，每一个中间层次的机构向其下级逐级流动的信息。这些项目信息的信息源在上，信息接收者是其下属。

(2)自下而上的项目信息。下级向上级（一般是逐级向上）传递的信息。这些项目信息的信息源在下，而信息接收者在上。

(3)横向流动的项目信息。项目管理班子中同一层的工作部门或工作人员之间相互交流的信息。

(4)以顾问或经理办公室等综合部门为集散中心的项目信息。顾问室或经理办公室等综合部门为项目经理决策提供辅助资料，同时又是有关项目利益相关者信息的提供者。

(5)项目经理班子与环境之间流动的项目信息。项目管理班子与自己的领导、建设单位、设计单位、供应单位、建设银行、咨询单位、质量监督单位、国家有关管理部门，都需要进行信息交流。

4．项目信息管理的内容

项目信息管理是指对项目信息的收集、整理、处理、存储、传递与应用等一系列工作的总称。也就是把项目信息作为管理对象进行管理，其目的是根据项目信息的特点，有计划地组织信息沟通，以保持决策者能及时、准确地获得相应的信息。项目信息管理主要包括项目信息收集、项目信息传递、项目信息的归档和利用。

1)项目信息收集。项目信息收集是项目信息管理的一个重要环节，进行信息的有效收集要做到不漏不滥。因此，就要善于在项目不同阶段运用各种信息收集方式，保证信息及时和准确地传递。一般来讲，信息收集的主要方法有两类：第一类是直接到信息产生的现场去调查研究；第二类是收集、整理已有的信息情报资料，间接获取信息。

(1)现场调查研究。① 询问法。其方式有当面询问、会议调查、发函问卷调查、电话调查等。② 观察法。包括客户现场调查、使用现场调查、供应厂家现场调查等。③ 试验法。试验法指在本企业的全新产品或改进后的新产品正式投放市场以前，先进行小规模的试销活动，看顾客的动向。

(2)收集现有的管理信息。① 收集公开发行的报纸、杂志和书籍中的信息，从而可以推测或了解国家有关经济政策、法令的调整变化。② 收集计算机互联网和数据库中的信息。③ 内部信息的收集和积累，即收集企业生产技术活动中的原始记录和对有关原始记录进行过一定汇总和加工的分析报告等。

2)项目信息传递。将收集到的信息及时地传递到信息需求者手中是项目信息管理的一项重要内容,这就要求建立一套合理的信息传递制度,并使其标准化。同时还应该针对不同的信息,采用不同方式进行信息的有效传递。其不同方式如下。

(1)专人负责信息的传递。项目实施过程中各部门、各科、各组之间都有许多日常资料需要传递。一种方式是由专人负责,对于需要颁发的文件,信息人员先按照规定的份数复印,然后确定以下几个问题——是哪一种文件、制定的时间、是否修改过、将发给谁等,再按文件分配单进行分发。

(2)通过通信方式传递信息。通过信函、电话、电报、传真等方式进行项目信息的传递。

(3)通过会议方式进行信息传递。会议方式是项目信息传递的重要方式,包括关键会议、例会、告别会议。项目执行期间要召开各种各样的工作会议,如项目开工会议、项目进展报告会议、项目总结会议、项目协调会议等。合同开始履行后,必须在关键时刻召开关键会议,如图6-3所示。

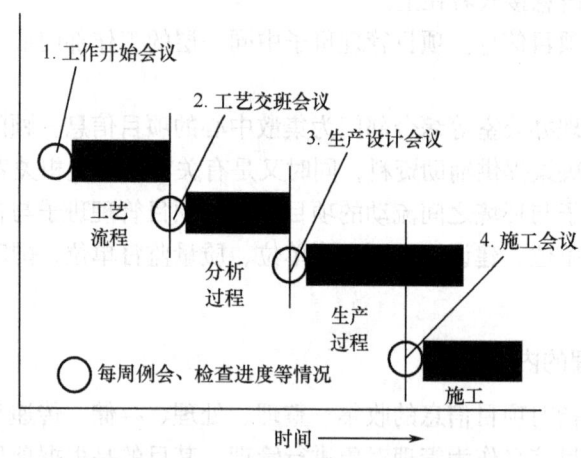

图6-3 项目实施中的关键会议

3)项目信息的归档和利用。对于收集到的资料数据,首先要经过鉴别、分析、汇总、归类,做出推测、判断、演绎。这是一个逻辑判断推理过程。因此,就必须做好会计核算、统计核算和经济活动分析等工作,这可借助于计算机进行。然后,要把有价值的原始资料数据及加工整理的信息,长期积累起来,以备查阅。手工管理信息可用"档案法"储存,在现代,应尽量采用电子计算机数据库或其他缩微系统,以便节省存储时间和空间。不论是存入档案库还是存入计算机的信息库、资料库,入库前都要做好分类编目,以方便查找和提取。因此,需要建立健全的检索系统,既可以使报表、文件、资料、人事和技术档案保存完好,又可以方便检索。

6.2.2 项目沟通管理

项目沟通管理是指对于项目管理过程中各种不同方式和不同内容的沟通活动的管理,其目标是保证有关项目的信息能够适时、以合理的方式产生、收集、处理、存储和交流。项目沟通管理是对项目信息和信息传递的内容、方法和过程的全面管理,是对人们交换思想和交流感情(与项目工作和项目团队有关的思想和感情)的活动与过程的全面管理。项

第 6 章 项目管理支撑技术

目管理人员和有关的人员都必须学会使用"项目语言"去发送和接收信息,项目管理人员必须管理和规范项目的沟通活动与沟通过程。

1. 项目沟通的含义

有效的项目沟通可以确保在适当的时间以低代价的方式使正确的信息被合适的人所获得。具体包括:

(1)相互理解。在项目管理过程中,沟通的首要问题是双方是否能够相互理解,包括对相互传递的信息的内容和含义的理解、对各自表达的思想和感情的理解等。

(2)提出和回应问题与要求。沟通就是双方关注、理解对方的问题和要求,然后做出回应,并进而提出自己的问题和要求的过程。

(3)交换信息和思想。项目沟通过程中的主要内容是交换信息和思想。信息是描述一个具体事务特性的数据,是支持一项决策的有用消息;思想则是一个人的感情和想法,包括期望、要求和命令等。二者是相互依存的。

(4)一种有意识的行为。在许多情况下,沟通受到主观意志的支配,所以沟通的效果在很大程度上受到双方主观意愿和情绪的影响。

2. 项目沟通的过程

在项目管理中,其沟通过程如图 6-4 所示。

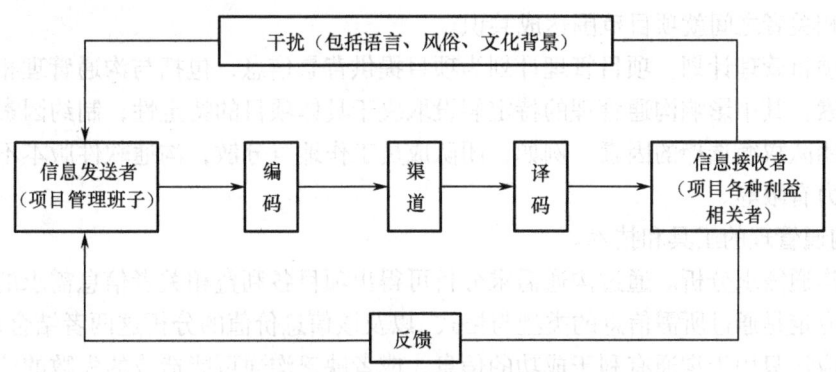

图 6-4 项目管理中的沟通过程

(1)编码。信息发送者在确定沟通的信息内容和思想想法后,要根据信息接收者的个性、知识水平和理解能力等多种因素,设法找到并使用信息接收者能够理解的语言、方法和表达方式,将自己要发送的信息或想法进行加工处理。

(2)渠道。沟通渠道的选择要根据所传递信息的特性、信息接收者的具体情况和沟通渠道的噪声干扰情况来确定。特别要考虑信息渠道是否畅通、是否噪声干扰过大、是否有利于信息反馈等因素。

(3)传送信息。信息的传递过程可以通过机器设备或者人们面对面交流等方式来实现。

(4)接收信息。信息的接收者必须全面关注并认真接收对方发送来的信息。特别是在面对面的沟通过程中,仔细倾听对方的讲述,全面接收对方用口头语言和肢体语言传递的信息是非常重要的。

（5）译码。译码是将已经接收到的信息，从初始形式转化为可以理解的形式的过程。

（6）反馈。反馈是指信息接收者在对信息发送者提供的信息有不清楚的地方、有回应或为了回应对方所做出的回馈，这是一种反向信息沟通的过程。

3. 沟通管理

项目沟通管理是确定利益相关者对信息与沟通的需求，主要包括谁需要何种信息、何时需要及应如何将其交到他们手中，同时包括保证及时与恰当地生成、收集、传播、存储、检索和最终处置项目信息所需的过程。虽然所有的项目都需要交流项目信息，但信息的需求和分发方法不大相同。识别利益相关者的信息需求，并确定满足这些需求的合适手段，是获得项目成功的重要保证。由于项目的组织结构对项目的沟通要求有重大影响，所以沟通管理往往与事业环境因素和组织影响密切相关。

1）沟通管理的依据。

（1）事业环境因素。事业环境因素包括组织或公司的文化与组成结构、政府或行业标准、基础设施、现有的人力资源、人事管理、公司工作核准制度、市场情况、利益相关者的风险承受力、商业数据库和项目管理信息系统等。

（2）组织过程资产。经验教训和历史信息是至关重要的依据信息，这些可从先前的类似项目中得到，可以为相关沟通问题的决策提出依据。

（3）项目范围说明书。项目范围说明书为未来的项目决策提供了文档化的基础，并在项目利益相关者之间就项目范围达成共识。

（4）项目管理计划。项目管理计划为项目提供背景信息，包括与沟通管理相关的假设和制约因素，其中影响沟通管理的特定假设取决于具体项目的特定性，制约因素是指限制项目管理团队权衡选择的因素。例如，团队成员工作地点分散，沟通软件版本不兼容，沟通技术能力有限等。

2）沟通管理的工具和技术。

（1）沟通需求分析。通过沟通需求分析可得出项目各利益相关者信息需求的总和。信息需求的界定是通过所需信息的类型与格式，以及该信息价值的分析这两者结合来完成的。项目资源应该只用于沟通有利于成功的信息，或者缺乏沟通可能造成的失败的信息。这并不是说不用发布坏消息，而是说，沟通需求分析的本质在于防止项目利益相关者因过多的细节内容而应接不暇。

沟通渠道或沟通路径的潜在数量可反映项目沟通的复杂程度。沟通渠道总量为 $n(n-1)/2$，其中，n 为利益相关者人数。假设项目的利益相关者为 10 人，则项目就具有多达 45 条的沟通渠道。因此，在项目沟通管理中，确定并限制谁与谁沟通，以及谁是消息接收者便成为一项极为关键的内容。确定项目沟通要求通常需要的信息包括：组织结构图，项目组织和利益相关者职责关系，项目中涉及的学科、部门和专业，多少人参与项目及在何地参与项目，内部信息需求（如跨越组织的沟通），外部信息需求（如与媒体或承包商的沟通），利益相关者的信息需求。

（2）沟通技术。在项目各部分之间来回传递信息所用的技术和方法很多，包括根据沟通的严肃性程度所分的正式沟通和非正式沟通，根据沟通的方向分为单向沟通和双向沟通、横向沟通和纵向沟通，根据沟通的工具分为书面沟通和口头沟通，等等。选用何种沟通技术以达到迅速、有效、快捷地传递信息主要取决于下列因素：
- 对信息要求的紧迫程度。例如，项目的成功是否依赖不断更新的信息，在想要时是否马上就能要到手？是否只要有定期发布的书面报告就够了？
- 技术的取得性。例如，项目已有的系统是否满足要求？项目的需求是否有理由要求扩大或缩小已有的系统？
- 预期的项目人员配备。沟通系统是否符合项目参与者的经验与特长？是否需要大量的培训与学习？
- 项目时间的长短。现有技术在项目结束前是否有变化的可能？
- 预期的项目环境。例如，所建立的通信系统是否适合项目参加者的经验和专业特长？是否需要进行广泛的培训和学习？

3）沟通管理的结果。

（1）分析确定项目的利益相关者。项目利益相关者就是积极参与该项目或其利益受到该项目影响的个人和组织。项目管理班子必须弄清楚项目利益相关者，确定他们的需要和期望是什么，然后对这些期望进行管理和施加影响，确保项目获得成功。

一般来说，项目利益相关者包括顾客和发起人、内部的和外部的业主和出资者、供应商和承包商、管理班子成员及其家庭、政府机构和新闻界、公民和整个社会等。

项目管理班子分析各种利益相关者的类型及信息要求，主要考虑下列因素：
- 考虑适合某种项目需求的方法和技术。
- 为项目成功提供所有的必需信息。
- 不要让资源浪费在不必要的信息或不适用的技术上。

（2）制订沟通管理计划。沟通管理计划是规定项目未来沟通管理的文件，它一般在项目初期阶段制订。可提供如下内容：
- 利益相关者沟通要求。
- 对要发布的消息的描述，包括格式、内容。
- 消息接收的人员或组织。
- 传达消息所需的技术或方法，如备忘录、电子邮件和新闻发布等。
- 沟通频率。
- 对下层无法解决的问题，确定问题上报的时间要求和管理链（名称）。
- 针对项目绩效的沟通管理计划更新与细化的方法。
- 通用词语表。

沟通管理计划也可包括项目状态会议、项目团队会议、网络会议和电子邮件等各方面的指导原则。根据项目需要，沟通计划可以是正式的、非正式的，也可以是非常详细的或仅仅粗线条的，具体如何计划应视项目的需要而定。沟通管理计划包含在项目总体管理计划内或是项目总体管理计划的一个从属部分，它的属性包括：
- 沟通项目。将向利益相关者发布的信息。
- 目的。发布信息的原因。
- 频率。发布信息的频繁程度。

- 起始/终结日期。发布信息的时间安排。
- 格式/媒介。信息的布局和传输方法。
- 责任。负责信息发布的团队成员。

沟通管理通常会形成额外的可交付成果，因此相应地需要额外的时间和精力，项目工作分解结构、项目进度计划和项目预算也需要相应的更新。

6.2.3 项目管理信息系统

1. 项目管理信息系统的概念

在当今企业环境中，很多管理信息系统被用于支持组织机构中的决策和职能，如计算机处理会计系统、人事管理系统、计算机辅助设计和制造系统等。但这些企业管理信息系统不能直接有效地应用于项目管理中。因为在项目管理过程中，项目经理必须超越职能部门的界限，整合各个职能部门的资源完成项目目标，而传统的企业管理信息系统是为使职能部门有效地实施其职责而设计开发的。因此，适合项目管理需求、以计算机为基础的项目管理信息和控制系统的开发是必要的。

项目管理信息系统（Project Management Information System，PMIS）是计算机辅助项目管理的工具，为项目目标的实现提供强有力的帮助。管理信息系统是基于计算机的信息管理系统，但主要用于企业的人、财、物、产、供、销的管理。项目管理信息系统与管理信息系统服务的对象和功能是不同的。

项目管理信息系统是以计算机软硬件、网络通信、数据库作为技术支撑，对项目整个生命周期中所产生的相关数据进行及时、正确、高效的管理，为项目所涉及的各类人员提供必要的高质量的信息服务，以实现项目进度、成本、质量各方面控制与协调的人机系统。它的设计开发包括以下三个方面：

（1）系统分析。通过系统分析，确定项目信息管理系统的目标，掌握整个系统的内容。

（2）系统设计。利用系统分析的结果进行系统设计，建立系统流程图，提出程序的详细技术资料，为程序设计做准备。

（3）系统实施。系统实施的内容包括程序设计与调试、系统转换、运行和维护、项目管理和系统评价。

20世纪70年代末到80年代初期，国际上已有项目管理信息系统的商品软件，项目管理信息系统现已被广泛应用于很多行业的项目管理中。应用项目管理信息系统的主要意义在于：

（1）实现项目管理数据的集中存储。
（2）有利于项目管理数据的检索和查询。
（3）提高项目管理数据处理的效率。
（4）确保项目管理数据处理的准确性。
（5）可方便地形成各种项目管理需要的报表。

2. 项目管理信息系统的主要功能

项目管理信息系统实现从项目启动到收尾全过程的数据管理及项目管理流程的优化、规范化管理。它覆盖项目范围管理、进度管理、成本管理、质量管理、风险管理、采购管理、沟通管理、资源管理及整合管理；在项目全生命周期范围内跟踪和监控项目进展和所有项目信息，管理与项目相关的活动，实现多用户、多级项目管理。项目管理信息系统主要包括项目管理、协同管理、文档管理及立项与评估管理等功能模块。

1）项目管理。项目管理信息系统实现对项目启动、规划、执行、监控和收尾全过程数据进行统一管理。

（1）项目启动过程。设置项目的初始化信息，为项目计划做准备，包括项目启动、项目人员获取、用户权限管理、角色管理等功能。

（2）项目规划过程。主要包括项目范围规划、进度规划和项目资源需求等子功能。计划是一项贯穿整个项目生命周期的持续不断的过程，实际管理过程中要注意计划的详细程度与项目的实际规模相匹配。

（3）项目执行过程。项目执行过程要完成的工作就是对各知识领域的跟踪，检查各领域的交付物或实际情况是否与计划相符，以确定计划是否需要变更和如何变更。它包括项目实际资源库、项目范围跟踪、项目进度跟踪、项目资源跟踪和申请管理等功能。

（4）项目监控过程。包括变更申请、变更执行、变更确认、变更浏览等功能。

（5）项目收尾过程。用于在项目完成后，对整个项目的经验教训等进行全面的总结，包括项目总结和项目状态设置。

2）协同管理。协同管理是企业内部的沟通交流平台，指多人共同完成一项或一批工作，需要交流传递信息，或者共用一批资源需进行协调。它能有效地实现知识共享、工作协同和管理协同。其中，工作协同是指多部门、多人共同完成和业务相关的事项；管理协同是指多部门、多人共同完成和管理相关的事项。工作协同和管理协同中都包含大量需要灵活定制的流程，目前通用和有效的解决方式是工作流引擎驱动这些流程的执行。协同管理包括个人事宜管理、公共信息功能、消息功能等。

（1）个人事宜管理。系统自动记录项目相关人员的任务及状态，项目成员可以随时查询和追溯，方便易用。

（2）公共信息功能。可发布公共信息，项目成员可及时得到与项目相关的最新信息，了解项目动向。

（3）消息功能。提供点对点的消息发送和接收功能，是项目相关人员之间信息交流和沟通的重要渠道之一。

3）文档管理。文档管理是对项目管理过程中各类文档进行有效的管理，包括文档创建、文档分类、文档审批、文档目录、文档模板、文档查询、文档权限等子功能，以保证项目文档的规范性和可追溯性。

（1）文档生命周期管理。在工作流引擎的支持下，实现文档的产生、更改、审批、修订和发布，并记录所有过程信息，实现项目生命周期的可追溯；正式发布的文件如需更改，同样要经过更改流程，保证文档的产生、发布和更改等均在受控的范围内进行。

（2）严格的文档权限控制。可按部门、角色类别等控制文档的查看、修改、删除等权限，既可实现文档最大范围的共享，又可保证文档使用范围的安全。

（3）按 WBS 管理项目文档。将项目文档与项目进度、任务密切相关，易于使用和查询。项目成员可在项目管理过程中直接将相关文档提交到项目任务节点上，系统自动按照项目结构组织和管理相关文档，实现了文档自动归档和管理，并能随时追溯文档与数据的历史过程。

4）立项与评估管理。项目立项管理主要功能包括项目启动管理、需求管理、交付物管理、方案管理、可行性报告管理和评审。项目评估管理主要功能包括评估方法管理、项目评估、评估成果推广和应用跟踪。

3. 项目信息门户

项目信息门户（Project Information Portal，PIP）是在对项目实施全过程中项目参与各方产生的信息和知识进行集中管理的基础上，为项目各参与方在互联网平台上提供一个获取个性化项目信息的单一入口，从而为项目参与各方提供一个高效的信息交流和协同工作的平台。

项目信息门户按其运行模式分类，有如下两种类型：

（1）PSWS（Project Specific Website）模式。为一个项目的信息处理服务而专门建立的项目专用门户网站，即专用门户。项目的主持单位应该购买商品门户的使用许可证或自行开发门户，并购置供门户运行的服务器及有关硬件设施和申请门户的网址。

（2）ASP（Application Service Provide）模式。应用服务提供商模式，由 ASP 服务商提供的为多个单位或多个项目服务的公用网站，也称公用门户。项目的主持单位和项目的各参与方成为 ASP 服务商的用户，无须购买商品门户产品，也无须购置供门户运行的服务器及有关硬件设施与申请门户的网址。

项目信息门户的核心功能包括项目各参与方的信息交流、项目文档管理和项目各参与方的协同工作。其应用价值如下：

（1）参与各方的信息交流和协同工作信息存储数字化和存储相对集中。

（2）信息处理和变换的程序化。

（3）信息传输的数字化和电子化。

（4）信息获取便捷，信息透明度高，信息流扁平化。

6.3 项目冲突管理

冲突是项目与生俱来的。无论是在工期、费用和质量这些核心的项目目标中，还是在项目利益相关者对项目的期望中，冲突无所不在。所以，项目经理在某种程度上就是冲突管理者。

6.3.1 项目冲突的来源

在项目环境中，冲突是不可避免的。在大多数情况下，冲突总是因人而起。如果采取正确的方式，这些冲突通常在不影响项目计划之前就能够被化解。认识冲突的起因和来源有助于更好地解决冲突。常见的冲突来源归纳如下。

1. 管理程序上的冲突

许多冲突来源于项目应如何管理，也就是项目经理的报告关系定义、责任定义、界面关系、项目工作范围、运行要求、实施的计划、与其他组织协商的工作协议及管理支持程序等。

2. 技术意见和性能权衡上的冲突

在面向技术的项目中，在技术质量、技术性能要求、技术权衡及实现性能的手段上都会发生冲突。如客户认为应该采用最先进的技术方案，而项目团队认为采用成熟的技术更为稳妥。

3. 资源分配的冲突

在资源分配中，人员是关键，可能在决定由谁（项目成员）来承担某项具体任务及分配资源数量的多少等方面产生冲突。因为项目团队成员有很多是来自其他职能部门或者支持部门的，这些人需要接受本部门的调度，而这些部门很有可能为多个项目提供资源支持。因此，在资源的调配和任务的分配上会出现冲突。

4. 进度计划冲突

冲突可能来源于对完成工作的次序及完成工作所需时间长短的意见不一。进度冲突往往与支持部门有关，项目经理对这些部门只有有限的权力进行控制，但是他们对工作优先权的考虑往往存在差异。例如，一件对项目经理来说十万火急的事在相应的支持部门处理时却只是较低的优先级。进度计划冲突有时还与人力资源问题有关。

5. 费用冲突

项目实施进程中，经常会由于工作所需费用的多少而产生冲突。例如，项目经理分配给各职能部门的资金总被认为相对于支持要求是不足的，工作包 A 的负责人会认为该工作包中预算过小，而常常认为其他工作包的预算过大。

6. 项目优先权的冲突

当人员被同时分配到几个不同的项目组中工作时，可能产生冲突。项目成员常常会对实现项目目标应该完成的工作或任务的先后次序有不同的看法。优先权冲突不仅发生在项目团队和其他支持团队（如职能部门）之间，在项目团队内部也会发生。这种冲突的发生往往是因为项目团队没有做过当前项目的类似经验，项目优先权在项目执行过程中与原来的设想发生了很大的变化，需要对关键资源进行重新安排，进度也会因此受到很大影响。

7. 个性冲突

这种冲突经常集中于个人的价值观、判断事物的标准等个性差别上，这并非技术上的问题。个性冲突往往起源于团队队员经常的"以自我为中心"。

有些冲突是有益的，比如，两个技术专家为谁有解决某个问题更好的方法而争论，他们都试图为各自的假设找到更多的支持资料。对于这些冲突，就应允许其继续。

有些冲突不可避免且持续重复发生。比如，原材料和产成品存货，制造部门希望在手头有尽可能多的原材料存货以便不削减产量，市场销售部门希望有更多的产品存货来满足顾客需求。然而，财务和会计希望原材料和产成品存货尽可能少，这样账目看起来更理想，也不会发生现金流量问题。

6.3.2 项目冲突的管理

为了进行有效的管理，使项目经理能够预见冲突的出现，了解冲突的性质，从而了解减少冲突的负面影响，项目管理专家把项目冲突和项目的生存周期结合起来，主要研究了三个问题。

1. 项目生存周期中主要冲突的平均强度

（1）冲突变动的影响因素。根据戴维·威尔蒙的研究，影响冲突强度的因素有如下几点：
① 项目班子成员的专业技术差异。
② 项目经理对项目支持人员和组织部门管理、奖励、惩罚的权力高低。
③ 项目班子成员对项目特定目标（费用、进度计划、技术性能）的理解程度。
④ 项目班子成员角色的明朗程度。
⑤ 项目班子对上级目标的一致程度。
⑥ 认为项目管理系统的实施侵占了他们传统角色的职能领域的成员的多少。
⑦ 支持项目组织单元间的相互依赖性。
⑧ 在项目或职能领域内管理的层次高低。

（2）不同阶段项目冲突的强度比较。把握冲突的强度非常关键，这就像在一个经济模型中，你需要把握每种经济变量的权重，只有这样才能清楚每种变量对经济现象（事物）作用力的大小。

图 6-5 反映了项目进程中冲突源的平均冲突强度。

从图 6-5 中可以看出，项目进度冲突强度最大，而队员的个性冲突通常被项目经理认为是较低强度的冲突，费用则是强度最低的一种冲突源。

2. 在项目生存周期的特定阶段冲突的强度

在项目生存周期的不同阶段，以上这七种冲突的强度也不尽相同。如果项目经理理解了项目冲突的来源和不同项目阶段冲突的主要原因，就很可能避免或减少潜在冲突的有害方面。图 6-6 为项目生命周期中冲突强度的相对分布。

从图 6-6 可以看出，费用、个性和管理程序基本排在冲突源的最后。成本费用不是主要的冲突因素，众多的项目实践也表明，虽然在各个阶段的费用控制很棘手，但强烈的冲突通常不会发生。费用冲突大多数是在前几阶段的基础上逐渐发展起来的，每一阶段并非项目问题的焦点。

第 6 章 项目管理支撑技术

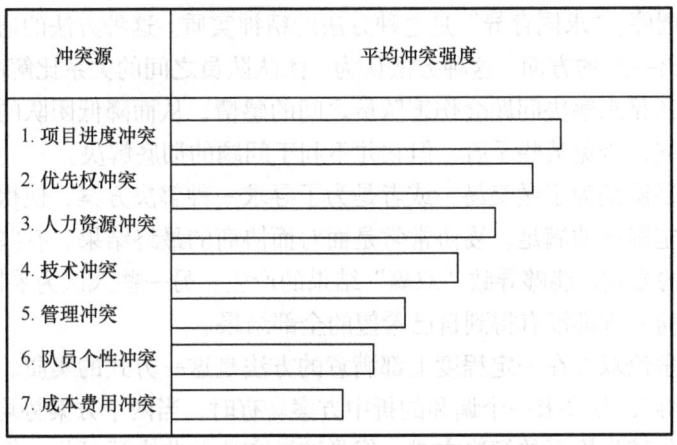

图 6-5 项目进程中冲突源的平均冲突强度

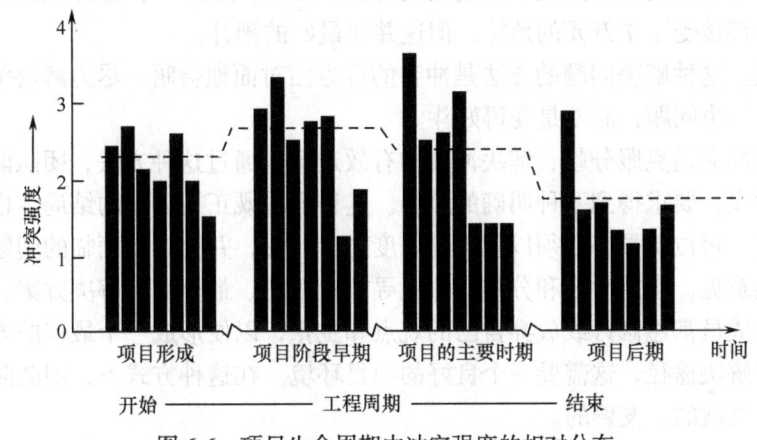

图 6-6 项目生命周期中冲突强度的相对分布

在结束阶段，技术和管理程序问题排在最后。道理很显然，当项目到达这个阶段时，大多数技术问题已经解决，管理程序问题也基本如此。

尽管不同的冲突源在项目生命周期中排序各不相同，但并不能反映各种冲突源的重要程度。

3．解决冲突的模式

虽然导致冲突的因素多种多样，且同一因素在不同的项目环境及同一项目的不同阶段可能呈现不同的性质，但是解决各种各样的冲突，还是有一些常用的方法和基本策略的。下面介绍解决冲突的五种基本策略。

（1）回避或撤退。回避或撤退的方法就是让卷入冲突的项目成员从这一状态中撤离出来，从而避免发生实质的或潜在的争端。有时，这种方法并不是一种积极的解决途径。它可能使冲突积累起来，而在后来逐步升级。

（2）竞争或强制。这种方法的精神实质就是"非赢即输"。它认为在冲突中获胜要比"勉强"保持人际关系更为重要。这是一种积极的冲突解决方式，冲突越厉害，就越容易采取这种方式，一方的获胜以另一方的失败为代价。

（3）缓和或调停。"求同存异"是这种方法的精神实质。这种方法的通常做法是忽视差异，在冲突中找出一致的方面。这种方法认为，团队队员之间的关系比解决问题更为重要，通过寻求不同的意见来解决问题会伤害队员之间的感情，从而降低团队的集体力。尽管这一方式能缓和冲突，避免某些矛盾，但它并不利于问题的彻底解决。

（4）妥协。妥协是为了做交易，或者是为了寻求一种解决方案，使得各方在离开的时候都能够得到一定程度的满足。妥协常常是面对面协商的最终结果。有些人认为妥协是一种"平等交换"的方式，能够导致"双赢"结果的产生。另一些人认为妥协是一种"双败"的结果，因为任何一方都没有得到自己希望的全部结果。

协商以寻求争论双方在一定程度上都满意的方法是这一方式的实质。这一冲突解决的主要特征是"妥协"，并寻求一个调和的折中方案。有时，当两个方案势均力敌、难分优劣之时，妥协也许是较为恰当的解决方式，但是这种方法并非永远可行。例如，项目团队的某位队员认为完成管道铺设的成本费用大概需要5万元，而另一个说至少需要10万元，经过妥协，双方都接受了7万元的预算，但这并非最好的预计。

（5）正视。这种解决问题的方法是冲突的各方面对面地会晤，尽力解决争端。此项方法应当侧重于解决问题，而不是变得好斗。

直接面对冲突是克服分歧、解决冲突的有效途径。通过这种方法，团队队员直接正视问题、正视冲突，要求得到一种明确的结局。这种方法既正视问题的结局，也重视团队成员之间的关系。每位队员都必须以积极的态度对待冲突，并愿意就面临的问题、面临的冲突广泛地交换意见。暴露冲突和分歧，才能寻求最好的、最全面的解决方案。由于新信息的交流，每位成员都愿修订或放弃自己的观点和主张，以便形成一个最佳的方案。这是一个积极的冲突解决途径，这需要一个良好的项目环境。在这种方式下，团队队员之间的关系是开放的、真诚的、友善的。

以诚待人、形成民主的讨论氛围是这种方式的关键。分歧和冲突能激发团队队员的讨论，在解决冲突时，绝不能夹杂个人的感情色彩。花更多的时间去理解其他成员的观点和方案，要善于处理而不是压制自己的情绪和想法。

6.4 项目风险管理

项目风险源于任何项目中都存在的不确定性，它是一种不确定事件或状况，一旦发生，会对至少一个项目目标如时间、费用、范围或质量目标产生积极或消极影响。风险既涉及威胁也涉及机会。风险管理的任务就是管理项目面临的各种风险（具体指风险的发生概率和风险发生的潜在影响）。其目的是以经济有效的方式采取行动，使风险达到令人满意的水平。要避免和减少损失，将威胁转化为机会，项目主体就必须了解项目风险的来源、性质和发生规律，在整个项目过程中积极并一贯地采取风险管理。

6.4.1 项目风险管理规划

风险管理规划是规划和设计如何进行项目风险管理的过程，包括定义项目组织及成员风险管理的行动方案及方式，选择合适的风险管理方法，为风险管理活动提供充足的资源和时间，并确立风险评估的基础等。风险管理规划过程应在项目规划过程的早期完成，它对于能否成功进行项目风险管理、完成项目目标至关重要。

1．项目风险管理规划的依据

项目风险管理规划以项目规划中所涉及的有关内容、项目组织及个人所经历和积累的风险管理经验，以及实践、决策者和责任方的授权情况、项目利益相关者对项目风险的敏感程度和可承受能力等为依据进行。

2．项目风险管理规划的方法和工具

项目风险管理规划一般通过规划会议的形式制定，参会者可包括项目经理、相关项目团队成员和利益相关者、组织中负责管理风险规划和应对活动的人员，以及其他相关人员。

会议确定实施风险管理活动的总体计划；确定用于风险管理的成本种类和进度活动，并将其分别纳入项目的预算和进度计划中；建立或评审风险应急储备的使用方法；分配风险管理职责；并根据具体项目的需要，来"剪裁"组织中有关风险类别和术语定义等的通用模板，如风险级别、不同风险的概率、对不同目标的影响及概率影响矩阵。如果组织中缺乏可供风险管理其他步骤使用的模板，会议也可能要制定这些模板。这些活动的输出将汇总在风险管理计划中。

3．项目风险管理规划的结果

项目风险管理规划的结果是形成风险管理计划。风险管理计划描述将如何安排与实施项目风险管理，它是项目管理计划的子计划。风险管理计划包括以下内容：

（1）方法。确定风险管理使用的方法、工具和数据资源，这些内容可随着项目阶段及风险评估情况做适当的调整。

（2）角色与职责。明确风险管理活动中领导者、支持者及参与者的角色定位、任务分工及各自的责任。

（3）预算。分配资源，并估算风险管理所需费用，将之纳入项目费用基准。

（4）时间周期。界定项目生命周期中风险管理过程的各运行阶段、过程评价、控制和变更的周期或频率。

（5）类型级别及说明。定义并说明风险评估和风险量化的类型级别。

（6）基准。明确定义由谁以何种方式采取风险应对行动。

（7）修改的利益相关者承受度。可在风险管理规划过程中对利益相关者的承受度进行修订，以适用于具体项目。

（8）汇报形式。规定风险管理各过程中应汇报或沟通的内容、范围、渠道及方式。汇报和沟通应包括项目团队内部之间的、项目外部与投资方之间的及其他利益相关者之间的

汇报与沟通。

（9）跟踪。规定如何以文档的方式记录项目过程中的风险及风险管理的过程，风险管理文档可以有效地用于对当前项目的管理、经验教训的总结及日后项目的指导。

6.4.2 项目风险识别

项目风险识别是指确定哪些风险会影响项目，并将其特性记载成文。风险识别是一项反复过程，随着项目生命期的进行，新风险可能出现，因此应当在项目的自始至终定期进行风险识别。表6-2列出了项目管理各阶段遇到的常见风险。

表6-2 项目管理各阶段遇到的常见风险

项目管理阶段	常见风险
启动阶段	目标不明确，项目范围不清，工作表述不全面，目标不现实，技术条件不够……
规划阶段	计划难以实现，资源分配不当，成本预算不合理，速度不合理，计划不够具体……
实施阶段	领导犹豫不决，没有高层管理者的支持，团队成员没有合作精神，沟通不当，通信设施阻碍工作，资源短缺，重要成员变动……
监控阶段	项目计划没有机动性，不能适应变化，管理不灵活，外部环境不断变化……
收尾阶段	中断项目，未达到预期目标，资金超出预算……

1. 项目风险识别的依据

（1）风险管理计划。风险管理计划向风险识别过程提供的主要依据信息包括角色和职责的分配、预算和进度计划中纳入的风险管理活动因素及风险类别。

（2）活动费用估算。对活动成本估算进行审查，有利于识别风险。

（3）活动持续时间估算。对活动持续时间估算进行审查，有利于识别与活动或整个项目的时间安排有关的风险。

（4）项目范围说明书。通过项目范围说明书可查到项目假设条件信息。有关项目假设条件的不确定性，应作为项目风险的潜在成因进行评估。

（5）工作分解结构。WBS是识别风险过程的关键依据，因为它方便人们同时从微观和宏观层面认识潜在风险。可以在总体、控制账户和/或工作包层级上识别，继而跟踪风险。

（6）利益相关者清单。应确保利益相关者（特别是关键的利益相关者）能以访谈或其他方式参与识别风险过程。

（7）其他项目管理计划。风险识别过程也要求对项目管理计划中的进度、费用和质量管理计划有所了解。通过对其他知识领域过程的成果进行审查来确定跨越整个项目的可能风险。

（8）环境因素。包括组织或公司的文化与组成结构、政府或行业标准、基础设施、现有的人力资源、人事管理、公司工作核准制度、市场情况、利益相关者风险承受力、商业数据库和项目管理信息系统等。

（9）组织过程资产。可以从先前的项目档案中获得相关信息，包括完成的进度表、风险数据、实现价值数据和经验教训等。

2. 项目风险识别的工具和技术

项目风险识别首先需要对制订的项目计划、项目假设条件和约束因素、与本项目具有可比性的已有项目的文档及其他信息进行综合会审。在会审的基础上应用头脑风暴法、面谈法和德尔菲法等信息收集技术获取新的信息资源并进行综合评审。

1）文件审查。对项目文件（包括计划、假设、先前的项目文档和其他信息）进行系统和结构性的审查。项目计划质量，所有计划之间的一致性及其与项目需求和假设条件的符合程度，均可表现为项目中的风险指示器。

2）信息收集技术。

（1）集思广益会。集思广益会的目的是取得一份综合的风险清单。集思广益会通常由项目团队人员参与，也可邀请不同学科专家来实施此项技术。在一位主持人的推动下，与会人员就项目的风险集思广益，可以以风险类别作为基础框架，然后再对风险进行分门别类，并进一步对其定义进行明确。

（2）德尔菲法。德尔菲法本质上是一种反馈匿名函询法。其做法是，在对所有要预测的问题征得专家的意见之后，进行整理、归纳、统计，再匿名反馈给各专家，再次征求意见，再集中，再反馈，直至得到稳定的意见。与其他专家预测方法相比，它具有三个明显特点，即匿名性、多次反馈、小组的统计回答。德尔菲技术有助于减少数据中的偏倚，并防止任何个人对结果产生不适当的影响。

（3）头脑风暴法。头脑风暴法注重想出主意的数量，而不是质量。这样做的目的是要团队想出尽可能多的风险因素，鼓励成员有新奇或突破常规的主意。

（4）访谈。通过访问有经验的项目参与者、利益相关者或某项问题的专家，可以识别风险。访谈是收集风险识别数据的主要方法之一。

（5）根本原因识别。指对项目风险的根本原因进行调查，通过识别根本原因来完善风险定义并按照成因对风险进行分类，通过考虑风险的根本原因，制定有效的风险应对措施。

3）核对表分析。核对表是基于以前类似项目信息及其他相关信息编制的风险识别核对图表。风险识别所用的核对表可根据历史资料，以往类似项目所积累的知识及其他信息来源着手制定。使用核对表的优点之一是风险识别过程迅速简便，其缺点之一就是所制定的核对表不可能包罗万象，且受到项目可比性的限制。

4）假设分析。每个项目都是根据一套假定、设想或者假设进行构思与制定的。假设分析是检验假设有效性（假设是否成立）的一种技术。它辨认不明确、不一致、不完整的假设对项目所造成的风险。

5）图解技术。图解技术包括如下三种：

（1）因果图，又称石川图或鱼骨图，用于识别风险的成因。

（2）系统或过程流程图。显示系统各要素之间如何相互联系，以及因果传导机制。

（3）影响图。显示因果影响，按时间顺序排列的事件，以及变量与结果之间的其他关系的图解表示法。

6）SWOT分析。综合项目的优势与劣势、机会与威胁方面，从多角度对项目风险进行识别与分析。

7）专家判断。拥有类似项目或业务领域经验的专家，可以直接识别风险。项目经理应该选择相关专家，邀请他们根据以往经验和专业知识指出可能的风险。但需要注意可能产生的专家偏见。

3. 项目风险识别的成果

项目风险识别之后要把结果整理出来，写成书面文件，为风险分析的其余步骤和分析管理做准备。风险识别过程的成果一般载入风险登记册中，形成风险登记册的最初记录。风险登记册的内容应在风险管理的后续过程中充实完善并及时更新。最初的风险登记册包括如下信息：

（1）已识别风险清单。对已识别风险进行描述，包括其根本原因、不确定的项目假设等。风险可涉及任何主题和方面，如关键路径上的几项重大活动具有很长的超前时间；港口的劳资争议将延迟交货，并拖延工期；一项项目管理计划中假设由10人参与项目，但实际上仅有6项资源可用，资源匮乏将影响完成工作所需的时间，同时相关活动将被拖延。

（2）潜在应对措施清单。在风险识别过程中，可识别出风险的潜在应对措施。如此确定的风险应对措施可作为风险应对规划过程的依据。

6.4.3 项目风险评估

项目风险评估是对风险进行定性分析，并依据风险对项目目标的影响程度对项目风险进行分级排序的过程。尽管评估过程经常包括主观判断，人们仍希望尽可能地将风险定量化。这种量化包括尽量确定各种结果发生的概率。

1. 项目风险评估的依据和过程

项目风险评估的依据：

（1）风险登记册。

（2）风险管理计划。风险管理计划中用于风险评估的关键因素包括风险管理角色和职责、风险管理预算和进度活动、风险类别、概率和影响的定义，以及概率和影响矩阵与修改后的利益相关者承受度。

（3）项目范围说明书。常见或反复性的项目对风险事件发生概率及其后果往往理解比较透彻。而采用最新技术或创新性技术的项目或者极其复杂的项目，其不确定性往往要大许多，可通过检查项目范围说明书对此进行评估。

（4）组织过程资产。可能影响风险评估过程的组织过程资产主要包括：
① 以往类似项目的信息。
② 风险专家对类似项目的研究。
③ 从行业或专有渠道获得的风险数据库。

项目风险评估的主要过程：

（1）对识别的每个风险项进行定性分析。评估该风险发生的可能性及风险可能发生的频率。评估风险一旦发生对项目的进度、成本、质量、范围等目标及其他项目目标可能造成的影响，同时对风险在项目的进展中可能发生的时间进行分析。

（2）分析是否需要进行风险的定量分析。如果需要，是否所有风险项都需要。

（3）根据需要，进行风险的定量分析。

（4）根据评价结果对项目风险进行排序，以加强对重要风险的关注和控制。

（5）对风险之间的关联及项目的整体风险等级进行评价。

（6）对在风险识别阶段形成的风险登记册进行充实和更新。

2．项目风险评估的主要工具和技术

（1）风险概率和影响评估。风险概率评估是指调查每项具体风险发生的可能性。风险影响评估旨在调查风险对项目目标（如时间、成本、范围或质量）的潜在影响，既包括消极影响或威胁，也包括积极影响或机会。

针对识别的每项风险，确定风险的概率和影响。可通过挑选对风险类别熟悉的人员，采用召开会议或进行访谈等方式对风险进行评估，其中包括项目团队成员和项目外部的专业人士。组织的历史数据库中关于风险方面的信息可能寥寥无几，此时，需要专家做出判断。由于参与者可能不具有风险评估方面的任何经验，因此需要由经验丰富的主持人引导讨论过程。根据评定的风险概率和影响级别，对风险进行等级评定。通常采用参照表的形式或概率和影响矩阵的形式，评估每项风险的重要性及其紧迫程度。概率和影响矩阵形式规定了各种风险概率和影响组合，并规定哪些组合被评定为高重要性、中重要性或低重要性。根据组织的偏好，可以使用描述性文字或使用数字表示。

（2）风险分类。可按照风险来源（使用风险分解矩阵）、受影响的项目区域（使用工作分解结构）或其他分类标准（如项目阶段），对项目风险进行分类，以确定受不确定性影响最大的项目区域。根据共同的根本原因对风险进行分类可有助于制定有效的风险应对措施。

（3）风险发展趋势评价方法。随着项目的进展，项目的风险评级可能增大或减小，趋势评估是对风险变化趋势进行评估的方法。

（4）项目假设前提评价及数据准确度评估。项目假设前提评价主要针对两个核心内容，即假设前提的稳定性和如果假设前提失误对项目目标造成的影响。

数据准确度方法是一种评价有关风险数据和信息对风险管理实用程度的技术。

3．项目风险评估的成果

风险登记册是在风险识别过程中形成的，在风险评估后根据风险评估的结果对其进行更新，更新的内容包括：

（1）项目风险的相对排序或优先级清单。

（2）按照类别分类的风险。

（3）需要在近期采取应对措施的风险清单。

（4）需要进一步分析与应对的分析清单。

（5）低优先级分析观察清单。

（6）风险评估结果趋势。

6.4.4 项目风险应对

项目风险应对是指为项目目标增加实现机会、减少失败威胁而制订方案，决定应采取对策的过程。风险应对过程在风险评估后进行，包括确认与指派相关个人或多人（简称"风险应对负责人"），对已得到认可并有资金支持的风险应对措施担负起职责。风险应对过程根据风险的优先级水平处理风险，在需要时，将在预算、进度计划和项目管理计划中加入资源和活动。风险应对措施必须适合风险的重要性水平，能经济有效地迎接挑战，必须在项目背景下及时应对并现实可行，而且风险应对措施应由所有相关方商定并由一名负责人负责。通常，需要从几个备选方案中选择一项最佳的风险应对措施。

1．项目风险应对的依据

（1）风险管理计划。风险管理计划的重要内容包括：角色和职责，风险分析定义，低风险、中等风险和高风险的风险限界值，进行项目风险管理所需的费用和时间。

（2）风险登记册。风险登记册最初是在风险识别过程中形成的，在风险评估过程中更新。风险应对计划过程中，在制定风险应对策略时，可能需要重新参考和考虑已识别的风险、风险的根本原因、潜在应对措施清单、风险负责人、征兆和警示。

就风险应对计划过程而言，风险登记册提供的主要依据包括：项目风险的相对等级或优先级清单，近期需要采取应对措施的风险清单，需要进一步分析和应对的风险清单，风险定性分析结果显示的趋势、根本原因，按照类别分类的风险，以及较低优先级风险的观察清单。

2．项目风险应对计划的工具和技术

项目风险应对可以从改变风险后果的性质、风险发生的概率或风险后果大小三个方面提出多种策略。对不同的风险采用不同的处置方法和策略，对同一个项目所面临的各种风险，可综合运用各种策略进行处理。具体采取哪一种或几种，取决于项目的风险形势。

1）消极风险或威胁的应对策略。通常使用回避、转嫁与减轻这三种策略应对项目存在的消极风险。

（1）回避。回避是指当项目风险潜在威胁发生可能性太大，不利后果也太严重，又无其他策略可用时，主动放弃项目或改变项目目标与行动方案，从而规避风险的一种策略。如果通过风险评价发现项目的实施将面临巨大的威胁，项目管理班子又没有别的办法控制风险，甚至保险公司也认为风险太大，拒绝承保，这时就应当考虑放弃项目的实施，避免巨大的人员伤亡和财产损失。

（2）转嫁。转嫁指设法将风险的后果连同应对的责任转移到第三方身上。转嫁风险实际上只是把风险管理责任推给另一方，而并非将其排除。对于金融风险而言，风险转嫁策略最有效。风险转嫁策略往往需要向风险承担者支付风险费用，转嫁风险主要有四种方式：出售、发包、开脱责任合同及保险与担保。

（3）减轻。减轻是指设法把不利的风险事件的概率或后果降低到一个可接受的临界值。提前采取行动减少风险发生的概率或者减少其对项目所造成的影响，比在风险发生后进行补救要有效得多。此策略的目标是降低风险发生的可能性或减少后果的不利影响。具体目标是什么，则在很大程度上要看风险是已知风险、可预测风险还是不可预测风险。

（4）预防。预防策略通常采取有形和无形的手段。工程法是一种有形的手段。此法以工程技术为手段，消除物质性风险威胁。例如，为了防止山区区段山体滑坡危害高速公路过往车辆和公路自身，可采用岩锚技术锚住松动的山体，增加因为开挖而破坏了的山体稳定性。无形的风险预防手段有教育法和程序法。

2）积极风险或机会的应对策略。通常采用开拓、分享和提高三种策略应对项目存在的积极风险。

（1）开拓。该项策略的目标在于通过确保机会肯定实现而消除与特定积极风险相关的不确定性。直接开拓措施包括为项目分配更多的有能力的资源，以便缩短完成时间或实现超过最初预期的高质量。

（2）分享。分享积极风险指将风险的责任分配给最能为项目利益获取机会的第三方，包括建立风险分享合作关系，或者专门为机会管理目的形成团队、特殊目的项目公司或合作合资企业。

（3）提高。该策略旨在通过提高积极风险的概率或其积极影响，识别并最大程度发挥这些积极风险的驱动因素，致力于改变机会的"大小"。通过促进或增强机会的成因，积极强化其触发条件，提高机会发生的概率，也可着重针对影响驱动因素以提高项目机会。

3）应急应对策略。对于有些风险，如果认为可提供充足的预警，则项目团队可制订一项应对计划，旨在特定的条件下才实施。

4）专家判断。专家判断应该针对为每个具体的、已定义过的风险而设计的应对措施。

3．项目风险应对的成果

（1）风险登记册（更新）。风险登记册在风险识别过程中形成，在风险评估过程中进一步更新。在风险应对过程中，将选择并商定适当的应对策略，以纳入风险登记册中。风险登记册的详细程度应与优先级和计划的应对策略相适应。通常，应详细说明高风险和中等程度的风险。如果判定风险优先级较低，则可将分析列入观察清单中，以便进行定期监测。此时，风险登记册将包括下述内容：

① 已识别的风险、风险的描述、所影响的项目领域（如工作分解结构组成要素）及原因（如风险分解结构元素），以及它们如何影响项目目标的经验教训知识库的更新。

② 风险负责人及分派给他们的职责。

③ 风险评估过程的结果，包括项目风险优先级清单及项目概率分析。

④ 商定的应对措施。

⑤ 实施选定的应对策略所需的具体行动。

⑥ 风险发生的征兆和警示。

⑦ 实施选定的应对策略所需的预算和进度活动。

⑧ 在考虑利益相关者风险承受度水平的情况下，预留的时间和费用应急储备金。

（2）项目管理计划（更新）。

（3）与风险相关的合同决策。

6.4.5 项目风险控制

项目风险控制是指在整个项目过程中，根据项目风险管理计划和项目实际发生的风险与变化所开展的各种控制活动。项目风险控制是建立在项目风险的阶段性、渐进性和可控性基础之上的一种项目风险管理工作。

项目风险控制的主要内容包括进一步开展项目风险的识别和评估、监控项目风险的发展、辨识项目风险发生的征兆、采取各种风险防范措施、应对和处理已发生的风险事件、消除或减小项目风险事件的后果、管理和使用项目不可预见费、实施项目风险管理计划等。

1. 项目风险控制的目标和依据

项目风险控制的目标主要有：

（1）努力及早识别项目的风险。项目风险控制的首要目标是通过开展持续的项目识别和评估，及早发现项目所存在的各种风险及项目风险的各种特性，这是开展项目风险控制的前提条件。

（2）努力避免项目风险事件的发生。项目风险控制的第二个目标是在识别出项目风险以后要积极采取各种风险应对措施，努力避免项目风险事件的发生，从而确保不会给项目造成不必要的损失。

（3）积极消除项目风险事件的消极后果。项目风险并不都是可以避免的，有许多项目风险会由于各种原因最终还是发生了，这种情况下的项目风险控制目标是积极采取行动，努力消减这些风险事件的消极后果。

（4）充分吸收项目风险管理中的经验教训。项目风险控制的第四个目标是对于各种已经发生并形成最终结果的项目风险，一定要从中吸取经验教训，从而避免今后同样项目风险事件的发生。

项目风险控制的依据主要有：

（1）项目风险管理计划。这是项目风险控制最根本的依据，通常项目风险控制活动都是依据这一计划开展的，只有那些新识别出的项目风险例外。但是在发现新的项目风险以后需要立即更新项目风险管理计划。

（2）实际项目风险发展变化情况。有些项目风险最终变成现实，而有些项目风险最终没有发生。这些未来发生或不发生的项目风险的各种特性，尤其是它们实际的发展变化情况，也是项目风险控制工作的最重要依据之一。

（3）项目风险管理计划。风险管理计划中包括风险承受力、人员安排（包括风险责任人）、时间及用于项目风险管理的其他资源。

2. 项目风险控制的步骤与内容

项目风险控制的步骤与内容如图 6-7 所示。

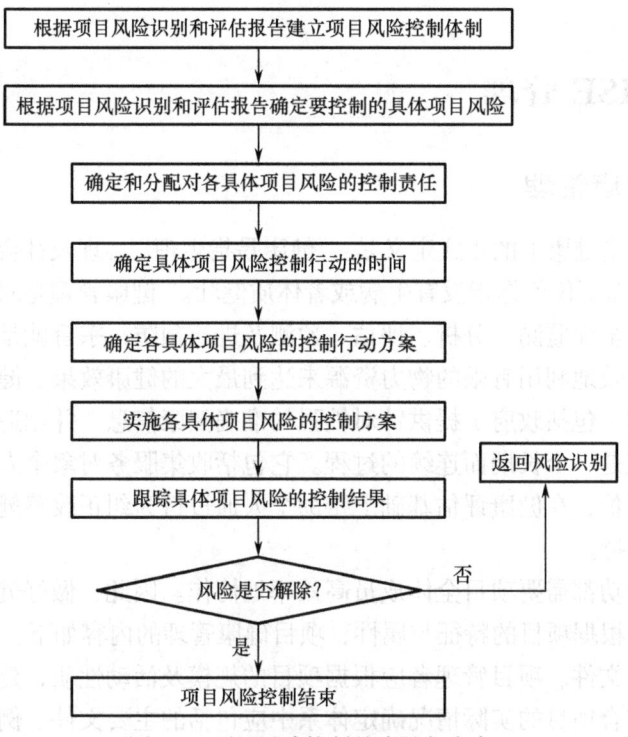

图 6-7　项目风险控制的步骤与内容

（1）建立项目风险事件控制体制。指在项目开始之前要根据项目风险识别和评估报告所给出的信息，制定出整个项目风险控制的方针、程序及管理体制。

（2）确定要控制的具体项目风险。指根据项目风险识别和评估报告所列出的各种具体项目风险确定出对哪些项目风险进行控制。通常按照项目具体风险后果严重程度和风险发生概率及项目组织的风险控制资源等情况来定。

（3）确定项目风险的控制责任。这是分配和落实实现项目具体风险控制责任的工作。所有需要控制的项目风险都必须落实具体负责控制的人员，同时要规定他们所负的具体责任。

（4）确定项目风险控制的行动时间。指对项目风险的控制要制订相应的时间计划和安排，规定出解决项目风险问题的时间限制。

（5）制订各个具体项目风险的控制方案。这需要事先找出能够控制项目风险的各种备选方案，然后对各方案进行必要的可行性分析和评价，最终选定要采用的分析控制方案并编制项目风险控制方案文件。

（6）实施各个具体项目风险控制方案。指根据确定出的项目风险控制方案开展活动，同时还要根据项目风险的实际发展与变化不断修订项目风险控制方案。

（7）跟踪各个具体项目风险的控制结果。指收集项目风险控制工作结果的信息并给予反馈，并不断地根据反馈信息修订和指导项目的风险控制工作。

（8）判断项目风险是否已经消除。如果认定某个项目风险已经解除，则该具体项目的控制作业就已经完成了，若判定仍未解除就需要重新按照图 6-7 的方法开展项目风险控制工作。

6.5 项目 HSE 管理

6.5.1 项目健康管理

世界卫生组织给健康下的正式定义是:"健康是指生理、心理及社会适应三个方面全部良好的一种状况,而不仅仅是指没有生病或者体质健壮。"健康管理是对个人及人群的各种健康危险因素进行全面监测、分析、评估、预测及进行预防,宗旨就是调动个人、集体和社会的积极性,有效地利用有限的物力资源来达到最大的健康效果。健康管理的具体做法就是为个人和群体(包括政府)提供针对性强的准确健康信息,并创造条件采取行动来改善健康。健康管理是一个长期而连续的过程。它包括收集服务对象个人的健康信息,对服务对象进行健康评价,在健康评估基础上帮助个人通过行为纠正改善健康。这个过程周而复始,需要长期坚持。

任何项目的成功都需要项目全体成员高效率地协作。因此,做好健康管理是不容忽视的一个重要环节。根据项目的特征与属性,项目健康管理的内容如下:

(1)管理体系文件。项目管理者应根据项目的规模及活动性质,建立项目成员健康管理体系文件,可结合项目的实际情况确定体系中应包括的主要文件。例如,安全健康方针和目标,为实施健康管理体系所确定的关键岗位与职责,重大职业安全健康危害、重大危险清单及相应预防和控制措施等。

(2)能力和培训。为确保各级人员能顺利地完成工作,贯彻"安全第一、预防为主"的方针,使项目成员树立"以人为本"的管理理念,确保他们能够意识到自身作业环境中存在的危险和可能遭受的伤害,具备胜任其承担任务的能力。项目管理者应对各岗位人员进行认真选拔,对其技能和能力进行评估,确认其技能和意识。

培训内容应包括项目实施的特点和在实施中可能存在的危害,以及一旦发生事故,自救和救护的设备、手段和方法。通过培训至少应使项目成员了解可能存在的危害,如电伤害、机械伤害、粉尘危害、噪声危害、振动危害等。

(3)心理沟通。根据世界卫生组织的标准,健康是身体上、精神上和社会适应上的完好状态,而不仅仅是没有疾病和虚弱。现代人中间普遍存在由于长期受精神紧张、压力过大、反复的心理刺激及复杂的恶劣情绪影响而形成的心理疲劳,若得不到及时疏导化解,久而久之会在心理上造成心理障碍、心理失控甚至心理危机,在精神上造成精神萎靡、精神恍惚甚至精神失常,引发多种身心疾患,积累到一定程度就会导致亚健康状态。有资料表明:美国每年有 600 万人被怀疑患有"亚健康";澳大利亚处于这种疾病状态的人口达 37%;在日本,有 35%的人正忍受着慢性疲劳综合征的病痛,而且至少有半年病史;根据中国卫健委的调查,中国亚健康的人群占到 48%。因此,及时的心理沟通就显得格外重要。心理沟通能够有效地排解项目成员的压力,除利用网络这个有效的沟通工具外,管理层还应该注重创造机会做到面对面的沟通,及时了解项目成员的困难、问题和心理动向。这对于保证项目的按时完工是非常必要的,能够起到不可估量的效果。

6.5.2 项目安全管理

项目安全管理就是在项目实施过程中,组织安全生产的全部管理活动。通过对项目实施安全状态的控制,使不安全的行为和状态减少或消除,以使项目工期、质量和费用等目标的实现得到充分的保障。

1. 概述

安全管理的中心问题是保护项目实施过程中人的安全与健康,保证项目顺利进行。安全管理过程中,应正确处理五种关系,坚持六项基本原则。

1)正确处理五种关系。

(1)安全与危险并存。安全与危险在同一事物的运动中是相互独立的,相互依存而存在的。因为有危险,才需要进行安全管理,以防止危险的发生。安全与危险并非等量并存的,而是随着事物运动的变化而不断变化的。

(2)安全与项目实施过程的统一。在项目实施过程中,如果人、物、环境等都处于危险状态,则项目无法顺利进行。所以,安全是项目实施的客观要求,项目有了安全保障才能持续、稳定地进行。

(3)安全与质量的包含。从广义上看,质量包含安全工作质量,安全概念也包含着质量,交互作用,互为因果。安全第一,质量第一,这两种说法并不矛盾。安全第一是从保护生产要素的角度出发,而质量第一是从关心产品成果的角度出发。安全为质量服务,质量需要安全保证。

(4)安全与速度互保。速度应以安全作为保障,安全就是速度。在项目实施过程中,应追求安全加速度,尽量避免安全减速度。当速度与安全发生矛盾时,应暂时减缓速度,保证安全。

(5)安全与效益兼顾。安全技术措施的实施,会改善作业条件,带来经济效益。所以,安全与效益是完全一致的,安全促进了效益的增长。当然,在安全管理中,投入应适当,既要保证安全,又要经济合理。

2)坚持六项基本原则。

(1)管项目同时管安全。安全管理是项目管理的重要组成部分,安全与项目实施两者存在着密切的联系,存在着进行共同管理的基础。管项目同时管安全是各级有关人员的安全管理责任。

(2)坚持安全管理的目的性。安全管理的内容是对项目中人、物、环境因素状态的管理,有效地控制人的不安全行为和物的不安全状态,消除和避免事故。达到保护劳动者的安全和健康的目的。安全管理必须明确其目的,无明确目的的安全管理是一种盲目行为。

(3)贯彻预防为主的方针。安全管理的方针是"安全第一,预防为主"。安全管理不仅是处理事故,更重要的是在项目活动中,针对项目的特点,对生产要素采取管理措施,有效地控制不安全因素的发展和扩大,将可能发生的事故,消灭在萌芽状态。

(4)坚持"四全"动态管理。安全管理与项目的所有人员有关,涉及项目活动的方方面面，涉及项目的全部过程及一切生产要素。因此，应坚持全员、全过程、全方位、全天候的"四全"动态管理。

（5）安全管理重在控制。安全管理的目的是预防、消灭事故，防止或消除事故危害，保护人员的安全与健康。安全管理有多项内容，但对生产因素状态的控制，与安全管理目的直接相关。所以，对项目中人的不安全行为和物的不安全状态的控制，是安全管理的重点。

（6）不断完善和提高。安全管理是一种动态管理。管理活动应适应不断变化的条件，消除新的危险因素；应不断地摸索新的规律，总结管理、控制的办法与经验，指导新的变化后的管理，从而使安全管理不断地上升到新的高度。

2. 安全管理体系

安全管理体系的构成包括安全管理对象、安全管理途径、安全管理措施、安全管理责任、安全管理制度和安全管理战略等。

1）安全管理对象。安全管理对象就是安全管理所涉及的内容，分别包括环境管理和行为管理所涉及的内容。

（1）环境管理的内容包括系统、空间、条件、辅助系统。其中系统是指生产系统，包括物流系统、风流系统、人流系统和抗灾系统等；空间是指作业空间和通行空间，取决于装备条件和支护条件；条件是指自然条件；辅助系统是指对系统的监测和监控系统。

（2）行为管理的内容包括人的素质和人的意识。人的素质包括知识与技能两个方面，人的意识是指行为的动机。

2）安全管理途径。安全管理途径包括两个方面的内容：一是环境方面；二是行为方面。

（1）环境达到安全的途径：技术、工程和装备。要想使环境不危及安全，首先系统要合理，只有通过科学设计，并按照设计建设成这个系统，才能实现系统的合理。

（2）行为达到安全的途径：培训和制度。

3）安全管理措施。安全管理措施包括环境管理措施与行为管理措施两个方面。

（1）环境管理措施包括优化系统、提高装备与改善条件。优化系统指科学地设计系统，即依靠最好的设计专家和人员，设计出最好的系统。提高装备是指采用良好的设备，并与优化系统结合起来，提高效率，减少人员，实现集约化生产。改善条件，就是对危及安全的有害气体、火区、水源、构造、地压等，采取技术措施，消除隐患。

（2）行为管理措施：测试知识、评定技能、消除侥幸。

4）安全管理责任。安全管理责任包括技术责任、行政责任和行为管理责任。

（1）技术责任指对环境的设计负责，即对系统、空间和改善条件的方案设计、工程设计、施工组织设计、作业规程设计等安全可靠性负责。不同层级的技术人员，负责不同的技术责任，由此划分技术责任。

（2）行政责任指对环境的结果负责。这里分为决策责任和管理责任，决策责任对系统、空间和改善条件的投资负责，管理责任对环境形成的过程和结果负责。

（3）行为管理责任指管理者对行为者的培训与教育负责和行为者对自己的行为后果负责。

5）安全管理制度。安全管理制度是指把安全的管理内容、管理标准、管理措施、管理责任、奖惩办法等纳入制度化管理，实行管理的法制化、标准化、程序化，使安全管理走上规范化轨道。

6）安全管理规划。安全管理规划包括环境管理规划和行为管理规划。

（1）环境管理规划包括系统优化目标、步骤、措施。应对系统进行全面的科学分析，找出系统缺陷，拿出解决的技术方案、制定出投资规划、制定实施措施、明确管理责任。

（2）行为管理规划包括人员素质提升的目标、步骤和措施。应对员工的培训与技能提高而制订实施规划和投资计划，设计培训方式、培训地点、培训时间及技能等级目标。

6.5.3 项目环境管理

项目是与环境相联系的，项目的进行会对环境产生影响，其影响的程度可能因项目的不同而不同。所以，项目进行的同时，应考虑其对环境的影响。例如，在工程项目实施过程中，就应考虑粉尘、噪声、水源污染、环境卫生等问题；在组织大型活动项目时，就应考虑环境污染和环境卫生问题。

1．项目环境管理的目的

（1）想尽办法，采取种种措施预防污染。
（2）不断地改进管理，提高管理效果。
（3）遵守有关法律法规。

2．项目环境管理的内容

1）实行环境保护目标责任制。环境保护目标责任制是指将环境保护指标以责任书的形式层层分解到有关部门和人员，并列入岗位责任，形成环境保护自我监控体系。项目经理是环境保护的第一责任人，是项目环境保护自我监控体系的领导者和责任者。

2）加强检查和监控工作。项目对环境的影响程度，需要通过不断检查和监控加以掌握。只有掌握了项目环境的具体状况，才能采取有针对性的措施。例如，在工程项目进行过程中，就应加强对项目现场的粉尘、噪声、废气、污水等的监测和监控工作，并根据污染情况采取措施加以消除。

3）进行综合治理。一方面要采取措施控制污染；另一方面应与外部的有关单位、人员及环保部门保持联系，加强沟通；要统筹考虑项目目标的实现与环境保护问题，使两者达到高度的统一。

4）严格执行相关法律法规。国家、地区、行业和企业在环境保护方面颁布了相应法律法规，作为项目管理者应掌握这些法律法规，并在项目进行过程中严格执行。

5）采取有效技术措施。在进行项目计划时，必须提出有针对性的技术措施；在项目进行过程中，应按计划实施这些技术措施，并根据具体情况加以调整。例如，对于工程项目来说，就可以采取以下几方面措施：

（1）噪声环境。对于有噪声的机械作业，应采取如下措施。
- 施工操作人员的自身保护。

- 加强机械、设备的保修，减少或降低作业噪声。
- 对城区或村镇的居民区应分阶段作业。
- 采取措施从声源上降低噪声，如尽量选用低噪声设备和工艺代替高噪声设备与工艺，在声源处安装消声器消声等。

（2）大气环境。大气环境管理应做好以下几点。
- 粉末状材料在现场（或库区）应加盖篷布，防止风吹起尘，作业时尽量轻拿、轻放、轻装、轻卸，防止因作业扬尘。
- 运输道路经常洒水养护，防止行车扬尘。
- 运输粉性材料（如水泥、石灰、细沙、土等），车辆必须加盖篷布，防止风吹起尘，防止运输材料的遗撒。
- 加强化学药品管理，防止遗撒、泄漏。

（3）水资源环境。
- 施工废弃物不能随意倾倒，尤其是河道部位。
- 生产及生活废水不得直接排放入河，须沉淀处理后排放。
- 不在饮用水处冲洗车辆、施工机械和化学药品器皿。

（4）生态环境。保护项目区域内的生态环境，合理安排施工。
- 土石方路基及石灰、粉煤灰基层工程施工时，防止雨季雨水冲刷造成水土流失，污染水源，损害良田的耕种，防止排洪的河道淤积。
- 工程弃土严格按设计图纸合理堆放，不准任意倾倒。
- 有效保护土地资源，尽量少占耕地，临时用地应及时复耕，避免不必要或长时间地侵占耕地和破坏河道。
- 做好工程的临时排水设施，设置必要的沉淀池、蒸发池，按设计做好坡面防护及植树、种草等绿化工作。

（5）其他方面。
- 项目施工期间，在文物保护区段做好考古发掘及清理的配合工作，对挖出的文物注意保护现场并及时报文物主管部门处理。
- 加强对有害、有毒物品的管理，防止遗失、散落而对环境的破坏。
- 加强对生活垃圾、建筑垃圾的管理及清理工作。
- 加强环保意识教育，严禁在动、植物保护区狩猎或破坏植被。

复习思考题

一、判断题

1. 相对正式沟通而言，非正式沟通的沟通效果好。（   ）
2. 沟通就是信息的传播。（   ）
3. 项目进度冲突往往是由于项目经理的权力受限而发生的。（   ）
4. 转移风险可以降低风险发生的概率。（   ）

5. 风险识别不是一次就可以完成的事，应当在项目的自始至终定期进行。（ ）
6. 冲突的强度越高，说明它越重要，应该尽快解决。（ ）
7. 在冲突双方势均力敌、难分胜负时，妥协也许是较为恰当的解决方式。（ ）
8. 所谓冲突，就是组织团队或队员为了限制或阻止另一部分组织、团队或成员达到其预期目的而采取的行为和措施。（ ）

二、单选题

1. 在项目环境下，下列有关沟通的论述正确的是（ ）。
   A. 大多数项目经理花 30%的工作时间用于沟通
   B. 项目经理必须承担主要责任，确保发出的信息已经收到
   C. 有效会议、作战室和紧密型矩阵可以促进有效的沟通
   D. 如果一个团队由 12 人组成，则存在 42 个潜在的沟通渠道
2. 下列不是沟通障碍的是（ ）。
   A. 固定总价合同中有关清算损失的条款　　B. 官僚主义作风
   C. 对技术语言感到困难　　　　　　　　　D. 缺乏明确的沟通渠道
3. 单向沟通与双向沟通最主要的一个区别是（ ）。
   A. 单向沟通容易产生抗拒心理
   B. 双向沟通有助于建立双方的感情
   C. 双向沟通信息传递速度慢
   D. 在双向沟通中，发送者和接收者的位置不断交换
4. 对于冲突，传统观点认为（ ）。
   A. 是破坏性的　　　　　　　　　　　　　B. 如果得到控制，是有益的
   C. 可能是有益的，取决于和谁发生冲突　　D. 以上皆是
5. 如果你现在处于项目实施阶段，来自（ ）最低。
   A. 对于使用的实施技术上的冲突　　　　　B. 成员个性方面的冲突
   C. 进度与成本方面的冲突　　　　　　　　D. 人力资源方面的冲突
6. 下列（ ）行动可以用来解决冲突。
   A. 直接寻找一个折中办法　　　　　　　　B. 联合解决问题
   C. 确定哪一方有主要权威　　　　　　　　D. 密切观察，等待自然解决
7. 下列不是风险评估分析的影响因素是（ ）。
   A. 风险事件　　　B. 保险费用　　　C. 风险概率　　　D. 风险后果
8. 下列关于风险处理的陈述中，错误的是（ ）。
   A. 集中消除那些产生风险的因素
   B. 包括对项目做出不投标的决策，因为该项目的风险被认为太高了
   C. 在风险事件发生时接受风险造成的后果
   D. 如果客户处于对缓解风险有利的地位，则将风险留给客户
9. 下列与风险影响分析最相关的是（ ）。
   A. 风险管理　　　B. 风险评估　　　C. 风险识别　　　D. 风险减轻
10. 在下列选项中，不是项目风险管理目的是（ ）。

A. 识别可能影响项目范围、质量、时间和成本的因素
B. 对所有已识别的风险制定风险应对策略
C. 为不能控制的项目因素指定基准计划
D. 通过影响能够被控制的项目因素而减轻风险

11. 在下列风险中，从客户的角度看，将带来最长久影响的是（　　）。
A. 范围风险　　　B. 进度计划风险　　　C. 成本风险　　　D. 质量风险

12. 对于环境保护可以采取的技术措施有（　　）。
A. 采取措施防止大气污染　　　B. 采取措施防止水源污染
C. 采取措施防止噪声污染　　　D. 以上皆是

三、多选题

1. 以下属于项目信息管理的内容的是（　　）。
A. 信息革命　　　B. 信息收集　　　C. 信息分析　　　D. 信息储存

2. 采用何种方式进行沟通，取决于（　　）。
A. 对信息要求的紧迫程度　　　B. 技术的取得性
C. 预期的项目环境　　　　　　D. 预期的项目人员配备

3. 项目沟通计划就是针对项目利益相关者的沟通需求进行分析，主要包括（　　）。
A. 确定向谁发布信息　　　　B. 发布什么信息
C. 什么时候发布信息　　　　D. 采取何种方式发布信息

4. 以下（　　）是解决冲突经常采用的方法。
A. 回避　　　B. 妥协　　　C. 转移　　　D. 预防

5. 下列有关冲突解决方式的表述正确的是（　　）。
A. 缓和是一种折中的方法
B. 缓和是从冲突中找出一致的方面，忽视两者之间的矛盾
C. 正视通常用于解决与上级的冲突
D. 妥协常常用于解决与职能部门的冲突

6. 项目风险管理的重要内容包括（　　）。
A. 风险识别　　　B. 风险估计　　　C. 风险评价　　　D. 风险规划

7. 转移风险的方式有（　　）。
A. 出售　　　B. 发包　　　C. 开脱责任合同　　　D. 保险与担保

四、思考题

1. 简述项目信息管理的主要工作。
2. 提高有效沟通的方法及途径有哪些？
3. 正式沟通的渠道主要有哪些？
4. 简述解决冲突的方法和策略。
5. 在项目进程中，主要有哪些冲突？
6. 简述项目风险管理的过程。
7. 项目风险的特点有哪些？请举例说明。

8. 试述项目风险应对的主要方法及应注意的问题。
9. 假设现有一个新药开发项目，试说明该项目可能存在的风险。
10. 试分析进行项目 HSE 管理的意义表现在哪些方面。
11. 结合一个实际项目分析影响项目的利益相关者及其需求。

五、案例

例 1

位于纽约港的维拉扎诺大桥被誉为"世界上最大的桥梁"，其总设计师兼项目经理奥斯马·阿曼的名字，因维拉扎诺大桥结构简单、构造别致而流芳百世。科室一个叫莫里斯的年轻成员在这个项目中的作用却鲜为人知。莫里斯当时是一位 25 岁的小伙子，2 年前从 MIT 毕业来到了奥斯马的建筑设计公司。

维拉扎诺大桥项目对奥斯马来说是一个新的挑战。它是市政府该年度的重点项目，它不仅要求把纽约岗的布鲁克林和斯塔顿两个小岛连接起来，以解决交通上的难题，而且要求该桥具有一定的艺术风格，使其成为纽约港的一道风景。

经过近 3 个月的勘察和设计，项目团队设计出了吊桥方案，奥斯马对项目的设计和计划都颇为满意。在一个落日的黄昏，规划完项目计划的奥斯马来到了布鲁克林岛，望着对面的斯塔顿岛自言自语道："这将是一道美丽的风景。"他显然已沉浸在自己的伟大计划中。"可是，能否找到一种更好的设计方法使这道风景流芳百世呢？"这时身边突然出现一位小伙子。奥斯马从落日美景中突然惊醒，马上想起了眼前这位小伙子正是 2 年前来公司的莫里斯。"难道我的设计有什么不正确的地方？"奥斯马试探着向莫里斯问道。"如果把桥梁设计成弧形，压力将会更小一些。"莫里斯短短的一句话无异于对整个项目设计的否决。

在项目会议上这个问题再次被提了出来。"谁能保证技术上的成功性？"老设计师詹姆斯首先提出了质疑。"一座弧形的桥梁架在两岛之间确实是纽约港的一道美丽彩虹，而且建筑史上也早有先例，如中国的赵州桥。"另一位设计师布朗对莫里斯的设想表现出了强烈的兴趣。"可是那座桥只有 50 多米，而我们的大桥将是它的几十倍！"詹姆斯对布朗的冒犯表示出了强烈的不满。"但是弧形桥梁的压力确实会减少很多。"奥斯马一边聆听成员们的争论，一边陷入了苦苦的思索中。

面对相持不下的局面，最后奥斯马亲自担任设计组组长，对弧形桥梁方案和吊桥方案进行了研究和对比，并最终做出了决策：采用弧形桥梁方案。

"世界上最大的桥梁"就这样诞生了。

问题

1. 维拉扎诺大桥项目的进程中是否存在着冲突，它发生在项目生命周期的哪个阶段？
2. 发生冲突时，项目是否发生了变更？
3. 维拉扎诺大桥项目冲突的主要焦点是什么？这种冲突是有益的还是有害的？
4. 奥斯马对项目冲突采取了什么样的态度？它采用了哪种方式来解决冲突？
5. 如果该冲突发生在项目生命周期较后的一个阶段又会有什么样的结果？为什么？

例 2

天行公司是北京地区的一家小型信息系统咨询公司，该公司承担了为某小区设计和安装局域网的业务。王先生是该项目的项目经理，另外有两位 Java 的专业人员和一位实习生作为项目成员一起工作。王先生刚刚结束了项目范围的初步陈述。现在要运用头脑风暴法思考与项目相关的可能风险。

项目范围陈述

项目目标

　　在一个月内为某小区设计和安装一种局域网，预算不超过 10 万元。

可交付物

- 20 个工作站。
- 奔腾Ⅳ服务器。
- 两套惠普激光打印机。
- Windows NT 服务器和工作站操作系统。
- 对客户方面人员 10 小时的培训。
- 对客户网络管理员 20 小时培训。
- 完全可操作的 LAN 系统。

里程碑

- 7 月 15 日硬件。
- 7 月 19 日设定用户优先级和授权。
- 7 月 24 日完成内部整体网络检验。
- 7 月 25 日客户地点检验。
- 8 月 15 日完成培训。

技术要求

- 工作站配置：19 英寸监视器、奔腾Ⅳ处理器、256MBRAM、4MBSVAG、32X CD-ROM、Zip 驱动器、以太网卡、4GB 硬盘。
- PCI64 以太网 LAN 界面卡及以太网连接。
- 系统必须支持 Windows NT 平台，兼容 Y2K。

限制和例外

- 系统维修仅维持到最后检查后 1 个月。
- 授权转移给客户。
- 仅负责客户在项目开始 2 周前指定的软件。
- 客户必须为超出合同制定的额外培训付费。

客户检查

社区负责人

问题

1. 分析该项目存在的风险。
2. 如果你是项目经理，你将对已经识别的风险采取怎样的应对及控制措施？

第7章

成功项目管理的应用

本章要点

本章针对本书所介绍的项目管理理论，系统地介绍成功的项目管理在实际项目中的应用。首先介绍成功项目管理的概念、特点及应用观念，以及项目管理程序手册的编制目的、原则及结构；其次介绍工作分解结构、网络计划技术和资源费用曲线在项目进度计划编制中的应用案例；最后介绍项目冲突管理和项目风险管理在实际项目中的应用案例。本章的目的是展示项目管理理论、方法及工具在实践中的应用过程。

7.1 项目管理应用程序

7.1.1 成功的项目管理

1. 成功项目管理的概念

"成功的项目管理是项目的利益相关者对项目管理成果的认可和欣赏。"这是国际项目管理协会（IPMA）对成功项目管理的基本界定。

项目、大型项目、项目组合的管理者都追求项目的成功，避免项目或者管理的失败。他们想要知道评价项目成功与失败的标准是什么，以及如何评价。在项目开始时清楚明了地定义这些标准是十分必要的，在约定的约束条件下达到项目目标，是整个项目成功的标准。

成功的项目管理和项目的成功相关联，然而，它们并不是一回事。有可能在一个项目中成功地实施了项目管理工作，最终这个项目会由于组织制定新的战略方向而终止，与项目是否成功就不再有什么关系了。

项目的管理工作可以被理解为整个项目的一个子项目，在项目管理中需要对环境、范围、可交付物、职责、交付日期、项目成本和效率进行描述和定义，需要对项目管理活动进行计划和控制。

综合管理对项目管理的成功至关重要，它将项目需求、活动和成果结合起来，以实现目标，取得成功。项目复杂性越高，利益相关者的期望越多样化，对综合管理方法的精巧性要求就越高。项目管理监督项目需要进行的活动，并将详细的项目管理计划结合在一起。

"项目管理计划"可以运用不同的方法和形式。项目管理将所有单独的计划，如质量计划、利益相关者管理计划、沟通计划、采购计划、合同计划及交付物计划很好地结合在一起。

项目管理计划必须得到利益相关者的接受和认可，并和利益相关者进行沟通，且以适当的详细程度分别提交给利益相关者。

IPMA 制定的成功项目管理的基本步骤如下：

（1）分析项目及项目环境，包括现有的决策和文档。

（2）在项目需求的基础上建立项目管理的概念，和利益相关者共同探讨计划，并且与客户达成项目管理协议。

（3）做出管理项目的计划，确立项目管理团队、方法、技术和工具。

（4）计划综合的管理程序，包括环境管理，排除不融洽的因素。

（5）实施和控制项目计划和变更，报告项目管理的进展及执行情况。

（6）汇集成果和相应的情况说明，与利益相关者进行沟通。

（7）评估项目管理的成功和失败，总结经验，为未来的项目提供参考。

2．判别项目成功的标准

在项目开始前，如果项目经理、项目团队成员和其他项目利益相关者对项目成功的评价标准有一致的认识，则会大大提高项目成功的概率。传统的观念认为，项目成功就是要达到项目的时间、成本和质量的要求。但这种想法过于简单，会对项目管理造成致命的打击。一个项目最终是要向业主交付一个项目产品（或者服务）的，业主虽然也很关心项目产品是否按期交付、价格合理并符合某种质量标准，但他们最关心的是这个项目产品是否可以给自己带来利益（经济效益或社会效益），因此时间、成本、质量只是 3 个约束条件，它们会影响业主对项目成败的判断，但不是最主要的。对承包商而言，只要项目按时完成他们就可以拿到报酬了，控制成本可以确保利润，符合规格就可以让业主接受并付款。其他利益相关者也会有各种各样的想法和目的。

尽管项目利益相关方对项目成败的判断标准不是完全一样的，但在成功的项目中，项目各方是在向一个共同的目标而努力的，在不成功的项目中，大家却在相互牵制，没有形成合力。在项目中，不同的角色可以有各自不同的关注重点，有的希望盈利，有的希望得到好的产品功能，有的希望设计方案巧妙，有的则希望在预算的范围内完成项目。然而这些都可以通过协同努力做到，从而达到一个多赢的结果，即每一个角色都实现了各自关注的目标，同时项目整体也有一个好的结果。但大家为了实现各自的目标而努力时，有时会损害其他项目参与者的利益。实现项目共同目标的最优化并不能保证每个参与者的目标也能达到最优，反之亦然。对项目片面的评价会影响项目的成功，因此项目成功的标准必须综合考虑项目的共同目标和各方不同的利益侧重。

对所有的项目，判断其成功与否的标准有以下几点：

(1)实现了既定的商业目标。
(2)为业主提供了令之满意的收益。
(3)满足了业主、用户和其他项目利益相关者的需求。
(4)满足了既定交付项目产品的需求。
(5)项目产品的完成符合质量、成本、进度的要求。
(6)项目使项目团队成员、项目的支持者感到满意。
(7)项目使承包方获得了利润。

以上评价标准除时间和成本是客观的之外,其他都是主观评价,评价结果会受到评价者的非公开目的的影响。这些标准不会是协调一致的,要做出综合判断就需要对它们进行复杂的平衡,这些指标不是相互排斥的,因此有可能满足所有的指标,但必须以项目目标为核心。另外,这些指标不是同时进行评测的,有些指标是在项目产品试运行之后,甚至正式运营之后再做评价的,有些指标是要在项目完成若干年后再做评价的。

3. 影响项目成功的主要因素

如何管理项目决定了项目成功概率的大小,事先科学的工作计划和执行过程的有效控制是成功项目管理的基本做法,"凡事预则立,不预则废"是成功项目管理的基本理念。项目管理者将时间花在计划编制上是值得的,但是通常在项目的早期阶段用于制订计划的时间太少,他们往往不会充分考虑那些在今后会引发问题的因素。项目经理必须在项目初期就考虑哪些因素会影响项目的成功,并对这些内部的、外部的因素进行管理。影响项目成功的因素很多,一些著名的项目管理专家和企业组织对影响项目成功的因素进行了总结归纳。

波音公司总结出使项目最终获得成功的主要因素包括以下几个方面:
(1)方法切实可行,目标合理。
(2)管理过程严格科学,利用项目管理方法和工具。
(3)实施过程的有效分析,加强过程控制。
(4)在项目实施过程中,周围环境能够提供必需的支持,同时项目资源充足。
(5)客户、供应商、管理层和团队成员对于项目有相应的承诺。

莫里斯(Morris)提出成功管理项目需要考虑以下7个方面的影响:
(1)发起人的权益,业主对项目的收益和进度的期望。
(2)外部环境,包括政治、经济、社会、技术、法律、环保等外部环境。
(3)组织内部对项目的态度。
(4)项目的定义。
(5)参与项目工作的人。
(6)用于管理项目的管理体系。
(7)项目的组织架构。

4. 成功项目管理的特点

尽管影响项目成功的因素很多,但成熟的组织和专家对成功的项目管理所表现出的特

征有一致的看法,一般成功的项目管理具有如下特点:
(1)项目管理与公司战略紧密结合。
(2)加强对企业经营环境及市场需求的分析。
(3)加强风险预测和管理。
(4)实行项目目标管理。
(5)项目实施过程中强调沟通与协作。
(6)采用灵活的组织形式。
(7)从过分强调技术转移到人员的开发与培养。
(8)有完善的项目管理过程文档。
(9)灵活运用各种项目管理方法和工具。

7.1.2 项目管理程序手册

对任何一个以项目为主要运作模式的企业而言,拥有科学适用的项目管理程序是项目成功保证的关键部分,只有遵循成熟的项目管理操作指导方针,企业内项目成功的机会才会大大增加。如果针对每个项目都设计对应的管理过程,编制相应的管理规范,那不仅可能导致企业浪费相当大的时间和费用,而且会增加项目犯错误的可能。

因此,对从事各种项目的企业而言,根据企业的实际项目工作经验,结合项目管理,编制一套适用于多数项目的科学项目管理程序手册,是极为必要的。在本节中,主要针对编制项目管理程序手册中的一些问题展开阐述。

1. 项目管理程序手册的编制目的

(1)对实际工作的指导作用。管理程序手册可以作为企业中项目管理人员在实施工作中的有用的备忘录。

(2)确保工作实施的科学性。在管理程序手册的指导下,所有项目管理人员的工作可以最大限度地符合项目管理要素。

(3)保证管理方法的一致性。无论在什么样的项目组织中,对项目的管理都应该采用一致的方法进行管理,这样就有助于项目间的协调,而程序管理手册正是实现这种一致性的重要保证。

(4)提供通用的术语。无论是在一个项目中,还是在一个企业中的不同项目间,在一个共同的基础上进行比较是非常重要的,这就需要通用的术语。缺乏对术语的理解很容易在项目团队中引发问题,而管理手册提供了最通用的项目管理术语。

(5)培训新员工的最佳教材。完整而适用的项目管理程序手册是企业对新的项目管理人员进行培训的最佳教材,它不仅使新员工理解了项目管理的概念、方法,而且以最高的效率使新员工了解了企业项目的方式、方法等内容。

2. 项目管理程序手册的编制原则

项目管理程序手册的编制过程实际上就是一个描述项目输入如何转变为输出的过程。
(1)及时定义职能部门的运作方式和方法。在项目管理程序手册的编制过程中,要避免随着项目进展涉及某一职能时才来定义该职能部门如何运作。这样，很有可能导致下列问题出现：

① 加重部门间的分割，使部门之间更加缺乏交流。

② 导致一些项目管理人员以遵守管理程序为由，在与其他部门工作接口处推卸责任、逃避工作，如果项目失败就归咎于他人。

③ 它会导致项目发展速度变慢，因为这使项目按部就班地顺序执行，而不是各职能或部门并行工作。

（2）以项目生命周期为基础定义项目输入和输出。通过项目生命周期定义过程，定义组织如何将项目看作一个整体来处理，定义各职能部门如何对过程起到帮助作用。管理程序应该以一个组织的标准项目生命周期作为核心，在此层次上，定义输入和输出，一个阶段的输出成为后续阶段的输入。生命周期的每个阶段可以被分解为一系列的步骤，每个步骤有输入和输出，显示这一阶段的输入如何转变为输出，通过逐层分解，这些步骤可以分解为子步骤等。定义的主要内容包括：

① 输入和输出的要素，包括数据和信息、项目计划或报告、风险或其他控制检查或项目可以交付的成果。

② 在每一阶段或步骤上做什么。

③ 每个职能或部门、外部承包商或其他机构对每个阶段或步骤的贡献。

（3）根据项目需求调整项目管理程序。必须说明的一点是，管理程序必须作为灵活的方针而不是死板的规则来看待。有些人认为标准管理程序就是金科玉律，尤其是在 ISO 9000 系列质量指导方针下实施的管理程序，一旦制定就不能更改，要完全遵照执行，否则组织就会发生"不协调"的情况。

实际上，不同的项目类型和不同的资源类型需要不同的管理程序。管理程序必须具有一定的灵活性以适应不同的项目类型，特别是根据项目大小和不同的资源类型来调整管理程序的灵活性。此外，在每个项目开始时，团队一定要讨论如何调整管理程序才能完成满足顾客需要的产品。这种做法尽量使变动最小，否则会给项目带来麻烦。

3. 项目管理程序手册的编制结构

项目管理程序手册的编制在思想上，应采用项目工作流和项目管理流集成的思想，坚持先进性和实用性相统一，遵循项目管理人员在实际工作中的习惯，在编写上以项目管理工作流为主线，在工作流执行的过程中集成项目管理的各项内容；从内容上看，完整的项目管理程序手册应包括项目全生命周期从规划到实施全过程中项目概念、项目规划、项目实施、项目收尾等主要阶段的各项管理活动，并以各阶段为划分的节点；项目管理程序手册的结构可以根据实际工作内容来构建，一般而言，结构上可以分为三层文件体系。

（1）第一层文件——"指导层"。

程序手册的第一层主要包括对手册的说明、项目的组织结构设计、项目岗位及职责的界定、应用手册项目类型的界定、项目各阶段主要工作内容定义和项目管理各要素等内容。手册第一层对手册起到提纲挈领的重要作用，可以称为"指导层"。

(2) 第二层文件——"执行层"。

在程序手册第二层中，主要以项目实际操作过程中的工作流为主线，结合项目管理工作，针对项目整个生命周期各过程中的各项活动，编制相应的管理程序、管理流程和相应的管理规定。这一层的文件以执行为主，除了要符合第一层文件制定出的各类原则，还要符合项目团队的实际情况和项目管理的相关要素。具有系统先进、目标明确、任务清晰、实施有序、成果可测的特点，促进项目的运行和管理程序化、规范化、制度化，着眼于提高项目运作的工作效率，有效合理地利用资源，可操作性强，在系统层面上有效地提高项目运作的效率。第二层程序文件可以称为"执行层"。

(3) 第三层文件——"保障层"。

程序手册的第三层文件，可以称为"保障层"。这一层文件编制的主要目的是保障项目管理体系有效地、正常地运行，包括两个方面，一个方面是企业高层领导对项目管理过程指导、监督和考核系统；另一个方面包括对项目过程中各项活动成果的说明，工作质量标准的界定，项目管理要素涉及的方法，工具中所用的图、表和参考数据等内容。

图 7-1 是一个工程企业的工程总承包（EPC）项目管理体系框架，分为组织层面、流程层面和支持性文件三个层次。

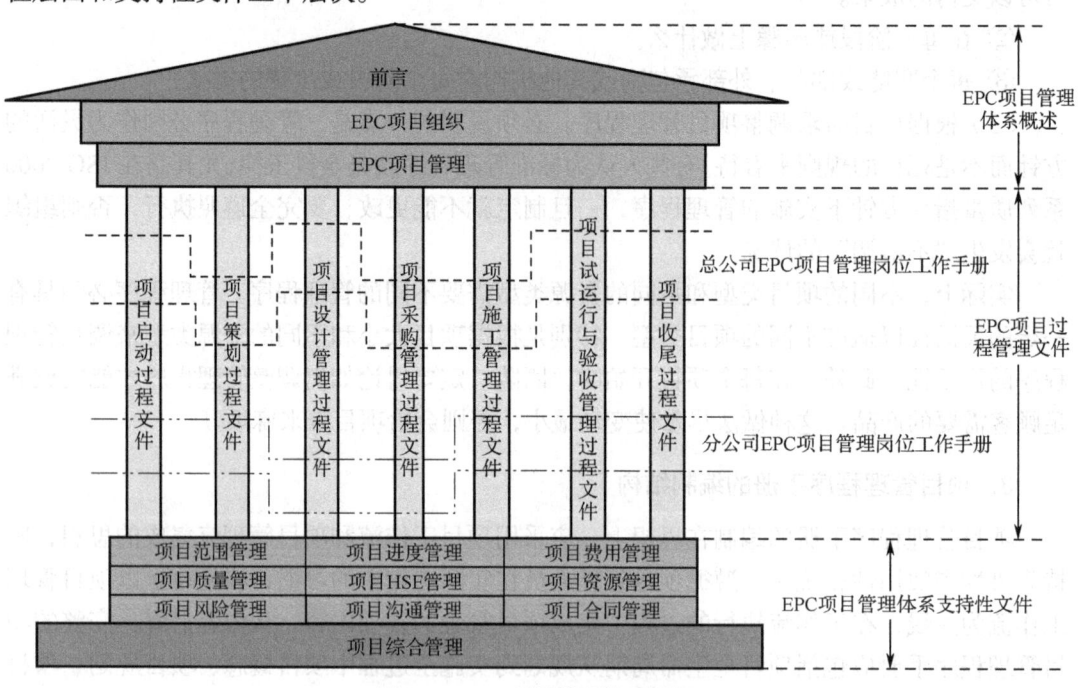

图 7-1 EPC 项目管理体系框架

7.2 网络计划技术在进度计划编制中的应用

7.2.1 项目概况

金龙公司在自行车行业产量排名第三，但是最近的销量萎靡不振，市场空间急剧萎缩。公司面临两个选择：一是退出自行车行业，二是开发电动自行车。公司对市场进行了如下分析。

人民生活质量的提高和节奏的加快，代步工具成为人们所追求的热点。机动摩托、助动燃油车由于受上牌费用、燃油价格、尾气排放等因素的影响，其发展速度受到一定程度的制约。与其相比，电动自行车却因具有能耗低、噪声小、无污染、运行费用少、维护方便等特点，而逐步被人们所选择。随着电动自行车上的可充电电池、电机、控制器等关键部件的相关技术已臻成熟，很有可能形成我国工业经济的又一个新的增长点。

据资料统计，目前全国自行车拥有量为 5 亿辆左右，大城市有 20%的人有购买电动自行车的愿望，假如全国平均有 20%的自行车换购电动自行车，则每年有 1 000 万辆的需求，年产值至少有 150 亿元。所以电动自行车是一个前景光明的产业。目前，很多地方政府部门、企业都已准备或积极投入该行业中。

电动自行车虽有诸多好处，但前景似乎不太乐观。目前，社会上对电动自行车究竟是机动车还是非机动车仍难定论；国家相关部门暂时也没有出台电动自行车的产业政策；大部分省市对电动自行车上路行驶的合法性还没有做出明确的规定，消费者的权益得不到保障。电动自行车因其深合我国国情和消费者的需求而具有潜在的巨大商机。要挖掘出电动自行车的市场潜力，关键在于解决它本身的技术缺陷。现在电动自行车上所使用的电机和电池性能不稳，容易产生故障，并影响电动自行车整体的性能和使用寿命。另外，预计三年后，一种完全无污染的电动车将会出现，将真正做到轻便、舒适、快捷、无污染。高科技解决电动自行车自身技术缺陷的同时，会使其生产成本大大降低，其价格也会随之降低。

另据全国自行车标准化中心有关人士介绍，在即将实施的有关电动自行车的国家标准中，对电动自行车的重量等性能指标做了具体规定，比如，车重量不得超过 40 千克，充一次电行驶公里数不得低于 25 公里，一旦电池用完还可继续正常骑行一定路程等。新修订的电动自行车的国家标准有望于 10 月实施。

通过上述资料的分析，为了抢占市场，争取更大发展空间，金龙公司决定着手进行电动自行车的研制。计划投资 500 万元人民币，专门组建项目组用半年时间研制出新型电动自行车，研制工作从 2002 年 1 月 1 日开始进行。

经过研究分析，电动自行车研制项目具有如下特点。

（1）电动自行车是在自行车技术上做出的改进，金龙公司有一定的经验。

（2）电动自行车的研制面临许多新的技术，如电动机的研究与试验、配套电池的研究与试验。

（3）由于国家即将出台有关电动自行车的标准，所以在电动自行车的重量及电池的标准上要符合有关要求，尽量开发轻便、无污染的产品。

7.2.2 项目范围的确定

（1）项目目标与项目描述。为了完成电动自行车研制项目的任务，项目负责人与公司高层领导多次研究协商，确定了项目的主要目标。

① 交付物：新款电动自行车样品。

② 工期要求：研制总工期为 6 个月，从 2002 年 1 月 1 日起至 2002 年 6 月 30 日。

③ 成本要求：项目投资总额为 500 万元人民币。

同时为了使项目各利益相关者和项目团队成员准确理解项目内容，明确项目目标，项目组用简练表格形式对项目进行了描述，如表 7-1 所示。

表 7-1 电动自行车研制项目描述

项目名称	电动自行车研制项目
项目目标	6 个月内交付电动自行车的样品，总投资额 500 万元
交付物	电动自行车样品
交付物完成准则	符合即将出台的电动自行车国家标准，满足公司未来产品开发战略要求，样品必须经过组织的专家评审团的评估验收
工作描述	为确保项目目标的实现，整个项目应分为总体方案设计、车体研制、电动机研制、电池研制和总装与测试几个阶段，将各阶段工作分解落实并配备相应资源。确定各阶段工作结果并予以检验，通过与公司的交流，最终保证通过专家评估，提交令公司满意的电动自行车样品
工作规范	依据国家建设建筑工程的有关规范
所需资源估计	人力、材料、设备和资金的需求
重大里程碑	开工日期 2002 年 1 月 1 日，总体方案设计完成日期 2002 年 2 月 4 日，车体研制完工日期 2002 年 4 月 8 日，电机研制完工日期 2002 年 5 月 6 日，电池研制完工日期 2002 年 4 月 22 日，总装与测试完工日期 2002 年 6 月 3 日
项目负责人审核意见：按要求保质保量完成任务	
签名：×××	日期：2002 年 1 月

（2）项目重大里程碑。针对项目的目标要求，拟订该项目的重大里程碑计划，制作该项目实施的反映重大里程碑事件关系的里程碑计划图。

① 项目里程碑计划是项目实施的战略计划，它显示了为实现项目总目标在实施过程中项目所需达到的一系列状态。

② 项目里程碑计划是根据项目的特点和业主的要求，在某一特定时间项目可交付成果而编制的。

③ 本项目里程碑包括总体方案设计完成，车体研制完成，电机研制完成，电池研制完成，总装与测试完成。

根据项目工期要求，制订的里程碑计划如表 7-2 所示。

表 7-2 项目里程碑计划

里程碑事件	1月	2月	3月	4月	5月	6月
总体方案设计完成		▲4 日				
车体研制完成				▲8 日		
电机研制完成					▲6 日	
电池研制完成				▲22 日		
总装与测试完成						▲3 日

7.2.3 工作分解结构在项目工作分解中的应用

为了确定项目的工作范围,项目组根据历史信息在咨询专家的基础上,应用工作分解结构的原理对项目进行分解,经过与公司高层管理者协商,最终确定的项目工作分解结构图如图 7-2 所示。

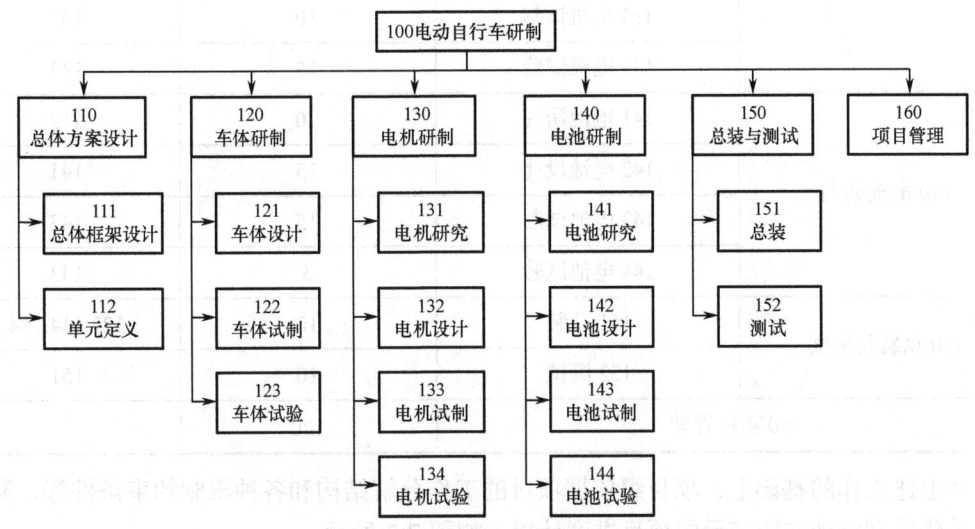

图 7-2 电动自行车研制项目工作分解结构图

7.2.4 网络计划技术在项目进度计划编制中的应用

为了准确编制项目进度计划,需要确定项目各项工作的先后关系,同时估计各项工作的工作量和延续时间。项目实施过程中,有些工作之间存在明确的先后关系,但有些工作可以平行进行,先后关系不明确,正是这些工作的先后顺序影响了项目的总工期。由于项目工作工序很多,且工作之间存在一定的先后约束关系,如果工作量估计不准,则会引起一系列的连锁反应,甚至会使项目工期延长和费用增加。为此,项目组遵循工作独立的原则,经过认真分析研究,综合协调各方面的情况,并结合历史信息,通过与公司高层管理者多次讨论,确定了项目各项工作的先后关系(见表 7-3),对项目各项工作的工作量做了比较客观准确的估计,同时根据初步计划的人力资源情况,对每项工作的工作时间做了初步估计。

表 7-3 电动自行车研制项目工作先后关系表

工 作 名 称		工期(天)	紧 前 工 作
110 总体方案设计	111 总体框架设计	10	
	112 单元定义	15	111
120 车体研制	121 车体设计	20	112
	122 车体试制	15	121
	123 车体试验	10	122

续表

工作名称		工期（天）	紧前工作
130 电机研制	131 电机研究	15	112
	132 电机设计	25	131
	133 电机试制	10	132
	134 电机试验	15	133
140 电池研制	141 电池研究	20	112
	142 电池设计	15	141
	143 电池试制	15	142
	144 电池试验	5	143
150 总装与测试	151 总装	10	123,134,144
	152 测试	10	151
	160 项目管理	120	

在上述工作的基础上，项目组依据项目的工作分解结构和各种限制约束条件等，制订了以单代号网络计划图表示的项目进度计划，如图 7-3 所示。

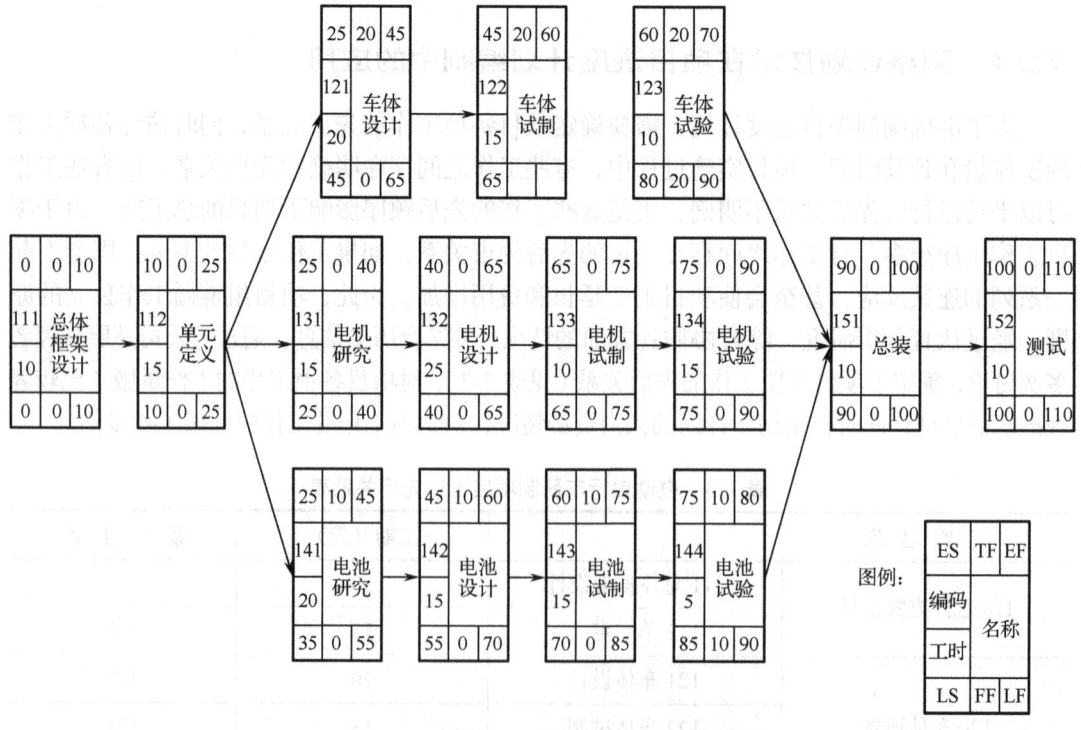

图 7-3 电动自行车研制单代号项目网络图

7.3 资源费用曲线在项目计划编制中的应用

7.3.1 项目概况及甘特图计划

1)项目概况。某发电厂为了从根本上提高供电能力,规划建设装机容量为 8 台 600MW 等级的燃煤发电机组,一期先建设 1 号、2 号各两台国产 600MW 亚临界燃煤机组。二期工程扩建容量亦为 4 台 600MW 等级燃煤发电机组。项目建设要做到 12 个一次成功,即锅炉水压、风压、酸洗、制粉投入、电、汽动给水泵启动、汽机扣盖、抽真空、冲转、发电机充氢、厂用电受电、机组并网一次成功。项目的主要目标如下。

(1)项目交付物:一期 1 号、2 号各两台 600MW 机组工程施工合同完成。

(2)项目工期目标:从 2001 年 10 月 1 日至 2004 年 6 月 30 日竣工移交。

(3)项目费用目标:51 000 万元。

(4)项目质量目标:高水平达标投产;创 600MW 机组精品工程;创国家优质工程、鲁班奖。

(5)项目安全目标:人身死亡事故零目标;重大人身伤亡事故零目标;重大机械设备事故零目标;重大交通人身伤亡事故零目标;重大火灾事故零目标;重伤事故频率≤0.3‰;负伤频率≤2‰;环保达标。

2)项目特点。

(1)工期紧:自 2001 年 10 月 1 日开工,工期 33 个月,大大少于当时同类型机组的工期指标。

(2)气候条件差:项目所在地区地域特殊,属台风多发地带,雨季来临早,降水量大,空气湿度大,给施工组织与现场施工带来诸多不便。

(3)施工环境特殊:现场基础为岩石基础,往往是边爆破边施工,增加了施工组织难度,使施工进度和安全管理更难控制。

(4)新工艺、新技术多:大体积混凝土排水管冷却技术、小汽轮机弹簧基础施工、凝汽器冷钛管自动焊接技术、EDTA 锅炉清洗技术、大口径预应力砼管道施工技术等一大批新技术的应用,对项目的施工技术管理提出了挑战。

3)项目管理特点。

(1)地区文化的差异:地区文化的不同,造成许多意想不到的管理困难,特别是在沟通方面,如供应商的经营方式不同,造成部分物资、机械组织上不能及时到位。

(2)施工技术条件:施工图纸不到位,造成边设计边施工,变更频繁且滞后,给施工的技术准备工作带来相当大的困难。

(3)远程施工:由于距离公司本部较远,给人员、机械、物资的调拨带来诸多不便,同时也加大了工程成本控制的难度。

4）项目WBS及进度计划。任何一个项目，在计划过程中，必须完成相应的各类可操作管理计划，其中，资源计划和费用计划极为重要，而这两类计划的编制，除需要掌握国际通用的现代项目管理方法工具外，还必须对项目的范围和进度完成初步的确认。依据项目的目标及主要工作内容，项目编制了WBS分解示意图，如图7-4所示，以作为资源和费用计划编制的主要依据。

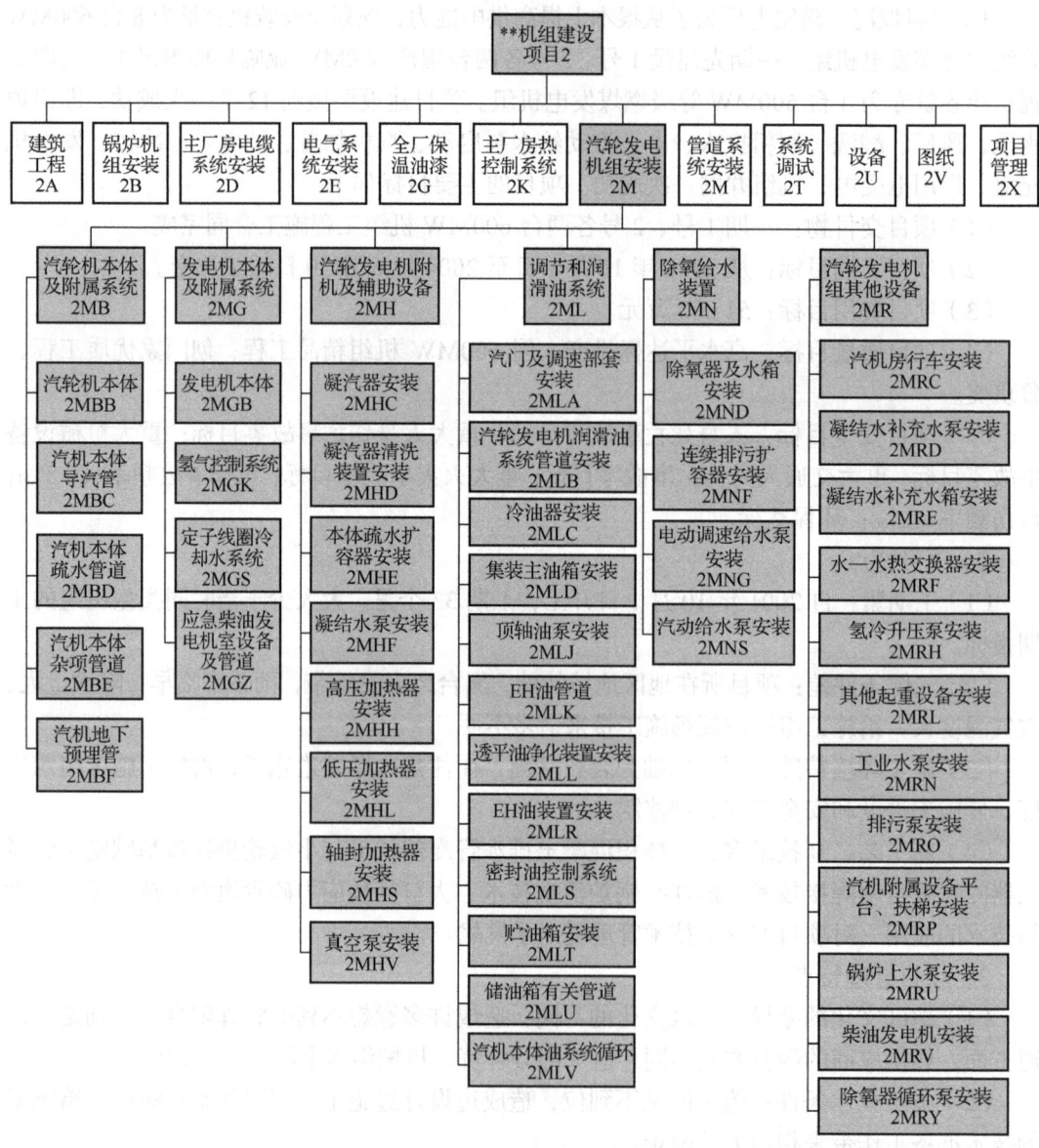

图 7-4　项目 WBS 示意图

根据项目的主要工作内容和时间要求,项目建立了详细的进度计划体系,其中一级计划为组织层面的里程碑控制计划,主要关键工作及时间节点如表 7-4 所示。

表 7-4 关键工作时间节点表

关键工作	时间节点	关键工作	时间节点
浇灌第一方砼完成	2001 年 11 月 1 日	厂用电受电完成	2003 年 10 月 30 日
主厂房钢架结构吊装完成	2002 年 2 月 28 日	汽机扣盖完成	2003 年 12 月 1 日
锅炉钢架吊装完成	2002 年 5 月 1 日	锅炉酸洗完成	2004 年 3 月 8 日
主厂房封闭完	2002 年 9 月 15 日	机组冲管开始	2004 年 3 月 28 日
锅炉汽包就位	2002 年 11 月 15 日	汽机冲转完成	2004 年 4 月 18 日
汽机台板就位	2003 年 4 月 10 日	一次并网成功	2004 年 4 月 28 日
发电机定子吊装就位	2003 年 7 月 10 日	168 结束	2004 年 6 月 30 日
锅炉水压试验完成	2003 年 7 月 31 日		

7.3.2 资源负荷图的应用

项目资源配置是根据项目 WBS 所界定的项目工作包内容和进度计划所要求的时间期限配备人力和物力资源,并根据人力和物力资源的可利用性对作业时间和逻辑关系进行调整。

项目管理中的资源一般指人力资源、材料和机器资源及借用资源(工程分包),资金资源是上述资源的转化形式和通用形式。

一般而言,项目中的资源配置在项目的不同管理层面、不同项目阶段会以不同的形式进行。从形式上,项目的资源计划可以分为 3 种类型,即职责性资源配置、计划性资源配置和工作指派性资源配置。这 3 种类型中,职责性资源配置最常见的形式即结合项目组织结构设计完成工作责任分配矩阵,是为项目组织层面用于协调整体资源的主要工具;而工作指派型资源配置是针对项目操作层面应用的具体到个人的工作分配。在项目实施过程中,对计划性资源的配置是针对同类型资源而设置的计划工具。

(1)资源计划表。

根据项目的工作内容,在完成资源计划过程中,首先根据 WBS 设计,针对每个工作包对所需人力资源做出预算,再根据进度要求,将项目实施过程中每个时间单位内所有工作包所需资源进行累计,即可得到资源计划表,如表 7-5 所示。

表 7-5 项目资源计划表

序号	资源类型	2001年 四季度		2002年 一季度		2002年 二季度		2002年 三季度		2002年 四季度		2003年 一季度		2003年 二季度		2003年 三季度		2003年 四季度		2004年 一季度		2004年 二季度	
		平均	高峰	平均	高峰	平均	高峰	平均	高峰	平均	高峰	平均	高峰	平均	高峰	平均	高峰	平均	高峰	平均	高峰	平均	高峰
1	木工	250	300	270	300	180	230	140	160	80	120	50	80	40	60	15	25	10	10				
2	钢筋工	160	200	120	150	100	140	80	100	50	60	20	40	20	30	15	15	5	5				
3	砼工	80	100	80	100	50	80	25	50	10	20	8	10	8	8	5	5						
4	架子工	50	100	50	80	50	80	50	90	35	80	10	20	20	40	25	40	30	70	20	20	10	10
5	瓦工	5	10	20	40	20	40	80	100	100	120	100	120	50	80	25	30	25	40	25	25	15	15
6	机械工	15	20	20	40	40	50	50	60	60	60	50	60	30	45	30	50	25	30	10	10	5	5
7	水暖、空调工				5	15	25	20	30	25	40	35	45	40	50	20	25	30	30	20	20		
8	锅炉钢架工			20	40	55	70	80	100	90	100	80	100	50	80	80	100	30	40				
9	加热面工					50	60	60	80	100	130	120	150	180	150	100	100	40	60				
10	汽机工							20	30	20	40	50	70	60	80	80	90	50	80	10	10	10	10
11	管道工					30	30	30	50	30	40	45	90	90	90	80	120	60	110	20	20	15	15
12	辅机工									60	80	70	120	60	70	40	50	80	110		20		20
13	电工	10	25	30	30	30	30	60	60	60	60	50	80	60	70	70	100	50	60				
14	仪表工									5	5	15	15	10	10	30	40	120	120	100	100	10	15
15	高压焊工				20			40	60	70	90	90	120	120	150	50	50	40	50	5	5		
16	中低压焊工	20	20	40	40	40	60	60	60	70	90	80	100	60	70	40	50	10	10				
17	结构焊工	20	40	40	60	40	40	40	85	20	20	15	15	10	10	10	10	10	20		5		
18	铆工	30	40	40	50	50	70	60	90	60	100	60	80	40	50	30	30	20	20	5	5		
19	保温油漆工			10	10	30	30	30	30	30	70	90	100	140	170	150	180	100	120	100	120	50	50
20	起重工	5	10	10	20	20	30	40	40	40	60	80	120	60	80	60	80	60	60	20	20	10	10
21	技术人员	15	20	20	30	30	40	50	50	40	60	60	80	80	100	100	80	60	60	40	40	20	20
22	管理人员	30	30	30	30	40	40	30	50	50	60	60	60	60	60	60	60	50	50	30	30	20	20
	合计	695	920	800	1025	850	1165	1035	1355	1165	1555	1293	1680	1338	1653	1210	1435	905	1070	515	565	210	215

（2）资源负荷图。

根据项目资源计划表，可利用资源负荷图直观形象地表示出资源的计划内容。

根据表 7-5，资源负荷图横轴为项目实施的时间，纵轴为资源所需数量。在绘制资源负荷图过程中，可不区分资源类型完成整体资源负荷示意图，如图 7-5 所示；也可针对不同类型的资源绘制单个资源负荷图，如图 7-6 所示。

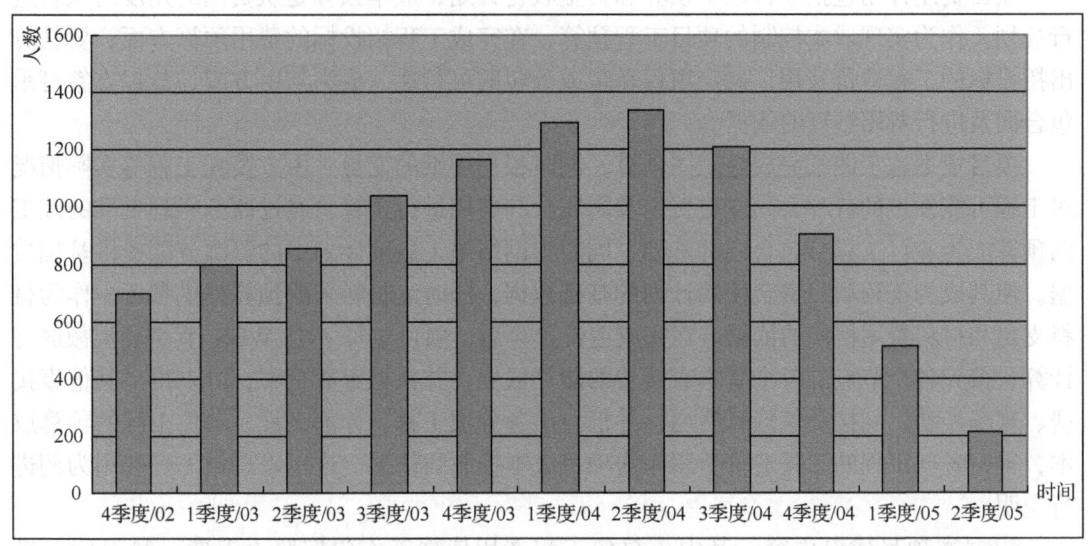

图 7-5　项目整体资源负荷图

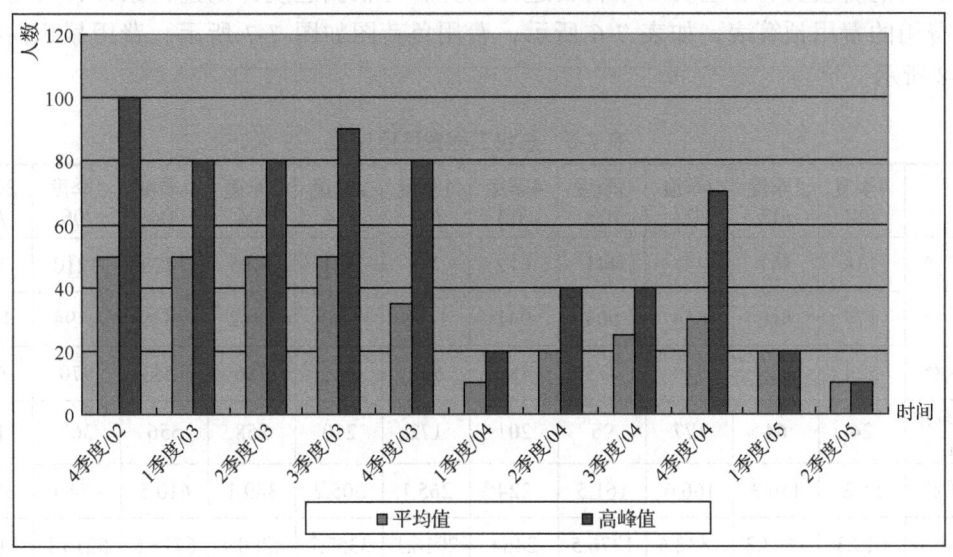

图 7-6　项目"架子工"资源负荷图

（3）物资需求计划。

在资源配置中，物资资源配置又称为项目的物资需求计划。物资需求计划是不同专业人员根据项目的任务清单提出的物资需求，是采购人员编制物资供应（汇总）计划、物资采购计划、物资储备计划的基础资料。由于项目对物资的需求种类繁多，一般物资需求计划是按照不同的类别分别编制需求计划表，表中一般包含品种、类型、名称、数量、规格和需求时间等内容。

7.3.3 费用负荷图与累积曲线的应用

项目费用计划包括项目成本预算和资金收付计划，成本预算是从费用的角度对项目进行规划。作为实现成本控制的项目工程预算，在完成工程招投标的费用预算方面，要估算出招投标的工程造价费用，确定项目承包或分包的可行性，成为与甲方或与分包方签订承包合同及进行费用结算的依据。

项目根据施工图纸完成施工图预算，同时根据图纸的变更、甲方委托工程等实际情况对工程可能发生的各种合同变更费用及附属合同费用进行预算，经过商务经理批准的施工图预算成为签订工程分包合同的基础，同时为网络施工进度计划中的资源分配提供基础数据，使其成为工程项目资金使用计划的基础数据，同时为材料采购预算提供参考，作为材料支出和材料费用控制的依据。在完成造价预算后，项目对每一个 WBS 节点套定额进行计算，得到各个节点的各个基本直接费的测算数据，并根据定额费率，可以得出其他直接费、现场经费、间接费等预算费用，并汇总出各分项工程、分部工程、单位工程的预算成本，得出各项工程的工程造价费用作为项目成本控制的依据。这里以总包工程费用为例进行说明。

根据本项目建设内容，其中，总包工程费用依据工作包按照人工费、材料费、机械费、其他直接费和管理费 5 个科目进行预算，再根据进度计划进行累计，可得总包工程费用的费用预算表，如表 7-6 所示，费用负荷图如图 7-7 所示，费用累积曲线如图 7-8 所示。

表 7-6 总包工程费用预算表

	4季度/02	1季度/03	2季度/03	3季度/03	4季度/03	1季度/04	2季度/04	3季度/04	4季度/04	1季度/05	2季度/05
人工费	138	401	425	441	612	738	821	1005	1428	1210	860
材料费	177	610	554	603	941	1198	1358	1842	2878	2194	1469
机械费	224	428	510	475	486	543	663	786	1243	970	665
其他直接费	24	64	177	96	201	172	210	258	556	367	147
管理费	56.3	150.3	166.6	161.5	224	265.1	305.2	389.1	610.5	474.1	314.1
合计	619.3	1653.3	1832.6	1776.5	2464	2916.1	3357.2	4280.1	6715.5	5215.1	3455.1
费用累计	619.3	2272.6	4105.2	5881.7	8345.7	11261.8	14619	18899.1	25614.6	30829.7	34284.8

第 7 章 成功项目管理的应用

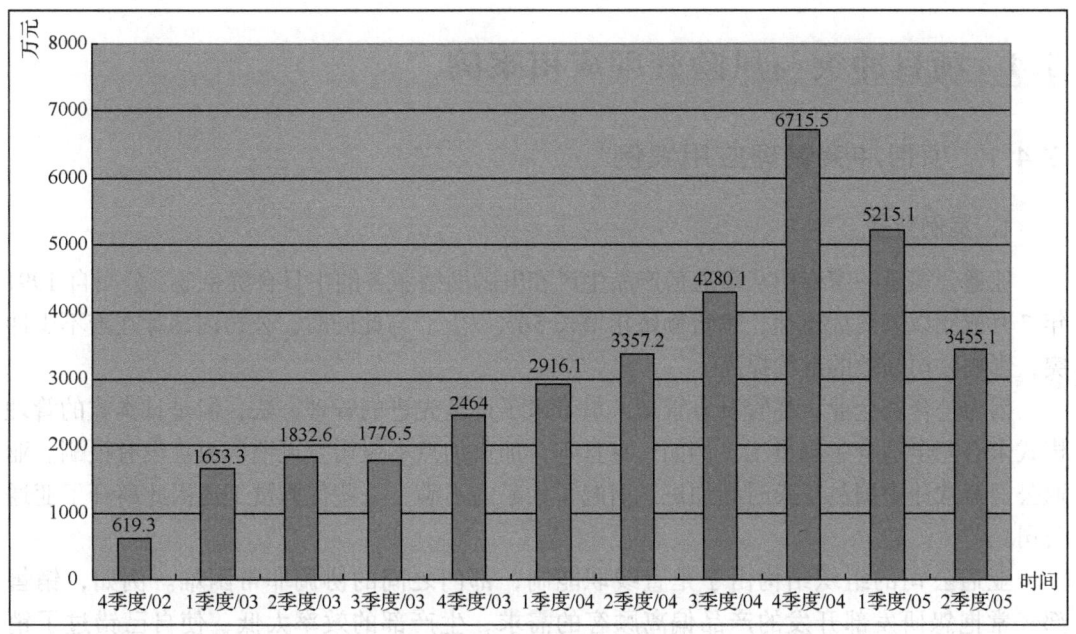

图 7-7 项目费用负荷图

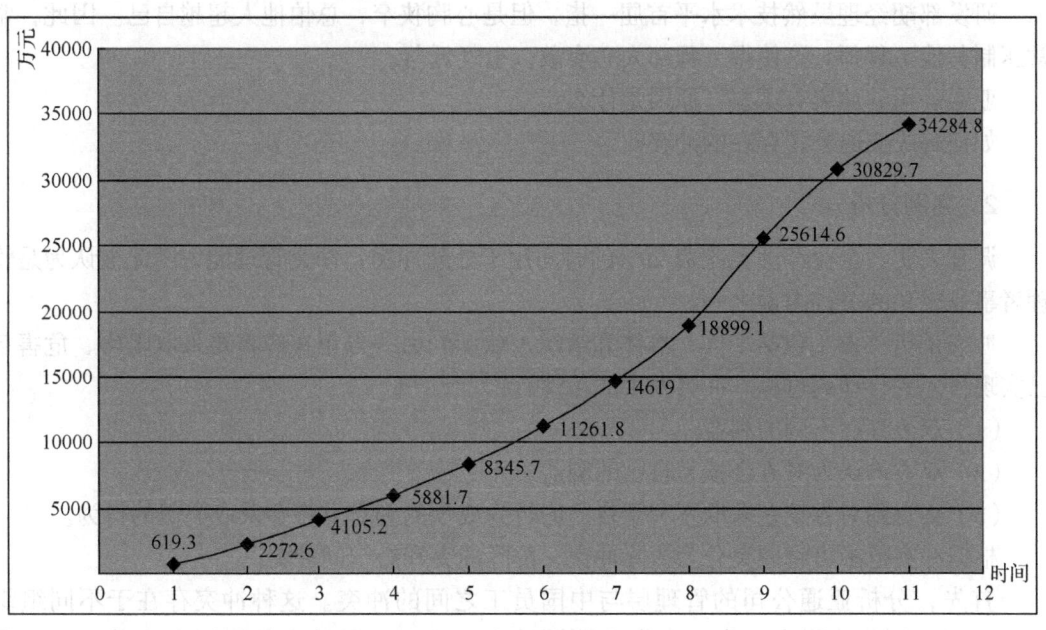

图 7-8 项目费用累积曲线图

7.4 项目冲突与风险管理应用案例

7.4.1 项目冲突管理应用案例[①]

1. 案例背景

亚通公司是一家专门从事通信产品生产和电脑网络服务的中日合资企业。公司自1991年7月成立以来发展迅速,销售额每年增长50%以上。与此同时,公司内部存在着不少冲突,影响公司绩效的继续提高。

因为是合资企业,尽管日方管理人员带来了许多先进的管理方法,但是日本式的管理模式未必完全适合中国员工。例如,在日本,加班加点不仅司空见惯,而且没有报酬。亚通公司经常让中国员工长时间加班,引起了大家的不满,一些优秀员工还因此离开了亚通公司。

亚通公司的组织结构由于是直线职能制,部门之间的协调非常困难。例如,销售部经常抱怨研发部开发的产品偏离顾客的需求,生产部的效率太低,使自己错过了销售时机;生产部则抱怨研发部开发的产品不符合生产标准,销售部门的订单无法达到成本要求。

研发部胡经理虽然技术水平首屈一指,但是心胸狭窄,总怕他人超越自己。因此,常常压制其他工程师。这使得工程部人心涣散,士气低落。

亚通公司的冲突有哪些?原因是什么?

如何解决亚通公司存在的冲突?

2. 案例分析

调查表明,企业经理要花费20%的时间用于处理冲突,冲突管理能力因此被认为是管理者事业成功的关键因素之一。

冲突是指一方(包括个体、群体和组织)认识到另一方正在或将要采取阻碍、危害自己实现目标的行动的过程。冲突发生的条件有:

(1)双方存在不同的利益。

(2)双方均认为对方会损害自己的利益。

(3)察觉到对方正在采取不利于自己的行为或预测到对方将会采取类似的行为。

根据冲突范围可将冲突分为人际冲突、群际冲突和组织间冲突。

首先,分析亚通公司的管理层与中国员工之间的冲突。这种冲突存在于不同组织层次之间,可称为纵向冲突,它属于群际冲突。产生这种冲突的原因有多种,在这里主要有:

---

① 本案例选自 Allen Lee's Magic 的博客(http://blog.csdn.net/allenlooplee)。

（1）权力与地位：管理层运用行政权力要求员工加班，但没有赋予任何报酬作为补偿；而员工没有（充分的）权力维护自身的利益。

（2）价值观不同：中国的员工在价值观上不同于日本的员工，要求员工（长时间）加班，如果没有相应的报酬，一般很难调动员工的积极性，久而久之就会削弱员工的工作动机强度。

（3）资源缺乏：管理的重要性很大程度上体现在对资源的合理配置上，而可用的资源总是有限的。要求员工加班，通常需要提供合理的加班费作为补偿；而主管们希望把人力成本维持在一个较低的水平。

这样，没有能力外逃的员工就会表现出工作动机不强、工作效率低下，而有能力的明星员工想方设法地跳槽到更好的工作环境。如果情况长时间没有得到控制和改善，企业将会变成一个过滤器，把有能之士赶到竞争对手那里，并把平庸之士保留下来。我实在想象不出更糟的情况，可能把企业关闭比这还好。如果管理者仅能把所谓的"优秀"方法照搬过来，而不能因地制宜地活用各种管理方法，就会断送企业的生命。

解决方法已经明摆在眼前，管理层应该根据具体的情况合理地设计报酬系统，重新激发员工的积极性，并在人力成本与员工绩效之间取得一个动态平衡。

接着，看看各部门之间的冲突。这种冲突存在于同一组织层次不同部门之间，称为横向冲突，它是另一种群际冲突。由于亚通采用的组织结构是直线职能型，出现这种类型的冲突就不足为怪了。

直线职能型组织结构的优点是分工细密、任务明确、职责清晰、统一指挥、结构稳定。但其缺点也很明显，包括中央集权、横向联系弱、目标不统一、信息传递较慢、环境适应性低。因此，产生冲突的原因有：

（1）任务相互依赖。由于各部门之间存在着任务依赖性，而组织结构的先天缺陷削弱了各部门之间必要的沟通，从而导致任务的不协调。它们的部门间关系是团队关系。

（2）目标不相容。各部门都存在着自己的绩效目标，例如，销售部希望增加产品线的广度以适应多样化的市场需求，生产部则希望减少产品线的广度以节省成本，即销售部门的目标是顾客满意，生产部门的目标是生产效率。

解决的办法也是明显的，企业通过信息管理系统来促进信息的流通，让各部门及时得到有用的数据。目前稍有规模的企业都希望上 ERP 项目，充分利用信息技术来增强企业的信息管理能力。不过，更根本的原因是目标不相容，各部门同属于一个企业，但未能看到企业的统一目标，而只看到各自的绩效目标。企业可以实施关联性绩效评估，把具有依赖性的部门的绩效关联起来。如果某些部门只顾实现自身绩效，而不顾与之关联的部门的绩效，就不能达到整体平衡，实现整体最优绩效。这样即使自身绩效达到最优，绩效评级也不会高。不过这种做法还有一个小问题，就是如果主管本身的整体观念不强，实施的效果还是会令人失望的。企业可以考虑对主管进行恰当的培训，实在不行就要考虑换人了。

最后，看看胡经理与其下属之间的冲突。这种冲突存在于两个或两个以上的个体之间，称为人际冲突。产生这种冲突的原因也是多种的，在这里主要有：

（1）人格特质。优秀的员工未必能成为优秀的经理。盖洛普对此给出两种解释：其一与当事人的独特优势相关；其二与他们当经理的动机相关。看一些实例吧！

杰夫异常好胜。他当销售代表时，什么事都想赢。在这种不夺第一死不休的欲望推动下，杰夫年复一年地取得佳绩。杰夫成为经理后，他全力推动部下力争第一。表面看来，这无可厚非。然而，作为经理，杰夫不仅与其他地区竞争，而且与自己手下的销售代表竞争。他始终要超过他们。遇到大客户，他总要争做主讲人；他无法忍受当旁观者。每次他与员工谈话，总要压倒对方。本来是与员工谈个人发展，他却忍不住吹嘘自己如何技压群芳。结果，这种盛气凌人的言行气走了许多销售高手。

特洛依的一个标志主题是"统率"，具有这一主题的人善于掌控对话的进程。特洛依的绝招是成交，他向客户做完演示后，对方难以说不。特洛依当上经理后，他的部下却难以忍受他的"统率"风格。特洛依不与部下讨论指标，而更愿向销售代表"推销"新的配额，然后逼他们接受。结果，他的部下感到被愚弄了。特洛依做销售代表时，这些成交的绝招使他受益无穷，却无助于他当经理。

苏珊以为，当了经理就会减轻指标压力。但她很快就发现，现在，她要操心的不再是她本人的指标，而是8个部下都达标。如果他们不达标，她就会承受巨大压力。"作为一名销售代表，我只要出去，抓个大客户就行。"她说，"可作为经理，事情可没那么简单。不仅指标落空，而且你干着急，没招。真能把我气死。"

（2）缺乏信任。人与人之间越是相互猜疑，越会产生冲突；越是信任对方，越能互相合作。胡经理心胸狭窄，总是疑心别人超越自己，抢了自己的饭碗。这会极大地影响团队的凝聚力，导致团队效率低下。

（3）归因失误。当个体的利益受到他人的侵害时，他就会弄清对方为什么如此行动。如果确认对方是故意的，就会产生冲突和敌意；如果对方不是故意的，冲突发生的概率就会很少。没有（良性）竞争就没有进步，如果错误地把良性的竞争归因为恶性的竞争，就会出现各种误会和冲突。归因行为在很大程度上依赖人格特质与行为动机，而且归因失误还会导致信任程度减弱。胡经理的担心其实是不必要的。

在所有的这三点原因中，人格特质是最为关键的，如果胡经理真的不适合作为一名管理者，让他待在这个位置上肯定会出现问题。所以，企业只好考虑换掉胡经理，但胡经理技术了得，是企业的明星员工，如果处理不当，将有可能把胡经理赶到竞争对手那里。体面的解决替换胡经理所引起的问题有多种方法，企业可以试探他的工作动机，设计合适的报酬机制来重新吸引并激励胡经理。

7.4.2 项目风险管理应用案例

该项目为浙江省杭州市千岛湖环城公路上一座中承式钢管外包混凝土拱桥，桥宽 10.5 米，桥跨 218 米。合同工期为 2009 年 8 月—2009 年 11 月，设计合同额为 140 万元。

项目业主：千岛湖环城公路投资公司

地方政府：浙江省淳安县、水务部门、文物部门、林业部门

当地居民：线路所经区域乡镇村各级政府及居民

设计监理：设计监理单位

外协单位：航拍单位、地勘单位

该项目为桥梁设计项目，在项目实施前应和项目业主和地方政府进行充分沟通，与业主方确认项目范围和相关要求，与地方政府就征地拆迁、地方居民出行、航道、林业等问题进行沟通落实，制订信息、沟通和冲突管理计划。

该项目费用较低，为了占领市场，为承接后续项目做准备，公司决定接受本项目。

该项目涉及的主要内容有航测、地勘、测量、设计、评审几个环节。在项目进度、人力资源和费用安排时需要统筹考虑。

该项目外业期间正是雨季，台风季节，安全生产和风险管理也是项目实施过程中（地勘、测量）的重点工作之一，需要在全过程贯穿安全生产和风险管理的理念，并制订相应的管理计划。外业工作对工期的影响很大，业主在合同中没有明确天气对工期的影响，需和业主进行进一步沟通。由于本设计为一阶段设计，所以需业主准确移交前期工作（工可方案及评审意见）。

该项目有如下特点：

（1）工期紧，任务多，设计工期仅为 4 个月。

（2）协调量大。

（3）外业期间正值雨季，易造成工期延误。

项目风险管理团队组建完成后，根据本项目相关的制约因素，如项目的成本要求、工期要求等，结合本项目的进度计划、工作分解结构，人力资源安排计划，并在此基础上，召开了专题会议，对收集的资料进行归纳总结，主要采用头脑风暴法对本项目的风险进行识别，确定了本项目实施过程中存在的主要风险有以下几个方面：①工期风险、技术风险、费用风险、安全风险、自然风险和管理风险。② 在风险识别的基础上，项目组成员在项目经理的主持下，采用专家经验法聘请有类似项目经验的专业人士对本项目潜在的风险进行分析、估计，并对风险发生的概率与影响程度进行评价，从而确定各风险的风险值，最后结合本项目具体情况，大家集思广益制定出了相应的应对方法。具体内容如表 7-7 所示。

表 7-7 项目风险管理表

风险种类	风险识别			风险评估			处置方法	风险应对措施
	风险来源	潜在风险因数	风险发生的后果	可能性	严重性	风险值		应对措施计划
工期风险	业 主	工可资料的提交及对方案的确认	反复修改方案，延误工期	4	8	32	减轻	及时与客户沟通，明确客户需求
	航道及水利部门	对方案的确认	反复修改方案，延误工期	6	8	48	预防	加强与各职能部门的联系沟通，及时了解相关规定，配合完成对方提出的合理要求，并将处理结果及时回馈对方
	地方政府	地方协调对方案的确认	反复修改方案，延误工期	6	8	48	预防	
技术风险	地勘资料	资料准确性	设计内容出现偏差，返工	8	10	80	转移	通过分包，转移风险。加强对分包单位的监督检查，提高资料准确性。出现问题责任确认，责任索赔
	设计风险	结构计算分析	设计不符要求，返工	5	10	50	预防	严格审查技术到位，确保计算准确性
费用风险	业 主	资金不到位	工作无法开展，工期延误	4	9	36	减轻	资金不到位时不到位，责任索赔
	本 方	成本增加	费用增加，利润减少	4	6	24	减轻	制订周密的资金使用计划，加强管理，预留后备资金
安全风险	人 员	遭受意外	影响工作进度，费用增加	6	9	54	预防	做好安全教育，配备必要的安全防护设备
	设 备	外业作业中受损	影响工作进度，造成不利影响	6	9	54	预防	做好安全教育，制定设备使用章程，制定相应的外业作业计划，严格按章程内容执行
自然风险	自然条件	地形、天气、雨季、台风期	外业工作无法正常开展延误工期，费用增加	8	7	56	减轻	与当地气象机构联系，及时掌握未来天气变化情况，合理制订相应的管理制度并严格执行
管理风险	组织机构	项目管理不力	管理混乱，冲突不断	2	9	18	预防	制定行之有效的管理制度，制定激励和惩罚制度，制定风险事件责任制度

第 7 章 成功项目管理的应用

复习思考题

一、判断题

1. 在项目管理程序手册的编制过程中，可以等到项目进展到某一职能时再定义该职能部门如何运作。（　）
2. 在编制项目管理程序手册时，应以项目管理流作为主线。（　）
3. 只要计划好，项目管理就好。（　）
4. 项目管理的本质并不是做一个完美的项目计划，而是对项目风险和不确定因素的管理。（　）
5. 工程项目的质量安全约束目标比时间、成本约束目标更重要。（　）
6. 知识产权管理是产品开发项目管理区别于其他行业项目管理的一个重要特色。（　）

二、单选题

1. 编制项目管理程序手册时，应以（　）为基础来定义项目输入和输出。
   A. 项目管理计划　　　　　　　　B. 项目生存周期
   C. 项目任务说明书　　　　　　　D. 项目进度计划
2. 项目管理程序手册可以分为三层文件体系，其中第二层文件为（　）。
   A. 指导层　　　B. 保障层　　　C. 执行层　　　D. 作业层
3. 企业高层领导对项目管理过程指导、监督和考核的系统是（　）文件的主要内容。
   A. 指导层　　　B. 保障层　　　C. 执行层　　　D. 作业层
4. 下面属于项目计划阶段常见问题的是（　）。
   A. 管理项目的程序没有定义　　　B. 项目计划与组织的商业计划不一致
   C. 项目各方没有共同的愿景目标　D. 项目计划仅停留在一个层面上
5. 在大型活动项目管理中，组建项目团队属于（　）的内容。
   A. 项目策划　　B. 项目规划　　C. 项目实施控制　　D. 项目启动

三、多选题

1. 项目管理程序手册编制的目的有（　）。
   A. 确保工作实施的科学性　　　　B. 保证管理方法的一致性
   C. 提供通用的术语　　　　　　　D. 培训新员工的教材
2. 项目管理程序手册从结构上可以分为（　）。
   A. 指导层　　　B. 保障层　　　C. 执行层　　　D. 作业层
3. 项目计划阶段常见问题有（　）。
   A. 项目计划与组织的商业计划不一致
   B. 只在一个层面编制项目计划
   C. 所用的编制计划的工具笨重、复杂且不友好
   D. 管理项目的程序没有定义

4. 工程项目管理中常见的利益相关方有（　　）。
   A. 项目业主　　　B. 设计单位　　　C. 施工单位　　　D. 监理单位
5. 产品开发项目管理区别于一般项目管理的特征有（　　）。
   A. 有效的知识管理　　　　　　　B. 项目负责人的重要性
   C. 鼓励创新的灵活的组织结构　　D. 协作性强
6. 在大型活动项目管理中，项目策划与项目规划的主要区别在于（　　）。
   A. 项目策划是比较专业的艺术类
   B. 项目规划是比较专业的艺术类
   C. 项目规划是对项目实施过程进行规划
   D. 项目策划是对项目实施过程进行策划

四、思考题

1. 编制项目管理程序手册的目的和原则有哪些？
2. 结合实际谈谈对项目管理程序手册的三层文件体系的认识。
3. 项目进度计划的核心工具、方法有哪些？其应用的价值和作用是什么？
4. 结合实例谈谈工程项目管理的个性特点。具体包括哪些管理内容？
5. 结合实例谈谈产品开发项目管理的个性特点。主要管理内容有哪些？
6. 举例说明软件项目管理的个性特点及核心内容。
7. 大型活动项目有何特点？大型活动项目管理有何特点？
8. 项目计划制订中资源费用曲线应用的前提条件有哪些？

五、案例

某省烟草公司是国家烟草公司的下属公司，公司以下还有市（地）和县二级分公司。为了配合国家有关的改革需要（将逐步取消县公司），全省将建立一个基于因特网的电子商务系统，取代现有的手工系统。目标是统计各销售点的订货情况，汇总各市公司、县公司的销售情况，生成需求计划，建立香烟的网上采购、进货系统。

整个电子商务系统总投资约 400 万元人民币，其中应用软件系统（含培训）约 100 万元，硬件费用约 300 万元。项目建设从 2004 年 3 月初开始，6 个月后开始试运行，试运行到初验为 3 个月，初验到终验为 3 个月。

要求：充分理解项目管理流程，综合应用现代项目管理方法工具，分小组模拟项目团队，讨论下列问题。

1. 作为项目经理，请对该项目的工作范围进行描述，确定项目的目标要求，制定项目工作描述表。要求目标明确、范围清晰、形式规范、易于检查。
2. 结合该项目背景，先对该项目团队的上级组织结构做出假设，并基于这一假设说明采用什么样的组织结构形式来组建该项目团队并陈述理由。同时请描述该项目团队的主要角色及其职责。
3. 针对项目工作范围，在考虑项目主要目标的基础上，对该项目实施的过程进行分解，并编制进行时间进度控制的项目实施计划。为了实施过程中易于监控，要求使用现代项目

第 7 章　成功项目管理的应用

管理所提供的方法和工具表示。

4. 为了使项目的时间进度计划按照预期计划执行，需要在资源、费用等方面给予配套计划，请结合项目特点制订与时间进度计划相配套的其他项目计划。

5. 结合该项目的具体环境和特点，对该项目的风险进行分析并制定相应的应对措施，要求列出风险类型、风险事件、风险来源及风险应对措施等内容。

6. 就如何进行该项目的收尾与验收工作进行深入讨论，提出该项目收尾与验收的具体方案。

参考文献

[1] 中国（双法）项目管理研究委员会. 中国项目管理知识体系（第2版）[M]. 北京：电子工业出版社，2006.

[2] 国际项目管理协会. 个人项目管理能力基准[M]. 北京：中国电力出版社，2019.

[3] 罗德尼·特纳. 基于项目的管理手册（英文版）[M]. 北京：清华大学出版社，2010.

[4] 白思俊. 现代项目管理（升级版）（第2版）（上下册）[M]. 北京：机械工业出版社，2019.

[5] 白思俊. 现代交通项目管理[M]. 北京：机械工业出版社，2003.

[6] 白思俊. 项目管理案例教程（第3版）[M]. 北京：机械工业出版社，2018.

[7] 白思俊. 项目论证[M]. 西安：陕西人民出版社，1998.

[8] 白思俊. IPMP认证指南[M]. 北京：机械工业出版社，2010.

[9] 项目管理协会. 项目管理知识体系指南（PMBOK指南）（第6版）[M]. 北京：电子工业出版社，2018.

[10] OGC组织 PRINCE 2：成功的项目管理（第3版）[M]. 薛岩，欧立雄，译. 北京：机械工业出版社，2004.

[11] OGC组织成功的大型项目计划管理（第2版）[M]. 欧立雄，薛岩，译. 北京：机械工业出版社，2004.

[12] 中国（双法）项目管理研究委员会. 国际卓越项目管理评估模型及应用[M]. 北京：电子工业出版社，2008.

[13] 戚安邦，张连营. 项目管理概论[M]. 北京：清华大学出版社，2008.

[14] 哈罗德·科兹纳. 项目管理：计划、进度和控制的系统方法（第7版）[M]. 杨爱华，等，译. 北京：电子工业出版社，2002.

[15] 詹姆斯·刘易斯. 项目计划、进度与控制[M]. 赤向东，译. 北京：清华大学出版社，2002.

[16] 王祖和. 现代项目质量管理[M]. 北京：电力工业出版社，2014.

[17] 丁荣贵，孙涛. 项目组织与人力资源管理[M]. 北京：电子工业出版社，2009.

[18] 克里斯·查普曼，斯蒂芬·沃德. 项目风险管理过程、技术和洞察力[M]. 李兆玉，等，译. 北京：电子工业出版社，2003.

[19] 卢向南. 项目计划与控制[M]. 北京：机械工业出版社，2018.

[20] 乌云娜. 项目采购与合同管理[M]. 北京：电子工业出版社，2006.

[21] 李文，李丹，蔡金勇，等. 企业项目化管理实践[M]. 北京：机械工业出版社，2010.

[22] 卡伦·B. 布朗，南希·莉·海尔. 项目管理——基于团队的方法[M]. 王守清，元霞，译. 北京：机械工业出版社，2012.

[23] 戚安邦. 项目风险管理[M]. 天津：南开大学出版社，2010.

[24] 王长峰，李建平，纪建悦. 现代项目管理概论[M]. 北京：机械工业出版社，2008.

[25] 吴守荣. 项目采购管理[M]. 北京：中国电力出版社，2015.

欢迎广大院校师生**免费**注册应用

华信SPOC官方公众号

www.hxspoc.cn

华信SPOC在线学习平台

专注教学

- 数百门精品课　数万种教学资源
- 教学课件　师生实时同步
- 多种在线工具　轻松翻转课堂
- 电脑端和手机端（微信）使用
- 测试、讨论、投票、弹幕……互动手段多样
- 一键引用，快捷开课　自主上传，个性建课
- 教学数据全记录　专业分析，便捷导出

登录 www.hxspoc.cn 检索　华信SPOC 使用教程　获取更多

华信SPOC宣传片

教学服务QQ群：1042940196
教学服务电话：010-88254578/010-88254481
教学服务邮箱：hxspoc@phei.com.cn

电子工业出版社　华信教育研究所
PUBLISHING HOUSE OF ELECTRONICS INDUSTRY